Eduard Fuchs
Die Frau in der Karikatur

Sozialgeschichte der Frau

Verlag Neue Kritik

Die Erstausgabe dieses Werkes erschien 1906
Der vorliegende Nachdruck folgt der dritten, um mehrere Bildtafeln
erweiterten Auflage von 1928

3. Auflage 1979, 4.-7. Tausend
ISBN 3-8015-0130-2
Erschienen 1973 im Verlag Neue Kritik KG Frankfurt
Gesamtherstellung Fuldaer Verlagsanstalt Fulda

Die Frau in der Karikatur

Fliegende Blätter

Eduard Fuchs

Die Frau in der Karikatur

Mit 450 Textillustrationen und 71 Beilagen

Um eine größere Zahl Bildtafeln
erweiterte Neuausgabe
16.—20. Tausend

Albert Langen, München

Meil. Deutsche Karikatur auf die hohen Haarfrisuren. 1780

Vorwort

Man kann das Thema „Die Frau in der Karikatur" zweifellos von den verschiedensten Seiten anfassen. Vor allem ist die Versuchung sehr groß, die schellenverzierte Narrenkappe aufzusetzen und lustig und übermütig in den fröhlichen Chor mit einzustimmen, den tagaus, tagein der Witz, die Satire und der Humor, sei es zur Verspottung, sei es zum Ruhme der Frauen, erklingen lassen. Die Versuchung dazu ist wirklich sehr groß, denn es gibt wohl kein Motiv, das mehr zum Lachen und Gesichter schneiden verlockte; schon bei dem bloßen Gedanken zuckt und prickelt es einem in den Fingern.

Wenn man aber in der Karikatur mehr sieht als wirkungslos aufsteigende und spurlos wieder untertauchende Seifenblasen geistreicher Laune, wenn man in ihr echoweckende und einflußreiche Demonstrationen des öffentlichen Gewissens erblickt, Manifestationen des Weltgeistes, einzigartige Kommentare zur Sittengeschichte der verschiedenen Entwicklungsstadien — um nur diese drei Seiten zu nennen —, wenn man weiter in der Frauenfrage das wichtigste Problem der großen sozialen Frage erblickt, an dessen Lösung in seiner Art mitzuarbeiten Pflicht jedes einzelnen ist, — sowie man sich auf diesen Standpunkt stellt, ist für die Lösung der Aufgabe nur eine einzige Form möglich, und das ist diese: Es gilt, den Begriff „Frau" streng wissenschaftlich zu fassen und zu zergliedern und an charakteristischen Proben ebenso streng historisch zu zeigen, wie sich alle Fragen und Streite, die dieser Begriff umspannt, in der Karikatur der verschiedenen Länder und Zeiten gespiegelt haben. In diesem Sinne habe ich meine Arbeit aufgefaßt und zu lösen versucht. Muß das darum langweilig sein? Nein. Die Schellenkappe des Schelmen kann man sich auch dabei aufsetzen, nur muß man sie recht tief in den Nacken schieben, daß sie einem nicht fortwährend um die Ohren baumelt. So hab' ich's gemacht; wer Ohren hat, wird ihr Läuten schon zwischen den Zeilen hören. —

Auch bei diesem Buche ist mir die Unterstützung von Freunden, privaten Sammlern und öffentlichen Sammlungen in reichem Maße zuteil geworden, und ich darf die Feder nicht aus der Hand legen, ohne diesen Mitarbeitern hier an dieser Stelle herzlichen Dank zu sagen. Von öffentlichen Sammlungen sind es in erster Linie das Musée Carnevalet in Paris, dessen uneingeschränkte Benutzung mir vom französischen Ministerium für Kunst und Wissenschaft gestattet wurde, das Cabinet d'Estampes der Bibliothèque nationale in Paris, die Großherzogliche Kupferstichsammlung in Gotha und das Münchner Kupferstichkabinett. Von den Direktoren dieser Sammlungen wurde mir jede gewünschte Unterstützung zuteil. Von privaten Sammlern schulde ich besonderen Dank: Monsieur Armand Dayot in Paris, der mir eine Reihe Originale von Constantin Guys zur Verfügung stellte, Herrn J. Model, Berlin, dem Besitzer einer herrlichen Farbstichsammlung aus dem 18. Jahrhundert, und vor allem dem großen Praktiker des Humors in Deutschland, Konrad Dreher. Reiche Bücherschätze fand ich in der von Dr. Buchholtz so vortrefflich angelegten Berliner Stadtbibliothek.

Berlin-Zehlendorf, Sommer 1906   Eduard Fuchs

Vorwort zur dritten Auflage

Ich habe am ursprünglichen Text dieses Buches nichts Prinzipielles zu ändern. Dagegen benütze ich diese Gelegenheit eines Neudrucks, um den Bildinhalt einiger Kapitel nach Möglichkeit zu erweitern. Es geschah dies vornehmlich durch Hinzufügung von mehr als einem Dutzend weiterer, zum Teil doppelseitiger, schwarzer und farbiger Beilagen. Da es sich in diesen Ergänzungen um durchwegs besonders charakteristische Blätter handelt, so dürfte diese Neuauflage hierdurch eine wertvolle Bereicherung erfahren haben. Die neu hinzugekommenen Beilagen sind im „Verzeichnis der Beilagen" mit einem Sternchen versehen.

Berlin-Zehlendorf, Frühjahr 1928   Eduard Fuchs

Bruno Paul. Der Burenkrieg

Inhaltsverzeichnis

	Seite
Vorwort	V—VI
Einleitung	1—51

Erster Teil

I. Der Kampf um die Hosen	52—173
Allgemein	52
Die Verliebte	94
Der Kampf um die Hose	99
Die alte Jungfer	113
Die Witwe	120
Die verheiratete Frau	126
Die Untreue der Frau	142

II. Frau Minotaurus und ihre Töchter	174—262
Koketterie	175
Flirt	190
Die weibliche Sinnlichkeit	229
Prüderie	252
Frau Minotaurus	256

III. Ich bin der Herr dein Gott	263—349
Allgemeine Gesetze der Mode	263
Die modische Präsentation des Busens	280
Der Rock	295

		Seite
	Das Korsett	317
	Frisur, Hüte, Schuhe	324
	Die Revolutionsmode	329
	Die praktische Modereform	342
IV.	Des Weibes Leib ist ein Gedicht	350—375
	Das physische Porträt der Frau	350
	Das geistige Porträt der Frau	356

Zweiter Teil

V.	Bei der Arbeit	376—394
	Am häuslichen Herd	380
	Die Fabrikarbeiterin	381
	Die weiblichen Dienstboten	384
	Frauenberufe	391
VI.	Im Dienste bei Frau Venus	395—423
	Die Prostitution	
VII.	Vom Kothurn zum Überbrettl	424—443
VIII.	Der Unterrock in der Weltgeschichte	444—460
IX.	Bürgerin, Heroine und Megäre	461—485
	Künstlerverzeichnis	486—487

Stauber. Fliegende Blätter

Verzeichnis der Beilagen

	neben Seite
Die ungleichen Liebhaber. 16. Jahrhundert	244
*Die Pfaffenhuren. 16. Jahrhundert	369
Das Weiberregiment von Hans Baldung Grün. 1513	176
Vom Ehebruch von Hans Hofer. 16. Jahrhundert	245
Der Tod und die Frau von Nikolaus Meldemann. 1522	56
Das Weib macht jeden zum Narren. 16. Jahrhundert	257
Der Jungbrunnen von Hans Sebald Beham. 16. Jahrhundert	57
Die alte Kokette von Peter Paul Rubens	177
Das Gefühl von Abraham Bosse. 18. Jahrhundert	69
Herumziehende Komödiantinnen in einer Scheune von William Hogarth. 1738	417
Long Thomas... 18. Jahrhundert	352
Am Auslug von J. B. Coclers. 18. Jahrhundert	14
La Correction Conjugale. 18. Jahrhundert	88
Die Korsettanprobe von P. A. Wille. 1750	272
Die gefällige Zofe von Schall. 18. Jahrhundert	115
*Die neueste Haarmode für junge Damen von Philip Dawe. 1777	1
Les Hazards Heureux de L'Escarpolette von Fragonard. 18. Jahrhundert	200
Der Triumph der Koketterie. Um 1780	273
In Klein-Vauxhall von P. A. Wille. 1780	400
*Sokrates daheim von J. Smith. Um 1780	68
Auf die Mode der großen Damenhüte von Thomas Rowlandson. 1786	245
Foyerbummler von Thomas Rowlandson. 1786	384
Die Vorbereitung zum Geburtstag von Thomas Rowlandson. 1788	89
*Vorbereitung zum Maskenball von Thomas Rowlandson. 1790	296
Les Payables von Charles Vernet. 1795	104
Les Merveilleuses von Charles Vernet. 1795	456
Des Bruders Hosen von Richard Newton. 1796	464
Die geistliche Prüfungskommission bei der Arbeit. 1798	244
Mademoiselle Parisot von R. Newton. 1798	441
Ah! s'il y voyoit!.... von Vincent. 1799	XII
Wer kauft Liebesgötter? von Heinrich Ramberg. 1799	114
Parisian Ladies in their Winter Dress for 1800 von Isaak Cruikshank. 1799	115
Ein Pariser Tee. Um 1805	201
Die kleinen Unannehmlichkeiten... von Thomas Rowlandson. 1807	16

neben Seite

Bäuerliche Scherze von Thomas Rowlandson. 1812 114
Die kokette Mutter und ihre Töchter von Debucourt. 1815 216
Jack Tar bewundert das schöne Geschlecht von Thomas Rowlandson. 1815 352
*Die Sultanin im Bade. 1819 390
Maison de la Modiste von Bourdet. 1830. 17
*Sie muß die Hosen anhaben! von N. Maurin. Um 1830. 390
Mode de l'année prochaine von Charles Philipon. 1832 297
La Boite aux Lettres von Gavarni. 1836. 416
So wie dich, du schöner Mann ... von Honoré Daumier. 1840. . . 105
*Der zahlungsfähige Freund von Gavarni. Um 1840. 120
*Loin du bal. Um 1840 457
Das galante Debut von Honoré Daumier. 1850. 217
Flugblatt auf die politisierenden Frauen. 1848 465
Die Nacht. Um 1835 401
Karneval! Gavarni. Um 1850 15
Auf der Jagd von Constantin Guys. Um 1860 121
Die Krinoline. Um 1860. 320
Das Erwachen des Löwen von André Gill. 1870 32
Die Kokotte von Monet. 1875. 15
Unter Kolleginnen von Steinlen. 1898 136
Im Damenbad von Th. Th. Heine. 1896 368
Die Dirne von Toulouse-Lautrec. 1896 256
Die wilde Frau von Wilhelm Schulz. 1898 33
*Die göttliche Sarah von C. Léandre. Um 1900 432
Aus guter Familie von Bruno Paul. 1901 137
Je nachdem von Bruno Paul. 1901 161
Frauenstudium von Thomas Theodor Heine. 1901 385
Der unschlüssige Büßer von Adolf Willette. 1903 241
Vor der Schlacht von Charles Maurin. 1903 14
*Eleonore Duse von Olaf Gulbransson. 1903 433
La fortune qui danse von Jean Veber. 1904 391
Saharet von F. v. Reznicek. 1904 440
Liebe von E. Thöny. 1904 240
Die G'schamige von F. v. Reznicek. 1905 391
*Diana und ihr Windhund von Louis Legrand. 1912 160
*Fräulein Leda Moesken und der entsetzte Schwan von Heinrich Zille. 1920 480
*Im Schubladen von Albert Guillaume. 1927 321

Die Frau in der Karikatur

E. Poitevin. 1830

Französische Modekarikatur von Vincent auf die Frauenmode unter dem Directorium. 1797

Die neueste Haarmode für junge Damen

Englische Karikatur von Philip Dawe. 1777

1. Armand Rassenfosse. Französische Karikatur. 1896

Einleitung

Der beste Witz, den der liebe Gott bei der Erschaffung der Welt gemacht hat, war die Erschaffung des Weibes. Aber die Menschen haben gleich schlechten, eingebildeten Redakteuren, die jeden Witz selbst gemacht haben müssen, an diesem göttlichsten der Witze zu allen Zeiten so lange und so gründlich herumredigiert und „gefeilt", bis der letzte Funken seines göttlichen Ursprungs verwischt und er zur grotesken

Eitelkeit
2. Deutsche Karikatur aus dem 16. Jahrhundert

Karikatur seiner ursprünglichen Schönheit und Köstlichkeit herabgestümpert war. So geschieht es heute, so geschah es gestern, vorgestern, vor zehn Jahren, vor hundert Jahren, zu allen Zeiten.

Das ist vielleicht der tragischste Akt in der Tragödie der Menschheit, denn er wickelt sich ab wie eine tragische Posse: Das tragische daran ist, daß immer ungezählte Millionen zu dem Verfahren Beifall klatschen, das possenhafte, daß die Betroffenen stets ungemein stolz auf jede neue Verpfuschung sind, die man an ihnen vornimmt.

Wenn es einen Teufel gäbe, und diesem wäre die Aufgabe gestellt, mit aller Gewalt und allem Raffinement dahin zu wirken, alle natürliche Harmonie des Geistes, der Seele und des Körpers der Frau zu verzerren, zu zerstören und ins Gegenteil zu verkehren, er hätte seine Aufgabe nicht zynischer, nicht niederträchtiger, mit einem Wort nicht teuflischer lösen können, als es z. B. die obersten und steten Freunde und Bundesgenossen der Frau: Sitte, Moral und Anstand mit Hilfe von Mode und Erziehung in aller Freundschaft und schmeichelnden Liebenswürdigkeit zustande gebracht haben.

Das ist nun freilich ein altes und in allen Tonarten gesungenes Lied, aber ein leider noch lange nicht ausgesungenes Lied, und darum wird gar manche Strophe noch oftmals pointiert und repetiert, und gar manche neue Note wird noch eingefügt werden müssen, bis es eines Tages verklungen und durch eine stolzere Melodie abgelöst sein wird. Eine einzige neue Note in dieses alte Lied einzufügen, das ist der Ehrgeiz dieses Buches...

Die bekannteste und darum immer am meisten und am lautesten geschmähte Verbrecherin an der köstlichen Schönheit des Weibes ist zu allen Zeiten die Mode gewesen. Es enthält leider nicht eine Spur von Phrase, wenn man sagt, daß der opferreichste Feldzug nicht soviel Männer hingemordet hat, als zahlreiche wahnwitzige Moden im Verlaufe ihrer Herrschaft Frauen zur Strecke gebracht haben. Gewiß gibt es hier kein Blut, aber um so mehr unheilbare Verwundungen, die ein nie endendes Siechtum im Gefolge haben. Gerade darum aber ist die Wirkung der Modefrevel barbarischer als der sofortige Tod: die folgenden Generationen werden

3. J. D. Geyn. Symbolisch-satirische Karikatur auf die Allmacht des Weibes

mitgestraft, Zehntausende völlig Unschuldiger müssen durch ein vergälltes Leben die Rechnung der Eltern begleichen. Das entsetzlichste an dieser Frage jedoch ist, daß es in der ganzen langen Geschichte der Mode wohl kaum eine einzige Mode gegeben hat, die nicht in irgend einer Weise freventlich gegen die Gesundheit, zum mindesten gegen die wirkliche Schönheit gefrevelt hätte. Der augenfällige und unwiderlegliche Beweis für diese Behauptung ist der vollständig korrumpierte Schönheitsbegriff, wie er sich allmählich gegenüber der bekleideten Frau herausgebildet hat und heute so fern wie je von der klassisch harmonischen Schönheitsvorstellung ist. Formeln wie „schick" ersetzen heute bei der bekleideten Frau den Begriff schön; eine „schicke" Dame, entkleidet, das ist aber ungefähr der abschreckendste Gegensatz zum Schönheitsideal der Frau, wie es uns in der Mediceischen Aphrodite der Florentiner Tribuna immer noch am reinsten verkörpert ist. Ein lebendes Ebenbild dieser Mediceischen Aphrodite wiederum, angekleidet, das hat in den meisten Epochen für alles, nur nicht für schön gegolten.

Systematisch war stets das Verfahren der Mode, das zu vernichten, was die Natur in ihrer unerschöpflichen Kraft immer wieder von neuem an wunderbarer Schönheit erstehen ließ; das erstreckte sich über den ganzen weiblichen Körper vom Kopf bis zum Fuß, von der Sohle bis zum Scheitel. Schon die knappste Übersicht ist ein ausreichender Beweis dafür. Der Fuß ist eine der Hauptschönheiten des Weibes, seine natürliche Vollendung verleiht anmutigen, sicheren und graziösen Gang, und als schön gilt mit Recht ein kleiner Fuß. Da aber Schönheit gewahr werden soll, dekretierte der Schönheitskodex, eine besondere Schönheit seien nicht kleine, sondern auffallend kleine Füßchen. Also lautet das Gesetz für alle Zeiten und für alle Frauen: abnorm kleine Füßchen. Und neun Zehntel der Frauen zwängen ihre Füße ihr ganzes Leben lang in zu enge Schuhe. Die Füße werden in ihnen so unnatürlich zusammengedrückt, daß es rein unmöglich ist, richtig zu gehen, geschweige denn ohne Qualen einige Stunden tüchtig zu marschieren. Aus dem schönen Rhythmus des Gehens wird ein unsicheres Tänzeln und Balanzieren. Daß die harmonische Schönheit der Gesamterscheinung schon allein durch zu kleine Füße völlig aufgehoben wird, das ist dem Nicht=marschieren=können gegenüber freilich bloß das geringste Übel. Aber wozu soll eine Dame auch marschieren? Der Anstandskodex zischelt einer jeden zu, daß es für eine Dame höchst unpassend sei, Fußtouren zu machen. Es gab bekanntlich Zeiten, in denen dies geradezu als unweiblich galt. Weil aber abnorm kleine Füße jedem Blick verraten, daß ihre Besitzerin unfähig ist, damit der normalen Funktion des Gehens zu genügen, so sind kleine Füße zu gleicher Zeit zum Symbol der Vornehmheit erhoben worden.

Schön entwickelte Hüften in freier, ungehemmter Entfaltung verleihen Elastizität der Bewegung und wirkliche Eleganz der Haltung. Aber schöne Hüften üben auch auf die Sinne einen besonderen Zauber aus; und darum wird dieser Reiz auch als das Wichtigste erklärt. Um ihn zu steigern, wird die Hüftenwölbung ins Ungeheuerliche getrieben, die Mode dekretiert Wulstenröcke und Reifröcke, die die Frauen zu wandelnden Ungetümen machen, und unter deren Last sich die Frauen nur mit größter Kraftentfaltung fortzubewegen vermögen. Dieselbe Erwägung, die zur Übertreibung der Hüftenwölbung führt, verleitet zur stärkeren Einschnürung der Taille. Eine stark geschnürte Taille läßt die Wölbung des Busens deutlicher sehen und macht die Rundung der Lenden wollüstiger. Also entwickelt sich die Taillenenge zur berüchtigten Wespentaille, die in jedem Falle alle natürliche Schmiegsamkeit und Biegsamkeit des Körpers aufhebt. Aber darum, daß der ganze Körper in einen unerbittlichen Panzer gezwängt ist, der jede freie Bewegung hemmt, kümmert man sich nicht, wird doch durch diesen Panzer am deutlichsten zutage gebracht, „daß man etwas hat". Nichts ist so köstlich wie die gesunde Frische, das duftige, blühende Rot der Wangen; aber so sieht ja jede Bauernmagd aus. Und andererseits: die Dame, die der Gesellschaft lebt, die nicht marschieren kann, die in den Salon und in die künstliche

Von einem hüpſchen Weyb/
Das LXVI. Capitel. Freud.

Ich hab ein hüpſche hauſsfrawen vberkomen. Vernunfft. Ja du haſt ein ſchweres ampt erkriegt/wache/yetzt hab ich geſagt/es ſey ſchwer zů behütten/das von vilen begert wyrdet. Freud. Ich hab ein weyb/vnd ir geſtalt iſt fürtreffenlich. Vernunfft. Die geſtalt des leibs pflegt ſich/wie vil andere ding der gleichförmigkayt zů erfrewen/aber vngleychförmigkayt verſchmehen/ haſt du nun gleych ein ſchöne/ würdeſt geübet werden/on das wyrdeſt verſchmecht/iſt baydes arbaytſam. Freud. Die ſchöne meynes weybs iſt groſs. Vernunfft. Auch iſt die hoffart groſs/es iſt kaum etwz anders/das ſo gleych das gemüt erhaben/vnd auffblaſent macht / als die ſchöne. Freud. Die geſtalt meyns weybs iſt groſs. Vernunfft. Schaw das nicht die keuſchayt klein ſey/wiſſentlich iſt der ſpruch Juuenalis/Selten iſt einhelligkayt zwiſchen der ſchöne vnd ſchamhafftigkayt / alſo das der beſte/ wer/ wolt leydē vngeſtüme der ſitten/vnd dergleychen verdruſs. Freud. Gantz hüpſch iſt meyn weyb. Vernunfft. So haſtu dahaymen ein zierlichs vnd geſchäfftigs bild/wyr deſt dergleychen ſehen frembde göſt/vnd newe klaydung/lobe zům feil geſchickligkayt des leibs/die hochſynnigkayt der erfynderin zů allenn dingen/wendig/ Vnd als dann nenne den ſchaden deines erbgůts/einn gewynn. Freud. Ich hab ein wolgepildes weyb. Vernunfft. Du haſt ein bild Kriegiſch vnd vngeſtüme/ das du vberflüſſig eereſt/das du dich auſs dir ſelbs gezuckt/verwunnderſt/das du anbetteſt an dem du gar hangeſt/ vnnderwirffeſt deinenn halſs dem ioch/

vnnd

Beleuchtung gebannt ist, kann unmöglich andere als bleiche, fahle Wangen haben. Alsbald wird blasser, zarter Teint, wie ihn Boudoir, Salon und Ballsaal hervorbringen, als vornehm ausposaunt; das Krankheitsmerkmal wird zur Schönheitsregel erhoben, die Farbe der Gesundheit als verächtlich gestempelt: rot ist bäurisch. Das sind, kurz gefaßt, die vier Hauptsünden der Mode; sie genügen an dieser Stelle als Beweis für die aufgestellte Behauptung von der Vernichtung der ursprünglichen Schönheit des Weibes.

Aber nicht nur in der äußeren Erscheinung ist die natürliche Schönheit der Frau aufgehoben, sie ist meistens auch in der Wirklichkeit durch die andauernden Gewaltkuren der Mode für immer vernichtet. Der Körper jeder Frau, die dauernd größere Konzessionen an die drakonischen Gesetze der Mode macht, weist unvergängliche Spuren der Verwüstung auf; sie ist tatsächlich für ihr ganzes Leben gezeichnet. An den Füßen reihen sich die Zehen nicht mehr regelmäßig nebeneinander, sondern sie schieben sich häßlich verkrüppelt übereinander. Die Hüften werden durch die furchtbare Last der Wulstenröcke abgeflacht, sie verlieren ihre ursprüngliche natürliche und schöne Wölbung, der Bauch wird schlaff und muskellos, und die inneren Organe des Unterleibes verkümmern oder verschieben sich krankhaft; an zahllosen qualvollen Frauenleiden ist das rechnerisch nachzuweisen. Was die Wulsten= und Reifröcke im 16., 17., 18. und 19. Jahrhundert verschuldet haben, das verschuldete zu allen Zeiten bis auf unsere Tage die Taillenschnürung. Sie füllt täglich die Säle der Frauen=

Quid rogo, quid factum est? lapas cur retia rara?
Nudata imponis cur tua membra focis?
Nuda sedens, Juvenis caleo et cava retia sicco?
Quorum ingens usus tempore noctis erat

Was macht ihr hie mein Magdleinfein,
Mit euren braunen äugelein
Ich hab gefischt die gantze nacht,
Drumb ich mein netzlein trucken mach.

5. Deutsche Karikatur auf die Sinnlichkeit der Frauen. 1648

Wozu auf die Hecke drücken, wenn das Tor offen ist?
6. Holländische symbolisch-satirische Karikatur aus dem 17. Jahrhundert

kliniken mit einem endlosen Heer von Opfern; und alle tragen das Kainszeichen der Mode, die furchtbare Korsettfurche. Gerade hier scheint es, als ob teuflischer Wahnwitz alle Vernunft in ihr Gegenteil verkehrt hätte. Des jungen, heranwachsenden Mädchens größter Stolz ist der Busen; Hunderte der reinsten Frauen haben dieses geheime Hochgefühl schon geschildert. Schüchtern gewahrt die heranwachsende Jungfrau die erste Rundung, mit heimlich-bangender Neugierde verfolgt sie die Zunahme, als ob plötzlich über Nacht alle Schönheit hervordringen müsse. Endlich ist jeder Zweifel gehoben, und mit steigender Wonne sieht sie die beiden Hügel sich heben zu strotzender jungfräulicher Fülle. Sie weiß: das ist der erhabenste Schmuck des jungen Weibes, das macht sie täglich neu begehrenswert in den Augen des Geliebten, und im Geiste genießt sie schon die Wonnen seiner seligen Begeisterung. Kein Traum ist für die Jungfrau duftiger als dieser — und doch schnürt sie sich, preßt sie sich widernatürlich zusammen. Tag für Tag, Woche für Woche, Monat für Monat. Die Folgen sind unvermeidlich, und sie werden ihr schon bald offenbar. Sie fühlt die feste Kraft und die Elastizität des ständig und mit Gewalt aus seiner natürlichen Lage gedrängten jungen Busens schwinden, noch ehe er sich überhaupt zur vollen Reife und Schönheit entfaltet hat. Aber sie schnürt sich weiter, weiter: die Modemoral gebietet es. Und wenn ihr die warnende Vernunft eines Tages die Folgen vorhält, hat sie nur den einen Einwand und den einen Trost: „Gott, das sieht man auf der Straße doch nicht!" Und das ist die Hauptsache (Bild 28). Die unerbittliche Logik dieser Modemoral aber ist hier die grausamste, die sich denken läßt: Um den Schein der Schönheit eines schönen Busens augenfällig zu machen, wird die ursprünglich vorhandene Wirklichkeit der Schönheit unbarmherzig zerstört...

Die Mode ist ein grimmiger Feind der Frau, aber er ist leider nicht der grimmigste. Es gibt einen, der noch viel gründlicher zerstört und würgt — die Arbeit, d. h. die übermäßige Arbeit. Wider diesen Zermürber des göttlichen Schöpfungswunders sind noch niemals allzuviel Stimmen laut geworden, und doch sucht er die große Masse der Frauen heim, während die Mode schließlich immer nur einen kleineren Bruchteil mit ihren schrecklichsten Folterungen angeht. Aber gerade das ist der Grund, warum man nicht so laut lamentiert, weil der Würger Arbeit „die Wenigen" verschont, und weil die Arbeit „der Vielen" die Genüsse der Wenigen ermöglicht.

Die Arbeit, die segensreiche, sie ist für die Mehrzahl der Frauen zum Fluch geworden, zum Fluch, der wie eine feindliche Kettenkugel an den zarten Frauenleib geschmiedet ist und ohne Unterlaß an seiner völligen Zerstörung arbeitet.

Man stelle sich einmal eine Reihe von Abenden in irgend einer großen Fabrikstadt in eine Straßennische, wo der Zug der heimkehrenden Arbeiterinnen vorüber muß, und prüfe sorgfältig die hastend und drängend aus den Fabriktoren hervorquellenden Massen. Keinem, der zu schauen vermag, wird der beißende Hohn verborgen bleiben, den diese Gestalten einzeln und in ihrer Gesamtheit allem bieten, was echte weibliche Schönheit bedeutet. Wo ist natürliche Anmut, Eleganz der Linie, gesunde, feste Fülle der Formen, stolzes Ebenmaß? Wo ist Kraft und Elastizität der Bewegung, Hoheit der Haltung? Nirgends! Nirgends! Zum entseelten, der Individualität beraubten Maschinenteilchen ist jede der Dahineilenden von der Arbeit Einerlei degradiert worden. Zusammen und beieinander sind die Hunderte tagsüber eine einzige, großartig funktionierende Maschine; jetzt für die Zeit der Pause auseinandergenommen, sind sie wesenlos, charakterlos. Erst morgen in der Frühe wieder, wenn sie sich mit dem Schlage der Fabrikuhr in wenigen Sekunden von neuem zusammenformen, dann werden sie wieder ein Wesen mit Charakter, Geist und schöpferischer Kraft. Aber das Wichtigste ist hier: die sämtlichen Teile dieser genial organisierten Maschine, die hier Millionen Nähnadeln durch raffiniertes Hand-in-Hand-arbeiten in kürzester Zeit fabriziert, dort ebenso rasch Berge von Spielwaren aller Art aufhäuft, — sie haben erst einen großen Teil ihrer natürlichen Schönheit aufgeben müssen, um als brauchbare Maschinenteilchen zu gelten und es zu

LA BRILLANTE TOILETE DE LA DEESSE DU GOUT

Qu'elle félicité pour ce jeune amoureux | Puis qu'il peut sans rougir observer tour a tour
Il est dans ce moment au comble de ces vœux | Ces trésors enchanteurs, destinez a l'amour

7. Französische Modekarikatur auf die hohen Haarfrisuren. Um 1780

La Minerve Francaise.
d'après Nature 1819.

8. Französische symbolische Karikatur. 1819

ermöglichen, daß die Gesamt= maschine tadellos funktioniere und Tag für Tag ohne Störung das vorgeschriebene Arbeitsquantum leiste. Hier ist bei einer ganzen Anzahl Frauen der linke Arm hager, dort bei einer ebenso großen der rechte, hier sind es die Beine, dort die Finger, hier beherrscht eine eigentümliche Bewegung die Gesamt= bewegung, dort hat sich eine besondere, einseitige Haltung, die niemals mehr zu über= winden ist, herausgebildet usw. usw. Alle diese Abnormitäten entsprechen der besonderen Tätigkeit, die den betreffen= den im Arbeitsprozeß zuge= wiesen ist. Mit anderen Worten: erst wenn der gött= liche Schöpfungswitz in einer ganz bestimmten Richtung völlig ausgerenkt ist, dann erst zählt er als Wesen in der Armee der Arbeit für voll: die körperliche Deformierung ist die Grundbedingung der Existenzmöglich= keit der Arbeiterinnen.

Und die Verwundungen sind wahrlich nicht harmloser als die, welche die Mode schlägt. Die Phrase vom Schlachtfeld der Arbeit ist leider keine Phrase. Gewiß, die Korsettfurche ist hier selten oder gar nie in so beängstigendem Maße vorhanden: beim Arbeiten muß man sich bewegen können. Leider aber schafft dieses „sich bewegen können", der Verzicht aufs Korsett, auch eine Kleiderfolter: die Rockfurche, die, wie zahlreiche Ärzte mit Recht gegenüber der Reformphraseologie nachweisen, ebenso mörderisch auf Schönheit und Gesundheit wirkt. Aber die wenigsten Körper von arbeitenden Frauen gelangen überhaupt zur Vollreife. Krankheit, Siechtum und Unterernährung machen die Körper frühzeitig eckig, flach und widerstandslos. Und darum ist auch alle Schönheit, die sich hier offenbart, nur scheinbar: eine Schönheit, die jäh aufblüht und ebenso jäh dem Erschlaffen weicht; dazwischen liegt meistens nur eine ganz kurze Zeit des Zeniths.

Das sei der Fluch des Maschinenzeitalters und der Fabrikarbeit, wird von verständigen Menschen immer und immer wieder betont. Die so sprechen, haben zweifellos nur zu sehr recht. Die Farben können bei solchen Schilderungen nicht düster genug gewählt werden, jeder rosige Ton, der echte Lebensfülle ausstrahlen würde, ist kategorisch zu tilgen, wenn man von der verheerenden Wirkung der Fabrikarbeit zu reden hat. Trotz aller Arbeiterschutzgesetze klingt der düstere Kehrreim des Liedes vom Hemde, das Thomas Hood vor sechzig Jahren der Not der Fabrikarbeiterin gesungen hat, noch wenig gemildert durch jede Stadt, durch jedes Land der zivilisierten Welt:

O Männer, denen Gott
Weib, Mutter, Schwester gegeben:
Nicht Linnen ist's, was ihr verschleißt —
Nein, warmes Menschenleben!

Stich! Stich! Stich!
Das ist der Armut Fluch:
Mit doppeltem Faden näh' ich Hemd,
Ja, Hemd und Leichentuch!

Und trotzdem: gemach, gemach, noch ist kein Punkt zu setzen, die Hölle der Arbeit, in der die Frau geopfert wird, ist damit erst in ihrem augenfälligsten Teil durchmessen. Täuschung wäre es, allergröbste Täuschung, zu wähnen, draußen im Feld, wo die Bauerndirne sich müht, und daheim im Bürgerhause hinter dem Herd, wo die Hausfrau waltet, — von diesen Orten wäre der Fluch der Arbeit gebannt, hier tue sich die Arbeit wirklich auf als das göttliche Geschenk, das den Geist entfalte und löse und den Körper zur Vollkommenheit reife.

Die Tragik des Hausfrauenloses ist nicht so augenfällig, sie vollzieht sich stiller, unauffälliger, heimtückischer, und darum setzt sie noch weniger Federn in Bewegung, aber diese Tragik ist darum ebenso unerbittlich. Wird sie einmal in ihrem Wesen be=

Der weibliche Lancier
9. Englische Modekarikatur. 1795

griffen, dann wirkt sie auch erschütternd. Der allerzahmsten einer, Gerhard v. Amyntor, schreibt einmal über die Sklaverei des Herdes:

„Nicht die erschütternden Ereignisse, die für keinen ausbleiben und hier den Tod des Gatten, dort den moralischen Untergang eines geliebten Kindes bringen, hier in langer schwerer Krankheit, dort in dem Scheitern eines warm gehegten Planes bestehen, untergraben ihre Frische und Kraft, sondern die kleinen, täglich wiederkehrenden, Mark und Knochen auffressenden Sorgen ... Wie viele Millionen braver Hausmütterchen verkochen und verscheuern ihren Lebensmut, ihre Rosenwangen und Schelmengrübchen im Dienste der häuslichen Sorgen, bis sie runzliche, vertrocknete, gebrochene Mumien geworden sind. Die ewig neue Frage: ‚Was heute gekocht werden soll‘, die immer wiederkehrende Notwendigkeit des Fegens und Klopfens und Bürstens und Abstäubens ist der stetig fallende Tropfen, der langsam aber sicher Geist und Körper verzehrt. Der Kochherd ist der Ort, wo die traurigsten Bilanzen zwischen Einnahme und Ausgabe gezogen, die deprimierendsten Betrachtungen über die steigende Verteuerung der Lebensmittel und die immer schwieriger werdende Beschaffung der nötigen Geldmittel angestellt werden. Auf dem flammenden Altar, wo der Suppentopf brodelt, wird Jugend und Unbefangenheit, Schönheit und frohe Laune geopfert, und wer erkennt in der alten, kummergebeugten, tiefäugigen Köchin die einst blühende, übermütige, züchtig-kokette Braut im Schmucke ihrer Myrtenkrone."

Das ist nur zu wahr; für „die Dame", die sorgenlos über Dienstboten gebietet, gilt das freilich nicht.

Und wie steht es mit der ländlichen weiblichen Bevölkerung? Was? Auch hier, wo die Gesundheit zu Hause ist, soll zu mäkeln sein? Jawohl, auch hier! Gerade hier sieht man auf Schritt und Tritt die groteske Verhunzung des göttlichen Schöpfungswunders durch die Arbeit. Ohne Zweifel strotzen Zehntausende von Bauerndirnen und Bauernfrauen förmlich von Gesundheit; aber soll ihre körperliche Erscheinung vielleicht die menschliche Vollendung sein? Auf Kosten aller Harmonie ist das animalische Wohlbefinden erreicht worden; dieses animalische Wohlbefinden ist aber auch der einzige Unterschied. Von zehn Bauernweibern sind mindestens acht buchstäblich groteske Karikaturen der menschlichen Gestalt. Vom Kopf bis zu den Füßen vollständige Miß- und Verbildungen. Gewiß, eine nicht zu übersehende Harmonie ist vorhanden: die Harmonie des Ungeschlachten in allen Teilen. Das gilt sowohl fürs Gebirge, wie für die Niederungen des Flachlandes. Man vergleiche z. B. ohne Voreingenommenheit die Typen, die Bruno Paul von den oberbayrischen Bäuerinnen geschaffen hat, mit der Wirklichkeit, und das Ergebnis jeder ernsten Prüfung wird sein, daß sie verblüffend richtig geschaut sind, und gerade die groteske karikaturistische Behandlung offenbart das Wesen ihrer Gesamterscheinung. Und diese beleidigende Verbildung des Körpers hat auch einzig und allein die Arbeit

RIGGING OUT A SMUGGLER.

Vorbereitung zum Schmuggel

10. Rowlandson. Groteske englische Karikatur

La Vestale moderne
Die moderne Vestalin
11. Göz. Deutsche Karikatur aus dem 18. Jahrhundert

vollbracht, sie hebt durch ihre Schwere und durch das Übermaß stets in wenigen Jahren das jugendliche Ebenmaß auf, aber sie formt hier im Gegensatz zur Fabrikarbeit den Menschen nicht zum Maschinenteilchen, sondern jeder einzelne ist eine ganze Maschine, und zwar eine Maschine, die plump und ungeschlacht ist wie die zu bewältigende Arbeit...

So stellt sich also in Wahrheit für die große Mehrzahl der weiblichen Bevölkerung die „Regeneration" durch die Arbeit dar.

An dieser Stelle wird sicher von manchem Leser der Einwand erhoben werden: „ach diese Schilderung ist ja selbst Übertreibung, groteske Karikatur" — der bekannte, so häufig hervorgeholte Trost, um damit über die peinliche Wirklichkeit hinwegzuturnen. Wenn der tiefere Sinn in dem heiteren Gewande, das der Karikatur eignet, bei dem hier vorgeführten Bildermaterial richtig erfaßt werden soll, dann wäre es leichtsinnig, die Möglichkeit dieses Trostes bestehen zu lassen. Diese Möglichkeit wird vernichtet, wenn man auf die positiven Zahlen, zu denen die Wissenschaft in dieser Richtung gelangt ist, hinweist. Der verdienstvolle C. H. Stratz beantwortet auf Grund von vielen tausend Messungen und eigenen ärztlichen Untersuchungen die Frage „wie viel Frauen haben einen normalen Körper und wieviele erhalten ihren Körper normal?" mit folgenden Zahlen: „Wir haben ungefähr unter hundert jetzt lebenden Frauen verunstaltet durch englische Krankheit 35, durch Skrofulose usw. 15, durch starkes Schnüren 20, durch unzweckmäßige Behandlung bei Geburt und Wochenbett 25, der Rest ist normal". D. h. also: unter hundert Frauen befinden sich fünf völlig normale Frauen. Zu denselben Resultaten kamen noch eine Reihe anderer Spezialforscher. Fünf von hundert Frauen sind schön, soferne sie körperlich normal, körperlich vollkommen sind. Damit ist jedoch nicht gesagt, daß auch nur eine dem Schönheitsideal entspräche, denn körperliche Schönheit allein genügt dafür nicht. Das leitet uns denn auch zu etwas anderem über.

Vor der Schlacht
Französische Karikatur von Charles Maurin. 1903

Am Auslug

Holländische Karikatur von J. B. Coclers auf die galanten Damen. 18. Jahrhundert

Die Kokotte
Französische Karikatur von Monet. 1875

Karneval!
Französische Karikatur von Gavarni. Um 1850

Wir sind nämlich mit dem bis jetzt Gesagten noch lange nicht zu Ende mit den Sünden wider den heiligen Geist der köstlichen Schönheit des Weibes. Es wäre auch eine höchst brutale Auffassung von der Frau, sie nur nach ihrer rein körperlichen Vollkommenheit zu werten, d. h. sich nur auf die Schilderung der Vernichtung ihrer körperlichen Schönheit zu beschränken und Seele und Geist ganz außer Betracht zu lassen, zumal gegen diese beiden, wie schon eingangs gesagt wurde, zu allen Zeiten mit gleichem Fanatismus gewütet worden ist — und leider mit demselben durchschlagenden Erfolge. Vielleicht ist hier sogar noch gründlicher zu Werke gegangen worden. Die Verkrüppelung des Geistes und der Seele des Weibes ist der Verkrüppelung des Körpers zum mindesten durchaus ebenbürtig.

Die Erziehung der Frau nach den Gesetzen von „Sitte und Anstand" erfordert die erste Würdigung, denn sie ist auf geistigem und seelischem Gebiet ungefähr das Gegenstück zur Mode und ist wie diese sanktioniert von der allgemeinen gesellschaftlichen Moral.

Um so mehr nach Hohn klingt es darum aber auch, wenn als Grundzug der Erziehung der Frau der folgende Satz aufgestellt und als für die meisten Zeiten geltend erklärt werden muß: Alles, was den Menschen groß und frei an Geist, Seele und

12. Deutsche Karikatur auf die Gräfin Lichtenau, die Maitresse Friedrich Wilhelms II.

A LITTLE TIGHTER.

13. Rowlandson. Englische Karikatur auf das Schnüren

Gemüt macht, freies, unabhängiges Denken, glühendes Empfinden, offenes, deutliches Wort, Geradheit, Echtheit, Wahrhaftigkeit, Mut der Überzeugung — alledem, d. h. den hervorstechendsten und stolzesten menschlichen Tugenden, ist von der Erziehung gegenüber der Frau ununterbrochen der Krieg erklärt worden. An dessen Stelle trat einzig und allein, geltend für alle Kategorien des Lebens, die Dressur. Der Zirkusgaul, der keinen einzigen Schritt zu viel, keinen zu lang und keinen zu kurz macht, war und ist das Ideal aller Frauenerziehung. Und diesem Ideal ist unter der jedem Zeitalter geläufigen Devise: „Es schickt sich nicht!" nachgestrebt worden. Keine Formel gibt es, die leichter zu begründen gewesen wäre, und darum hat sie stets den härtesten Widerstand überwunden.

„Es schickt sich nicht!" ist der kategorische Imperativ im Leben jeder Frau, und nicht nur der vornehmen; selbst auf dem Dorfe ertönt er. An dieses

MORE MISERIES OR THE BOTTOM OF MR FIGGS OLD WHISKEY BROKE THROUGH.

Die kleinen Unannehmlichkeiten eines alten baufälligen Wagens

Englische Karikatur von Thomas Rowlandson. 1807

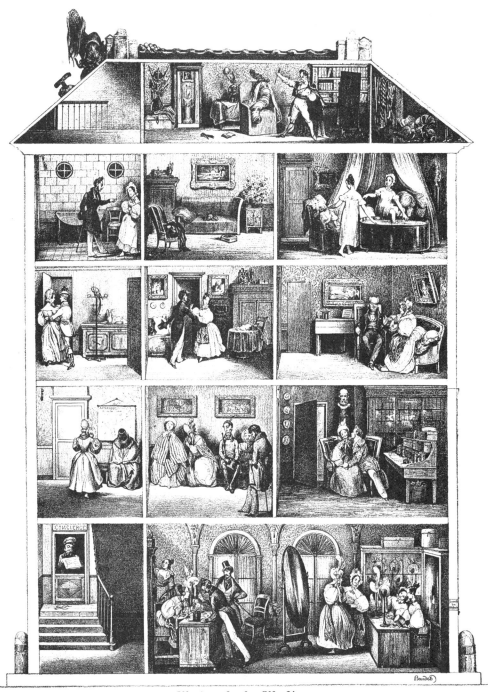

Maison de la Modiste.
Magasin de modes au Rez-de-chaussée — 1.er étage Un médecin — 2.e étage Une rentière — 3.e étage Des demoiselles — 4.e étage Un artiste dramatique.

Französische gesellschaftliche Karikatur von Bourdet. 1830

TOO MUCH and TOO LITTLE
or Summer Cloathing for 1556 & 1796

Zu viel und zu wenig oder die Sommermode im Jahre 1556 und im Jahre 1796
14. Woodward. Englische Modekarikatur

Wort gekettet, wird die Frau durchs ganze Leben geführt. „Es schickt sich nicht!", damit wird die Kleine im Flügelkleide unbarmherzig zurückgehalten, wenn sie sich von der Hand der Mama oder der des Kindermädchens losmachen will, um den johlenden Buben nachzulaufen, die einen Schmetterling haschen wollen. „Es schickt sich nicht!" tönt es mahnend dem heranwachsenden Mädchen entgegen, wenn es einen Augenblick der guten Lehren vergißt und mit ungedämpfter Stimme plappert und lacht. „Es schickt sich nicht!", das wird dem Backfisch mit strafender Verweisung entgegengehalten, wenn er dabei ertappt wird, wie er verstohlen nach einem schmucken männlichen Altersgenossen schielt; und „Es schickt sich nicht!" klingt es selbst noch der Matrone wie eine innere Stimme ins Ohr, wenn die Eile sie drängt, z. B. einen kurzen Weg über

— Merk dir das eine: immer recht straff!
15. Francisco Goya.   Spanische Karikatur

die Straße ohne Extratoilette zu machen. „Schickt es sich?", das gebietet andererseits jede Mutter ihrer Tochter, sich stets bei jeder Gelegenheit zu fragen; das allein und nichts anderes soll ihre Leitschnur im Leben sein, und mit „Es schickt sich nicht!" wird dann jede auftauchende Frage erledigt, alles widerlegt und alles begründet, jeder Drang nach geistiger Befreiung und das sogenannte ewige Gesetz: „Er soll dein Herr sein!" Die Formel „Es schickt sich nicht!" ist schließlich für die große Mehrzahl aller Frauen zu dem Schutzwall geworden, den sie sich selbst in jedem Augenblick und bei jeder Zumutung, die an ihren Intellekt und ihr Gefühl gestellt wird, aufrichten. In der erhabensten Stunde ihres Lebens, wenn der bewunderte Geliebte sie zum erstenmal in seine Arme schließt und den ersten Kuß von ihren Lippen pflückt, da findet ihre Verlegenheit gewöhnlich nur das eine Wort: „Es schickt sich nicht!"

Biedere Salbaderer erklären würdevoll, das sei der selbstgewählte Zügel, den sich die Frau anlege, um sich sicher zu machen und sich davor zu bewahren, jene Schranken zu überschreiten, die „edle Würde der Frau einzuhalten gebietet". Leider ist es ganz etwas anderes. Es ist in Wahrheit die unsichtbare, aber jedem fühlbare, von der egoistischen Männerwelt im Interesse der Herrschaft des Mannes aufgerichtete Wand, die das große Frauengefängnis fast unübersteiglich umschließt; nur sehr wenige vermögen diese Mauern zu überklettern und diesem Gefängnis zu entfliehen.

Und das Resultat? Auf Schritt und Tritt wird es durch die ganze Kulturgeschichte offenbar. Welche ungeheuerliche Banalität des Denkens, der Sprache, des Ausdrucks ist in den meisten Epochen der großen Masse der Frauen eigen! Ihr Wesen ist Unnatürlichkeit, Halbheit und Unwahrheit. Gedanken, Sprache, Worte, Gang, Geste, Bewegung, — alles ist losgelöst von ursprünglicher Natürlichkeit, ist dafür posiert, gewählt, gezwungen, gefeilt, lackiert, poliert. Nirgends eine Beziehung zum Ganzen, nur zu sich, das Ich steht allein im Mittelpunkt; während raffiniert das Gegenteil geheuchelt wird, ist alles nur seinen Instinkten untergeordnet. Alles Derbe, Kräftige ist aus der Physiognomie der Durchschnittsfrau ausgetilgt, das Charakteristische ist nivelliert. Jedes Gesicht ist weich, rundlich, unterschiedslos. Mienen, aber keine Züge, die Charakter anzeigen. Und die Mienen, ein Spiegel der Seele? Nein, eine einzige, große, in die Länge gezogene, kontinuierliche Lüge. Beweise! Beweise! O, sie sind zu Hunderten zur Hand, ob man nach links, nach rechts, nach vorn oder nach hinten greife, nie bleibt die Hand leer. Sie springen in die Augen beim ersten Schritt auf die Straße,

Die Morgenpromenade

16. Dutailly. Französische Karikatur auf die Mode der durchsichtigen Frauenkostüme unter dem Direktorium. 1796

Am häuslichen Herd
17. Galante französische Karikatur. Um 1820

in den Salon, ins Bürgerhaus. Man kann sie zu Dutzenden mit dem Finger zeigen, wenn man im Theater an die Rampe tritt, wenn man die Schwelle der Kirche überschreitet oder auch nur einen Kirchhofweg entlang wandelt. Ein einziges sei hervorgeholt, eins von gestern, von heute, von morgen und von übermorgen, das selbst der Dümmste und Kurzsichtigste sehen muß, wenn er die Augen eine Minute offen hält: dort geht eine züchtige, deutsche Jungfrau aus guter Familie über die Straße, ihr Gesichtchen ist so strahlend unschuldig und naiv wie der Ausdruck eines acht Tage alten Kälbchens, es ist Tatsache: ihre Sitten und Gebärden sind tadellos, sie spricht kein Wort, das sich nicht schickte, sie tut nichts, was sich nicht schickte, makellos ist ihr ganzes Leben wie die Frische des eben aus der Hand der Plätterin kommenden weißen Unterrocks, der beim Raffen ihres Kleides leise sichtbar wird, und dieselbe keusche deutsche — oder französische oder englische oder italienische — Jungfrau trägt einen Rock, von dem sie weiß, daß die Schneiderin dabei ihren ganzen Scharfsinn darauf verwendet hat, vor aller Welt so pikant wie nur irgend möglich das Geheimnis an den Tag zu bringen, daß sie, die eben erblühte Blume der Unschuld und der Reinheit, in hervorragender Weise die Reize der Venus Kallipygos besitzt. Sie weiß, daß diese Reize in allen Details so plastisch wie möglich herausgearbeitet sind

— zur Augenweide aller Männer, damit jeder, der ihren Weg kreuzt, sich daran ergötze; sie weiß es, und ihr Gesicht strahlt dennoch unschuldige Heiterkeit, Züchtigkeit und holde Naivität. Wahrhaftig, der Teufel muß sich in Lachkrämpfen winden schon ob dieses einen Resultates von der Erziehung des Weibes.

Die Verwüstungen, die die Arbeit, die Haus- und Fabriksklaverei, an Geist, Seele und Gemüt der Masse der Frauen angerichtet hat, sind anderer Art, aber sie sind nicht weniger deprimierend. Die Monotonie der Arbeit hat bei den meisten alle Originalität des Denkens verwischt. Eine nie nachlassende Müdigkeit und stumpfe Gleichgültigkeit gegen ernstere Gegenstände liegt wie ein Schleier über ihrem ganzen Leben. Kein stolzes Aufleuchten der Augen über erfüllte Pflicht krönt die vollbrachte Arbeit, und kein behagliches Dehnen in der Freiheit beschließt den Tag — man ist übermüdet. Man ist hastig selbst in den Stunden der Ruhe und der Erholung. Alle Freude ist nichts Natürliches, sondern nur ein krampfhaftes Zucken der Seele. Aus dem geistigen und seelischen Leben ist ein bloßes geistiges und seelisches Vegetieren geworden, und die Spannkraft wird meistens nur von der Sorge und der trügerischen Hoffnung aufrecht erhalten ...

Zur grotesken Karikatur ist der göttliche Schöpfungswitz fast zu allen Zeiten herabgestümpert worden, so lautet der erste Satz dieser Einleitung. Nur knapp und in großen Umrissen ist die Wahrheit dieses Satzes hier skizziert, aber wohl ausreichend zur Begründung der Tatsache, daß die Frau in allen Zeiten zum unerschöpflichen, niemals abgedroschenen, immer neue Seiten darbietenden Thema der Satire in Wort und Bild geworden ist.

Nun hat aber jedes Ding in sich seine eigene geheime Ironie. Was ist nun in diesem Falle die Ironie der Geschichte der Frau in der Karikatur? Die Karikatur der Karikatur der Frau, das ist nur scheinbar bloß die boshafte und zwecklose Rache der beleidigten

Romantisches Kostüm

8. C. Roqueplan. Französische Karikatur auf die Mode im Jahr 1830

Die Unschuld

19. Aus den „Teufeleien" von Poitevin. Französische Karikatur. 1832

und vergewaltigten Natur, in Wirklichkeit manifestiert sich in der Karikatur der Frau etwas viel Bedeutsameres, sie ist ein Teil des Gewissens der Menschheit. Und das ist die geheime Ironie: in der satirisierenden Steigerung aller ästhetischen und moralischen Entgleisungen am Bilde der Frau zur vollendeten Häßlichkeit und Unnatur wirkt im letzten Grunde der Drang, den göttlichen Schöpfungswitz nicht untergehen zu lassen, ihm im Gegenteil zu seinem angeborenen Rechte zu verhelfen, d. h. das doch noch eines Tages in ganzem Umfange zu werden, was er seiner ganzen Anlage nach ist: ein erhabenes Wunder voll Reichtum und unvergänglicher Schönheit. Mit anderen Worten: die wahre Schönheit hat keinen zärtlicheren Förderer als die bewußte Häßlichkeit der Karikatur.

Erkennt man dieses geheime Gesetz, diesen ernsten Hintergrund im ausgelassensten Lachen, dann erheben sich die tausend und abertausend Karikaturen, die die Rolle der Frau in Familie, Gesellschaft und Staat im Laufe der Jahrhunderte gezeitigt hat und täglich neu zeitigt, zu weit mehr als zu bloßen Seifenblasen der momentanen Heiterkeit; die Karikatur erhebt sich in ihrer Beharrlichkeit und ihrer ewigen Unermüdlichkeit zum Schrittmacher einer höheren Vernunft, einer echten und reineren Schönheit, einer tiefgründigen Sittlichkeit.

* * *

Die Frau steht im Leben eines jeden gesunden und normalen Mannes mindestens für eine Reihe von Jahren im Brennpunkt seines gesamten Fühlens und Denkens. Sie ist für ihn die erste große Offenbarung des Lebens, das Wunder voll tausend Rätseln von dem Tag an, wo er die Schwelle zum bewußten Geschlechtsempfinden überschreitet. Für manche, nein für viele, für unendlich viele sogar, bleibt sie während ihres ganzen Lebens die einzige Sonne, die ihnen den Tag bedeutet, das Licht und die Wärme, ohne die sie es nicht vermögen, täglich jene Summe von Mut, Spannkraft, Energie und Selbstbewußtsein auszulösen, deren sie unbedingt bedürfen, um ihre Rolle im Leben auch nur halbwegs mit Anstand zu spielen. Es tut gar nichts zur Sache und hat im letzten Grunde nur nebensächliche Bedeutung, ob diese Rolle auf der großen politischen Weltbühne oder nur in der dumpfen Enge der weltabgeschiedenen Provinzstadt agiert wird. Und diese treibende Kraft des Weiblichen ist naturgemäß viel weniger Ausnahme als Regel, denn das ist die Erfüllung des wichtigsten Naturgesetzes. Jedes organische Lebewesen strebt nach Vollendung. Das ist das Ziel des Lebens, beim Einzelindividuum wie bei der Gattung. Und zwar ist das nicht ein willkürlich nur von einer höheren Vernunft konstruierter Lebenszweck, sondern es ist der in seiner unabänderlichen Gesetzmäßigkeit empirisch erkannte Lebenszweck. Die geistige, gemütliche und physische Vollendung

20. Karikatur auf die Leichtgläubigkeit der Frauen. Deutsche Reichsbremse. 1850

kann aber beim Menschen nie vom Einzelwesen in sich allein erreicht werden, es bedarf dazu stets des andersgeschlechtlichen Gegenpols. Kant hat diese alte Erkenntnis in den einfachen Satz formuliert: „Mann und Frau bilden erst zusammen den vollen und ganzen Menschen, ein Geschlecht ergänzt das andere." Aus diesem Grunde ist es denn auch eine ebenso natürliche wie selbstverständliche Erscheinung, daß Individuen, aus deren Leben gewaltsam, wider ihren Willen, der eine von beiden Teilen, sei es Mann oder Weib, ausgeschaltet wird, sich fast immer zu Persönlichkeiten entwickeln, die in irgend einer Weise physisch oder seelisch verkrüppelt sind. Das ist die Strafe, die von der Natur auf Zweckverfehlung gesetzt ist.

Die hoffnungsschwangere Germania

21. Deutsche symbolische Karikatur aus dem Mai 1849

Titelvignette der „Tante Voß mit dem Besen"
22. Berliner Witzblatt aus dem Jahre 1848

Dieselbe überragende Rolle, die die Frau im Leben des einzelnen spielt, spielt sie auch im Rahmen der Gesamtheit. Die Frauenfrage ist nächst der Arbeiterfrage das wichtigste Problem der Gegenwart. Aber sie ist in einer Hinsicht weit mehr noch als das, sie knüpft sich nicht nur an die Gegenwart, sie ist das erste, älteste und wichtigste soziale Problem jeder auf dem Privateigentum begründeten Gesellschaftsordnung. Die Entstehung des Privateigentums schuf die Monogamie, die Einehe. Mit dem Privateigentum wurde aber auch das Problem vom Unterdrücker und vom Unterdrückten geboren. Es mußte mit ihm geboren werden, denn diese Institution war ja, politisch ausgedrückt, der ökonomische Fortschritt, den die menschliche Gesellschaft machte, als sie sich aus der kommunistischen Urgesellschaft herausentwickelte. Die Frauenfrage ist nun die erste Fassung dieses Problems, die Frau ist historisch der erste Unterdrückte. „Die erste Klassenunterdrückung ist die des weiblichen Geschlechtes durch das männliche." Naturnotwendig. Der erste Sklave mußte der Schwächere sein, innerhalb der Stammesorganisation war die Frau infolge der ihr von der Natur zugewiesenen Gebärfunktionen stetig der physisch schwächere Teil. Die Frau ist dieser Unterdrückte durch alle Jahrtausende geblieben, denn es hat sich seither wohl die Form, nicht aber die Basis der Gesellschaftsordnung geändert. Aus diesem Grunde ist die Frauenfrage keine Frage, die sich nur an bestimmte, enger zu begrenzende Epochen unserer Geschichte geknüpft hätte, sie ist im Gegenteil mit jeder Epoche verknüpft, ist in jedem Zeitalter aktuell, auch wenn sie sich nicht in die Form von programmatischen Forderungen verdichtet hat oder als agitatorisches Aktionsprogramm auf der politischen oder der gesellschaftlichen Tagesordnung erschienen ist. Sie ist eben der nicht abzutrennende Schatten unserer Gesellschaftsordnung.

In den wirtschaftlichen Voraussetzungen der monogamistischen Familienform wurzelt die gesamte Stellung der Frau von altersher bis auf den heutigen Tag. Die Einzelehe war, wie Engels an der Hand der bahnbrechenden Forschungen von Bachofen und Morgan nachweist, ohne Zweifel ein großer historischer Fortschritt, aber sie eröffnete neben der Entstehung des Privatreichtums auch zugleich jene bis heute dauernde Epoche, in der jeder Fortschritt zugleich ein relativer Rückschritt ist, in dem das Wohl und die Entwicklung der einen sich durchsetzt durch das Wehe und die Zurückdrängung der anderen; die Einehe tritt auf als Unterjochung des einen Geschlechts durch das andere. Die Einehe ist gegründet auf die Herrschaft des Mannes, mit dem ausdrücklichen Zweck der Erzeugung von Kindern mit unbestrittener Vaterschaft; und diese Vaterschaft wird erfordert, weil diese Kinder dereinst als Leibeserben in das väterliche Vermögen eintreten sollen: Um die Treue der Frau, also die Vaterschaft der Kinder, sicher zu stellen, wird die Frau der Gewalt des Mannes unbedingt überliefert.

Auf dieser Basis beruht das Herrenrecht des Mannes: daß der Mann allein die Gesetze diktiert, daß die sozialen, geschlechtlichen und politischen Vorrechte ausschließlich auf seiner Seite sind, daß nur, was er tut, und auch alles, was er tut, wohlgetan ist. Kurz gesagt, daraus resultieren alle die moralischen Ungeheuerlichkeiten der doppelten Moral für Mann und Frau: daß bei der Frau Verbrechen ist, was dem Mann als unbedingtes Recht, ja, mehr noch: als Ruhm, zugebilligt ist.

Als das menschliche Gewissen anfing, moralische Einwendungen gegen das uneingeschränkte Herrenrecht des Mannes zu machen, da zimmerte sich dieser sofort seine Rechtfertigung, natürlich auch moralisch:

Weib, Esel, Nuß — darf ich es sagen? —
Tun nie etwas ungeschlagen.

So lautet ein vom Herrenrecht dem Manne eingegebenes Sprichwort des Mittelalters. Und zur Entschuldigung für die Brutalität, mit der der Mann seine Sklavenhalterrechte ausübte, formte er zur gleichen Zeit das Wort: Die Frauen sind wie die Katzen, sie haben neun Leben und können manchen Streich vertragen. Mit diesem Trost im Sinne konnte der Mann sorglos weiter drauflos sündigen, und er hat es bis auf den heutigen Tag der Frau gegenüber auch auf allen Gebieten in edler Beharrlichkeit getan.

— Als Kandidat zur Nationalversammlung bin ich zurückgewiesen; da bleibt mir nur noch ein Weg offen ... laß mich allein, Zenobia ... stör mich nicht in meinen Gedanken ... ich bin eben im Begriff, ein Manifest an Europa abzufassen.

Die politisierenden Frauen

23. Honoré Daumier. 1848

Verläumbung
24. Gavarni. 1850

Die Frau hat sich freilich nicht widerstandslos in diese Rolle gefügt. Das läßt sich mühelos historisch belegen. Es ist eine geschichtlich hinreichend begründete Erscheinung, daß, sobald eine Staats- oder Gesellschaftsordnung ihre Ruhe aufgibt und irgendwie in Fluß kommt, sobald sich politische oder soziale Umwälzungen irgendwelcher Art vorbereiten oder andeuten, — daß dann regelmäßig alle irgendwie Unterdrückten wach werden, sich auf ihre Anrechte besinnen, die ihnen Familie, Staat oder Gesellschaft eigensüchtig vorenthalten, sie proklamieren und sie als die ebenfalls zu lösenden Aufgaben der Zeit propagieren, d. h.: sie alle fühlen sich solidarisch „mit der Revolution".

Wenn man an der Hand dieses geschichtlichen Erfahrungssatzes die Geschichte der Frau überschaut, so ergibt sich die mühelos nachweisbare Tatsache, daß die Frauenfrage immer und überall in irgend einer Form „brennend" wird, wenn auf politischem oder sozialem Gebiet sich Umwälzungen vorbereiten und vollziehen. Aus diesen Gründen ist es auch ganz folgerichtig, daß z. B. in der Gegenwart, in der sich für jeden historisch auch nur mäßig geschulten Kopf klar erkennbar eine bis auf den Grund gehende Umwälzung unserer gesamten Gesellschaftsordnung vorbereitet, — daß heute die Frauenfrage ebenfalls im Vordergrunde der öffentlichen Diskussion steht, daß sie seit mehr als fünfzig Jahren in keinem der modernen Kulturstaaten auch nur für die kürzeste Zeit völlig von der Tagesordnung verschwunden ist. Das ist weiter der Schlüssel dazu, daß die Frauenbewegung von Tag zu Tag immer größere Kreise zieht, so daß allmählich schon dem verbohrtesten Philister eine Ahnung davon aufdämmert, „daß hier etwas vorgeht". Freilich darf man dabei nicht in den Irrtum verfallen, daß die so erheiternde Damenfrage den Begriff der Frauenfrage erschöpfte.

Die eben skizzierte Erscheinung ist aber auch in einer anderen Beziehung wichtig. In den großen Konfliktszeiten der Völker vor allem wird es deutlich offenbar, welche gewaltige und stolze historische Aufgabe von der Frau trotz

Les dames au salon!
25. Constantin Guys. Französische Karikatur aus der Zeit des zweiten Kaiserreichs

ihrer unterdrückten Stellung in der Menschheitsgeschichte erfüllt wird. Es ist eine beweisbare Wahrheit, daß keine große geschichtliche Aktion sich abgewickelt hat, ohne daß die Frau einen bedeutsamen und imponierenden Anteil daran gehabt hätte. Keine große Idee gibt es im Leben der Völker, keine Weltanschauung von den vielen, die sich auf politischem, religiösem und sozialem Gebiete im Laufe der Zeit abgelöst haben, die nicht in der Frau ihre kühnsten Propheten, ihre opferwilligsten Märtyrer und ihre fanatischsten Apostel gefunden hätte. Vieles von dem Allergrößten, was die Weltgeschichte zu melden hat, ist deshalb ruhmreiche Tat geworden, weil die glühende Frauenseele im entscheidenden Augenblick den Willen gestählt hat. Freilich ist der bestimmende Einfluß der Frau nicht nur in der Richtung des Bewundernswerten zu suchen: auf die Abwege, auf denen die Tüchtigsten und Genialsten sich verirrt haben und untergegangen sind, sind unzählige von der Frau geleitet und gedrängt worden.

Ist die Frau in allen Abschnitten des Zeitalters der Zivilisation auch stets die Unterdrückte gewesen, so ist ihre Stellung doch jeweils sehr verschieden. Die jeweilige Stellung der Frau ist für die Kulturgeschichtsschreibung zu einem überaus wichtigen Gradmesser der Reife, Unreife oder Überreife, der Freiheit oder der besonderen Unfreiheit einer Epoche, eines Landes, einer Klasse usw. geworden. In der Stellung der Frau im privaten und öffentlichen Leben, in ihrer Wertung als Mensch

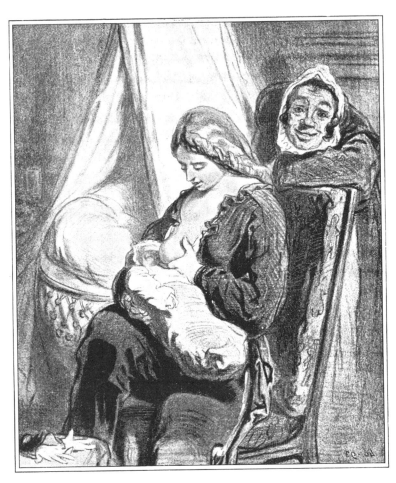

Pierrette zu Hause
26. Gavarni. Französische Karikatur

spiegelt sich immer sehr prägnant das Kulturniveau, der Aufgang oder der Niedergang einer Gesellschaft. In der privatrechtlichen und staatsrechtlichen Stellung der Frau kulminieren alle Schäden unserer privaten und öffentlichen Moral. Die Mittel, mit denen die Frau um ihre Anerkennung oder um eine Herrschaft im Rahmen der Familie, der Gesellschaft oder des Staates buhlt, ringt und kämpft, sind ein Teil der wichtigsten Zeugnisse und Dokumente für die Geschichte der öffentlichen Sittlichkeit. Man vergegenwärtige sich hier, als einziges Beispiel, nur jene Zeiten, in denen die Frau auf dem Throne saß und das alles beherrschende Zepter schwang. Wir meinen hier natürlich nicht die Frau als staatsrechtliche Regentin eines bestimmten Landes, sondern die Frau als den obersten Kultus, den Götzen einer Zeit. Kann es nun einen teuflischeren Hohn geben als den, daß solche Zeiten, in denen die Gesellschaft zu jeder Stunde bereit ist, den tollsten ihrer Wünsche wie ein heiliges Gesetz zu erfüllen, in Wirklichkeit die denkbar tiefste Degradierung der Frau darstellen? Aber es ist so.

Es geht nicht!
27. Deutsche Karikatur auf die Krinoline

In solchen Zeiten scheidet aus der Wertung der Frau alles menschlich Edle, alles Geistige und Seelische aus, sie ist erniedrigt zum bloßen Lustobjekt. Genuß zu bereiten, d. h. zu „lieben" im rein animalischen Sinn, das ist ihr einziger Lebenszweck. Den Maßstab, an dem man sie mißt: ob man verächtlich an ihr vorübergeht, oder ob alle Rücken sich vor ihr beugen und ihr Ruhm durch alle Säle der Gesellschaft widerhallt, diesen Maßstab gibt in solchen Zeiten einzig die Frage, welchen Grad von Raffinement sie entwickelt, „pour faire naitre des desirs"..

Steht die Frauenfrage heute mehr denn je im Vordergrunde des öffentlichen Interesses, so ist die Frage nach der Möglichkeit ihrer endgültigen Lösbarkeit natürlich ein Hauptbestandteil der Diskussion; sie ist die Grundfrage aller Theorie. Der kon=

servative Gassenwitz, der sich die Organisation der menschlichen Gesellschaft nie anders zu denken vermag, als daß stets ein Teil Vorrechte auf Kosten des anderen hat, führt gegenüber der Frauenfrage immer die einzige Formel im Munde: Die dem Manne untergeordnete Stellung der Frau ist in der Natur begründet, also wird die Frauenfrage nie „gelöst" werden. Und die Begründung dieser Formel lautet: Die Frau ist von Natur physisch der schwächere Teil, darum wurde der Mann ihr „Herr", und weil die Natur sich nicht ändert und der Mann immer als der Stärkere geboren werden wird, darum wird der Mann immer der Herrschende bleiben, und seine Vorrechte können nur von der zunehmenden Moral zugunsten der Frau eingeschränkt werden. Diese Beweisführung ist ebenso geistreich wie jene weltbekannte Formel, mit der dieselben Leute die Arbeiterfrage abzutun gedenken: es hat immer Reiche und Arme

Die Erbschaft des Jahres 1870

H. Daumier. Französische Karikatur auf den deutsch-französischen Krieg. 1871

Das Erwachen des Löwen

Französische symbolische Karikatur von André Gill auf die Proklamation der dritten französischen Republik. September 1870

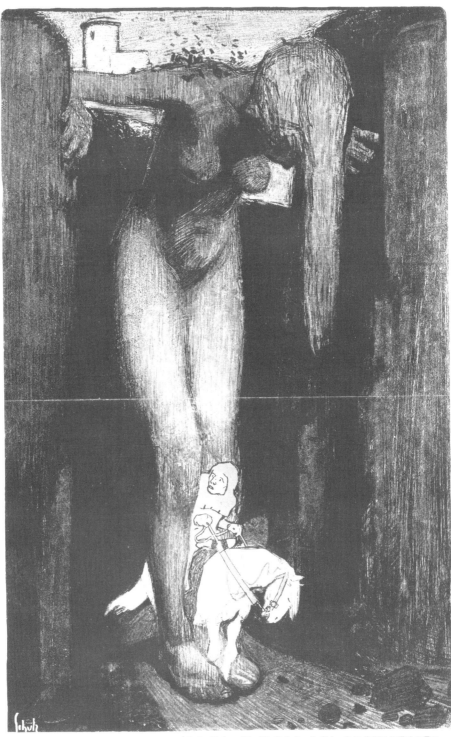

„Mein Reiterlein, komm, ich warte schon lang," Die wilde Frau lockt, höre nicht hin, Reit nicht die Straße, die zu ihr führt, Da tun die Felsen sich Wand an Wand,
Klingt tief aus der Felsschlucht der dunkle Gang. Daß dich nicht betöre die Teufelin. Darauf sich die Wilde die Buben führt. Um dich zu fangen mit Fuß und Hand.

Dein Rößlein sich bald zu Tode ringt, Und sie zählt still die Tröpflein rot Ihre Stimme klingt so süß und so bang:
Hell dir das Blut aus dem Herzen springt. Und singt in deine letzte Not. „Mein Reiterlein, komm, ich warte schon lang."

Die wilde Frau. Symbolische Karikatur von Wilhelm Schulz. Simplicissimus. 1898

gegeben, also wird es in alle Zeit und Ewigkeit Reiche und Arme geben. Diese Beweisführung ist aber auch ebenso unredlich, zum mindesten ist sie ganz unwissenschaftlich. Sie war noch vor hundert Jahren zulässig, heute ist sie es nicht mehr. Die Gesetze, denen eine soziale Institution folgt, entschleiern sich stets erst bei einer bestimmten Höhe der Entwicklung dieser Institution. Die Geheimnisse der Entwicklung der Familie zu entschleiern war dem 19. Jahrhundert vorbehalten. Dieses Jahrhundert hat die Entschleierung auch vorgenommen; und wenn auch noch unendlich viele Seiten dieser Frage aufzuhellen sind, so sind doch die Vorfragen gelöst. Unter ernsthaften Leuten wird längst nicht mehr darüber diskutiert, daß die heutige Eheform etwas ebenso Gewordenes ist wie alle organischen und sozialen Gebilde. Es steht

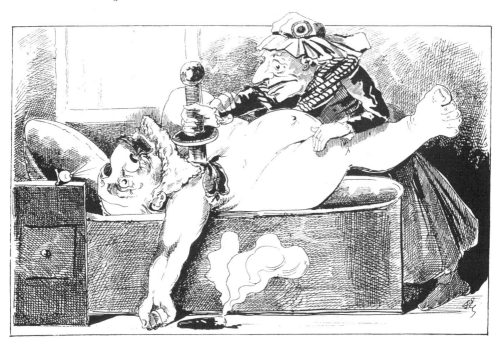

29. Titelvignette eines satirischen Flugblattes auf die Anklagen der Kommunardin Louise Michel gegen Gambetta. 1876

5

aber weiter unwiderleglich fest — und das ist im gegebenen Fall das wichtigste —, daß es Entwickelungsstadien in der menschlichen Gesellschaft gegeben hat, in denen die Frau trotz ihrer physischen Schwäche nicht die Unterdrückte war. Damit ist zwar wenig für die Zukunft bewiesen, aber die Behauptung von der ewigen, in der Natur begründeten Vernunft der Unterdrückung der Frau, die Behauptung, daß die Frau immer erst in zweiter Reihe rangiere, ist damit völlig und für alle Zeiten entkräftet.

Alles, was geworden ist, ist aber auch bekanntlich ein Werdendes, und so konnte Morgan auf die Frage, ob die heutige Form der Ehe für die Zukunft von Dauer sein könne, wohl folgern: „Die einzige mögliche Antwort ist die, daß sie fortschreiten muß, wie die Gesellschaft fortschreitet, sich verändern in dem Maße, wie die Gesellschaft sich verändert, ganz wie bisher."

Und wenn man nun zur Ursache der Unterdrückung der Frau zurückgreift, zu der ökonomischen Wurzel, so ist auch der Tag der Lösung der Frauenfrage fixiert. Die Gestaltung des Ringens von Mann und Frau widereinander zu einem streng harmonischen Ringen miteinander, kurz, die Auflösung der Frauenfrage in eine einzige Menschheitsfrage, das wird sich an dem Tag erfüllen, an dem die ökonomischen Voraussetzungen, die die Frauenfrage geschaffen haben, ausgeschaltet und einer höheren Stufe der menschlichen Gesellschaftsorganisation gewichen sind. Mit der zunehmenden Moral der braven und vernünftigen Leute werden wohl unterdessen Härten gemildert werden,

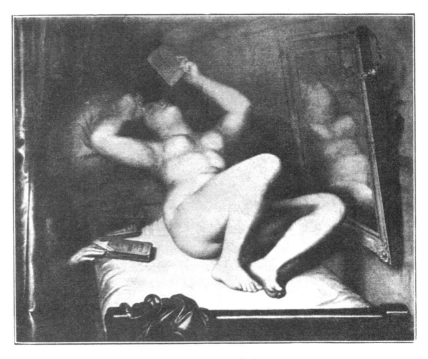

Die Romanleserin
30. Wirtz

Die Dame und der Affe

31. Aubrey Beardsley. Englische symbolisch-satirische Karikatur auf die Macht des Weibes über den Mann

aber am Wesen wird sich nichts Entscheidendes ändern. Die Frauenfrage ist kein Problem des bösen Willens und der angeborenen Schlechtigkeit der Männer, sondern ein Problem der historischen Bedingnis.

In diesem Sinne stehen alle die zur Lösung der Frauenfrage, die so anspruchsvoll sind, in der Geschichte mehr innere Logik zu erblicken, als die: Um just auf die Höhe zu klimmen, auf der die zivilisierte Menschheit heute steht, dafür haben die Gehirne der Besten aller Zeiten gerungen und geblutet. Nein, so blödsinnig ist das große Geheimnis der Menschheitsentwicklung denn doch nicht.

* * *

Daß die Karikatur gegenüber der Frau in allen Zeiten eine große Rolle gespielt hat, ist bereits am Schluß des ersten Abschnittes gesagt worden. Für den oberflächlichsten Beobachter ist es wohl ebenso klar, daß gemäß den zahlreichen Konflikten, die die Frau im Leben des einzelnen wie in dem der Gesamtheit provoziert, das Kapitel „die Frau in der Karikatur" in jeder Richtung auch besonders auffällig im Gesamtrahmen der Geschichte der Karikatur steht. Es ist in der Tat das umfangreichste Kapitel in der Geschichte der Karikatur, und man wird wahrscheinlich ohne Übertreibung sagen können, daß mehr als die Hälfte aller jemals erschienenen Karikaturen mehr oder weniger Bezug auf die Frau hat. Da dies eine überall gleiche Erscheinung ist, so dürfte es angebracht sein, das, was im allgemeinen über diese Fülle und diesen Reichtum der Karikatur zu sagen ist, zusammenfassend schon hier in der Einleitung hervorzuheben.

Im allgemeinen ist zu sagen: Es gibt kaum ein Zeitalter, in dem die Frau nicht exzeptionell in der Karikatur figurierte, es gibt kein Kulturvolk, das an sie nicht am meisten Witz verschwendet hätte, und es gibt drittens sehr wenig satirische Künstler, die ihr nicht verschwenderischen Tribut abgestattet hätten; dagegen gibt es eine ganze Reihe, die sich ausschließlich mit ihr beschäftigt haben. Das gilt von früheren Jahrhunderten, vom 16., 17. und 18., vielleicht noch ungleich mehr als von der Gegenwart. Gewiß produziert Paris oder Berlin allein heute in einem einzigen Jahre viel mehr Karikaturen, die sich auf die Frauen beziehen, als ehedem ein ganzes Volk in einem ganzen Menschenalter. Aber bei der Beurteilung der jeweiligen Wichtigkeit oder Vorherrschaft eines Gebietes kommt es auf die Verhältniszahl an; diese aber ergibt, was wir eben behauptet haben. Und das ist eine ganz natürliche Erscheinung, das Widerspiel des engeren geistigen Horizontes der Massen von ehedem und des erweiterten von heute.

Je enger der Kreis, in dem sich das Leben abspielt und die Konflikte ausgefochten werden müssen, um so enger ist die Interessensphäre, d. h. um so größere Wichtigkeit erlangt nicht nur das geringste persönliche Erlebnis, sondern überhaupt das Naheliegende im Urteil der in Frage kommenden Allgemeinheit. Und das Nächstliegende waren doch z. B. die Interessengegensätze zwischen Mann und Frau, die jeder Tag in irgendwelcher Form von neuem heraufbeschwor. So groß auch die Bedeutung einer Stadt wie Nürnberg, Augsburg, Basel z. B. im 16. Jahrhundert war, in allen diesen Städten herrschte im Vergleich zu heute eine idyllische Ruhe: meistens schwirrte nur der kleine Lärm des Alltags durch die Luft, und in der ereignisreichsten Zeit lebte man ungestörter, weltabgeschiedener als heute in den Tagen der sommerlichen Stille. Ja, wenn selbst die Kunde von sämtlichen großen Staatsaktionen in diese Städte gedrungen wäre, während man in Wirklichkeit nur von den wenigsten etwas erfuhr, so wäre die Wirkung gering gewesen gegen heute. Aus verschiedenen Gründen. Erstens war die Bevölkerungszahl ganz unverhältnis-

Der Schrecken

35. Jean Veber. Französische symbolisch-satirische Karikatur auf die antiklerikale Politik der dritten französischen Republik.

33. Aubrey Beardsley. Symbolisch-satirischer Buchtitel

mäßig niedrig gegenüber unserer Zeit; und angesichts dieser Tatsache darf man nicht übersehen, daß die Wirkung jeder Sache im gleichen Verhältnis mit der Zahl des vorhandenen „Publikums" wächst. Zweitens hatte man gemeinhin nicht viel mitzureden, meistens gar nichts, das wußte man; und wenn man durch die Entwicklung der Dinge auch später sehr oft in die Rolle des Leidtragenden kam, so war man trotzdem in der Zeit des Geschehens meistens in der des immer weniger aufgeregten Unbeteiligten. Ein dritter Grund ist vielleicht am wichtigsten. Das allermeiste, was in der Welt vorging, entbehrte längst der Aktualität, wenn es endlich als „neue Zeitung" in einer Stadt kund wurde; es konnte somit die Wellen unmöglich mehr besonders hoch treiben, so daß man die naheliegenden Interessen länger als eine Stunde völlig darüber hätte vergessen können. Nur die nahe bevorstehenden, die handgreiflich drohenden Gefahren regten die Gemüter auf. Aus alledem resultierte der langsame, monotone Gleichklang des Tages. Unter solchen Umständen überwucherte dafür das Einzelinteresse, wuchsen die Fragen und Streite des täglichen, privaten, bürgerlichen Lebens zur Wichtigkeit von Staatsaktionen an. Weil das Echo der großen Fragen einem nur in matten, gedämpften Wellenschlägen zum Ohr drang, war „man" die Welt und sprach mit Vorliebe immer wieder von seinen kleinen Sorgen.

Mit größter Sachkenntnis, freilich stets als Partei. Den großen Konkurrenzkampf der Frau um den Mann erlebte man täglich; die Einfachheit, das Unkomplizierte der Verhältnisse ermöglichte es, daß man oft alle seine kleinlichen, häufig gehässigen Winkelzüge, die zum Ziele führen sollten, sah; man sah die Siege und sah die Niederlagen, wie sie sich langsam vollzogen, meistens nur schlecht verhüllt vor sich vorüberziehen. Man konnte weiter im einzelnen kontrollieren, welchen Schaden besondere Untugenden: Klatschsucht, Streitsucht, Leichtsinn, Liederlichkeit, Eitelkeit,

En sandwich!
34. A. Guillaume. Galant-satirische Karikatur

Prunksucht usw. anrichteten. Die Enge der Verhältnisse steigerte ebensosehr die Folgen, wie sie es dem einzelnen unmöglich machte, sich auszuschalten; jeder war mehr oder weniger Objekt, fast jeder war mehr oder weniger in Mitleidenschaft gezogen. Da einen sonst nichts auf der Welt annähernd in diesem Maße alterierte, war es wahrlich kein Wunder, daß man diese Kämpfe und Erscheinungen peinlicher und aufmerksamer registrierte.

Alles das schwand und änderte sich, natürlich nur schrittweise, mit den Erweiterungen des Interessenkreises. Je größer der Bruchteil der Masse wurde, der sich politisch oder sozial betätigte, um so mehr traten die Interessen des privaten Lebens als Gegenstände der allgemeinen öffentlichen Diskussion zurück. Und das ist auch das Hauptergebnis aller kulturellen Errungenschaften. Die Summe von Kultur, die wir heute gegenüber den vergangenen Jahrhunderten aufzuweisen haben, besteht in ihrem entscheidenden Inhalt darin, daß heute die große Masse des Volkes in eine überall mitbestimmende Bewegung gekommen ist, und daß das Ziel der Volkserziehung: die überwiegende Mehrheit zur sittlichen Pflicht zu erziehen, sie tätig mitarbeiten zu lehren am Weiterbau von Staat und Gesellschaft, längst keine Utopie mehr ist . . .

„Er liebt mich ... er liebt mich nicht ... er liebt mich."
Der Gockel als Gänseblümchen
35. A. Oberländer. Fliegende Blätter. 1893

Aber nicht nur am meisten Witz, auch der beste Witz ist an die Frau verschwendet worden. In der humoristisch-satirischen Behandlung der Frau und alles dessen, was mit ihr zusammenhängt, haben Genie, Witz, Humor und Satire einen großen Teil des Allerbesten geschaffen, was sie je hervorgebracht haben. Hier haben sich stets die köstlichsten Strahlen schöpferischer Laune gesammelt, hier haben immer die reichsten Quellen gesprudelt, die tollsten und ausgelassensten Orgien sind hier gefeiert worden. Eine Reihe von satirischen Künstlern hat, wie schon angedeutet, ihr gesamtes künstlerisches Schaffen ausschließlich der Frau gewidmet. Sie war ihnen die einzige befruchtende Sonne, und ihr Stift wurde farbig und glänzend, sowie es sie galt, während ihre Schöpfungen matt und reizlos wurden, wenn sie sich von der Frau abkehrten. Das belegen eine Reihe von Prachtschöpfungen aus jeder Zeit, von denen freilich dasselbe gilt wie vom Gesamtgebiete der Karikatur, daß sie in ihrer Mehrzahl bis heute unbeachtet in den Mappen der Sammler und Sammlungen ruhen. Freilich, nicht nur eitel köstliche Heiterkeit bietet die Geschichte der Frau in der Karikatur: in ihr findet auch ein Teil des Düstersten Ausdruck und Spiegel, was der einzelne und die Gesamtheit an Lebenstragik zu erdulden hatten; eine Geschichte der Frau in der Karikatur rollt naturgemäß auch einen Teil der schwersten Anklagen gegen Staat und Gesellschaft auf ...

Die Frau in der Karikatur ist in großen und wichtigen Abschnitten natur-

— „Mit der verdammten Schnürerei wirst du dir noch die ganze Leber verquetschen."
— „Gott, das sieht man doch nicht auf der Straße!"

36. F. von Reznicek. Simplizissimus 1902

gemäß ein Stoff, bei dem das geschlechtliche Moment besonders häufig im Vordergrunde steht. Das folgt aus der beschämenden Tatsache, daß eben die Frau in ihrer Gesamtwertung auch heute noch in erster Linie nicht als Mensch, sondern als Geschlechtswesen angesehen wird. Erwiesen wird das schon allein durch die allerkürzeste Unterhaltung, deren Gegenstand eine Frau bildet: „Ist sie hübsch?" Das ist unbedingt die erste Frage, die laut wird. Als Geschlechtswesen tritt sie aber auch ausschließlich in Erscheinung, denn einzig auf diese Art zeigt jede Mode die Frau den Blicken in der Öffentlichkeit. Nicht als rein menschliche Gesamterscheinung präsentiert sich die einzelne Frau dem Blick, sondern sie zeigt hauptsächlich, daß sie über die Körperteile verfügt, die sie als Geschlechtswesen „genußwert" machen, über Brüste, Hüften, Lenden, Schenkel. Ja noch mehr, sie führt diese Körperteile so vor, daß die Frau einzig als eine Zusammensetzung von Busen, Hüften und Lenden erscheint. Nicht die innere und äußere Harmonie, das geistig und seelisch Wesentliche der Frau wird in der Kleidung offenbar, wohl aber hält die Mode dem Fremdesten sozusagen einen begeisterten Vortrag über die intimsten körperlichen Qualitäten jeder Frau. Unter einer schönen Frau wird in erster Linie eine Erscheinung verstanden, die in hervorragender Weise für die Liebe geschaffen ist, die geeignet ist: faire naitre des desirs. Gemäß der Erziehung der Frau und der dadurch unabhängig von ihrem Willen herausgebildeten Instinkte hat sie selbst dies auch zu allen Zeiten akzeptiert und agiert somit meistens mit Bewußtsein in der Rolle des Nur-Geschlechtswesens. Die meisten Frauen werden es einem viel weniger verübeln, wenn man an ihren geistigen Qualitäten Kritik übt, als wenn man gleichgültig an der schönen Linie ihrer Büste vorübersieht. Die größte psychische Venus will auch als physische Venus gelten. Ihr ganzes Genie hätte Frau von Stael darum gegeben, einen Teil der lasziven Schönheit der Madame Recamier dafür eintauschen zu können; und Frau von Stael war nicht einmal häßlich. Man muß aber gerade an dieser Stelle immer von neuem wiederholen, daß Sitte, Moral, Gesetzgebung, geschrieben und ungeschrieben, die Frau ununterbrochen in diese Rolle gedrängt haben; und hinzuzufügen ist, daß gerade das Mehrseinwollen als nur dieses, das Menschwerden, der Frau die heftigsten und anhaltendsten Angriffe zugezogen hat.

Jede Sklaverei, die lange getragen wurde, hat sich allmählich zur „gottgewollten Ordnung", zur „ewigen Vernunft" ausgewachsen. Und zwar in den Hirnen aller Beteiligten, d. h. also nicht nur in denen der Sklavenhalter, sondern auch in denen der Sklaven. Es ist daher nicht bloß russische Frauenlogik, wenn es heißt: mein Mann prügelt mich nicht mehr, also liebt er mich nicht mehr. Aber jeder Sklave weiß sich trotzdem auch zu rächen, und das sind die besonderen Genüsse des Sklavenlebens. In das Wort des Alltags gekleidet, lautet es: Wer sein Weib schlägt, schlägt sich drei Fasttage. Im höheren, geschichtsphilosophischen Sinne aber ist die große Rache der Frau darin formuliert: Mit dem, wodurch im letzten Grunde das menschliche Sklaventum der Frau begründet wurde, hat sie sich zum heimlichen Kaiser emporgeschwungen, der gleich einem asiatischen Despoten mit gebieterischer Gebärde die Welt vom Aufgang bis zum Niedergang der Sonne beherrscht und die Größten wie die Kleinsten gleich Marionetten zappeln und tanzen läßt.

„Die ganze angewandte Mathematik vermag kein Werkzeug zu erfinden, das soviel vermöchte, als das, was die Mediceische Venus mit der linken Hand bedeckt." Das ist keine neue Weisheit, keine neue Wahrheit, sogar eine alte Formel, aber eine ewige Wahrheit, und die Geschichte jedes Zeitalters, jedes Landes, jeder Stadt,

37. Adolf Willette. Die moderne Kunst und der Geschmack. Symbolisch-satirische Karikatur

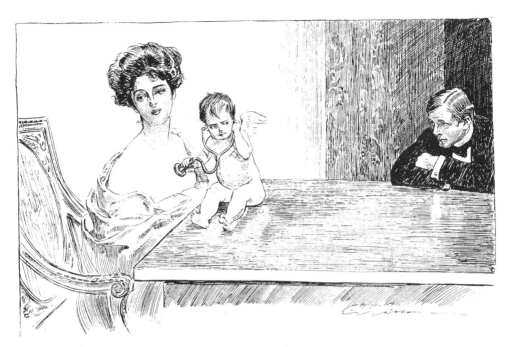

Ob sie ein Herz hat? Ich höre absolut nichts!
38. C. D. Gibson. Amerikanische Karikatur. Life 1900

jedes Dorfes, ja jeder Familie notiert das mit den deutlichsten Worten. „Frauengunst macht guten Willen," „Ich hab' mit meiner Gret erheyratet ein Decret zu meinem Auffommen." Newton wurde endlich nach langem Mühen englischer Obermünzmeister. Aber beileibe nicht, weil sein Genie das Gravitationsgesetz entdeckt hatte, sondern — par la bagatelle — durch eine artige Nichte. Das Glück hatte den großen Denker außer mit seinem Genie auch noch mit einer hübschen Nichte begabt, die nicht allzu spröde tat, als ein mächtiger Jemand eines Tages das unstillbare Verlangen trug, das enge Mieder dieser schönen Dame neugierig aufzunesteln. Das ist in drei Zitaten — für tausend, die sich mühelos aneinanderreihen ließen — eine Seite des Cherchez la femme. „Solange euch euer Mann nicht verspricht, den Zentrumskandidaten zu wählen, ... solange er das liberale Blatt nicht aus dem Haus tut," so erklären jahraus, jahrein Hunderte von streitbaren Kaplänen den gläubigen Frauen in der Beichte, „solange dürft ihr ihm das und das nicht bewilligen" — Anzengruber hat in den Kreuzlschreibern eine schneidige satirische Komödie daraus gemacht. Das ist in einem Beispiel eine zweite Seite des Cherchez la femme. Im stillen Wald in abgeschiedener Schonung sind jäh zu gleicher Zeit zwei Schüsse gefallen; im dürftigen Moose verblutet der eine der beiden Schützen an der sicheren Kugel seines Duellgegners. Gestern noch formten sich im Gehirne des Sterbenden Gedanken und Ideen, die in ihrer Höhe bis an den Himmel stießen und in ihrer dereinstigen Vollendung die Menschheit um ein beträchtliches Stück auf ihrem Entwicklungsgange vorwärts geleitet hätten. Das ist eine dritte Seite des Cherchez la femme. Dieses Cherchez la femme hat aber ebensoviel verschiedene Seiten als das Leben Seiten hat, und jeder Tag reiht neue daran, die den einen empor zu den Sternen führen, den anderen hinab in den klebrigsten Schmutz, den nichts mehr abzuwaschen vermag. Das ist im höheren Sinne die Sklavenrache.

So ist das Geschlechtliche untrennbar von vielen Abschnitten eines Buches über die Frau. Und da weiter die innere Unmoral von Ruhm, Erfolg, Ansehen hier am augenfälligsten zutage tritt, so ist diese Seite selbstverständlich immer ein Hauptreiz und ein Hauptgegenstand für die geschriebene und gezeichnete Satire gewesen. Und es ist hinzuzufügen, daß gerade diese Seiten der Karikatur von besonderem sittengeschichtlichem Interesse sind. Degradiert wird durch die satirische Geißelung wohl die gekennzeichnete Tat, nicht aber das satirische Dokument, das sie meldet.

Hier ist wohl der geeignetste Ort, einzuschalten: es wäre ganz falsch gefolgert, würde man wähnen, die Satire habe sich immer mit besonderer Vorliebe gegen die Frau gewandt, die Satire sei sozusagen stets der eingefleischte, der geschworene Feind der Frau gewesen, sie habe ihre Schwächen und Fehler boshafter und zäher gegeißelt als alles andere, sie habe sozusagen mit einer gewissen Schadenfreude immer wieder die geringste Entgleisung, wenn sie gerade ihr passierte, satirisch glossiert — das

„Empörend, was dieses Fräulein Müller als Pastorstochter für einen starken Busen hat!"
Unpassend

39. Olaf Gulbransson. Simplizissimus. 1904

trifft weder im allgemeinen zu, noch speziell in der gesellschaftlichen Karikatur. Ja, hier vielleicht am allerwenigsten. Die große Mehrzahl sämtlicher gesellschaftlichen Karikaturen, die sich entweder auf die Frau direkt beziehen oder in denen die Frau zur Illustration dient, sind teils direkte, teils indirekte Huldigungen an die Frau. Nie und nirgends ist auf irgend einem Gebiete mit soviel Begeisterung, Jubel und Ausdauer das hohe Lied auf die Frau gesungen worden wie gerade hier. Jede Strophe dieses Liedes ist tausendfach gesungen, tausendfach variiert worden. Man denke nur an Willette, an Gibson, an Reznicek, um aus der Gegenwart nur die in dieser Richtung bekanntesten und bezauberndsten zu nennen. Wenn diese drei die Frau auch satirisch geißelten, so klingt in ihrer Züchtigung doch stets der Hymnus auf das süße Wunder mit, das die Frau ist und sein soll.

An diese Seite stößt freilich sehr nahe die offene oder versteckte Spekulation; denn nichts findet ein so neugieriges und so dankbares Publikum wie die Entschleierung dieser Geheimnisse, darum ist schon mancher unterlegen und hat sich zum bloßen Spekulanten auf gemeine Instinkte erniedrigt. Ganze, lange Epochen haben sich in dieser Bahn der Nur-Spekulation bewegt. In diese Kategorie fällt darum nicht nur künstlerische Marktware, sondern auch ein Teil der allerhervorragendsten satirischen Kunstwerke, die es gibt. So rangieren z. B. hierher sehr viele der berühmten galanten Blätter des 18. Jahrhunderts. Bei diesen ist die satirische Note meistens zum ganz leisen, koketten Lachen herabgemildert, die Satire ist fast nur der untergeordnete Nebenzweck, um die Behandlung pikanter und lebendiger zu machen. Wenn man diesen letzten Punkt gebührend in Rechnung zieht, so degradiert das unbestreitbar die aus solchem spekulativem Geiste geborenen Schöpfungen; historisch betrachtet sind sie jedoch nichtsdestoweniger sehr wertvoll, es sind sehr wichtige Beweisstücke der öffentlichen Sittlichkeit.

Faßt man alles dieses zusammen, so kann man von der Frau in der Karikatur wohl in jeder Hinsicht mit ausreichendem Grunde als erstes und wichtigstes sagen: sie ist geeignet, kulturgeschichtlich, völkerpsychologisch und auch kunsthistorisch eine ganze Reihe wichtiger Anregungen und Aufschlüsse zu geben. Diese Tatsache hebt den Gegenstand hoch über das Niveau des bloß Unterhaltenden empor. Aber sie raubt ihm andererseits niemals auch nur ein Teilchen von dem Charme, der aus der Mehrzahl dieser Blätter immer noch blitzend und funkelnd hervorbricht. Dieser unverwelkliche Zauber und Reiz aber ist es, der gerade dieses Kapitel aus der Geschichte der Karikatur zu einem macht, von dem man mit besonderem Rechte sagen kann: Arbeit und Studium sind hier Vergnügen, Freude und Genuß.

* * *

40. A. Toulouse-Lautrec. Frau Minne!

Zum Schluſſe dieſer Einleitung erübrigt ſich nur noch, einiges über den Rahmen zu ſagen, der dieſer Arbeit geſteckt iſt. Unſere Schilderung ſoll ſich ausſchließlich auf die europäiſche Karikatur beſchränken, und ſie ſoll die Zeit vom 15. Jahrhundert bis zur neueſten Gegenwart umfaſſen, d. h. alſo das bürgerliche Zeitalter in Europa. Im 15. Jahrhundert entſtand der Kapitalismus im modernen Sinne; er ſchuf die bürgerliche Geſellſchaftsordnung, in der wir heute noch leben, der aber freilich die Sterbeglocken bereits geläutet werden. Mit der wirtſchaftlichen Ablöſung des Feudalismus im 15. Jahrhundert kamen die Maſſen in Fluß und hatten die Maſſen mitzureden. Die erſte große Erfindung des neuen Zeitalters war das Mittel, zu den Maſſen zu reden: die Buchdruckerkunſt. Die Buchdruckerkunſt ſchuf als erſte Errungenſchaft das wichtigſte Maſſenagitationsmittel aller Zeiten: das Flugblatt, damals „Fliegendes Blatt" genannt. Das fliegende Blatt iſt die erſte Form, in der die Karikatur zu den Maſſen redete, d. h. Ideen, Anſchauungen und Perſonen propagierte und bekämpfte, womit ſie aufhörte, nur von den Kapitälen der Kirchen herab oder aus den Miniaturen dicker Folianten heraus immer nur einigen wenigen ſatiriſch Moral zu predigen. Um die Karikaturen, die ſich an die Maſſen richteten, d. h. die veröffentlicht wurden, iſt es uns in der vorliegenden Arbeit allein zu tun; denn nur dieſe haben kulturhiſtoriſche Bedeutung und kommen als Dokumente zur Geſchichte der öffentlichen Sittlichkeit, zu der dieſe Arbeit einen Beitrag darſtellen ſoll, in Betracht. Aus dieſem Grunde legen wir auch nur ganz geringen Wert auf plaſtiſche Karikaturen, denn dieſen iſt begreiflicherweiſe immer ein größeres Abſatzgebiet verſchloſſen, und darum ſchließen wir ſogenannte Künſtlerſcherze völlig aus, die nur für enge Freundeskreiſe beſtimmt geweſen ſind, ſo intereſſant ſie auch ſein mögen, und ſo groß ihr künſtleriſcher und dokumentariſcher Perſönlichkeitswert zur Beurteilung ihres Schöpfers auch einzuſchätzen ſein mag.

Die Einteilung und der Aufbau des Buches ſind organiſch gegeben. „Die Frau" als Geſamt-

. . . arbeitslos und auch noch häßlich . . .

41. Lefevre. Assiette au beurre

begriff bildet das Thema. Dieser Begriff, in seine einzelnen Bestandteile zerlegt, aus denen er sich zusammensetzt, d. h. die seine Existenz charakterisieren, das ergibt: die Frau in der Ehe, die Mode und die Frau, den Kultus der Frau, die Prostitution, die Emanzipationsbestrebungen der Frau usw. Darum konnte die Gliederung des Buches nicht historisch sein, etwa in der Art: die Frau in der Renaissance, die Frau im 18. Jahrhundert, die Frau in der großen Revolution usw. Ein Beispiel begründet das am besten: die Elemente, die die Mode bilden und ihr Wesen ausmachen, sind im 15. und im 20. Jahrhundert genau dieselben. Eine einheitliche Charakterisierung der Modekarikaturen kann also nur erreicht werden, wenn die Modefragen und =tendenzen zusammenfassend in ihrer Gesamtentwicklung dargelegt werden. Das gilt für alle Abschnitte des Buches. Durch diese Gliederung lassen sich auch am ehesten die bei jeder Monographie unvermeidlichen Wiederholungen auf das geringste Maß einschränken. In sich sind freilich die einzelnen Kapitel historisch aufgebaut und arrangiert. Aus der Einteilung ergab sich der Ausgangspunkt und die Entwicklung des Buches ganz von selbst. Die Frau ist in der heutigen Wertung, wie schon oben gesagt wurde, nicht Mensch, sondern Geschlechtswesen. Den Ausgangspunkt des Buches mußte daher die Ehe abgeben, denn in ihr allein findet die Masse der Frauen ein geregeltes Geschlechtsleben; zur Ehe streben zielbewußt die meisten Frauen, diesem Ziele: den Konkurrenzkampf um den Mann erfolgreich zu führen, dienen im letzten Grunde alle Finessen der Mode, der Koketterie usw. — die weitere Fortsetzung ist damit vorgezeichnet.

Ebenso wie die Einteilung und der

I und II. Moderne Metamorphose

42 u. 43. Hermann Schlittgen. Fliegende Blätter

Die satirische Kunst
44. Adolf Willette. Courrier Français. 1896

Aufbau des Buches natürlich gegeben sind, so ist auch die textliche Lösung der Aufgabe gegeben. Damit man den kultur- und sittengeschichtlichen Wert der vorgeführten Karikaturen erkenne, damit man festzustellen vermöge, ob und wie im einzelnen Fall ein tieferer Sinn walte, ist die Entschleierung und Darstellung der wirkenden Gesetze und Tendenzen stets eine Hauptaufgabe jedes einzelnen Kapitels. Als zuverlässiges Hilfsmittel zur Ergänzung der von der gezeichneten Satire beim Beschauer angeregten Vorstellung kann wohl besser denn irgend etwas anderes die zeitgenössische literarische Satire dienen, dieser wird daher bei jeder Gelegenheit der gebührende Platz eingeräumt werden.

Zur Wahl der Bilder ist zu bemerken: da das Werk die Frau als Gesamtbegriff faßt und es sich somit um keine Pamphletgeschichte handelt, so steht das Typische natürlich an erster Stelle, das Persönliche — Karikaturen auf bestimmte Frauen — dagegen erst an letzter. Weiter ist hier zu bemerken: der Begriff der „Frau in der Karikatur" darf nicht so eng gefaßt sein, daß man darunter nur Karikaturen auf die Frau versteht; wir glauben, es bedarf keiner weiteren Begründung, daß der Begriff so zu fassen ist: der stoffliche Inhalt einer Karikatur hat überhaupt die Frau zum Gegenstand zu haben. Ähnliches gilt für die Frage: Was ist alles unter

Karikatur zu verstehen? Der Begriff Karikatur ist hier nicht so eng gedacht, daß nur solche Blätter vorgeführt werden sollen, die im strengen Wortsinne, also wegen der zeichnerischen Übertreibung des Charakteristischen, als Karikaturen anzusehen sind. Der Rahmen dieser Arbeit ist im Gegenteil in dieser Richtung so weit als möglich gezogen, er soll alles das umspannen, was im weiteren Sinne des allgemeinen Sprachgebrauchs durch seine Tendenz als Karikatur angesehen wird, also alle Formen, deren sich die Satire im Bilde, und weiter: die pointiert tendenziöse Personen-, Sitten- und Zustandsschilderung im Bilde, sei es zum Ruhme, sei es zum Tadel der Frau, bedient hat und noch heute bedient.

Als letztes sei noch hervorgehoben, daß das Bestreben darauf gerichtet ist, in jedem Kapitel einen Reichtum an charakteristischen Stücken zu geben, und daß dagegen auf den Ehrgeiz, mit möglichst viel Künstlernamen zu prunken, mit Absicht verzichtet wurde: kein Lexikon derer, die sich in der Karikatur mit der Frau beschäftigt haben, wohl aber eine Sammlung dessen, was bedeutsames und aufhellendes auf dem Gebiete der Karikatur über die Frau geschaffen worden ist, soll dieses Buch in seinem bildlichen Inhalte darstellen.

45. Felicien Rops. Belgische Karikatur

Ae equus et virgo plenis iam nubilis annis. Hop, hop doch auff lieber hoffman.
Torqueri duro calcare uterq́ Cupit Diß Rößlein wil ein Reuter han

46. Deutsche symbolische Karikatur. 1648

Erster Teil

Der Kampf um die Hosen

Unsere sozialen und geschlechtlichen Verhältnisse weisen die Frau mit allen Fasern ihrer Existenz auf die Ehe hin. Die Ehe ist unbestreitbar die Basis unserer gesamten Gesellschaftsordnung, aber sie ist für die Frau in ungleich höherem Grade als für den Mann die Grundlage des ganzen Lebens. Nicht nur in der Vergangenheit, sondern auch in der Gegenwart bietet die Ehe der übergroßen Mehrzahl von ihnen die einzige Möglichkeit eines geregelten Geschlechtsverkehrs und sichert ihnen die relativ günstigste materielle Lage; die Ehe ist für die meisten Frauen immer noch die beste Versorgungsanstalt. Immer noch — aber zweifellos gilt dies nicht für alle Ewigkeit; denn man muß schon blind sein, um zu verkennen, daß sich gerade in diesen Fragen gegenwärtig die tiefgehendste Umwälzung vollzieht. Die moderne industrielle Entwicklung, die der Frau auf keinem Gebiet zu entraten vermag, führt zur wirtschaftlichen Selbständigkeit der Frau; es ist statistisch nachweisbar, daß die Zahl der vom Manne wirtschaftlich unabhängigen Frauen Tag für Tag größer wird. Das muß in logischer Konsequenz unbedingt einmal zur Auflösung des seitherigen Zustandes führen; und in letzter Konsequenz wird es eines Tages die heutige Form der Ehe überhaupt sprengen. Daß diese unaufhaltsam vor sich gehende Umwälzung schon längst zur sozialen Institution geworden ist, tritt deutlich in den veränderten Anschauungen in Erscheinung; sie hat schon die meisten Köpfe revolutioniert. Noch vor zwanzig Jahren galt es den bürgerlichen Kreisen für eine Schande, wenn eine Frau ihrer Klasse „in Stellung ging"; die betreffende schied dadurch förmlich aus den Reihen des honetten Bürgertums aus. Heute gilt das als selbstverständlich, zum mindesten aber als etwas, woran man keinen Anstoß mehr nimmt. Man geht aber längst noch unendlich viel weiter: selbst die sittlichen Anschauungen in Fragen der geschlechtlichen Moral beginnt man zu revidieren. Der voreheliche Geschlechtsverkehr der Frau, die erste natürliche Folge der wirtschaftlichen Selbständigkeit der Frau und das unwiderlegliche Symptom der allmählichen Auflösung der seitherigen Eheform, wovor die bürgerliche Moral sich ehedem dreimal bekreuzigte, und was man früher nur als sittliche Verwahrlosung ansah, — das hört ebenfalls in der Anschauung immer weiterer Kreise auf, ein todeswürdiges Verbrechen zu sein. Die Valentinmoral, wie sie im Faust klassisch geprägt ist: „Du fingst mit einem heimlich an, Bald kommen ihrer mehre dran, Und wenn dich erst ein Dutzend hat, So hat dich auch die ganze Stadt" — diese klassische bürgerliche Moralphilosophie gilt heute für das großstädtische Bürgertum überhaupt als überwunden; sie

Der Kampf um die Hosen

47. Israel von Meckenem. Vlämische Karikatur
15. Jahrhundert

Der Kampf um die Hosen
48. Deutsche Karikatur. 15. Jahrhundert

friftet ihr Dasein nur noch in den kleinbürgerlichen Köpfen der Provinz. Hier dürfte es übrigens gut sein, Folgendes einzuschalten: indem man sich mit dem vorehelichen Geschlechtsverkehr der Frau nicht nur als mit etwas Unabänderlichem abfindet, sondern indem auch immer weitere Kreise dahin gelangen, die freiere Geschlechtsmoral sozusagen historisch zu verstehen, hört damit auch das Anpassen an das Gegebene auf, ein sittliches Fäulnismerkmal zu sein.

Ergibt sich aus der hier kurz angedeuteten Umwälzung mit absoluter Sicherheit, daß der erste Satz dieses Kapitels keine ewige Gültigkeit hat, so bleibt darum doch der zweite bestehen: daß für die übergroße Mehrzahl der Frauen auch heute noch die Ehe das Institut ist, das ihren materiellen und gemütlichen Bedürfnissen die sichersten Chancen dauernder Befriedigung bietet. Da es sich bei der vorstehenden theoretischen Begründung dessen „was sein wird", hier nur insoweit um etwas zur Sache gehöriges handelt, als sich daraus das Geheimnis dessen, „daß es und wie es geworden ist", klarer enthüllen läßt, so ist dieser zweite Satz für das vorliegende Kapitel natürlich die Hauptsache. —

In der Einleitung ist bereits von der Frau in der Ehe die Rede gewesen; was dort im allgemeinen gesagt ist, erfordert aber hier, in dem Kapitel, das speziell der Frau in der Ehe gewidmet ist, einige erweiternde Darlegungen.

Was die ökonomische Entwicklung in der Einehe zum harten und unbeugsamen Gesetz gegenüber der Frau erhoben hat, das uneingeschränkte Herrenrecht des Mannes, ist in der Religion zum göttlichen Gesetz erhoben worden, und zwar in allen Religionen und Philosophien, die sich in der Zeit, wo die Einehe herrschte, entwickelt haben. In dem heiligen Buch der Inder, dem Gesetzbuche Manus, dem ältesten uns bekannten Religionsbuche, in dem sich auch viele Wurzeln des Christentums finden, ist das Herrenrecht des Mannes als göttliches Gesetz in der markantesten Form proklamiert. Es heißt dort:

„Das Weib soll keinen andern Gott auf Erden kennen als seinen Mann. Mag dieser noch so widerlich und bösartig und mit allen Gebrechen und Lastern behaftet sein, so hat sie ihm doch göttliche Verehrung zu erweisen und ihm in Demut zu dienen. Beschimpft oder schlägt er sie, so soll sie seine Hände küssen und ihn um Verzeihung bitten, daß sie so unglücklich war, seinen Zorn zu erregen. Stirbt der Mann, so bleibt der Witwe kein anderer Trost auf Erden, als sich mit dem Toten verbrennen zu lassen."

49. Hans Burgkmair. Deutsche symbolische Karikatur. 16. Jahrhundert

Im Morgengebet der Inder findet sich sogar eine besondere Formel für den Mann und eine besondere für die Frau. Der Mann betet: „Gelobet seiest du Gott, Herr der Welt, daß du mich nicht zur Frau werden ließest!" Die Frau betet: „Gelobet seiest du Gott, Herr der Welt, daß ich das geworden bin, was deinem Willen entsprochen hat!"

Die griechische Philosophie gelangte zu den gleichen Resultaten. Aristoteles begründete ausführlich die Minderwertigkeit der Frau: Zweck und Mittelpunkt der irdischen Natur ist nicht der Mensch, sondern der männliche Mensch. Ein weibliches Kind ist ihm nur ein geringerer Grad von Mißgeburt, und das Weibliche ist überhaupt etwas Verstümmeltes im Vergleich zum Männlichen. Das Christentum lehrt in seiner Tendenz die Sklaverei der Frau. Der Apostel Paulus sagt z. B.: „Ihr Weiber seid untertan euren Männern." Jesus hat in den ihm zugeschriebenen Lehren mehrere Male ähnliches gesagt. Die katholische Kirche hat schließlich die Degradierung der Frau am weitesten getrieben; sie hat die Versklavung des Weibes förmlich systematisiert: Das Weib ist die Sünde. Dieser Lapidarsatz ist eines ihrer Hauptdogmen. Gewiß ist diese Auffassung in ihrem Ursprunge sehr begreiflich; es ist die natürliche Reaktion auf die römische Ausschweifung, aus deren Sumpfboden das Christentum emporgewachsen ist. In der Asketik hatte das Christentum logischerweise ursprünglich auch seine stärkste Wurzel. Aber darüber darf man nicht übersehen, daß die katholische Kirche aus der ursprünglichen Tugend allmählich die raffinierteste Fessel gedreht hat; in ihrem Herrschaftsinteresse selbstverständlich. Es gibt in der katholischen Literatur eine ganze Bibliothek, in der an der Hand von vielen tausend Gründen nachzuweisen versucht worden ist, daß die Frau

Auf dem Männerfang

50. Hans Holbein(?). Deutsche Karikatur. 16. Jahrhundert

Der Tod und die Frau

Holzschnitt von Nikolaus Meldemann. 1522

Der Jungbrunnen
Deutsche Karikatur von Hans Sebald Beham. 16. Jahrhundert

nicht nur minderwertiger als der Mann, sondern daß sie überhaupt kein Mensch sei. Ein klassisches Beispiel dieser Wissenschaft ist die mit Recht berüchtigte Summa Theologica von dem Dominikaner Antonius aus Florenz, die 1477 erschien. Das ganze Werk ist ein einziges, fortlaufendes Lexikon der Frauenverachtung und Frauenverhöhnung. „Die Frau ist ein Abgrund von

Die Ehebrecher
51. Deutsche Karikatur. 16. Jahrhundert

tierischer Unvernunft, denn Salomo hat in seinen Sprüchen gesagt, daß ein schönes, aber törichtes Weib einem Goldring im Rüssel eines Schweines gleiche." Das ist eine Probe dieser „Beweise" von der Minderwertigkeit des Weibes. In alphabetischer Reihenfolge zählt Antonius aus Florenz alle die scheußlichen Merkmale und verbrecherischen Eigenschaften auf, die dem Weibe angeblich eigen sind. Er beginnt mit Avidum animal = begehrliches Tier, Bestiale baratrum = bestialischer Abgrund, und bis zum Z fehlt kein einziger Buchstabe, und jeder ist ähnlich kommentiert. Der wahnsinnige Gipfel der Lehre von der Minderwertigkeit des Weibes war schließlich der berüchtigte Hexenhammer, der um 1490 erschien, und dessen ungeheuerliche Logik sozusagen alles an der Frau zum persönlichen Verbrechen stempelte: Schönheit und Häßlichkeit, helle und dunkle Haare, große und kleine Gestalt, Jugend und Alter, Gesundheit und Krankheit, blühende und bleiche Wangen usw. Und der einfache Feuertod galt für jede dieser Eigenschaften als die mildeste Strafe. Und Hunderttausende von unschuldigen Frauen sind im 16. und 17. Jahrhundert auf Grund dieser Lehre, dieser „Beweise", gerädert, gestäupt, mit glühenden Zangen gezwickt, erdrosselt und verbrannt worden.

Wenn solcher höllische Wahnsinn nun auch längst überwunden und besiegt ist, und wenn er auch nur für einzelne Epochen der wirtschaftlichen Entwicklung den grausigen Gipfel der Lehre von der Minderwertigkeit der Frau darstellte, so baut sich doch auf denselben Lehren die sittliche Rechtfertigung der Ehesklaverei auf, die seit Jahrtausenden Millionen Frauen zu der Rolle von Kindergebärapparaten und arbeitüberbürdeten Haustieren degradiert hat. Demosthenes sagte über die Männer Athens: „Wir heiraten das Weib, um eheliche Kinder zu erhalten und im Hause eine treue Wächterin zu besitzen; wir halten Beischläferinnen zu unserer Bedienung und täglichen Pflege, die Hetären zum Genuß der Liebe." Die Herrenmoral diktiert

Unreine Liebe
52. Deutsche Karikatur. 16. Jahrhundert

heute noch ungezählten Männern dieselbe Anschauung; und die landläufige Moral findet daran höchst wenig auszusetzen und geht in den meisten Fällen mit bloßem Achselzucken darüber hinweg, denn: „Er" hat ja das „Recht". Und er hat es in der Tat: es ist in klaren Paragraphen formuliert.

Was die Religion, ihre Ausdeuter und ihre Lehrer zum Willen der Vorsehung, zum göttlichen Gesetz gestempelt haben, das hat sich in der weltlichen Gesetzgebung überall zum materiellen Recht verdichtet. Das Herrenrecht des Mannes ist überall juristisch festgelegt, und dementsprechend auch die untergeordnete Stellung der Frau. Es gibt kein Land und keine Gesetzgebung, in der die Frau nicht als unmündig behandelt wäre, in der ihr nicht im Manne stets der Vormund gesetzt wäre. Die Frau ist überall — erst die Gegenwart hat einige Ausnahmen zu registrieren, gemäß den obengenannten, langsam sich durchsetzenden Umwälzungen — wirtschaftlich und politisch rechtlos. Sie kann über ihr persönliches Eigentum nicht in dem Maße frei verfügen wie der Mann; in dem Augenblick, wo sie sich verheiratet, ist ihr im Gatten der Vormund gestellt, und die öffentlichen und politischen Rechte, die sich an ihr Eigentum knüpfen, gehen ohne weiteres auf diesen über. In der Familie ist der Mann das Oberhaupt, er hat zu entscheiden und kann allein entscheiden; und wiederum für das, was die Frau tut, hat der Mann in den meisten Fällen die Verantwortung zu tragen: der prägnanteste Ausdruck der Unmündigkeit der Frau! In der Gesetzgebung verschiedener Länder steht oder stand dem Manne sogar ein gewisses körperliches Züchtigungsrecht gegenüber der Frau zu. Das preußische Landrecht, um nur ein einziges Beispiel zu nennen, war mit diesem edeln „Recht" geziert. Bekanntlich ist das preußische Landrecht erst im Jahre 1900 durch die Einführung des neuen Bürgerlichen Gesetzbuches außer Kraft gesetzt worden. Und dieses Recht stand nicht nur auf dem Papier, sondern es wurde fröhlich angewandt; häufig mußte ein eheherrlicher Puff mehr als bloß eine Rippe entzweischlagen, um Frau Justitia zu veranlassen, darin „eine Überschreitung des gesetzlichen Züchtigungsrechtes" zu erblicken. Ein einzige gebrochene Rippe wurde dagegen viel häufiger als Ausdruck besonderer eheherrlicher Zärtlichkeit eingeschätzt; in Anlehnung an das schon zitierte russische Sprichwort. Die Frau hat in der offiziellen Politik der Gemeinde, der Stadt, des Landes nicht mitzureden, d. h. ihre Stimme wird nicht mitgezählt; sie hat weder das politische Wahlrecht, noch kann sie in eine politische Körperschaft gewählt werden; jedes politische Amt ist ihr verweigert. Alle Materien, in denen die Frau einzig und allein kompetent ist, für die dem Manne, als dem anders-

Die mannstolle Witwe

53. Deutsche Karikatur. 16. Jahrhundert

geschlechtlichen Individuum, einfach jeder Sinn, zum mindesten aber die klare Vorstellung abgeht, — sie werden dennoch einzig nach dem Ermessen des Mannes geregelt, es wird über den Kopf der Frau hinweg dekretiert. Der Frau bleibt nur eines: die Pflicht, ungefragt zu erfüllen. Das alles ist aber innerlich ganz logisch: es ist die einzige mögliche Logik der ökonomischen Basis der Ehe. Die wirtschaftliche und politische Gleichberechtigung der Frau hätte dem Zweck der Ehe widersprochen. Darum ist es auch ganz folgerichtig, daß dies alles stets den unverschleiertsten Ausdruck in den Rechtsordnungen der bürgerlichen Staaten gefunden hat. Im antiken Rom hat das bürgerliche Recht zuerst seine klassische Form gefunden; denn im alten Rom findet man den klassischen Boden unserer bürgerlichen Eigentumsbegriffe. Ein römischer Rechtslehrer konnte darum auch den folgenden Satz über die verschiedene Beurteilung des Ehebruchs beim Manne und bei der Frau aufstellen, der nur scheinbar ungeheuerlich ist: „Wenn du deine Gattin beim Ehebruche betriffst, so kannst du sie ohne richterliches Urteil straflos töten. Wenn sie dagegen dich beim Ehebruch ertappt, so darf sie es nicht wagen, dich auch nur mit dem Finger anzurühren. Und so ist es recht und billig." Eine solche nackte Brutalität des Herrenrechtes läßt zwar das geschriebene Gesetz heute nicht mehr zu, und es hat dieses Recht auch zu den meisten Zeiten verneint; aber die Praxis hat dieses Recht ebenso oft gewährt und tut es auch noch heute. Die Geschichte der modernen Rechtsprechung aller Länder weist zahlreiche Freisprechungen in Fällen auf, wo der hintergangene Mann gehandelt hatte, wie er nach dem alten römischen Rechte handeln durfte. Ja, man kann sogar sagen: Fast alle Verurteilungen in solchen Sachen, die wirklich stattgefunden haben, sind eher Freisprechungen zu nennen.

Das materielle Recht ist die zweite Fessel, durch die die Frau zur Unterordnung unter den Mann verdammt ist. Dreifach aber ist die Mauer, die die Frau gefangen hält. Und die letzte Mauer ist die wichtigste: die Frau muß selbst von der Rechtmäßigkeit dieses Zustandes überzeugt sein, sie muß ihn als die ewige Vernunft der Dinge ansehen — das garantiert die beste Sicherung der Vorrechte des Mannes, die er durch die auf das Privateigentum gegründete Einehe erlangt hat. Diese dritte Mauer hat die geschlechtliche Sittenlehre errichtet, die zu einem raffinierten Ausnahmegesetz gegen die Frau geworden ist; das geschah freilich ganz folgerichtig, sie konnte sich nicht anders gestalten, gemäß den Faktoren, die jedes Sittengesetz bestimmen.

Die ideologische Geschichtsauffassung, die solange die Köpfe verwirrt hat und auch heute noch so viele verwirrt, lehrt die Entwicklung der geschlechtlichen Morallehre wie überhaupt aller Sittlichkeit natürlich auf die umgekehrte Weise, als wie hier der Beweis zu führen ist. Die ideologische Geschichtsauffassung lehrt, daß allen Menschen ohne Ausnahme eine gleiche moralische Grundanschauung gemeinsam angeboren sei, d. h. daß es ewig unveränderliche Moralgesetze gebe, daß zu allen Zeiten dieselbe Sache gut oder böse gewesen sei, und weiter, daß sich aus dieser moralischen Grund-

Der Ungetreuen Strafe

54. Italienische Karikatur. 16. Jahrhundert

55. Hans Burgkmair
Symbolische Karikatur der unmäßigen Frau
16. Jahrhundert

anschauung die geschriebenen Gesetze, die sagen, was gut und böse ist, herleiteten. Da nun unter Gut und Böse das verstanden wurde, was unsere heutige Kultur als gut und böse, als sittlich und unsittlich bezeichnet, so ergab sich als Konsequenz die Anschauung, daß z. B. die Zivilisation im letzten Grunde nichts anderes ist als der fortlaufende Sieg des angeborenen Guten über das in der Unwissenheit begründete Schlechte. Die moderne Geschichtswissenschaft enthüllte uns, daß dies alles unhaltbare Trugschlüsse sind, daß die Ideologie Wirkung und Ursache verwechselt. Der historische Materialismus hat uns den Nachweis geliefert, daß die Vorstellungen von Gut und Böse, was Tugend und was Verbrechen sei, im Gegenteil nichts vom Uranfang her im Menschen Schlummerndes sind, sondern daß sie zu jeder Zeit anders sind, d. h. daß sie in jeder Gesellschaftsordnung, in jeder Phase der menschlichen Entwicklung anders sein müssen, und zwar einfach deshalb, weil diese Vorstellungen nichts sind als die ideologische Verklärung der jeweiligen materiellen Interessen der betreffenden Gesellschaftsordnung. Ringt man sich zu dieser Erkenntnis durch — daß in der menschheitlichen Entwicklung stets die wirtschaftlichen Interessen im letzten Grunde entscheidend sind — so folgt bei konsequenter Logik hinsichtlich der Entstehung der Moralgesetze daraus nichts anderes als der Satz: Was den Tendenzen und Interessen einer bestimmten Gesellschaftsordnung dient, das wird zur Tugend und zum Moralgrundsatz erhoben; was diese Tendenzen und Interessen schädigt oder in Gefahr bringt, wird dagegen als unmoralisch und zum Verbrechen gestempelt. Diese Logik ist denn auch das Gesetz, das sämtliche Moralanschauungen bildet. Dieses sozusagen immanente Gesetz war es auch, was die voreheliche Keuschheit der Frau und die eheliche Treue der Frau zu den wichtigsten Tugenden der weiblichen Geschlechtsmoral erhob und andererseits jeden außerehelichen Geschlechtsverkehr der Frau unter allen Umständen als unsittlich und verbrecherisch stempelte. Diese Anschauung mußte sich in den Köpfen bilden, mußte sich konsolidieren, mit einem Worte: sie mußte die Grundlage aller geschlechtlichen Moral werden, ganz einfach deshalb, weil eben die voreheliche Keuschheit der Frau und die eheliche Treue der

Frau die Grundpfeiler der Ehe sind, deren Zweck die Erzeugung legitimer Erben ist. Man darf hierbei nämlich eins nie vergessen: jede Institution bedarf nicht nur der materiell sichernden Garantieen, sondern auch der ideologischen Verklärung ihrer Existenzbedürfnisse, alles muß als sittlich gerechtfertigt erscheinen — das ist die beste Garantie. Freilich muß hier gleicherweise eingeschaltet werden, daß sich die berufenen Lehrer dieser weiblichen Geschlechtsmoral niemals mit dem bloßen Predigen dieser Moralgrundsätze begnügt haben. Indem die Gesellschaft den vorehelichen Geschlechtsgenuß der Frau zum Verbrechen stempelte, behandelte sie ihn auch als Verbrechen, und zwar als eines, worauf die entehrendsten kirchlichen und weltlichen Strafen standen. Das Mädchen, dem der voreheliche Geschlechtsverkehr nachgewiesen war, galt, auch wenn der Verkehr mit dem eigenen Bräutigam stattgefunden hatte, als „gefallen", und es wurden ihm die kirchlichen Ehren verweigert. Es mußte mit einem Strohkranze statt mit einem Myrtenkranze zur Trauung gehen, und im 18. Jahrhundert wurde es gar zum Prangerstehen verurteilt. Ähnlich erging

56. Hans Burgkmair
Symbolische Karikatur der trägen Frau
16. Jahrhundert

es den Ehebrecherinnen. Also durch Androhung der Auslieferung an die allgemeine öffentliche Verachtung wurde der sittlichen Kraft der moralischen Lehren der gehörige Nachdruck verliehen. Man sieht: die Kirche traute der sittlichen Kraft ihrer Lehren nicht allzusehr; der solid geflochtene Polizeiknüppel erschien ihr immer eindrucksvoller, sie legte ihn daher mit zärtlicher Besorgnis neben ihre Traktätchen.

Es bedarf keiner näheren Begründung, wenn man hieran Folgendes anschließt: Dieselben Elemente, die die voreheliche Keuschheit der Frau und die Treue der Frau in der Ehe zum obersten Gesetz der weiblichen Geschlechtsmoral erhoben, formulierten den gesamten Moralkodex, nach dem die Frau zu denken, zu fühlen, zu handeln hat, bis hinab in die kleinste Anstandsregel, die mit der Dressurformel „es schickt sich nicht" eingedrillt wird. Die Anstandsregeln, die zu Bestandteilen der „Sitte" erhoben werden, sind nur die von den verschiedenen Klasseninteressen redigierten Kommentare zu den Grundgesetzen der geschlechtlichen Moral; und bekanntlich hat jede Klasse auch ihre eigenen Anstandsregeln.

Aus den materiellen Interessen und Tendenzen unserer Gesellschaftsordnung leiten sich aber nicht nur die strengen Moralforderungen gegenüber der Frau her. Aus ganz denselben Ursachen ergibt sich als sehr leicht verständliche Logik, daß die Gesellschaft für den Mann zu allen Zeiten ein ganz entgegengesetztes Sittengesetz, wenn nicht proklamiert, so doch stillschweigend und wohlwollend sanktioniert hat, d. h. daß sie dem Manne das Recht auf voreheliches Geschlechtsverkehr fast ohne Einschränkung zubilligt, und daß sie die Untreue des männlichen Ehegatten stets sehr mild beurteilt: beide Dinge alterieren die in Frage stehende Ehe prinzipiell nicht, es kommen durch sie keine fremden Elemente in die Familie, die Legitimität ist nicht in Gefahr ...

Die reiche alte Witwe

57. Französische Karikatur. Um 1580

So ungefähr stellt sich die Entwicklung des moralischen Ausnahmegesetzes dar, unter das die Frau gestellt ist.

Ein Zitat, dem man den klassischen Wert nicht wird absprechen können, mag noch illustrieren, wie unverhüllt dieses Ausnahmegesetz vor aller Welt vertreten wird. Hippel, der geistreiche Freund und tägliche Tischgast

Du sollst nicht ehebrechen

58. Hans Baldung Grün. Deutsche Karikatur. 16. Jahrhundert

Kants, beginnt sein Kapitel über die Treue der Weiber in seinem Buche „Über die Ehe" mit folgenden Sätzen:

„Wenn ein Mann untreu ist, so ist es unrecht; wenn es aber eine Frau ist unnatürlich und gottlos. Die Polygynie ist nicht ratsam; die Polyandrie aber eins der schwärzesten Laster in der Welt. Es ist nichts leichter, als Kinder zu erzeugen; allein nichts schwerer, als sie zu erziehen: und welch ein Frevel, einem Manne fremde Kinder aufzubürden! Die Verletzung über die Hälfte hebt einen Kauf auf; die allergeringste Verletzung der ehelichen Treue aber sollte die Ehe aufheben. Bedenke, Ungetreue, daß dein Mann, da er um dich warb, dich aus der Sklaverei befreite, in der du dich in dem Hause deiner Eltern befandest. Die Weiber werden durch die Heirat manumittiert, und sind ihrem Befreier zeitlebens operas officiales (Liebesdienste) schuldig."

Gewiß ist die Pflicht der Treue der Frau in der Ehe auch noch anders begründet worden, immerhin genügt aber schon dieses eine kurze Zitat, um zu beweisen, daß die vorstehenden Ausführungen und Schlußfolgerungen nicht willkürlich konstruiert sind. —

Die Jungfräulichkeit des Weibes ist sicher das erhabenste Wunder, und die auf der Liebe begründete unverbrüchliche Treue des Weibes ist eine ihrer stolzesten Tugenden — das mag man begeistert anerkennen, aber damit wird die ernste Forschung natürlich nicht der Pflicht enthoben, auch diese Dinge in ihrem wahren Wesen zu entschleiern, und es gibt daher kein Umgehen: die hohe moralische Einschätzung, die diesen Eigenschaften zuteil wird, ist im letzten Grunde nichts anderes, als die aufs höchste gesteigerte ideologische Verklärung der ökonomischen Basis, auf der die Ehe aufgebaut ist. Es ist „der ideologische Überbau", genau wie das — was hier resümierend zu wiederholen ist — das göttliche und das juristische Recht und Gesetz sind, die die Untertänigkeit der Frau und das Herrenrecht des Mannes aussprechen. —

An der allgemeinen Gültigkeit dieses eben skizzierten moralischen Ausnahmegesetzes gegen die Frau ändert die Tatsache nichts, daß es Epochen gegeben hat, in denen bewußt und mit Prinzip wider dieses Gesetz gehandelt wurde und es auch für die Frau als Ruhm galt, dagegen zu handeln. Am augenfälligsten geschah dies in den verschiedenen Zeitaltern der Galanterie, also besonders im Zeitalter des höfischen Minnedienstes und unter der Herrschaft des Absolutismus. Wenn diese Zeiten aber prinzipiell nichts von dem widerlegen, was im vorstehenden dargelegt und entwickelt ist, so belegen sie dafür ein anderes Gesetz: daß nämlich die geschlechtliche Ausschweifung in der Richtung einer allgemeinen Liederlichkeit eine stete Begleiterin jeder feudal-aristokratischen Klassenherrschaft ist. Die Richtigkeit dieses Gesetzes wird durch die beiden genannten Epochen geradezu klassisch erwiesen.

Es ist wohl eine der seltsamsten Erscheinungen in der geschichtlichen Literatur, daß es sogar heute noch Geschichte schreibende Menschen gibt, die in dem Zeitalter des Minnedienstes die Glanzepoche platonischer Tugenden sehen und dessen nicht gewahr werden, daß gerade dieses Zeitalter trotz seiner Turniere absolut nicht männlich, sondern im höchsten Grade weibisch war, und daß eine Weitherzigkeit in den Fragen der geschlechtlichen Moral herrschte, die nur vom Ancien Régime übertroffen worden ist. Der Zeit der Minnesänger platonische Tugenden zu unterschieben, ist schon deshalb seltsam, weil dieses Zeitalter in hunderten von längst bekannten Dokumenten, und zwar in seinen berühmtesten und von aller Welt bewunderten, in der allerdeutlichsten Sprache gesagt hat, was es unter Minne verstanden hat, wie materiell seine Wünsche und Genüsse gewesen sind. „Wenn je eine Zeit allein den realen Genuß im Auge gehabt hat, so ist es die damalige; mit bloßem Anbeten und Schmachten ist weder den Männern noch den Frauen gedient," so sagt mit Recht der orientierte Alwin Schultz in seinem Werk über das höfische Leben zur Zeit der Minnesänger. Ein nettes Zeitalter der Platonik fürwahr, das den Venusgürtel zum Schutz der ehefraulichen Treue erfindet! Und wohlgemerkt, nicht zum Schutz gegen die tierische Wut siegreicher Feinde, sondern zum Schutz gegen die Freunde und Tischgenossen, und vor allem zum Schutz gegen die offenkundige Bereitwilligkeit „der sittigen Burgfrau" oder Schloßfrau, ihren Ritter für seine Huldigungen nicht nur mit Worten zu belohnen. Der lobesame und tugendsame Ritter sieht in den Frauen und Töchtern seiner Turnier- und Zechgenossen eine Beute, die er jederzeit das Recht hat, seinen Wünschen zu erobern. Die minniglichen Damen dieses höfischen Zeitalters sind sowohl in Frankreich als auch in Deutschland mit der Rolle, die ihnen damit zugewiesen wird, völlig einverstanden und unterstützen eifrig die Wagenden, daß sie

59. Italienische Karikatur auf die ehebrecherische Frau. 17. Jahrhundert

Der Kampf um die Hosen

60. Französische Karikatur. Um 1700

erfolgreich zum ersehnten Ziele kommen. Die Treue gegenüber dem Eheherrn zu wahren, das ist dagegen das, was sehr viele stolze Damen sich die allergeringste Mühe kosten lassen. Man lese z. B. nur den Parsival nach. Als am Hofe des Königs Artus die Damen der Hofgesellschaft der Keuschheitsprobe unterworfen werden, da besteht sie keine einzige. Als die Meerfee den Mantel an den Hof sendet, der nur einem treuen Weibe paßt und allen anderen je nach der Größe ihrer Untreue zu kurz wird, da wagt ihn nur eine einzige anzuziehen, denn alle anderen sind nicht unbescholten. Der Hof des Königs Artus vereinigte bekanntlich die vornehmste Hofgesellschaft. Weiter: Wovon handelten denn die herrlichsten und reichsten Blüten der Minnesängerliteratur, die Taglieder? Von nichts anderem als von der schwelgerischen Schilderung, wie süß es für die edle Ritterfrau sei, die Ehe zu brechen und mit einem Freunde der Minne zu pflegen — aber nicht platonisch. In dem schönsten Lied, das Heinrich von Morungen gesungen hat, heißt es:

O weh! daß eng er sich
An mich geschmieget hat,
Als er entblößte mich
Und wollte sonder was

Mein' Arme schauen bloß:
Es war ein Wunder groß,
Das nie sein Herz verdroß —
Da tagt' es.

Die Gedanken, die Kürenberc seiner Dame unterlegt, sind sicher auch nicht platonischer Art, wenn er sie sagen läßt:

Wenn ich steh alleine
In meinem Hemede
Und ich an dich gedenke,
Ritter edele,

So erblüht sich meine Farbe
Als die Rose am Dorne tut
Und gewinnet das Herze
Viel manichen traurigen Mut.

Es ist natürlich nie der Eheherr, der solche Rückerinnerungen weckt, sondern stets der unternehmende Buhle, der keck um ihre Minne warb. Verführerischer ist das sicher nie gesagt worden als in Walters von der Vogelweide

Sokrates daheim

Schabstich von J. Smith. Um 1780

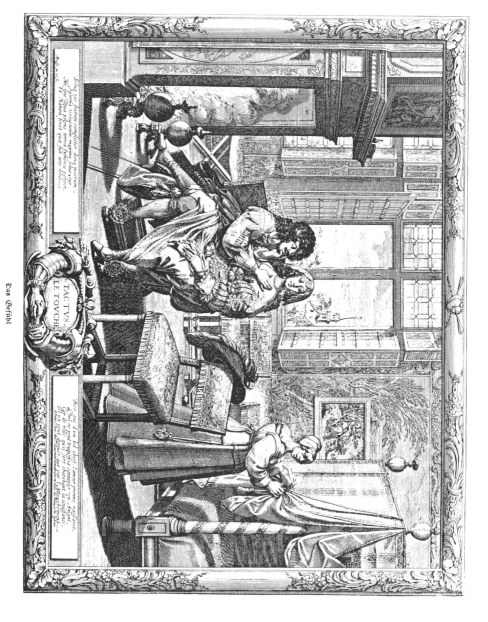

Das Gefühl

Holländischer galant-satirischer Kupferstich von Abraham Bosse. 18. Jahrhundert

berühmtem Minnelied „Unter der Linde".

Die nächste und selbstverständliche Logik einer solchen Geschlechtsmoral ist, daß der „stolze minnigliche Leib" nicht nur einem Buhlen blühen und „zum Trost bei Tag und Nacht" werden möge, sondern womöglich jedem schönen Knaben, der einer Dame zu Sinne steht. Das ist ebenfalls die in der höfischen Literatur dieses Zeitalters klar ausgesprochene Moral:

Nature n'est pas si sote
Qu'ele feist nestre Marote
Tant solement por Robichon,
Se l'entendement i fichon,
Ne Robichon por Mariete,
Ne por Agnès, ne por Perrette;
Ains nous a fait, bian filz n'en doutes,
Toutes por tous et tous por toutes,
Chascune por chascun commune
Et chascun commun por chascune.

Sie hat die Hosen an
61. Französische Karikatur. Um 1700

So heißt es in dem berühmtesten und gelesensten französischen Rittergedicht aus dem 13. Jahrhundert, dem Roman de la Rose. „Jeder für jede, jede für jeden!" Wollte man den ulkfrohen Jargon des Junkers Bülow anwenden, müßte man von dieser höfischen Moral sagen: Karnickelwirtschaft.

Die voreheliche Keuschheit des Weibes wird in diesem Zeitalter ebensowenig streng gefordert und geübt. Wenn die stolze Jungfrau z. B. eine Reise unternahm, so erforderte es die Unsicherheit der Straßen, daß sie stets von einem wehrfähigen Ritter begleitet würde. „Was aber auf einer solchen Reise zwischen den Reisegefährten vorging, das hatte niemanden zu kümmern, wenn nur der Ritter gütlich seinen Zweck erreichte, nicht Gewalt brauchte." Nun, und die Zeitmoral machte die Konzession, daß in Güte von einer Dame eben alles gewährt werden durfte.

Das Zeitalter des Absolutismus huldigte denselben Anschauungen, nur, entsprechend der dazwischen liegenden Entwicklung, mit unendlich größerem Raffinement. Die Treue der Frau gilt dem Ancien Régime als das Dümmste von der Welt und als die unbegreiflichste Erscheinung. Der Fürst von Ligne schrieb damals: „Die reinste Frau findet ihren Besieger; sie ist rein nur darum, weil sie ihn noch nicht gefunden hat." Herr von Boisse sagte: „Die Treue verdummt die Frauen." Und die Frauen dieses

Zeitalters sprechen ganz dieselben Ansichten aus. Der Verführung eines sympathischen Mannes zu widerstehen, gehört für die Dame des 18. Jahrhunderts ins Reich der Unmöglichkeit, schon die Vorstellung davon ist ihr unfaßbar. Die vornehme Frau v. X. sagte zu ihrer Freundin: „Unter uns gesagt, ich weiß gar nicht, wie man es anfangen soll, Widerstand zu leisten." Der letzte Grund eines ernstlichen Widerstandes fällt aber auch weg, denn die galanten Ehemänner des Ancien Régime finden es häufig ganz in der Ordnung, daß sich ihre Frauen nach Herzenslust von ihren Anbetern verführen lassen. Sie machen höchstens die Vermeidung des Skandals zur Bedingung. Der Marquis v. H. sagte zu seiner Frau: „Ich gestatte dir alles, nur nicht die Prinzen und die Lakaien." So ist es denn ganz natürlich, daß im Liebeskalender der vornehmen Damen neben dem Gatten meistens mehrere Anbeter stehen, und daß diese mit ungleich mehr Erfolgen verzeichnet sind. Die Liebe ist keine Leidenschaft, sondern ein Vergnügen, bei dem man der Abwechslung halber die Darsteller der Rollen des Partners gern und möglichst oft wechselt. Wiederum stand also an der Spitze des Moralgesetzes das schmutzigste Motto aller Zeiten: Jeder für jede, jede für jeden!

So verfehlt es, wie gesagt, wäre, aus solchen Erscheinungen die Ungültigkeit des allgemeinen Moralgesetzes abzuleiten, das von der Frau die Keuschheit vor der Ehe und die Treue in der Ehe fordert, so wäre es freilich ebenso verfehlt, in diesen Epochen den Sieg einer fortgeschritteneren, höher entwickelten geschlechtlichen Ethik zu erblicken. Was sich in solchen Moralanschauungen dokumentiert, das ist nichts anderes als der Zersetzungsprozeß niedergehender, sich auflösender Klassen.

Ein ganz ander Ding ist es, wenn eine robuste, gesunde Klasse scheinbar bewußt dem für die Frau aufgestellten Moralkodex zuwiderhandelt. Auch solche Fälle kennt die Geschichte, und es ist nötig, hier von ihnen Notiz zu nehmen, weil sie in der drastischsten Form die Auffassung vom Zweck und Wesen der Ehe erweisen. Man hat häufig als bewundernswerte Konsequenz und Ehrlichkeit, an der man sich ein Beispiel nehmen möge, gepriesen, was Luther in seinem Ehezuchtbüchlein über das tüchtige Weib und den untüchtigen Mann geschrieben hat; man hat es freilich noch öfter peinlich verschwiegen, als nicht mehr in unsere Zeit passend. Es handelt sich dabei vor allem um die folgende Stelle:

„Wenn ein tüchtig Weib zur Ehe einen untüchtigen Mann überkäme und könnte doch keinen anderen öffentlich nehmen und wollt auch nicht gerne wider Ehre tun, sollte sie zu ihrem Manne also sagen: Siehe lieber Mann, du kannst mein nicht schuldig werden, und hast mich und meinen jungen Leib betrogen, dazu in Gefahr der Ehre und Seligkeit bracht, und ist für Gott keine Ehre zwischen uns beiden, vergönne mir, daß ich mit deinem Bruder oder nächsten Freund eine heimliche Ehe habe und du den Namen habst, auf daß dein Gut nicht an fremde Erben komme, und laß dich wiederum williglich betrügen durch mich, wie du mich ohne deinen Willen betrogen hast."

Luther hat dies weiter dann damit begründet:

„Ein Weib, wo nicht die hohe seltsame Gnade da ist, kann eines Mannes ebenso wenig

CURIEUSER WEIBER KRIEG

Das schwache Weiber-Volck, das nur das Schwert im Munde,
nicht in den Fäusten hat, das streit um hosen hier
und zerret sich darum, wie um ein bein die hunde
Damit ja keine nicht den edlen Schatz verlier.

wann sieben Weiber sich um ein paar hoßen schlagen
So schlügen wo sich gewiß um einen Mann;
laßt-Ihnen ihre freud! nur daß Sie die nicht-tragen
weil drinn zerborgen ist-steht ihnen besser an

Abb. nach paar Fraud. Haus. groben von 1709 I. Kunst

62. Deutsche Karikatur. 17. Jahrhundert

entrathen als essen, schlafen, trinken und andere natürliche Notdurft. Wiederum also auch ein Mann kann eines Weibes nicht entrathen. — Ursach ist die: es ist ebenso tief eingepflanzt der Natur, Kinder zeugen als essen und trinken. Darum hat Gott dem Leib die Glieder, Adern, Flüsse und alles, was dazu dienet, geben und eingesetzt. Wer nun diesem wehren will und nicht lassen gehen, wie Natur will und muß, was thut er anders denn er will wehren, daß Natur nicht Natur sei, daß Feuer nicht brenne, Wasser nicht netze, der Mensch nicht esse noch trinke noch schlafe?"

Für den Laien in historischen Dingen wollen diese so wenig in die Konzepte unserer verschnittenen Muckermoral passenden Sätze gewiß etwas heißen. Aber diese Sätze bedeuten in Wirklichkeit gar keine besondere Tat Luthers, sie erweisen für diesen gar keinen besonderen Mut der Konsequenz. Und zwar aus dem ganz einfachen Grunde: die Geschlechtsmoral, die Luther in diesen Sätzen vorträgt, — das waren uralte Rechtsüberlieferungen, die z. B. im Bauerntum seiner Zeit noch voll in Geltung waren und in den verschiedensten Bauernrechten klar und deutlich als Rechtssatzungen ausgesprochen waren. So heißt es z. B. im Benker Haiderecht, das noch lange Zeit nach der Reformation Geltung hatte:

„Item so weise ich auch vor Recht, so ein guet Mann seiner Frauen ihr fraulich Recht nit thun könne, daß sie darüber klage, so soll er sie aufnehmen und tragen ober seven erftuine und bitten da seinen nächsten Nachbarn, daß er seiner Frauen helfe; wann ihr aber geholfen ist, soll er

Jugend oder Geld?

63. G. Goltzius. Holländische Karikatur. 17. Jahrhundert

Von dreyen lusten ist zuwissn, Der ander lust ist in der Mitt,
Der erst ist vnten in den Füssn. In Speiß vnd tranck ist obn der dritt.
In pedibus prima est, sed porro secunda Voluptas In medio, ac epulis denigi tertia erit.

64. Deutsche Karikatur. 1648

sie wieder aufnehmen und tragen sie wieder zu Haus und setzen sie sachte da und setzen ihr ein gebraten Huhn vor und eine Kanne Weins."

Ähnliche Rechtssätze finden sich noch in verschiedenen Rechten, so z. B. im Hattinger und im Bokumer Landrecht. Man wird auf Grund dieser Rechtsanschauungen zugeben müssen, daß es wirklich keine besonders kühne Tat war, was Luther in seinem kernigen Stil in seinem Ehezuchtbüchlein aussprach. Wenn in diesen Rechtssatzungen dafür gesorgt ist, daß die Frau in ihren ehelichen Rechten nicht verkürzt werde, so bedeutet das in Wahrheit nichts anderes und auch nicht mehr als die drastische Anerkennung des Ehezwecks: der Hauptzweck der Ehe, die Beschaffung eines gesetzlichen Erben, sollte unter allen Umständen erfüllt werden. Daß das kein Trugschluß ist, daß einzig der Ehezweck, das Kinderbekommen, in Frage steht, und nicht das Recht auf Geschlechtsgenuß, ergibt sich auch daraus, daß nur die kinderlose Frau über ihren Mann als untüchtig klagen konnte, und daß andererseits die Wahl des „Ehehelfers" — so wurde der Ersatzgatte genannt — nicht der Frau, sondern ausschließlich dem Manne zustand...

So seltsam uns auch solche Anschauungen anmuten, so ist doch zu wiederholen: sie stützen nur auf die drastischste Weise das Gebäude der Unterdrückung der Frau zugunsten der ökonomischen Interessen der Ehe. Die Frau soll gemäß den ökonomischen Interessen in der Ehe Gebärapparat sein: Damit sie das unbedingt sein könne, wird in primitiven Zeiten unter besonderen Umständen auch ein Teil der Moralgesetze ausgeschaltet, soferne diese sich dem Hauptzweck der Ehe hinderlich zeigen. Man geht wahrscheinlich nicht zu weit, wenn man sagt: in diesen mittelalterlichen bäuerlichen Rechtsanschauungen ist die Konsequenz der Tendenzen, aus denen die Ehe sich herausentwickelte, zur Spitze getrieben; sie sind förmlich personifiziert, zum Selbstzweck erhoben, dem rücksichtslos alles Menschliche untergeordnet wird.

* * *

Diese Gesetze und Tendenzen formen den Grundton der gesamten gesellschaftlichen Satire in Wort und Bild. Weil eben die Satire zu keiner Zeit eine über den Dingen schwebende höhere Vernunft darstellt, sondern weil sie immer nur der Ausdruck der allgemeinen, d. h. der jeweils gültigen Morallehre ist. Darum ist auch die Satire in der einen Zeit strenger, in der anderen nachsichtiger. Nur ist hierbei ein Punkt immer gebührend in Berücksichtigung zu ziehen: daß nämlich die Karikatur in allen Zeiten, abgesehen von der Gegenwart, ausnahmslos aus derselben Klasse stammt, und zwar aus dem Bürgertum. Das heißt aber nichts anderes als: die Karikatur ist fast ausschließlich von dessen Moral inspiriert und getragen; am Maßstabe der bürgerlichen Moral wird von ihr in den meisten Epochen die Moral aller Klassen gemessen. Da nun aber jede Klasse in gewisser Richtung ihre eigene Moral hat, also ihre Moral sich von den allgemeinen Leitsätzen der Moral in gleicher Weise entfernt, wie sich ihr Klasseninteresse von dem Allgemeininteresse unterscheidet, so kommt es sehr häufig vor, daß in der bürgerlichen Karikatur etwas bekämpft wird, was nach den moralischen Leitsätzen, oder wenigstens nach dem Anstandskodex der höfisch-aristokratischen Kultur nicht nur erlaubt ist, sondern förmlich zum guten Ton gehört. Es gibt z. B. Zeiten, in denen das Klassenideal des Bürgertums Züchtigkeit und Anstand forderte und jede schamlose Entblößung weiblicher Reize als ein starker unmoralischer Verstoß galt. In den gleichen Zeiten hat es die höfisch-aristokratische Kultur ebenso oft als einen ebenso starken Verstoß gegen den Anstand angesehen, wenn ein weibliches Mitglied ihrer Klasse sich weigerte, ihre Reize schamlos vor aller Augen zu entblößen; man denke nur an die in der Gegenwart genau so streng durchgeführten Vorschriften des Dekolettierens bei sämtlichen höfischen Veranstaltungen. Eine moralische Übereinstimmung auf der ganzen Linie herrscht nur in den Zeiten, in denen der bürgerliche Geist in Auflösung begriffen ist, auf Selbständigkeit verzichtet hat und das Bürgertum seinen Vorteil darin findet, alle seine Aufträge und Direktiven ausschließlich von Oben zu erhalten. In solchen Zeiten schreckt man dann nicht davor zurück, das laut über die Gasse zu schreien, was man vorher höchstens insgeheim in sich hineingeschmunzelt hatte: ach, die Sünde ist ja so schön, freuen wir uns der Sünde! Diese Zeiten sind es denn auch, wo die Satire nur, oder wenigstens mit Vorliebe, dazu angewandt wird, die Genüsse, denen man huldigt, zu paprizieren. —

Die prinzipielle Stellung der Satire gegenüber den gesellschaftlichen Institutionen

65. Abraham Bosse. Französische Karikatur auf die schlechte Hausfrau. 18. Jahrhundert.

und Erscheinungen ist natürlich abhängig von der wissenschaftlichen Einsicht der Zeit in ihr Wesen, d. h. in ihre historischen Zusammenhänge. Das ist zwar eine ganz selbstverständliche Sache, es bedarf darum aber doch an dieser Stelle der besonderen Betonung, weil dieser Umstand für die historische Beurteilung der meisten Karikaturen von entscheidender Wichtigkeit ist. Besonders wichtig sogar ist dieser Gesichtspunkt gerade für das vorliegende Kapitel.

Daß die heutige Eheform genau so etwas Gewordenes ist, wie alle physiologischen und sozialen Gebilde unserer gesamten Erscheinungswelt, und daß sie sich ebenso wie diese in steter Umwandlung befindet, diese Erkenntnisse sind, wie schon in der Einleitung gesagt worden ist, eine sehr späte Errungenschaft der Soziologie, sie sind erst in der zweiten Hälfte des 19. Jahrhunderts eingehender begründet worden. Daraus erklärt sich oder ergibt sich denn auch, daß die Karikatur die Ehe, so häufig sie sich zu allen Zeiten mit ihr und allen den Formen beschäftigt hat, die mit ihr in Zusammenhang stehen, nie prinzipiell behandelt oder bekämpft hat. Die bürgerliche Ehe ist der Karikatur bis nahe an unsere Gegenwart heran etwas Unabänderliches, etwas Fundamentales für den Bestand der menschlichen Gesellschaft gewesen. Unter diesem Gesichtswinkel wird jeder Widerspruch, alles Aufbäumen gegen die überkommene Ehemoral zum Verbrechen, zur Sünde wider die Natur. Und wie im Leben, so spiegelt es sich auch in der Karikatur, daß alles das als Verfehlung gegen die heilige Institution der Ehe angesehen wurde, was im letzten Grunde niemals etwas anderes bewiesen hätte und für die heutige, erweiterte Einsicht auch

66. B. Picart. Galante französische Karikatur auf die Frau im heiratsfähigen Alter. 18. Jahrhundert

Nichts ist so allgemein als wie die Hahnerey.   Es gibt mehr Kinder ab, als Hennen legen Ey.
Mit ihr verbindet sich auch die Windmacherey,   Man spricht noch ungescheut, daß es so Mode sey;
Die Treue ist sehr rahr, an Mann und Weibspersonen,   Ja was noch über das, man nennt es gar gallant,
Der Hörner trägt man mehr, als wie der Königskronen.   Schmückt modehaft den Leib, das Herz bleibt ohne Schand.

67. J. M. Will. Deutsche Karikatur auf die eheliche Untreue. 18. Jahrhundert

nichts anderes erweist, als daß die bürgerliche Ehe schon lange in vielen Richtungen in stärkstem Widerspruch zu den veränderten Lebensbedingungen steht, die die unaufhaltsam vorwärts schreitende Entwicklung der Wirtschaftsweise den Menschen aufoktroyiert hat.

Erst als im letzten Jahrzehnt des 19. Jahrhunderts die Erkenntnis vom Wesen der Ehe Gemeingut größerer Kreise wurde, zerfloß, wie in der ernsten Diskussion, so auch in der Satire die Zurückhaltung vor der Ehe als vor etwas Unantastbarem. Man illustrierte die innere Unmoral, d. h. den unlöslichen Widerspruch zwischen der alten Form und den neuen Bedingungen des Lebens. Aus den Sündern wurden die Opfer. Klassische Zeugnisse bietet dafür die gesamte französische Karikatur seit der Mitte der achtziger Jahre und die deutsche Karikatur seit Anfang der neunziger Jahre, höchst wenige dagegen die englische Karikatur. Das englische Bürgertum ist zwar immer noch das stolzeste aller Länder, und das mit vollster Berechtigung, aber seine schöpferische Periode liegt weit, weit hinter ihm, es befindet sich längst im Zustande des verknöcherten Greisenalters, das zwar noch Begierden aber keine Taten mehr aufzuweisen hat. Sein heutiges Selbstbewußtsein ist tatsächlich nur die Rente des früher angesammelten Kapitalbesitzes. Wenn höfisch-aristokratische Kulturen meistens mit einem Kankan der Frivolität abschließen, so klingen bürgerliche Kulturen frömmelnd aus

Frau Bourgeoise ist in England zur heuchelnden Betschwester mit niedergeschlagenen Augen geworden. Aber das Verschwinden des Mutes zum kühnen, konsequenten Weiterdenken, zum rückhaltlosen Aussprechen dessen, was ist, das hat noch niemals die Gesetze der Entwicklung aufgehoben; diese wirken weiter und formen die Gesellschaft um, auch wenn man nicht von ihnen spricht, nur wirken sie verheerender. Das gilt heute für England und wird morgen für Deutschland und Frankreich gelten, wenn sie sich zur Greisenmoral bekehren sollten.

* * *

Neben dem Inhalt, „der Moral von der Geschichte", steht überall das Wie, und dieses Wie, die Form, ist bekanntlich bei sämtlichen Erscheinungen ein charakteristischer Kommentar zur Gesamtentwicklung; das bestätigen auch die sämtlichen Mittel und Formen, deren sich die Karikatur in den verschiedenen Jahrhunderten bedient hat. Es dürfte angebracht sein, die Hauptlinien der gesamten geistigen und technischen Entwicklung der Karikatur gleich hier an der Spitze des ersten Kapitels zusammenfassend in allgemeinen Zügen darzustellen, da diese Gesichtspunkte für jedes einzelne der folgenden Kapitel ohne Ausnahme genau so wie für das vorliegende gelten und für alle von gleichbleibender Bedeutung sind.

Die Entwicklung der geistigen Ausdrucksmittel der Karikatur, d. h. also in erster Linie der verschiedenen Symbole, deren sich die Satire im Bilde als Ausdrucksmittel ihrer Gedanken bedient, die Ablösung des einen durch das andere, die Verbindung des einen mit dem andern: Symbol, Allegorie, Groteske, Wirklichkeitsdarstellung usw. — sie spiegeln getreu den Weg vom Einfachen zum Komplizierten, zur Vielgestalt und zum Vielverschlungenen wieder, den die gesamte Entwicklung unseres privaten, gesellschaftlichen und öffentlichen Lebens vom Ausgang des Mittelalters bis herauf in unsere Gegenwart genommen hat. Zur Illustration dieses Satzes vergleiche man z. B. Bilder wie den anonymen „Kampf um die Hosen" (Bild 48) mit einem beliebigen Bilde von Forain, Heine oder Reznicek. Wenn man früher sozusagen immer aufs Ganze ging, so gelangte man dann allmählich dazu, jedes Ding in verschiedene Kategorien einzuteilen, d. h. man erkennt neben dem Typischen das Unterscheidende des Einzelfalles, und je mehr man in der Erkenntnis vorwärts schreitet, um so mehr registriert man mit Absicht gerade das unterscheidende Merkmal. Das 16. Jahrhundert rubrizierte jede Ehebrecherin einfach unter der fertigen Formel „die unkeusche Frau"; für diese Zeit ist das Entscheidende und das Unterscheidende einfach die Tat. Für den größten satirischen Schilderer des Ehebruchs in der Gegenwart, für den Franzosen Forain, ist die Tat als Faktum dagegen fast das Nebensächliche des Gegenstandes, wichtig ist ihm dafür das Warum und das Wie. Da aber das Warum und das Wie tausendfach wechselt, jedesmal anders ist, so vermag er zu demselben Stoffe jeden

Verlorene Liebesmühe

68. P. A. Wille der Jüngere. Galante französische Karikatur. 18. Jahrhundert

Tag einen völlig neuen Kommentar zu geben. Die künstlerische Aufgabe, die der Satire dabei gestellt ist, heißt: auch im erdrückenden Reichtum den Einzelfall wiederum zum Typischen kristallisieren. Das letztere unterscheidet die Gegenwart vom 17. und 18. Jahrhundert, das ebenfalls den Einzelfall registrierte, und es

Die Zierde derer Hahnrey.   La parade des cornards.

69. Joh. G. Merz. Augsburger Karikatur auf die untreue Frau.
18. Jahrhundert

bezeichnet zugleich die sittlich imponierendere Höhe der Gegenwart. Wenn das 17. und 18. Jahrhundert den Einzelfall, d. h. also das Unterscheidende vorführte, wurde der Angriff stets zum Pamphlet, d. h. zum Angriff gegen eine ganz bestimmte Person. In diesem Unterschied spiegelt sich auch die heute tiefere Einsicht in die bestimmenden Ursachen des gesellschaftlichen Geschehens. Das Schlechte ist in den Menschen, merzt man den Sünder aus, so ist auch die Sünde aus der Welt geschafft — so deduzierte man damals. Dementsprechend lautet die erste Frage: wer ist der Sünder? Das Schlechte wird bedingt durch die Institutionen, und solange diese fehlerhaft sind, wird jeder neue Tag neue Sünder hervorbringen; das wissen wir heute, also ist es von ziemlich untergeordneter Bedeutung, wer zufällig heute der Sünder war, der dem Satiriker den Stoff lieferte...

Die Geschichte der technischen Mittel der Karikatur, im engeren Sinne der Reproduktionsform aufgefaßt — Holzschnitt, Kupferstich, Lithographie, Zinkätzung, — illustriert ebenso deutlich das zunehmende Tempo des Pulsschlages der Zeit. D. h. mit anderen Worten: jede raschere Gangart der Zeit schuf eine neue Reproduktionstechnik, die immer wieder imstande war, den Ereignissen auf dem Fuße zu folgen und in gleicher Weise die größer werdende Zahl der Interessenten zu befriedigen. Langsam und bedächtig wickelte sich der Gang der Weltgeschichte an der Schwelle der neuen Zeit ab, und geradezu starr und unveränderlich erscheinen die sozialen und moralischen Bedingnisse des Lebens. Eine Karikatur mit einer satirischen Moralpredigt brauchte Monate, bis sie im Kopfe des Künstlers ausreifte, den Weg zur Werkstatt des Holzschneiders und von da in die des Druckers fand. Ebensolange brauchte sie, bis sie nur über die engsten Kreise hinausdrang; oft vergingen Jahre, bis sie in anderen Städten zum ersten Male auftauchte. Von vielen heute noch berühmten Blättern sind, wie die zufällig erhaltenen Druckrechnungen erweisen, im Verlaufe von verschiedenen Jahren oft nur wenige hundert Exemplare abgesetzt worden. Das kam selbst bei Blättern vor, die eine Rolle spielten und die allgemeine Aufmerksamkeit auf sich lenkten. Aber wie der Priester des Sonntags seine Predigt vor Hunderten hielt, so sprach das Fliegende Blatt des 16. Jahrhunderts

70. Joh. G. Merz. Augsburger Karikatur auf die enttäuschte Frau
18. Jahrhundert

ebenfalls häufig zu Hunderten; ein ganzes Dorf ergötzte sich an einem einzigen Exemplar. Dieser Zeit entsprach der Holzschnitt. Er war so solid und so dauerhaft wie die von ihm wiedergegebene satirische Moral, die dem Beschauer fürs ganze Leben gelten sollte. Im 17. Jahrhundert, dem in Deutschland der Dreißigjährige Krieg, in Frankreich der emporsteigende Absolutismus, in den Niederlanden die Entwicklung zur merkantilen Weltmacht das charakterisierende Gepräge gaben, ist der Schritt der Zeit schon wesentlich beschleunigt, das Leben des einzelnen ist reicher an äußerer Abwechslung. Das erfordert, daß auch die Ausdrucksmittel beweglicher seien: leichter zu erlangen. Auch will man mehr zu hören bekommen und begnügt sich nicht mehr für Monate oder gar Jahre an einigen wenigen Blättern. Diese Forderungen erfüllten sich im Kupferstich, der vor allem auch größere Auflagen ermöglichte. Freilich bedeutete der Kupferstich nicht in jeder Richtung einen Fortschritt. War er für Frankreich, England und die Niederlande eine schneidige Klinge, die in ihrer Ausbildung Schritt für Schritt Vorzüglicheres leistete, so bezeichnete er für Deutschland gegenüber der Höhe, die hier im 16. Jahrhundert der Holzschnitt erlangt hatte, in erster Linie einen sehr tiefen Niedergang, den Weg von künstlerischer Vollkraft in die künstlerische Ohnmacht; und er war weiter ein Zeugnis der wirtschaftlichen Verarmung, die dazu zwang, zum Billigsten zu greifen. Der Kupferstich behauptete seine Rechte uneingeschränkt bis in die zwanziger Jahre des 19. Jahrhunderts; er hat alle die großen Umwälzungen begleitet, die große englische Revolution, die französische Revolution und die deutsche Überwindung der Fremdherrschaft. Die Julirevolution des Jahres 1830 hat dagegen die Lithographie zum Siege geführt. Sie schuf die ersten großen illustrierten satirischen Journale, darunter das bedeutendste Dokument der politischen Karikatur aller Zeiten, die Caricature, mit Daumier, dem großen satirischen Trommelschläger des Fortschritts und der Freiheit, an der Spitze. Mit dem trotz aller Durchbildung und Vervollkommnung immer noch sehr langsam herzustellenden Kupferstich wären diese neuen Programme und Aufgaben nicht mehr zu erfüllen gewesen. Die Postkutschen- und Extrapostenzeit geht allmählich ins Eisenbahnzeitalter über, die satirische Moral eines Blattes interessiert höchstens noch für eine Woche. Und je größer der Kreis derer wird, die am öffentlichen Leben tätigen Anteil nehmen, d. h. je mehr sich dieser Begriff mit dem der Masse deckt, um so mehr muß jetzt die Karikatur Massenartikel im wahren Sinne des Wortes werden. Binnen wenigen Tagen muß sie auf dem Markte sein können; und was das Wichtigste ist: ihr Preis muß von der Masse zu erschwingen sein. Diese Entwicklung leitete die Lithographie ein. Eine schwarze Kupferstichkarikatur kostete im 18. Jahrhundert in England, das sich darin auf den größten Großbetrieb eingerichtet hatte, durchschnittlich einen halben Schilling. Entsprechend dem damaligen Geldwert ist das ungefähr so viel, wie heute ein Taler. Wer vermag eine solche Summe für eine einzige Karikatur zu erschwingen? Daß diese Summe aber nicht nur von einzelnen, sondern von vielen Hunderten jahraus, jahrein oft jede Woche erschwungen wurde, ja, daß noch unendlich höhere

71. Deutsche Karikatur auf die untreue Frau

Der Altjungfernklub

72. Booth. Englische Karikatur. 18. Jahrhundert

Summen, für die großen Blätter das Fünf- und Zehnfache, verlangt und bezahlt wurden, das beweist hinwiederum, welche starke Beachtung der Karikatur damals gezollt wurde. Gleichwohl war sie eben doch nur ein Luxusartikel für die zahlungsfähige Moral. Das änderte die Lithographie, die um den vierten und fünften Teil des Preises in den Handel kommen konnte. Aber auch die Lithographie vermochte auf die Dauer bei dem Tempo nicht Schritt zu halten, das die moderne Entwicklung dem Leben im 19. Jahrhundert aufzwang, und wo ein Schnelligkeitsrekord den anderen schlug. Es kam dahin, daß die Frage des Vormittags bereits am Nachmittag ihren Kommentar finden sollte, denn der morgige Tag hatte etwas Neues und etwas anderes zu sagen. Da ging der Lithographie der Atem aus, ihre Herrschaft währte daher kaum ein halbes Jahrhundert; aber sie hatte in dieser Zeit reichen Segen gespendet, künstlerisch und agitatorisch. Die Chemigraphie, die in den siebziger Jahren aufkam, vermochte die höchsten Forderungen der Zeit zu erfüllen; bedeutete auch ihre Einführung, wie seinerzeit beim Kupferstich, einen starken künstlerischen Niedergang, so erfüllte die Chemigraphie doch die geschäftlichen und agitatorischen Bedingungen, und diesen gegenüber mußten die künstlerischen Interessen immer noch zurücktreten. Was der Stift des Zeichners am Morgen niedergeschrieben hat, das ist durch die Chemigraphie am Abend bereits vertausendfacht in den Händen des Lesers, und dazu des Unbemitteltsten; und weiter: der Zahl der Abzüge ist nun gar keine Grenze mehr gesteckt. In diesem Stadium der Entwicklung stehen wir gegenwärtig, und man braucht kein Prophet zu sein, um zu sagen, daß der Schnelligkeitswahnsinn in der Erschöpfung des Reichtums und der Vielgestalt alles Geschehens wahrscheinlich noch lange nicht seinen höchsten Rekord erreicht hat . . .

Ist bis jetzt gezeigt worden, wie sich der zunehmende Reichtum des Lebens und sein immer schneller werdender Pulsschlag im ewig wechselnden Gewande der Karikatur spiegelt, so bleibt als dritter Punkt noch zu zeigen, wie sich in der Entwicklung der Symbole der Karikatur, sozusagen in ihren sprachlichen Mitteln, der Weg der Menschheit spiegelt: von der seelischen Befangenheit und Gebundenheit in dunkeln, mystischen Vorstellungen hinauf zu den freien Höhen des menschlichen Denkens und eines immer klareren Erkennens der wirklichen Zusammenhänge der Dinge.

Die Entwicklung der gedanklichen Ausdrucksmittel der Karikatur unterscheidet drei Hauptetappen: das Symbolische, das Groteske und die satirisch pointierte Wirklichkeitsdarstellung, die sich zeichnerisch natürlich ebenfalls des karikierenden Übertreibens bedient. Die Ablösung der einen Form durch die andere geschieht selbstverständlich nicht in allen Ländern gleichzeitig; im Gegenteil: die eine Form wird in einem Lande bereits von einer fortgeschritteneren überwunden, während sie im Nachbarlande erst anfängt, zur Herrschaft zu kommen. In der Geschichte der Karikatur kann man ganz dieselbe Formel anwenden, die Marx für die Ökonomie geprägt hat: das fortgeschrittene Land zeigt dem zurückgebliebenen seine eigene Zukunft. Das hervorzuheben ist nicht unwichtig, weil damit festgestellt ist, daß der Volkscharakter wohl die verschiedenen Nuancen herausentwickelt, das Temperament des Vortrags, die besondere Eleganz des einen, die Arroganz des andern und die Tolpatschigkeit oder Plumpheit des dritten, daß aber der jeweilige Hauptcharakter der Form, — ob Symbol, Allegorie, Groteske, Naturalismus, satirische Illustration usw. — absolut abhängig ist von der wirtschaftlichen Entwicklungshöhe, in der sich ein Land befindet, und daß die gleiche Höhe stets zu denselben Symbolen gelangt.

Im 16. und 17. Jahrhundert ist das wichtigste satirische Mittel die Symbolik, und zwar die religiös inspirierte Symbolik, in der Form der Verbindung mit dem Teufel. Das erscheint um so seltsamer, wenn man erwägt, daß der das gesamte geistige Leben jener Zeit erfüllende Humanismus, der die Wissenschaft des beginnenden Zeitalters des modernen Kapitalismus darstellt, in seiner Tendenz auf den absoluten Unglauben hinauslief und der energischste Frondeur gegen die gläubige Weltanschauung des Mittelalters war. Aber diese Tendenz zum Unglauben verhinderte nicht, daß diese Zeit trotzdem in einen Glaubensfanatismus auslief, wie ihn die Welt zuvor

LE REMEDE.

Tous les Anodains de la Terre Foin des leçons de votre Mere,
Ne calmeront jamais vos feux ; Mariez-vous cela vaut mieux.

73. Jaurat. Galante französische Karikatur auf die Frauen im heiratsfähigen Alter. 18. Jahrhundert

Lady Worseley im Bade

74. Englische Karikatur auf den Ehescheidungsprozeß des Lord Worseley gegen seine Gemahlin wegen Ehebruchs mit 34 Männern

nicht gesehen hatte. Der Grund? In den primitiven Urzuständen der Gesellschaft, wie sie das Mittelalter noch zeigt, macht sich der Mensch über Religion nicht allzuviel Gedanken. Das wird jedoch an dem Tage anders, an dem er durch die Entwicklung gezwungen wird, sich von der seitherigen Abhängigkeit von der Natur loszureißen und sich die Natur unterzuordnen; von da an beginnt er energisch über diese Fragen nachzudenken. Aber alle Kühnheit, die in solchen revolutionären Zeiten selbstverständlich ist, führt ihn nicht über den halben Weg hinaus; Natur und Gesellschaft entschleiern, wie schon einmal gesagt worden ist, ihre Geheimnisse erst bei bestimmten Entwicklungshöhen. Dagegen türmt jede gewonnene Erkenntnis neue, anscheinend immer größere Schwierigkeiten empor. Dazu kommt dann noch ein zweites: Die neue Zeit mit ihrer alles umwälzenden wirtschaftlichen Revolution schüttete wohl Berge von Schätzen auf, streute nach allen Seiten ihren reichen Segen aus, aber noch mehr, noch sichtbarer, auch dem letzten fühlbar — die neue Zeit brachte auch die großen, von ihr untrennbaren sozialen Greuel, von denen man bis dahin keine Ahnung hatte; das Dreigespann: Pest, Syphilis und Branntweingift rast wie wütend durch die Lande und verschont nicht das verborgenste Dorf. Dem steht man nicht nur machtlos gegenüber, sondern die beschränkte Einsicht verhindert einen auch, diese Erscheinungen in ihrem Wesen und in ihren Zusammenhängen mit der neuen Wirtschaftsordnung zu erkennen. Man empfindet das hereinbrechende Elend höchstens als Zuchtrute, mit der anscheinend Gott die Menschen für ihr vermessenes Streben züchtigt, die Grenzen ihrer Macht zu vergrößern, seinen Himmel zu stürmen. Diese grimmigen Nöte, die am Eingange der neuen Zeit standen, führten vom Unglauben zum Aberglauben. Man vermutete böse, finstere Mächte, man glaubte an Dämonen; das Schreckliche erfüllte ausschließlich die Phantasie. Der lustige Biedermann von Teufel, mit dem man seinen Schabernack treiben konnte, wie ihn das Mittelalter kannte, wurde zum Inbegriff wahnwitziger Scheusälichkeit. Die Morallehre kam damit naturgemäß auf den Weg des „Bangemachens", des „Gruseligmachens". In dieser Zeit und aus dieser Stimmung heraus entstand die ungeheuerliche und reiche Teufelsliteratur. Teufel und Hölle in ihren schrecklichsten Gestalten wurden zu den Symbolen alles Verdammenswerten. Alles Schlechte stammt aus der Hölle, alles Schlechte ist somit in der Hölle und im Teufel verkörpert. So folgerte man; also wurde der Teufel zum großen Wauwau, mit dem man alle schreckte und dem „gemeinen Volk" jene Dialektik einpaukte, die zu Nutz und Frommen der Moral, d. h. der Kirche, des Staates, der Obrigkeit diente. Das alles spiegelt die damalige Satire treulich in Wort und Bild. Der Moralprediger der Gasse, der sich, um

75. Th. Rowlandson. Englische Karikatur. 1790

76. Thomas Rowlandson. Englische Karikatur. 1812

das Publikum zum Zuhören zu zwingen, der Kürze, des Witzes und des Handgreiflichen bedienen muß, bedient sich selbstverständlich mit Vorliebe des Teufels, dieses einfachen und doch reich zu gliedernden Symbols. Man sprach vom Fluchteufel, Tanzteufel, Eheteufel, Saufteufel, Hurenteufel, Unzuchtsteufel, Schwurteufel, Hoffartsteufel, Hosenteufel, Geizteufel usw. Unter solchen Titeln erschienen dann die Abhandlungen über das betreffende Laster, und die Form war meistens satirisch moralisierend. Wie nützlich es sei, zu dem „gemein Volk" in dieser Weise zu reden, das wird in dem ersten Stück des 1575 in Frankfurt a. O. erschienenen Theatrum diabolorum in dem Abschnitt „Wo und was die Hölle sei", in folgender schlauer Weise begründet:

„Aber am jüngsten Tag wird's freilich ein ander Ding sein und werden. Da die Hölle ein sonderlicher Ort sein wird, oder da die sein werden, die in der Höllen oder ewigen Zorn Gottes so verdammt sind. Wo aber und an welchem Ort die sein wird, will ich lieber nicht wissen, denn außerhalb der Schrift da viel von grübeln. Es liegt auch nicht groß dran, ob jemand halt von der Höllen, wie man mahlet und sagt. Es wird doch so und noch viel ärger jetzt sein, und denn werden, denn jemand sagen, malen oder denken kann.

Derhalben wie D. Luther gesagt, von der Höllefart Christi. Er lasse es ihm gefallen, daß man den Artikel des Glaubens dem jungen Volk und einfältigen also fürbilde, wie man ihn pflegt vor Alters an die Wände zu malen, daß er eine Rohrkappen an hab, eine Fahn in der rechten Hand, und fahr also hinab in die Hölle, stürme sie, und binde den Teuffel mit Ketten. Denn ob es so

La Correction Conjugale

Französisches galant-satirisches Blatt. 18. Jahrhundert

Die Vorbereitung zum Geburtstag
Englische Karikatur von Thomas Rowlandson. 1788

wohl nicht geschehen ist, leiblich, so bildet doch und drucket uns solchs Gemälde fein aus die Kraft und Macht der Höllefahrt Christi. Also dünkt michs auch rathsam sein, daß man für den gemeinen Mann aufs einfältigste auch von der Hölle rede, und sie dem jungen Volk aufs Gröbste fürbilde, wie man immer kann, damit man ihnen ein Schrecken darfür machen möge."

Die Mahnung, „aufs Gröbste" zu verfahren, wird stets getreulich erfüllt. Es wird in diesen Schriften gewettert, getobt, geschimpft und verdammt, daß es nur seine Art hat. Mit den Worten Unzucht, Schande, Hurerei usw. ist der kleinste Satz garniert. Um schließlich im höchsten Grade abzuschrecken, ist an jede dieser Mahnschriften eine Reihe von Exempeln angefügt, die dem gläubigen Volke zeigen sollen, wie der liebe Gott seiner absolut nicht spotten läßt. Selbstverständlich hat das arme, geistig verkrüppelte Volk diese satirische Moral mit Zittern und Zähneklappern vernommen. Es wäre wirklich ganz unbegreiflich, wenn die Karikatur nicht mit demselben Mittel gearbeitet hätte. Den Reichtum, der dem Worte zu Gebote stand, hat sie freilich nicht zu entfalten vermocht: das lag an den wesentlich engeren Grenzen, die den zeichnenden Künsten gezogen sind. Aber die vielgestaltigen Teufelsfratzen, die von den zeichnenden Künsten jener Zeit erfunden worden sind, zeigen doch zur Genüge, wie gesättigt die Phantasie von diesen Vorstellungen war. In dem vorliegenden Kapitel belegt das Blatt von Israel von Meckenem „Der Kampf um die Hosen" (Bild 47) diese Ausführungen; die folgenden Kapitel enthalten noch eine Reihe weiterer bildlicher Belege.

Man hat, dem langsamen Aufstieg entsprechend, lange diese Methode geübt, und man ist später, und zwar immer in religiös vermuckerten Zeiten, häufig zu dieser Methode zurück=

Start nach Gretna Green
77. Irische Karikatur. 1810

gekehrt. Als Beispiel sei nur an den urfidelen Wiesenpater von Ismaning erinnert, aus dessen satirisch-moralischem Schimpflexikon in einem anderen Abschnitt eine Probe zu geben sein wird, und an den weltberühmten pfäffischen Schimpfmeister Abraham a Santa Clara, den wir mehr als einmal zu zitieren haben werden.

Als das Bürgertum Schritt für Schritt zur Höhe seiner Macht stieg, d. h. als der menschliche Geist sich zu immer klarerer Erkenntnis durchrang, als er den Himmel tatsächlich stürmte und damit das Selbstbewußtsein der Menschen wuchs und die Furcht vor dem Übernatürlichen in gleicher Weise schwand, da bildete sich eine andere Lebensphilosophie heraus. Mit dieser veränderten Lebensphilosophie entwickelte sich auch eine andere Form der Satire, die dem gesteigerten oder richtiger dem übertriebenen Selbstbewußtsein adäquat war: das Groteske. Das Groteske ist die kühne Steigerung des Karikierens einer Person, einer Sache, einer Situation oder nur bestimmter Attribute in die Regionen des physisch Unmöglichen (Bild 7 und 10). Man kann das Groteske als die entwickeltste Form der Karikatur bezeichnen, wenn man den Begriff Karikatur in seinem engen, rein sprachlichen Sinne als zeichnerische Übertreibung in der Darstellung des Stofflichen auffaßt. Das Groteske beginnt da, wo das Mögliche aufhört. Da aber nur dem Möglichen Grenzen gezogen sind, nicht aber dem Unmöglichen, so ergibt sich daraus, daß der Reichtum der Variationen und der Steigerung unerschöpflich ist. Aber auch diese Form wurzelt im 16. Jahrhundert; sie wuchs in der Wiege der neuen Zeit mit auf, und die Renaissance hat gleichzeitig den größten grotesken Satiriker hervorgebracht: Rabelais. Die Kühnheit des 16. Jahrhunderts im Denken und Wollen führte zum Grenzenlosen; das bildete im Zeichnerischen und Phantastischen das Groteske heraus. Das Groteske ist sozusagen der auf der Erde bleibende Zwillingsbruder der in die mystischen Höhen des Übernatürlichen sich verlierenden Symbolik. Das Groteske ist der Ausdruck größter Kraft und wildesten Kraftüberschwangs. Darum taucht es überall in kraftstrotzenden Zeiten auf, wo in allem die Kühnheit des Handelns dominiert, und darum ist es weiter mit dem siegenden Aufstiege des Bürgertums verknüpft. Dieser vollzog sich bekanntlich am konsequentesten in England und erreichte dort in der zweiten Hälfte des 18. Jahrhunderts seine Spitze. Die groteske Karikatur erlebte hier demgemäß auch ihr klassisches Zeitalter. Von Hogarth führt zum Grotesken eine einzige, fortlaufende Linie. Amerika hat im 19. Jahrhundert ganz dieselbe wirtschaftliche Entwicklung durchgemacht, es ist zum Land „der unbegrenzten Möglichkeiten" gestempelt worden. Die amerikanische Karikatur war durchgehends in der ganzen Zeit grotesk, und erst im letzten Dezennium bilden sich auch andere Formen heraus; aber das Groteske entspricht immer noch am meisten den Entwicklungsgängen, und die groteske Karikatur herrscht darum auch heute noch überall vor. Auch in Europa blüht gegenwärtig noch die Groteske, und sie hat gerade im letzten Jahrzehnt wieder stärkere Wurzeln geschlagen, ohne Zweifel entsprechend dem erneuten Anschwellen

WORK for DOCTORS'-COMMONS.

Arbeit für Ehescheidungskammern

78. Englische Karikatur von Thomas Rowlandson. 1792

Die beiden Mädchen.
Zwey junge Mädchen hofften beide,
Worauf? Gewiß auf einen Mann;

70. D. Chodowiecki

der revolutionären Tendenzen, die zu einer radikalen Neuordnung der Gesellschaft drängen. Die stärksten grotesken Talente der Karikatur sind gegenwärtig der Norweger Olaf Gulbransson, der Deutsche Bruno Paul und der Franzose Léandre. Gulbransson strotzt von Kraft und Kühnheit und ist immer wieder verblüffend; Bruno Paul, der sich so große Lorbeeren in der Karikatur geholt hat, verwendet dagegen in letzter Zeit zu häufig eine Schablone: Hände im „Watschenformat" und stets übergroße Füße. Diese zwei Attribute, stereotyp angewandt, erschöpfen aber das Wesen der grotesken Karikatur nicht, sondern bilden nur ein Rezept. Die Gesetze des Übertreibens, die der Karikatur zugrunde liegen, rechtfertigen die Willkürlichkeit nicht, sondern gebieten einen strengen organischen Zusammenhang mit dem geistigen Inhalt der in Frage kommenden Person oder Sache. Es gilt, das jeweils Wesentliche, das aber bekanntlich immer anders ist, herauszuholen und durch groteske Betonung die Augen darauf zu lenken. Léandre ist der ulkfrohe Spaßmacher, der ohne besondere moralische oder satirische Tendenz einfach die Mittel der Komik ausnützt, um vergnügtes Lachen zu erzielen; das gelingt ihm denn auch in hervorragender Weise. Wenn man aber Léandre nennt, dann darf man die noch viel größeren Entfeßler des Lachens, Busch und Oberländer, nicht vergessen. Beide sind groteske Künstler ersten Ranges; und wenn sie beide im Dienste der reinen Fröhlichkeit und Heiterkeit stehen, so steckt bei beiden doch stets ein tiefer Sinn dahinter, eine tiefwurzelnde Lebensphilosophie (Bild 35).

Das satirisch behandelte Wirklichkeitsbild ist bis jetzt die letzte Stufe der Karikatur; ihr Schöpfer, oder richtiger gesagt, ihr erster Vertreter, war Hogarth und ihr Vollender Honoré Daumier. Über Daumier ist noch keiner hinausgekommen, so stolze Namen und so viel Namen man auch in dem letzten halben Jahrhundert aufzuzählen vermag; man ist nur eleganter geworden. Daumier ist in der Karikatur aber nichts anderes als die satirisch-künstlerische Personifikation des bürgerlichen Gedankens in seiner höchsten Potenz, d. h. also des Zeitalters der Bourgeoisie. In diesem Zeitalter sind die Regierungen trotz aller verhüllenden Phrasen überall nur die Geschäftsträger der Bourgeoisie. Als dies politisch zur Anerkennung kam, d. h. sich in politische Formen umsetzte: in den dreißiger Jahren des 19. Jahrhunderts, da entfalteten sich die Keime der modernen gesellschaftlichen Karikatur ebenfalls auf der ganzen Linie. Alles Übernatürliche ist heute aus den Rechnungen der Bourgeoisie verbannt; die greifbare, kontrollierbare Wirklichkeit, deren Rentabilitätschancen kalkulatorisch nachzurechnen sind, ist die solide Basis der bürgerlichen Weltordnung. So präsentiert sich auch die Karikatur; sie steht überall sozusagen ebenfalls auf der rechnerischen Basis, auch sie arbeitet nur mit kontrollierbaren Werten. Freilich dienen ihr dabei alle Mittel, die von ihr im Laufe der Zeit errungen und ausgebildet worden sind; aber sie gießt den modernsten Geist hinein. In der Rechnung der bürgerlichen Wirtschaftsweise ist das Kleinste nicht übersehen — jeder Schritt des privaten und gesellschaftlichen Lebens, jede Nuance wird von der Karikatur begutachtet, kommentiert und registriert; denn wichtig ist alles. In diesem Stadium stehen wir gegenwärtig noch.

The Fort

80. Galante englische Karikatur von Thomas Rowlandson

Die Verliebte. Die Liebe ist beim Mann und bei der Frau der erste Schritt ins eigentliche Leben; die Liebe erst scheidet die Menschen in zwei Geschlechter, vorher ist jeder nur etwas Sächliches. Mit einem Wort: Die Liebe ist der Anfang. Die Karikaturen auf das Verliebtsein müssen uns darum schon aus diesem Grunde zuerst beschäftigen. Sie stehen aber auch an der Spitze der Karikaturen, die sich um die Ehe drehen. Und zwar trotz der bekannten mißlichen Tatsache, daß die Liebe in allen Zeiten und in den meisten Schichten häufig der untergeordnetste von den Faktoren gewesen ist, die die Eheschließungen bedingt haben — das Verliebtsein ist doch die Einleitung jeder Ehe, und das gilt auch von allen Zeiten und allen Schichten. Das Verliebtsein ist die Fiktion, daß die Ehe in jedem Einzelfall das sei, was sie nach dem offiziellen Sittengesetz überhaupt sein soll: eine sittliche Institution. Aus diesem Grunde ist es sowohl im Einzelinteresse wie in dem Gesamtinteresse der Gesellschaft ganz selbstverständlich, daß jedes einzelne zur Ehe schreitende Paar mit Anstand und Eifer die ihm vom offiziellen Sittenkodex diktierte Rolle des Verliebtseins posiert, und es ist auch ebenso ohne weiteres klar, warum gerade jene am eifrigsten die Rolle der Verliebten posieren — Wie glücklich sind wir! Wie namenlos glücklich! Wie unaussprechlich glücklich! —, die bei ihrer Eheschließung durch die schäbigsten Interessen geleitet sind. Echte und offiziell gemimte Liebe sind sich also im äußerlichen Gebaren sehr ähnlich.

Jeder zeigt, was ihn ziert!
81. Französische Karikatur

Familienidyll
82. Französische Karikatur von Gaudissart. Um 1815

Das Gebaren der Menschen im Stadium des Verliebtseins ist aller Welt geläufig. Wenn man sich dieses Gebaren vergegenwärtigt: wie das "himmelhoch jauchzend" und das "zum Tode betrübt sein" zu allen Zeiten betätigt wurde, wie männiglich, ob jung ob alt, in diesem Stadium das Größte für nichts und das Geringste für unüberwindbar achtet, wie der verliebte Alte von siebzig Jahren plötzlich Sprünge wie ein junges Böcklein wagt, und wie die verliebte alte Jungfer vom ältesten Jahrgang züchtig gleich einem schamhaften Backfisch errötet über den Gruß eines kecken Primaners, — wenn man sich die immer neuen Komplikationen und Variationen dieses Zustandes in ihrer ganzen köstlichen Tollheit vergegenwärtigt, dann muß man ohne weiteres zugeben, daß wenig Dinge auf der Welt so sehr geeignet sind, beim unbeteiligten Dritten vergnügtes Lachen um die Mundwinkel zu bannen. Es ist in der Tat die ewig blühende Weide für das Lachen; freilich nur für das harmlose Lachen. Das Gebaren der Verliebten ist aber darum auch nur ein Motiv für die höhere Komik als Selbstzweck, keins für die Satire. Darüber wird man sich sofort klar, sowie man das Wesen der Satire analysiert. Die Satire ist der Ausfluß der reflektierenden Vernunft, und daher in erster Linie Polemik, sie will womöglich eine prinzipielle Änderung eines Zustandes herbeiführen; diese Aufgabe vermag sie beim Gebaren der Verliebten aber nur im bescheidensten Maße zu erfüllen.

Hier careßirt diß Paar in Ruh. Mein schöner Schatz! könt ich bey Dir
Und ich schau in der Thüre zu: Doch ewig bleiben in Quatier.

83. Deutsche Karikatur. Um 1810

Und zwar aus diesem Grunde: Das überschwängliche Gebaren der Verliebten — die Echtheit der Gefühle vorausgesetzt — ist an sich etwas Natürliches, etwas Unabänderliches, etwas Gesundes, ja geradezu eine Tugend. Die Tendenz der Liebe ist es, die höchsten Höhen des Empfindungslebens zu erklimmen. Daraus folgt für ihre äußerlichen Offenbarungsformen, durch die sie dem geliebten Gegenstande diese besondere Höhe der Empfindung ausdrücken will, von selbst das Groteske. Aber gegen dieses Groteske satirisch zu polemisieren, das wäre beinahe so sinnlos, wie ein Protest gegen das Rollen des Donners, wenn es blitzt. Wohl aber kann der unbeteiligte Dritte über das Gebaren der Verliebten als etwas für ihn Komisches lachen. Der Eindruck des Komischen ergibt sich bei den Verliebten aus der Kontrastwirkung zwischen dem Überschwang des Gebarens der Verliebten und der Nüchternheit, mit der sich die Wirklichkeit dabei für den nichtbeteiligten Dritten abspiegelt. Die Satire vermag also gegenüber den Verliebten nur dann mitzusprechen, wenn natürliche Gesetze verletzt sind. Natürliche Gesetze sind verletzt, wenn sich das überreife Alter in der Art der Jugend gebärdet, und vor allem dann, wenn sich erkennen läßt, daß das Liebesgebaren nur Fiktion ist.

Dieser Umstand, daß das Gebaren der Verliebten hauptsächlich ein Gegenstand der höheren Komik als Selbstzweck und nur in ganz bescheidenem Maße einer der Satire ist, gibt uns den Schlüssel dafür, daß man in früheren Zeiten den Verliebten verhältnismäßig selten in karifierenden Darstellungen begegnet, und daß sie erst in der jüngern Vergangenheit ein beliebtes Motiv geworden sind. Die höhere Komik erfordert eine reiche Gliederung, ein volles Beherrschen des Psychischen und infolgedessen auch eine hohe Entwicklung der technischen Mittel; und dahin ist man erst sehr spät gelangt, vielfach erst im 18. Jahrhundert. Die komischen Wirkungen, die mit Hilfe der symbolischen Mittel früherer Jahrhunderte zu erreichen waren, sind überaus dürftig; in realistischen Darstellungen war man ausschließlich in die engsten Grenzen der Situationskomik gebannt. Damit war aber der exaltierte Überschwang des Verliebtseins nicht darzustellen. Die Entwicklung der Groteske als zeichnerisches Mittel brachte die höhere Komik im Bilde mit sich, denn durch sie vermochte man das Geistige und Seelische in der Gesamtphysiognomie drastisch darzustellen. Als man diese Höhe erreicht hatte, das ist am Ausgang des 17. Jahrhunderts, wurden auch sofort die Verliebten ein Motiv des komischen Witzes.

Als das 19. Jahrhundert in den vierziger Jahren überall die Witzblätter schuf und die tendenzlose Komik vom ersten Tag an ein Hauptbestandteil der geistigen Nahrung wurde, die das Volk aus diesen Journalen begehrte, da entstand auch alsbald das Bedürfnis, die wichtigsten Erscheinungen des täglichen Lebens in komischer Prägung festzuhalten. Die Verliebten in ihren verschiedenen Typen, als da sind: Der verliebte Backfisch, die glücklich und die unglücklich Liebende, die Eifersüchtige, die glückliche Braut usw., gaben naturgemäß sofort die dankbarsten Anregungen, und

Les Cosaques en Bonne fortune

84. A. Gaudissart. Französische Karikatur. 1815

Im zweiten Monat
85. L. Boilly. Französische Karikatur. Um 1825

sie sind auch bis heute das nie veraltende Repertoirestück der Witzblattpresse aller Länder geblieben, soweit sie der harmlosen Unterhaltung dient. Das hat natürlich nicht verhindert, daß die größten Meister der Komik, die Daumier, Kaspar Braun, Busch, Oberländer usw., in der komischen Schilderung von der Liebe Lust und Leid ebenfalls Köstlichstes geschaffen haben; das beweist der Reichtum an solchen Stücken, den jeder Jahrgang des Londoner Punch, des Pariser Charivari, der Münchener Fliegenden Blätter seit mehr als fünfzig Jahren enthält. Um vom Köstlichsten nur ein Blatt besonders hervorzuheben, sei hier auf Oberländers „Gockel als Gänseblümchen" (Bild 35) verwiesen. Das ist wirklich die köstlichste Spitze des Groteskhumors! Erwähnt mag noch werden, daß von den modernen Schilderern des gesellschaftlichen Lebens ebenfalls die meisten das Stadium des Verliebtseins illustriert haben, so vor allem der kokette Amerikaner Charles Deana Gibson, der durch die Schaffung des Typs der arroganten amerikanischen Milliardeuse mit Recht berühmt geworden ist. Diesen Typ zeigt schon eine Bildprobe der Einleitung: „Ob sie ein Herz hat?" Der Liebesgott horcht vergeblich, er kann absolut nichts hören . . . . (Bild 38). Nein, sie hat fürwahr kein Herz, aber sie hat hundert Millionen, und unter solchen Um=

Im neunten Monat
86. L. Boilly. Französische Karikatur Um 1825

ständen bedarf man dieses Muskels wahrlich nicht. Solchen Irrtümern unterliegt man höchstens als Backfisch, da wähnt man zu gewissen Zeiten, schwer krank zu sein, so schwer, daß sich der alte Hausarzt vergeblich den Kopf über das Wesen des Leidens zerbricht. Es fehlt ihr eben alles und doch nichts: ein stiller Courmacher hat gestern und vorgestern außer ihr auch noch eine ihrer Freundinnen auffallend höflich gegrüßt (Bild 117).

* * *

Der Kampf um die Hosen. Ist das Verliebtsein als individuelles Erlebnis ein verhältnismäßig mageres Gebiet für die Satire, so ist „die Liebe mit dem End= ziel im Auge", die Liebe mit dem löblichen Ehezweck, das Unter=die=Haube=kommen, die Strategik des „Kriegens", kurzweg „der Kampf um die Hosen" in allen Jahr= hunderten der unerschöpfliche Stoff für die satirische Karikatur gewesen. Man be= gegnet diesem Motiv bereits in den frühesten satirischen Einblattdrucken, und es hat bis auf den heutigen Tag niemals auch nur das geringste an Interesse eingebüßt.

Selten tritt aber auch irgendwo der Widerspruch zwischen Lehre und Wirklichkeit so kraß zutage wie hier, selten stoßen Moral und Unmoral so deutlich aufeinander, und selten wird die triumphierende Unmoral so keck zur Moral umgelogen, wie gerade hier. Und — was freilich das Allerwichtigste ist — keine Sache ist so schwerwiegend in ihren Folgen. Ja, wenn das Verlieben und Geliebtwerden ausreichen würde, um zum Ziele zu kommen! Dann wäre die Sache nicht schwierig. Fast alle Frauen werden einmal in ihrem Leben ernstlich geliebt. Aber wir leben in einem kapitalistischen Zeitalter, das die Konkurrenzfähigkeit als oberstes Gesetz aufgestellt hat und jeden Verstoß gegen dieses Gesetz mit der Strafe des Unterganges belegt. In einer solchen Gesellschaft ist es naturnotwendig, daß der Chefredakteur aller Gefühle das materielle Interesse ist, und daß die korrigierende Vernunft jedem und jeder täglich ins Ohr tuschelt: Von Gefühlen allein wird man nicht satt, mit Gefühlen kann man keine Kinder großziehen, mit Gefühlen kann man kein Geschäft gründen usw. Da aber weiter die Zahl der Besitzlosen immer die Mehrheit jedes Volkes dargestellt hat, und da der Kapitalismus die Tendenz hat, deren Zahl stetig zu vergrößern und gleichzeitig den Lebensunterhalt immer schwieriger zu gestalten, so ist der Kampf der vermögenslosen Frau, unter die Haube zu kommen, in gleicher Weise zu einem erbitterten Konkurrenzkampf geworden, den zu führen immer nur wenigen Glücklichen erspart blieb. ...

Es ist fürwahr eine harte, eine schwere, eine anstrengende Arbeit, unter die Haube zu kommen; kein Wunder, daß im heißen Bemühen darum die Mutter sich meistens mit der Tochter eint. Schon lange vorher erwägt die Mutter die Chancen und bereitet den Kampf vor: Ihre Tochter habe alle möglichen Vorzüge, sie sei wie dazu geschaffen, einmal einen Mann glücklich zu machen. Dies Gerücht wird mit Eifer und Beharrlichkeit in Kurs gebracht. Jede Base erfährt es, jede Nachbarin, bei jeder Kaffeevisite, in jeder Gesellschaft wird es mit der größten Wichtigkeit erzählt und begründet; die Tochter soll ein wahrer Ausbund aller Tugenden sein. Kaum ist das Mädchen halbwegs flügge, so beginnt auch schon der aktive Kampf, und Mutter und Tochter denken hinfort an gar nichts anderes mehr. Zwar sind ihre Formen noch etwas eckig und flach, „aber das macht sich schon". Die Hauptsache ist, keinen Tag zu versäumen. „Junge Hühner finden am raschesten einen Käufer." Hat sie aber „Figur", dann fragt sich jede Mutter: Warum soll meine Tochter nicht schon mit siebzehn heiraten können? „Jung gefreit, hat noch niemand gereut." Von nun ab wird jeder Mann nur daraufhin angeschaut, „ob er eine Partie sei". Jeder Mann, zu dem man in Beziehung tritt, und wäre es die alleroberflächlichste — „man kann nie wissen" —, ist ein Spekulationsobjekt und wird auf die Frage geprüft und sondiert: könnte er geneigt sein? bietet eine Ehe mit ihm die Chancen, die im betreffenden Fall erwartet werden? Bei jedem Mann, der ihr in den Weg tritt, wird instinktiv zuerst auf seine Hand geschaut: ob er einen Ehering trägt? Wie

87. Braunschweiger Karikatur. Um 1830

Un Mariage de Convenance.

88. Henri Monnier. Französische Karikatur auf die Vernunftheirat

interessant wird die gewöhnlichste Erscheinung, wenn sie dieser glatte Reif noch nicht ziert! Die erste und wichtigste Aufgabe, vor die sich jede Mutter einer heiratsfähigen Tochter gestellt sieht, ist: ihr Gelegenheiten zu Herrenbekanntschaften zu machen. Man muß ihr doch Gelegenheit geben, einen zu „finden"! Hinterm Ofen findet sie keiner, da sind schon die Schönsten vertrocknet; aber auf dem Markt finden mitunter die magersten Kälber einen Liebhaber. Die Gelegenheiten zum „Finden" beginnen mit der Tanzstunde. Wieviel Tanzstundsbekanntschaften haben schon zu Heiraten geführt! Aber die Tanzstunde ist nur die erste Gelegenheit, und nur eine; die unermüdliche Mutter schafft noch dutzendweise andere: Man führt die Tochter in Gesellschaften und auf Bälle; erlauben es die Mittel, so reist man, besucht Bäder, treibt Sport und interessiert sich für alles mögliche, für Kunst, Theater, Litteratur, Wohltätigkeitsveranstaltungen usw. usw.

Und die Tochter geht selbstverständlich willig auf das alles ein, sie folgt den Lehren und Anweisungen ihrer Mutter mit Eifer. Auch sie fragt sich bei jedem Manne, den sie kennen lernt, „ob er eine Partie sei". Ein stärkerer Händedruck, ein aufmerksamerer Blick, den ihr ein Mann zuwirft — und sie fragt sich: „Möchtest du den?" „Könntest du den gern haben?" Ach nein, die Möglichkeit braucht nicht einmal schon von ferne zu dämmern, um diese geheime Frage in ihrem Geiste entstehen zu lassen, jeden Bekannten läßt sie in dieser Weise vor sich Revue passieren. Aber sie weiß gleichzeitig auch vom ersten Tag an, daß einem „das große Los" nur selten so ohne weiteres zugeflogen kommt, so daß man es nur festzuhalten braucht. Sie weiß: „das Glück" will geködert sein, man muß ihm den Finger bieten, man muß keck nach ihm haschen; darum verharrt sie nicht passiv abwartend, sondern wirbt aktiv, sie wirbt mit allem, was ihr Natur und ein günstiges Los als Einsatz verliehen haben. Und alle ihre Einsätze wirft sie in die Wagschale: Jugend, Temperament, Schönheit, Gestalt, Bildung, Manieren, Erziehung. Damit stellt sie sich zur Wahl, nicht dem einen, nein allen; denn sie sucht nicht einen bestimmten Mann, sondern den Mann. Darum mimt sie auch vor aller Welt in breiter Öffentlichkeit das alte und doch ewig neue

Schauspiel: „ich bin zu haben". Und nicht einmal nur mimt sie es, nein täglich und stündlich; ihr ganzes Leben vom Tage ihrer Heiratsfähigkeit an bis zum Tage ihrer Verlobung ist eine einzige, ewige Wiederholung dieses Stückes.

Aber, was so sonnig und so glückverheißend am Horizont des Lebens aufgetaucht ist, das erschließt sich nur den allerwenigsten blitzgleich wie ein Tor, das von einem Zauberstab berührt wird. „Es kann mir nicht fehlen," hat sie sich im Anfang siegesgewiß zugeflüstert. Aber die Jahre vergehen, keiner beißt an, kein Freier läßt sich blicken, Enttäuschung reiht sich an Enttäuschung, man hat vergeblich hundert Nächte durchtanzt, in hundert Gesellschaften geflirtet, geschäkert und geglänzt, hundertmal vergeblich die Angel ausgeworfen. Aber man gibt darum den Kampf

Sieht er so nicht niedlich aus?
89. Ballou. Französische Karikatur. 1830

nicht auf, und die Niederlagen spornen nur noch an; denn so lockend der Preis des Sieges erscheint, so trostlos ist es, wenn der Erfolg ausbleibt: „Ein verpfuschtes Dasein". Das treibt und stachelt und hetzt von Möglichkeit zu Möglichkeit, von Versuch zu Versuch; noch, sagt man sich, sind nicht alle Mittel erschöpft: es muß einer anbeißen! Wenn man ehedem im Übermut die beste Gelegenheit verscherzt hat — „man hat zu hoch hinaus wollen" — jetzt verpaßt man nicht die geringste Gelegenheit mehr, und die Frau Mama liegt rastlos auf der Lauer. „Mädle! es reitet einer rauf, pudert euch! Gucket naus!" — so rief eine fürsorgliche Mutter in einem kleinen Städtchen Württembergs jedesmal ihren Töchtern zu, wenn ein Fremder durchs Stadttor hereinritt. Aber das ist noch das Harmloseste, und die Not diktiert gar häufig noch eine andere Taktik. Wozu ist man denn hübsch? „Von den Hübschen bleiben nur die Dummen sitzen," erklärt nachhelfend so manche Mutter. „Ja, wenn man glaubt, man sei ein Blümlein Rührmichnichtan, dann freilich...", so heißt es noch deutlicher ein andermal. Und die Tochter begreift. Ach, sie begreift ja so gern: sie weiß, was es gilt. Von nun an ist man raffinierter, man wagt, man riskiert, man geht einen, zwei, drei Schritte weiter, als es die offizielle Moral erlaubt, d. h.: das Stück wird von neuem gespielt, von nun ab aber mit einer Nuance, durch die es für so manchen Mann kein Zurück mehr gibt. Und die Mama? — sie drückt verständnisvoll beide Augen zu, wenn sich ein unternehmender Courmacher bei der hübschen Tochter galante Freiheiten erlaubt; denn ihr glücklichster

Une bonne Mère

90. Henri Monnier. Französische Karikatur

LES PAYABLES.
Französische Karikatur von Carle Vernet. 1795.

— So wie dich, du schöner Mann, so malt man sich die Götter!
Französische Karikatur von Honoré Daumier. 1840

A votre droite est le signe du Capricorne.

91. J. Grandville. Französische Karikatur auf die untreue Frau

Tag wäre doch der, an dem sie Zeuge einer Szene werden könnte, bei der sie mit dem Ausdruck tiefster Gekränktheit zu dem Betreffenden sagen könnte: "Wie konnten Sie unser Vertrauen so mißbrauchen!" Das ist der Zynismus des Lebens, denn solche Szenen werden täglich zu Tausenden arrangiert und mit raffiniertester Regiekunst in Szene gesetzt, und das "in den besten Familien"...

Soviel Frauen es gibt, soviel Variationen dieses Kampfes um die Hosen gibt es. Er wird je nach Stand, Bildung und Temperament gekämpft: bald mit Geist und Geschick, bald draufgängerisch plump, bald raffiniert und verschlagen, bald ernst und pedantisch; aber geführt wird dieser Kampf in jedem Lande und von den meisten Frauen.

Bei der Frau mit Geld ist das Problem umgekehrt: da ist aus dem Jäger das Wild geworden, das Wild, das jeder Mann heimzubringen hofft, auf das Dutzende pirschen. "Reicher Leute Töchter und armer Leute Kälber bekommen bald einen Mann." Sie ist darum in der günstigen Lage, warten und wählen zu können; das drohende Gespenst des Sitzenbleibens mit seinen peinlichen Schatten steigt nur selten vor ihr auf. Freilich ist ihr Los darum noch lange nicht ideal. Wohl ist es schmeichelhaft für sie, zu sehen, wie sie umworben wird, wie ihre Anbeter sich stoßen und drängen, was für eine wichtige Person sie ist, wie sie vor ihren Freundinnen bevorzugt wird, obgleich diese häufig hübscher sind und den Männern viel mehr Konzessionen

„Combien je regrette
Mon bras si dodu,
Ma jambe bien faite
Et . . . le temps perdu."

92. Honoré Daumier. Französische Karikatur auf die alte Jungfer

machen; das weiß sie sehr wohl, und nur die Naivetät, in der sie geflissentlich erhalten wird, läßt sie übersehen, daß sie weiter nichts ist als eine Zahl in einem Rechenexempel. Diese Naivetät hält aber selten lange vor. Auch helfen Papa und Mama, die das Töchterlein vor einer Mesalliance zu hüten trachten, zu der das Gefühl sie verleiten könnte, dem Verständnis fürsorglich nach, und mehr als einmal bekommt sie zu hören: „Ach, der spekuliert nur auf dein Geld" (Bild 128). Und die vorsichtige Tochter vorsichtiger Eltern wiederholt sich sehr bald diese Formel stereotyp gegenüber jedem Manne, der in ihren Kreis tritt, auch wenn einer gar nicht daran denkt, ihr einen Heiratsantrag zu machen. Das ist das ebenso groteske Widerspiel zu der mittellosen Frau, die sich bei jedem Manne fragt: „Wäre das eine Partie für mich?"

In früheren Jahrhunderten sah man in dem zähen Kampf um die Hosen, den die heiratsfähige Frau, durch die Macht der sozialen Verhältnisse zu führen gezwungen ist, ausschließlich ein Problem des sinnlichen Verlangens der Frau nach den Genüssen des Ehebettes und geißelte das dementsprechend als Mannstollheit:

Wenn ein Wolf das Maul leckt   So gelüstet den Wolf nach einem Lamme
Und eine Jungfrau sich ausstreckt,   Und der Jungfrau nach einem Manne.

So sagte man im 16. Jahrhundert. Alle Formen der Satire variieren das Thema der Mannstollheit in reichster Weise: Sprichwort, Schwank, Volkslied, Karikatur. Auf alles kann man verzichten, nur auf einen Mann nicht, das lehren hundert Sprichwörter. „Lieber ein Mann ohne Geld, als Geld ohne Mann." Und man folgerte sehr vernünftig weiter: „Würden alle Wünsche erfüllt, so gäb' es keine Nonnen." In welch außerordentlichem Maße dieser Stoff die Literatur befruchtet hat, das erweist vor allem das Volkslied. In den Volksliedern jedes Volkes besitzen wir über die sogenannte Mannstollheit der heiratslustigen Mädchen eine Reihe von Stücken, die geradezu als Perlen des Volksliedes zu bezeichnen sind. Als deutsche Probe sei aus dem Ambraser Liederbuch nur eine der verschiedenen Fassungen von „Des Schwaben Töchterlein" hervorgehoben:

Es hätt' ein Schwab' ein Töchterlein,   Rumpelspiel und des nit viel,
Krause, mause,   Einen frischen, freien Mut ich haben will.
Es wollt' nicht länger ein Mägdlein sein,   Der Lorentz, der Vincentz,
Bei dem heiligen Dryfuß,   Schüttel den Kittel,
Gib mir Geld in Essigkrug,   Das Hemd geht für,
He, ho, he,   Stirbt die Mutter, die Tochter wird mir,
Fitz und Fetz, guter Netz,   So tanz' ich mit Jungfrau Regina.

93. Henri Monnier. Französische Karikatur

94. Frankfurter Karikatur. 1848

Sie wollt' doch haben einen Mann,
Krause, mause,
Der ihr die Weil' vertreiben kann,
Bei dem heiligen Dryfuß; usw.

Ach, Mutter, gib mir einen Mann,
Krause, mause,
Der mir die Weil' vertreiben kann,
Bei dem heiligen Dryfuß; usw.

Ach, Tochter, du bist viel zu klein,
Krause, mause,
Du schläfst wohl noch ein Jahr allein,
Bei dem heiligen Dryfuß; usw.

Ach, Mutter, ich bin eben gerecht,
Krause, mause,
Ich hab's versucht mit unserm Knecht,
Bei dem heiligen Dryfuß; usw.

Hast du's versucht mit unserm Knecht,
Krause, mause,
So bist du Mönch und Pfaffen gerecht,
Bei dem heiligen Dryfuß; usw.

Wer ist, der uns dies Liedlein sang,
Krause, mause,
Ein freier Schlemmer ist er genannt,
Bei dem heiligen Dryfuß; usw.

Die großen literarischen Satirifer haben sich natürlich alle mit diesem Stoffe beschäftigt: Rabelais, Fischart, Aretin, Moscherosch, Abraham a Santa Clara.

Freilich, bei keinem findet man solches Gold, wie es in den Volksliedern ausgemünzt ist. Der berühmte Schimpfpater Santa Clara ist von den Deutschen am lustigsten:

„Ich muß dieses Jahr noch einen Mann haben," sagt manche, „es gehe wie es wolle: es schmeckt mir kein Süppl, wann i nit hab' den Lippl; der Paul kommt mir alleweil ins Maul; in den Frantz verschau' ich mich gantz; ach! daß ich doch werd' beglückt mit dem lieben Benedict! dem Meister Berthold bin ich von Herzen hold, und gib dem Herrn Matthies alle Tag ein bona dies: Ach, ein Mann! ein Mann! ein Mann! Hat er gleich kein' guten Fetzen an."

Das ist nach Santa Clara das tägliche Wehgeschrei jedes mannbaren Mädchens.

Die gezeichnete Satire des 16. und 17. Jahrhunderts ist gerade so primitiv in der Darstellung dieses Problems. Zweifellos die populärste und darum auch beliebteste Symbolisierung der weiblichen Mannstollheit war die Darstellung in Form einer wirklichen Weiberschlacht um ein Paar Hosen (Bild 48 und 62). Jeder Mann weiß, daß er von vielen Frauen begehrt ist; und daß jede ihrer Mitschwester den Erfolg seiner Kaperung streitig mache, das ist der Sinn aller dieser Blätter. Diese satirische Form findet man in allen Ländern angewandt und überall in Dutzenden von Variationen wiederholt. Es ist die allgemeine Auffassung, jeder Mann bestätigt es aus eigener Erfahrung: „So ist es, das trifft den Nagel auf den Kopf!" Und der Zeichner des „Kuriosen Weiber-Kriegs" lügt daher sicher nicht, wenn er seinem Bilde die Bemerkung beifügt: „Auf Begehren guter Freunde herausgegeben" (Bild 62). Eine andere Form der Symbolik zeigt das Blatt „Auf dem Männerfang". Narren, die wie Gimpel ins Garn gehen, sind die Männer; haben sie sich durch die versteckten Lockungen verführen lassen, dann gibt's kein Entrinnen mehr, und bald liegen

Aus Wien.

— „Ach Himmel, da kommt wieder einer!!"
— „Schau Minna, das weiß der liebe Herrgott, i bet' gewiß nit viel, aber'n Studenten, wann er so in seiner Uniform dahersteigt, wie ein junger Gott, den bet' i an!"

95. Fliegende Blätter. 1848

sie als gesicherte Beute den Frauen zu Füßen (Bild 50). Unverblümt deutlich ist die Symbolik in dem Blatt mit der Unterschrift: „Hop, hop doch auff, lieber Hoffmann, diß Rößlein will ein Reuter han", das aus der Mitte des 17. Jahrhunderts stammt. So unverblümt in diesem Blättchen „das Wesen der Sache" ausgesprochen ist, so wenig Grund ist freilich vorhanden, an dieser Deutlichkeit der satirischen Moral Anstoß zu nehmen; denn es fehlt das raffiniert Versteckte, das Laszive. Interessant ist dieses Blatt aber gerade wegen seiner Deutlichkeit; so deutlich drückte man sich in jener Zeit in den vornehmsten Kreisen aus. Dafür ist dieses Blatt eine Bestätigung, weil es einem jener damals modischen „Stammbücher" entnommen ist, die wegen ihres hohen Preises nur von sehr vermögenden Leuten gekauft werden konnten (Bild 46).

Das Laszive und raffiniert Versteckte, das dem 16. und 17. Jahrhundert vollständig fehlt, ist dem 18. Jahrhundert natürlich die Hauptsache. Zwei vollerblühte Jungfrauen wandeln täglich ins Bad, eine andere huldigt ebenso eifrig der Klistiermanie — der Gesundheit wegen. Die satirische Moral lautet für alle drei: vergebliche Mühe! Eure Glut, die ihr zu löschen trachtet, vermag nur eines zu stillen: Mariez-vous! Die Mutter sagt es der Tochter, sie kennt deren Schmerzen aus eigener Erfahrung (Bild 66 und 73). Die pikante Darstellungsmöglichkeit zweier sinnlich erregter Jungfrauen im dekolletierten Badkostüm und die noch pikantere Situation einer hübschen jungen Frau, die im nächsten Augenblick aufs intimste entblößt werden soll, das hat hier allein den satirischen Witz veranlaßt. Der Künstler rechnete mit den wollüstigen Vorstellungen, die er beim Beschauer seines Bildes erweckt; das ist das Raffinierte und Spekulative der galanten satirischen Kunst dieser Epoche.

Die moderne gesellschaftliche Karikatur hat endlich auch das soziale Motiv, das den Kampf der Frau um die Hosen vor allem beherrscht und bestimmt, voll zur Geltung gebracht. Hogarth ist der erste, der die bürgerliche Ehe satirisch dargestellt hat, und er ist gerade durch diese Tat auf den Gipfel seines Ruhmes als Satiriker gestiegen; seine Serie „Die Heirat nach der Mode", die im Jahre 1745 erschien, ist die berühmteste Karikaturenfolge, die es in der gesamten Geschichte der Karikatur gibt. In dieser berühmten Serie ist gleich das erste Blatt eine Darstellung des

Verlegenheit.

„Gott im Himmel, was wird man sagen, wenn man mich mit diesem jungen Manne allein sieht — wenn ich doch nur endlich die Mutter fände."

96. Stauber. Fliegende Blätter

Spitzkugeln.

1850.   **Beiblatt zur Wartburg.**   **No. 4.**

Aus der vornehmen Welt.

Baronesse: „Aber, was ist Dir denn, theure Gräfin? Hast Du denn eine Scene gehabt?" —

Gräfin: „Ah, ma chere Adele, denke Dir nur, was ich erleben muß! Heut vertraut mir Mama, daß mein Mann seit gestern zur Opposition gehöre! — Mon dieu, mein Mann, ein Cavalier von so altem Adel und so reifen Jahren! Alle Salons werden sich mir verschließen!

Baronesse: „Aber ich begreife Dich gar nicht! — Da hast Du doch Aussicht, Deinen sehr ehrenwerthen, aber auch — mit Deiner gnädigen Erlaubniß sei's gesagt, sehr alten Chapeau los zu werden. Mon dieu, wie glücklich würde ich mich preisen, wenn mein geliebter alter Baron und Ehherr, der dort in effigie an der Wand hängt, auch nur die geringste Neigung zur Linken, nur die geringste Anlage zu einem Erzwühler zeigte! Schon seit einem Jahre tadle ich die Maaß regeln der Regierung sans gêne, ich lese ihm alle Oppositionsblätter vor, ich habe es sogar dahingebracht, daß er bei dem letzten Ordensfest übergangen wurde — umsonst, er bleibt wie ein Klotz bei der äußersten Rechten und leider auch bei mir, der er gar nicht der rechte ist! — Mon dieu, was wird der für ein Alter erreichen!!" —

97. Leipziger Karikatur. Titelseite eines von Keil in der deutschen Reaktionsperiode herausgegebenen demokratischen Witzblattes

Eheschachers. Die Tochter eines reichen Kaufmanns wird an den Sohn eines bankerotten Adeligen verhandelt; mit ihrem Gelde soll das verblaßte Adelswappen wieder neu vergoldet werden. Also die erste satirische Note zu der Praxis, die damals anfing, zur Institution zu werden, und die um so üppiger blühte, je mehr das mobile Kapital wuchs, und je mehr das Junkertum in demselben Verhältnis wirtschaftlich verarmte, weil es eine überwundene Produktionsform verkörperte. England, das den modernen Kapitalismus und die moderne bürgerliche Ehe zuerst entwickelt hat, hat naturgemäß diese soziale Auffassung in der Satire zuerst durchgebildet, bis sie allmählich im 19. Jahrhundert überall selbstverständliches Gemeingut wurde, ohne daß dadurch freilich die andere Auffassung gänzlich aufgehört hätte, eine Rolle zu spielen.

Die satirische Schilderung der Vernunftheirat, des Eheproblems als Rechenexempel, ist gleicherweise zu einem ergiebigen Stoff für die ernste Satire und fürs

UNDER THE MISTLETOE.
Miss Cushington. "OH, DON'T YOU LIKE CHRISTMAS TIME, MR. BROWN, AND ALL ITS DEAR OLD CUSTOMS?" (Brown don't seem to see it.)

98. John Leech. Punch, London

Familienwitzblatt geworden; denn sie gestattet, alle Register zu ziehen: Humor, Sentimentalität, Ernst, sittliche Entrüstung und Zynismus. Als sentimental kann es gelten, wie der intime Henri Monnier Un mariage de convenance darstellt: Eine junge, kaum erblühte Mädchenknospe wird von der kupplerischen Mutter einem dekrepiden Greis in die Arme geführt (Bild 88). Den derben Groteskhumor verkörpert der Düsseldorfer Heinrich Ritter in dem „Porträt des jungen Mannes, der durch seines Schwiegervaters Vermittlung ein schönes Stück Brot erhielt, aber ein häßliches Stück Fleisch mit in den Kauf nehmen mußte" (Bild 99). Ebenfalls köstlich kommt der Humor des Männerfanges zum Ausdruck in dem mütterlichen Rat: „Luise, mach dich interessant!" Luise macht sich interessant, während die Mutter auf die Männergruppe, um deren willen das Schauspiel gemimt wird, einen Blick wirft, der deutlicher als alle Worte die Frage aufwirft: „Wäre das nicht eine vortreffliche Partie für einen Mann, der eine interessante Frau sucht?" (Bild 103). Tiefer Ernst waltet in dem wundersamen Märchenbilde „Der Handel" von Wilhelm Schulz (Bild 147). Schulz ist gegenwärtig der einzige Märchendichter der deutschen Kunst, und zwar ein Märchendichter großen Stils: im Gewande seines Märchens flüstert nicht die Zeit von ehedem mit ihrem verklungenen Sinn, sondern es wogt und tobt darin die stürmische Gegenwart mit allen ihren Untiefen, die viel grausiger sind, als alle schaurigen Geschichten der Sagenwelt. Als Künstler zählt Schulz ebenfalls zu den größten; wie winzig klein sind neben ihm alle die Märchenschilderer von ehedem, die Ludwig Richter, Schwind usw.; sie sind künstlerisch und gedanklich neben ihm genau so klein, wie die Zeit, in der sie lebten, im Vergleich zu der unserigen klein war.

Die bevorzugte Form der Gegenwart ist der Zynismus. „Man kann nicht anders als zynisch sein, wenn man den Dingen mit Ernst auf den Grund gehen will," so lautet das ungeschriebene Glaubensbekenntnis fast aller großen Satiriker der Gegenwart, und zynisch ist daher die Mehrzahl der Blätter, mit denen gegenwärtig von den ernst zu nehmenden Karikaturisten aller Länder „Das Rechenexempel Ehe" kommentiert wird. Der Zynismus gibt aber schließlich auch im Leben den einzigen Ausweg aus dem Dilemma, und es bedarf daher nur der sicheren Hand, ihn nachzuschreiben: „Ich habe die Wahl, ich kann eine Liebes- und eine Geldehe eingehen." — „Dann heirate aus Liebe, dem andern kannst du während deiner Ehe das Geld immer noch abnehmen" (Bild 136). Das ist eine Nachschrift der Wirklichkeit. Wer sich entrüsten will, entrüste sich über die Wirklichkeit, da sie morgen vielleicht der andern das Umgekehrte diktiert: „Heirate den mit dem Geld, vom andern kannst du dich während deiner Ehe immer noch lieben lassen."

* * *

Die alte Jungfer. So raffiniert auch der Kampf um die Hosen zu allen Zeiten von der Frau geführt worden ist, so hat sich doch immer eine sehr große

Portrait des jungen Mannes der durch seines Schwießervaters Vermittlung ein schönes Stück Brod erhielt aber ein hässliches Stück Fleisch mit in den Kauf nehmen mußte.

Die Vernunftheirat
99. Heinrich Ritter. Düsseldorfer Monatshefte. 1851

Paul! Sie werden mich doch nicht für eine leichte Person halten!
100. Gavarni. Französische Karikatur

Zahl von Frauen vergeblich gemüht, das begehrte Ziel zu erreichen. Das bedingt schon von vornherein das Zahlenverhältnis der beiden Geschlechter zueinander. Wohl ist dieses Verhältnis im Anfang und unter normalen Verhältnissen ziemlich gleich, aber dieses Verhältnis verschiebt sich in der entscheidenden Zeit, wenn beide Geschlechter heiratsfähig werden, sehr zu Ungunsten der Frau. Auf hundert Männer im Alter von 25 Jahren kommen bereits 105 Frauen in demselben Alter. In anderen, positiven Zahlen ausgedrückt, heißt das für Deutschland allein, daß es um eine Million mehr heiratsfähige Frauen als Männer gibt. Für diese Million überschüssiger Frauen ist es also unter allen Umständen unmöglich, den sogenannten Naturberuf zu erfüllen, d. h. zu heiraten. Die größere Sterblichkeit der Männer ist das Resultat der größeren Gefährlichkeit der Männerberufe, des größeren Verbrauchs an Männern, als dem im Erwerbsleben stärker in Anspruch genommenen Teil. Aber damit ist es mit den unübersteiglichen Hindernissen im Kampfe um die Hosen noch lange nicht zu Ende. Verurteilt unser modernes, kapitalistisches Erwerbsleben sehr viele Männer zu einem frühen Tode, so verurteilt es mindestens ebenso viele dadurch zur Ehelosigkeit, daß sie niemals jene Höhe des Einkommens zu erreichen vermögen, die unbedingt zum Unterhalt einer Familie notwendig ist. Jene aber, die diese Höhe erreichen, gelangen in immer späteren Jahren dazu, so daß die deutliche Folge davon ist, daß die Zeit der Eheschließung in sehr vielen Kreisen vom Manne immer weiter hinausgeschoben wird.

Alle diese Faktoren zusammen schaffen das Altjungfernproblem, d. h. sie formieren und vermehren beständig jenes ungeheure Heer alternder, von den meisten Lebensgenüssen ausgeschlossener Mädchen. Eine alte Jungfer zu werden galt früher als ein rein persönliches Schicksal, als etwas Unabänderliches, weil sich eben mit

Wer kauft Liebesgötter?

Deutsches galant-satirisches Blatt von Heinrich Ramberg. 1799

Bäuerliche Scherze

Englische Karikatur von Thomas Rowlandson. 1812

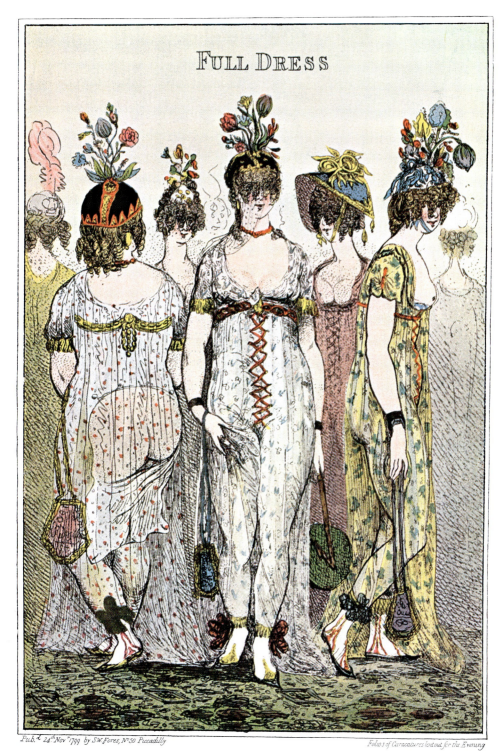

PARISIAN LADIES in their WINTER DRESS for 1800

Englische Karikatur von Isaak Cruikshank auf die französische Mode der durchsichtigen Frauenkostüme. Das „Kostüm der Nacktheit". 1799

Die gefällige Zofe

Französisches galantsatirisches Blatt von Schall. 18. Jahrhundert

dem Schicksal nicht diskutieren läßt, und weiter galt es als eine persönliche Schuld: Jedes ordentliche Mädchen finde einen Mann, so entschied die Kurzsichtigkeit von ehedem kategorisch. Da wir heute die persönliche Schuld darin erkennen, daß sie in den weitaus meisten Fällen in der Vermögenslosigkeit besteht, und weiter, daß es nicht die Schlechtigkeit der Männer ist, die viele von ihnen in der Ehelosigkeit mehr Vorteile finden läßt und sie darum von der Eheschließung zurückhält, so ist die „Altjungfernfrage" zu einem Bestandteil der großen sozialen Frage geworden. Sie ist in der Tat ein überaus wichtiger Bestandteil der sozialen Frage.

Das Problem der alten Jungfer ist als Ganzes unbedingt tragisch, und es ist auch als Einzelschicksal in den meisten Fällen tragisch. Jede alte Jungfer zählt zum Heere

„Aber das ist doch mehr als seltsam ... Heute morgen habe ich in der Eile einen Knoten gemacht, und jetzt ist's eine Schleife!"

101. Gavarni. Französische Karikatur auf die untreue Frau

derer, denen vom Leben zu allen Genüssen des Daseins nur die Gartenzaunbillette bewilligt worden sind; sie kann immer nur von fern zusehen, wie die anderen sich freuen und genießen. Des Lebens oberster Genuß: die sinnliche Liebe und ihre Freuden sind ihr kategorisch vorenthalten. Der Moralkodex, der den Geschlechtsverkehr ausschließlich in der Ehe gestattet, fordert ganz logisch vom ledigen Mädchen, auch wenn es längst keine Aussicht mehr auf eine Ehe hat, die strenge Bewahrung der jungfräulichen Keuschheit. Und die meisten erfüllen diese barbarische Forderung auch, viele aus Furcht vor den möglichen Folgen der Überschreitung, viele aber auch aus einem rechnerischen Grunde: Die Jungfräulichkeit ist gemäß ihrer Bedeutung für die bürgerliche Ehe ein Kapital, das den Wert der Frau in der bürgerlichen Gesellschaft in den meisten Zeiten bedeutend erhöht. Der bloße Besitz dieses Kapitals oder seine Preisgabe hat aber schon vielen noch in vorgerückten Jahren die Pforten zu einer Ehe erschlossen; und der Mensch hofft, solange er atmet.

Die Beterinnen.

„Du hast keinen Mann gekriegt, ich hab keinen Mann gekriegt, wir Alle haben keinen gekriegt, jetzt sollen die Andern aber auch kein' kriegen; wir wollen deßhalb einen Verein machen gegen alle Anfechtungen während der Carnevalszeit und beten, bis wir schwarz werden. Ich bin klein und watschel herum und bettle das Geld dazu zusammen — und Du bist groß, Du papp'st die Zettel an!"

102. Steub. Fliegende Blätter

Da nun aber von der sinnlichen Liebe und ihrer normalen Auslösung für sehr viele Naturen das Gleichgewicht des Lebens abhängt, so bedeutet der erzwungene Verzicht auf den Geschlechtsgenuß noch etwas besonders Tragisches: die alte Jungfer trägt ihr Schicksal an der Stirn geschrieben, sie geht meistens als eine vom Schicksal Gezeichnete durchs Leben. Viele Autoren leiten von der erzwungenen geschlechtlichen Enthaltsamkeit für die Frau die schwersten Folgen körperlicher und geistiger Zerrüttung her. Die furchtbaren Schilderungen, die zum Beweise für diese Behauptungen entworfen worden sind, mögen nun zwar stark übertrieben sein, aber darum bleibt es doch als unwiderlegliche Tatsache bestehen, daß das alternde Mädchen physisch in den weitaus meisten Fällen die Zweckverfehlung erkennen läßt. Ihre Formen sind welk und erhalten nie die natürliche Reife der gesunden verheirateten Frau. Und wahrlich, das genügt für sich allein schon, das Los der Betroffenen tragisch zu gestalten. Aber auch die Spuren, die die mannigfachen

Mütterlicher Rath.

„Louise, mach' Dich interessant!"
103. Fliegende Blätter

Enttäuschungen, das vergebliche Hoffen und Harren, das krampfhafte Anklammern an die geringste Hoffnung in der geistigen Physiognomie hinterlassen, die auffällig leichte Gereiztheit, der stereotype Ausdruck des Mißmutes und der Mißgunst usw. sind nicht gering zu achten.

Aus der letzten Tatsache, aus der geistigen Physiognomie der alten Jungfer, resultiert aber die tragischste Note ihres Geschickes — ihre komische Wirkung. Die alte Jungfer ist die lebende Karikatur. Im Benehmen der alten Jungfer erlebt der Kampf um die Hosen seine höchste Steigerung, und darum fördert er die größte Fülle von komischen Motiven zutage. Die Jugend ist begehrter, denn die eben erblühende Jungfrau bietet dem Manne die meisten Reize; darum wehrt sich das alternde Mädchen mit allen Mitteln dagegen, alt zu erscheinen, sie possiert mit Gewalt und Beharrlichkeit das Jugendliche in Kleidung und Benehmen: die alte Jungfer kleidet sich mit Vorliebe recht jugendlich, mit dreißig noch wie ein Backfisch von siebzehn, sie legt eine übertriebene Munterkeit an den Tag, sie lacht gerne schelmisch, wie junge Mädchen pflegen, sie hüpft und springt wie ein Fohlen; und vor allem ziert sie sich wie eine naive Kleine, die noch an das Märchen vom Klapperstorch glaubt, sie errötet geflissentlich bei jedem zweideutigen Wort usw. usw. Aus der Reflexion, zu der der starke Gegensatz zur Wirklichkeit jeden Zeugen dieses Gebarens immer und immer verleitet, entsteht unvermeidlich eine komische Wirkung. Und dieser Umstand eben, daß sie immer und immer komisch wirkt, nur komisch wirkt, ist die besondere Tragik im Lose des alternden Mädchens. Es gibt fürwahr keine größere Tragik als die, wenn über das Tragische nur gelacht wird ...

Die alte Jungfer spielt von jeher eine bemerkenswerte Rolle in der Satire, in der geschriebenen wie in der gezeichneten. Da man sich aber über den sozialen Charakter dieses Problems niemals klar war und das Altjungferwerden in den weitaus meisten Fällen als persönliche Schuld ansah, so hat man das Tragische in der Erscheinung der alten Jungfer fast ganz übersehen, und sie hat sich dafür um so stärker zu einem Motiv des erbarmungslosen Spottes und Hohnes entwickelt. Das krampfhafte Suchen und Werben um den Erfolg, das fieberhafte Anklammern an die kleinste Möglichkeit — ich lasse dich nicht, du erhörest mich denn! — hat der satirische Witz zur groteskesten Form der weiblichen Mannstollheit gestempelt. Ein interessantes Beispiel dafür ist das folgende „Gebet der alten Jungfer" an den heiligen Andreas, den Schutzheiligen der alten Jungfern, das aus einem Frauenzimmertaschenkalender vom Jahre 1731 stammt:

Andreas, du gepriesner Mann,
Ich bitte, was ich bitten kann,
Verleih mir doch in kurzer Frist,
Warum du oft gebeten bist.
Errette mich aus meiner Not
Und nimm mir lieber Bier und Brot;
Hingegen gib mir einen Mann,
Den ich zu was gebrauchen kann;
Er mag nun kurz, dick oder klein,

Arm, häßlich und ein Krüppel sein;
Er habe gar kein Bein nicht mehr,
Er sehe nicht, er höre schwer,
Ach ja, er sei auch noch so schlecht,
So ist er doch für mich schon recht.
Fällt dir nun bald ein Freier für,
So schieb ihn doch zuerst zu mir.
Zu dir steht meine Zuversicht,
Vergiß es ja beileibe nicht.

Das ist nur Spott und Hohn. Dagegen leuchtet in einem anderen „Lied einer alten Jungfer", das ebenfalls aus dem 18. Jahrhundert stammt, doch etwas von Tragik heraus, wenn auch dieses Lied zweifellos in erster Linie zum Zwecke der Verspottung gemacht worden ist:

Schon viele Jahre quäl' ich mich im stillen
  Um einen Mann!
Wann wird Andreas mein Gebet erfüllen
  Und hört mich an?

Wie lange soll ich armes Kind noch weinen,
  Verschmäht, verlacht?
Wann wird der langgesehnte Tag erscheinen
  Und seine Nacht?

Wenn Jünglinge mit andern Mädchen spielen
  Im Frühlingshain

Und ihre Lust auf Rosenlippen fühlen:
  Bin ich allein.

Mit Flor und Bändern schmück' ich mein Gesichte,
  Mit fremder Zier,
Und dennoch nennt mich Daphnis bei dem Lichte:
  Ein altes Tier.

Welch eine Glut durchwühlt mein armes Herze
  Und zehrt es ab,
Ich diene nur den Jünglingen zum Scherze
  Bis in mein Grab.

In der gezeichneten Satire kommt der mitleidlose Spott noch wesentlich unverhüllter zum Ausdruck, das belegen fast alle Karikaturen auf alte Jungfern aus den früheren Zeiten. Gute, charakteristische Stücke von dieser Art sind das englische Blatt „The Assembly of Old Maids" aus der ersten Hälfte des 18. Jahrhunderts (Bild 72) und das deutsche Blatt „Die Beterinen" aus dem zweiten Drittel des 19. Jahrhunderts (Bild 102). Natürlich wäre es ganz falsch, aus der Einseitigkeit in der satirischen Tendenz eine Minderwertigkeit der betreffenden Karikaturen ableiten zu wollen. Gerade die beiden hier reproduzierten Stücke sind ganz ausgezeichnete Karikaturen und kennzeichnen das Wesen der alten Jungfern nach verschiedenen Richtungen in verblüffend schlagender Weise. Im grotesken Spiegel der

Madame und Monsieur Denis. Vergebliche Liebesmühe
104. Galante französische Karikatur

— Nun fällst du heute schon zum dritten Mal!
— Aber Mama sagte doch, wenn wir nicht sitzen bleiben wollen, müssen wir den Männern lohnende Aussichten eröffnen!

105. Klic. Österreichische Karikatur

Zeichnung und des Witzes prägt sich hier aus: die kleinliche Nörgelsucht der Übergangenen, die Gehässigkeit der Beiseitegeschobenen, die Mißgunst der Enterbten. Nur darin besteht die Ungerechtigkeit oder richtiger Kurzsichtigkeit früherer Zeiten, daß sie das Tragische dieses Motivs überhaupt niemals zum Gegenstand einer Karikatur gewählt haben, daß die alte Jungfer ausschließlich Spottobjekt gewesen ist. Im 19. Jahrhundert erklang die tragische Note zum erstenmal. Humor und Tragik in feinster Meisterschaft miteinander verwoben hat Daumier in dem Blatt „Entschwundene Zeiten" (Bild 92); die Koketterie der alten Jungfer, die in den Jahren, wo man längst die allerletzte der Hoffnungen begraben hat, sich stolzwehmütig ihre Reize von ehedem vorerzählt. Nur die bittere Tragik allein hat Hermann Paul in dem Blatt „Die alte Jungfer" gezeichnet (Bild 131); hier ist mit schärfstem Auge und mit sicherster Hand das Wesen erfaßt: Die Zweckverfehlung.

* * *

Die Witwe. Der bürgerliche Moralkodex, der vom ledigen Mädchen absolute Keuschheit fordert, stellt an die Witwe für die Zeit ihrer Witwenschaft ganz dieselbe Forderung mit derselben Unerbittlichkeit. So wenig sie sich gegenüber dem ledigen Mädchen von der Tatsache beirren läßt, daß der Verzicht auf Geschlechtsverkehr in vielen Fällen geistige und physische Degeneration im Gefolge hat, so wenig kennt sie angesichts der ebenso zweifellos feststehenden Tatsache, daß jäh unterbrochener Geschlechtsverkehr gesundheitsmörderisch auf die Frau wirkt, verständige Nachsicht.

Aber trotz aller Verfehmungen: Der schönst gereimte Witwentrost verhallt gar häufig wirkungslos an den kategorischen Forderungen der in ihren Rechten geschmälerten Natur, und die Witwe nimmt in der Geschichte der Galanterie nicht mit Unrecht einen sehr breiten Raum ein. Die Literatur jedes Landes und jedes Zeitalters strotzt von Beispielen. Die alte deutsche Schwankliteratur erzählt mit breitem Behagen unzählige Geschichten von galanten, liebeshungrigen und liebesbereiten Witwen. Bekannt sind die verschiedenen Erzählungen des Boccaccio, die von der

Der zahlungsfähige Freund

Gesellschaftliche Satire von Gavarni. 1842

Auf der Jagd

Französische Karikatur von C. Guys. Um 1860

großen Galanterie der Witwen seiner Zeit zu erzählen wissen. Brantôme hat in seinem als Kulturdokument mit Recht geschätzten Werk „Les dames galantes" der Liebe der Witwen sogar ein ganzes Kapitel gewidmet. Er beweist in diesem Kapitel ausführlich, daß und warum die Witwe zu Galanterien überaus gerne geneigt sei, und weiter, daß nichts bequemer sei, als eine Liebschaft mit einer Witwe, und daß darum eine solche der mit einem jungen Mädchen oder einer verheirateten Frau bei weitem vorzuziehen sei. Auch sei nichts pikanter für einen Mann von Geschmack als der Verkehr mit einer Witwe. Und alles dies belegt Brantôme durch zahlreiche historische Beispiele. Zum Schluß des Kapitels spricht er auch noch von den Vorteilen des Witwenstandes und zitiert als Beweis u. a. einen Ausspruch der bekannten Madame d'Estampes. Diese führte, wenn eine Witwe sie besuchte und Mitleid mit ihrem Witwenstand begehrte, den Ausdruck im Munde: „Ach, meine Liebe, sein Sie froh, daß Sie in diesem Stande sind; denn man ist nur Witwe, wenn man will." Auch die spanische Literatur des 16. und 17. Jahrhunderts ist reich an beglaubigten Anekdoten über die Galanterie der Witwen. Die moderne Literatur des 19. Jahrhunderts besitzt in Maupassants Roman „Notre Coeur" geradezu ein Meisterwerk einer bestimmten Witwenpsychologie: die Rache der Witwe für die Sklaverei und für die Enttäuschungen der Ehe. Erwähnt muß auch werden, daß in der galanten Literatur aller Zeiten die junge, pikante Witwe einen bevorzugten Platz einnimmt; daß die Liebe der Witwe am genußreichsten sei, wird in diesen Elaboraten mit immer gleich kundigem Geschäftssinn abgehandelt.

In der Satire begegnet man der Witwe ebenfalls sehr häufig. Die Satire pointiert bei ihr aber mit Vorliebe besonders den ersten Schritt zur Galanterie: die Unbeständigkeit der Witwentrauer, die Witwe mit einem weinenden und einem lachenden Auge, d. h. die bei vielen sogenannten trostlosen Witwen trotzdem offenkundige Absicht, sich sobald wie möglich mit einem anderen Manne zu trösten. Das ist bei der Einfachheit, mit der man früher sämtliche Probleme behandelte, sozusagen das Rezept, nach dem man bis nahe an unsere Gegenwart heran die Witwe in der Satire überhaupt

— O Gott! ich seh den kleinen Grafen am Strand, er darf mich nicht sehen, . . . mein Mann ist doch da.
— Es wird dir nichts nützen, wenn du auch dein Gesicht verbirgst; der erkennt dich doch.

106. Stop. Galante französische Karikatur. Le Charivari

„erledigt" hat. Zahlreiche Schwänke und Possen sind danach gearbeitet; und noch mehr Sprichwörter, von denen verschiedene heute noch im Volksmund gang und gäbe sind, bewegen sich in diesem Geiste. Nur das bekannteste sei zitiert: „Beim Regen ist gut pflanzen, darum sind weinende Witwen am gernsten geneigt zur Wiederverheiratung." Aus dem Anfange des 17. Jahrhunderts stammt das satirische Gedicht „Von einem Weib, deren der Mann am Karfreitag gestorben" von Sandrub, eine groteske Kennzeichnung der Mannstollheit der Witwe:

An einem Karfreitag sich's begab,
Daß man trug einen Mann zu Grab.
Sein Weib gar übel sich behub
Bei dem Grab, als man ihn begrub,
Und wollt' sich gar nicht trösten lahn,
Letzlich red't sie ein Nachbar an,
Sie sollt' sich nicht so kläglich stellen,

Hätte doch zu Hause einen feinen Gesellen,
Ihren Knecht, welchen sie könnt' nehmen.
Er würde sich wohl zu ihr bequemen.
Die Frau zum selben Nachbarn sagt:
„Ich hab' vorlängs daran gedacht,
Aber das bringt mir großen Graus:
Vorm lieben Ostern wird nichts draus!"

Also auch nur zwei Tage im ehelosen Stande zu verbringen, bereitet ihr Graus! Als die beste Prosasatire in demselben Sinne kann die Schilderung der Witwe von Moscherosch in seinen Gesichten des Philander von Sittenwald gelten, die ebenfalls aus dem Anfang des 17. Jahrhunderts stammen:

„Eine der Gevatterinnen oder Gespielen, so die Witwe in ihrem Leid nach Gewohnheit trösten wollte, sprach: ‚Ach, liebe Frau Gevatterin, all Euer Trauern ist vergebens und umsonst, Ihr könnt den frommen Herren damit doch nicht wieder lebendig machen.' Eine nach der andern wußte ihren tröstlichen Weidspruch herzusagen. Je mehr aber die guten Weiblein der Witwe zusprachen, je mehr sie sich allererst anhebet sich zu jammern und zu beklagen, und mit halb gebrochener Stimme: ‚Ach, daß es Gott erbarme,' sprach sie, ‚ich armes, elendes Weib, was soll ich tun? Ach, wer wird mich nun trösten und erfreuen? .. Ach, mein Hertzallerliebster Schatz! wie ist mir dein Abschied so schmertzlich! ach, ich arme Wittwe, wer wird sich meiner in diesem schweren Kreutz doch annehmen! Ach, nicht ein Wunder wäre es, ich ließ mich zu ihm in das Grab legen! Ich begere doch also nicht länger zu leben, weil ich den verloren, den ich lieber gehabt als die ganze Welt! o ich unseliges Weib! o weh mir armen Wittwen? wer wird mich! o weh, wer halt mich! ich spring' in den Bronnen!' Willtu aber ein Herz erforschen? mein, so lasse sie allein, daß sie niemand wisse, du wirst den Betrug und Heuchelei bald erfahren, wie sie nemlich sich so frisch erzeigen und einen Sarrabanden daher singen und springen werde, so geil und rammelig als die Katzen um Lichtmeß immer sein mögen. Bald wird auch eine ihrer Vertrauten kommen und nach der Weiber Art, ex lachrymis in risum mota, sagen: ‚Liebe Gespiele, nur frisch und guetsmueths, was Elements soll das verfluchte trauren? Ihr habt es besser, als Ihr selbsten meinet, ist schon Euer Herr und Mann gestorben, botz Zipfel, Ihr seid noch jung und wacker genug, werd Eurs gleichen bald finden, wann Ihr nur wollet: Es liegt nimmer an Euch: der und der haben schon nach Euch gefraget: dieser hat schon ein Aug auf Euch geworfen: solltet Ihr nur einmal mit ihm zu sprechen kommen, Ihr wirdet des Verstorbenen bald vergessen: wann es mir asso zu thun wär, o weh, wie bald wollt i mi gressolfiert han.' ‚Werli, liebe Nachbarin,' wird die andere zustimmen, ‚wenn es mir asso wär, i wot mi bald bedacht han: Einer verlohren, zehen wiederfunden: I wot dem Rath folgen, den Uch min Gevatterin do alleweil gän hätt: dann werly, der un der hätt ein große anfechtion zu Uch, man

Eine alte Flamme.

Allererst und allsofort
Eilet Knopp an jenen Ort,
Wo sie wohnt die Wohlbekannte,
Welche sich Adele nannte;
Jene reizende Adele,
Die er einst mit ganzer Seele
Tiefgeliebt und hochgeehrt,
Die ihn aber nicht erhört,
So daß er, seit dies geschah,

Nur ihr süßes Bildniß sah.

Transpirirend und beklommen
Ist er vor die Thür gekommen,
Oh, sein Herze klopft so sehr,
Doch am Ende klopft auch er.

"Himmel, — ruft sie, — welches Glück!!"

(Knopp sein Schweiß der tritt zurück.)

"Komm, geliebter Herzensschatz,
Nimm auf der Berschäre Platz!

Nur an dich bei Tag und Nacht,
Süßer Freund, hab ich gedacht.

Unaussprechlich inniglich,
Freund und Engel, lieb ich dich!"

Knopp, aus Mangel an Gefühl,
Fühlt sich wieder äußerst schwül;
Doch in dieser Angstsekunde
Nahen sich drei fremde Hunde.

107. Wilhelm Busch. Aus "Tobias Knopp: Abenteuer eines Junggesellen"

(Wenden)

108. Wilhelm Busch. Aus „Tobias Knopp: Abenteuer eines Junggesellen"

mercks an allem sim thue, er ist ein wackerer Kerle: hott á schwarz Haar: hott schwartze Augen: hott ein hübsch schwarz bärtel. Mayn, er kann eim Blick gän. Mayn, er kann wohl dantze. Er ist noch Jung und stark, und Auer wohl werth, und wär werly immer schad, wenn er Uch ne sot bekommen!' Alsdann wird die Witwe mit verkehrten Augen, neben einem tiefgeholten Schluzer, sein zimberlich anfangen und sagen: ‚O weh! was sagnir do? o weh! o wo bini? vergeßá? Ja wohl vergeßá! Ach, mein lieber Mann, wie kann ich, wie will ich deiner so bald vergessen! Ja freilich! Ach Gott, es ist noch nicht von Heiraten zu reden! Ich wot wol verschwören min Lebtag mehr ein Mann zunehmen! wann es aber je Gotts sonderbarer Will sein sott: o so wotti au wissa wassi zethun hätt. Nun bollan: Was Gott beschert Blibt unverwehrt.'"

Die Art Witwen, die ihrem Manne schon bei Lebzeiten den Nachfolger bestimmen, hat der Volksmund in der folgenden satirischen Anekdote gekennzeichnet:

„Nach dem Begräbnis eines Landmannes trat auf dem Heimwege vom Kirchhofe der Knecht an die Witwe heran und erkundigte sich, ob er wohl um ihre Hand werben dürfe. Die Witwe antwortete: ‚Es tut mir leid, lieber Matz, ich habe mich schon dem Michel versprochen.'"

Von dieser Anekdote existieren zahlreiche Variationen. Die zynischste Satire auf die Unbeständigkeit der Witwentrauer ist jedenfalls die Geschichte der Witwe von Ephesus, auf die hier zur Vervollständigung nur hingewiesen sein soll, da sie an anderer Stelle des Buches ihren Platz finden soll.

Die gezeichnete Satire war in ihren Motiven und Pointen früher genau so einfach, wenn nicht gar noch einfacher, was zu einem Teil ja durch die begrenzteren Möglichkeiten des zeichnerisch Darstellbaren bedingt war. Wenn die geschriebene Satire es z. B. vermochte, jene Frauen charakteristisch darzustellen, die sich schon bei Lebzeiten des Gatten die Schönheiten des Witwenstandes schwelgerisch ausmalen, so war das bei den bescheidenen Ausdrucksmitteln der Karikatur früherer Jahrhunderte für die gezeichnete Satire schlechterdings nicht darstellbar. Die bevorzugten Motive, die immer wieder variiert wurden, waren für die Karikatur des 16. und

17. Jahrhunderts: die Witwe, wie sie weinend dem Sarge des Gatten folgt, aber schon auf dem Wege zum Kirchhof nach einem „jungen Gauch" schielt, oder wie sie mit dem einen Ohr auf die Lobhymnen auf den verstorbenen Mann lauscht, die ihr eine mitfühlende Seele vorsingt, während sie mit dem andern Ohr begierig auf die Lockungen hört, die ihr zur gleichen Zeit ein unternehmender Bewerber vorträgt. Wird in dieser Weise mit Vorliebe die junge oder „die in den besten Jahren" stehende Witwe dargestellt, so wird die alte Witwe gezeigt, wie sie sich durch Geld „die Liebe" eines jungen Mannes sichert. Auf Darstellungen der letzteren Art trifft man jedenfalls am allerhäufigsten. Es liegt das auf der Hand: die Sinnlichkeit der jungen Frau ist immerhin begreiflich, die Sinnlichkeit der alten Frau aber wirkt immer abstoßend. Charakteristische Proben zeigen die Bilder 53, 57 und 63.

Die am Ende des 17. Jahrhunderts einsetzende galante Karikatur hat zwar auch die alte Witwe, die sich die Zärtlichkeiten eines jüngeren Mannes mit Geld erkauft, zum Gegenstand von satirischen Bildern gemacht, aber ihren stimulierenden Zwecken diente doch viel mehr die pikante Lüsternheit der jungen Witwe, die man dann ähnlich darstellte, wie in dem satirischen Kupfer „Le Remède" die Liebessehnsucht des heiratslustigen und heiratsfähigen Mädchens (Bild 73).

Erst in der modernen Karikatur wurde die Skala der Motive reicher und die Lösung vielgestaltiger: man begnügt sich nicht mehr damit, das Problem des Witwenstandes ausschließlich nach diesem nur wenige Akkorde umfassenden Rezept zu behandeln. Was den Früheren nur den Stoff zum Moralisieren im Predigertone oder zu zweideutigen Witzen geliefert hatte, das erhob z. B. Daumier zum köstlichsten Motiv des grotesken Humors: So wie dich, du schöner Mann, so malt man sich die Götter!" Überwältigender ist die späte Liebessehnsucht, die Daumier hier im Gewande der klassischen Parodie vorführt, sicher nie dargestellt worden als in diesem vollendeten Meisterwerk des grotesken Humors, das im Witz, im Humor und in der künstlerischen Bewältigung gleich unübertrefflich ist (siehe Beilage). Th. Th. Heine wandelt in seinem bekannten und mit Recht gerühmten Blatte „Der Trost der Witwe" auf ähnlichen Bahnen. Sie ist zu sehr daran

— Nein, Gontram, Sie dürfen keine Untreue von mir verlangen, ... mein Mann ist so gut und so voll Vertrauen; ich wüßte wirklich nicht, was für ein Vergnügen wir uns dadurch bereiten könnten, daß wir ihn hintergehen ...

109. Grevin. Französische Karikatur. Le Charivari

Lebensbilder aus Alt=Athen und Jsar=Athen: Die Ernährung
110 u. 111. A. Oberländer

gewöhnt, „zweispännig" zu schlafen, aber sie ist auch längst „darüber hinaus". So ist ihr für ihre Sorgen schließlich denn nur der bekannte letzte Trost geblieben, der Trost so vieler Leute in so vielen Lebenslagen. Busch hat die klassischste Formel dafür geprägt: „Es ist ein Brauch von alters her, wer Sorgen hat, hat auch Likör." Was ihr einst die Liebe war, die gemeinsam aus zwei flammenden Herzen hervorbrach, das ist ihr jetzt der Likör. Aber Heine weiß: eine so große Sorge wie die der Witwenschaft bedarf selbstverständlich des kräftigsten Likörs (Bild 153). Das ist auch grotesker Humor. Aber was bei Daumier in der Wirkung auf den Beschauer reiner Humor ist, „des Lebens ungemischte Freude", das ist bei Heine mit der stärksten Dosis Zynismus durchtränkt; freilich einem Zynismus, der auch das Tragische des Witwen= loses ahnen läßt. Dieses Tragische ist in der modernen Karikatur häufiger betont worden, so in mehreren Blättern des „Courrier Français", und vor allem in zahl= reichen Blättern der stark verbreiteten „Assiette au Beurre". Die deutsche Karikatur, die im letzten Jahrzehnt der französischen Karikatur in Eilmärschen nicht nur nach= gerückt ist, sondern sie häufig auch überflügelt hat, hat Ebenbürtiges auch in der zynischen Form geleistet. Dafür ist das meisterhafte Blatt „Die Witwe" von Max Slevogt ein treffender Beleg. Zynisch und ohne eine Spur versöhnenden Humors ist dieses Blatt. In wenig flüchtigen, aber kühnen Strichen der Grundgedanke des Maupassantschen Romans „Notre Coeur": die Rache am vergällten Eheglück. Sie wird sich zu rächen wissen — die Ehe ist tot, es lebe das Leben! (Bild 156.)

* * *

Die verheiratete Frau. Bei den Karikaturen über die Frau in der Ehe steht wiederum der Kampf um die Hosen obenan. Bei der verheirateten Frau wird

Lebensbilder aus Alt-Athen und Isar-Athen: Die Ausbildung
112 u. 113. A. Oberländer

aber etwas wesentlich anderes unter diesem Wort verstanden; nämlich der Kampf der Frau um die Herrschaft im Hause.

Das Sprichwort sagt: In ihrer Jugend will die Frau gefallen und verführen, herrschen aber will sie immer.

Plaire, charmer, séduire Mais gouverner, avoir l'empire
Est un bonheur dans leur printemps, Est leur plaisir dans tous les temps.

Die deutschen Dichter sagen dasselbe, aber meistens etwas weniger graziös, weniger galant, dafür um so deutlicher:

Warum ruft denn der Wächter Klaus: Sind denn die Weiber nicht zu Haus?
Ihr lieben Herren! laßt euch sagen... Die Ursach ist gar leicht zu fassen:
Weil Weiber sich — nichts sagen lassen!

Diese Klagen sind allen Zeiten und allen Völkern gemeinsam, denn das Streben der Frau nach der Herrschaft im Hause ist so international wie seine Ursache: die politische und wirtschaftliche Unterdrückung der Frau. Seit diese existiert, wird der häusliche Krieg zwischen Mann und Frau geführt, und er wird erst dann nicht mehr geführt werden, wenn die menschliche Gesellschaft einmal beide Geschlechter gleichberechtigt nebeneinander stellt. Bis dahin ist die Herrschaft im Hause die natürlichste und häufigste Rache der Frau für das offizielle Gesetz, das ihre Unterordnung unter den Mann auf allen Gebieten dekretiert hat. In dem Kampf um die Herrschaft im Hause ist die Frau, kraft der Vorteile, die ihr der Kampfplatz der Ehegemeinschaft bietet, in den meisten Fällen, wo sie den Kampf unternommen hat, auch Sieger geblieben — und daß sie ein Sieger ist, der seinen Triumph meistens weidlich zu nützen versteht, das braucht wahrlich nicht näher belegt zu werden, tausend gute und schlechte Witze klagen es jeden Tag von neuem, und es gibt kein abgedroscheneres Thema als dieses. Die satirische Brandmarkung der herrschsüchtigen Frau war und ist wiederum die Rache des sich in seiner heiligsten Rechten verletzt fühlenden Mannes. Daß diese Rache gar häufig geübt worden ist, daß die Satire jedes Volkes ihren deutlichen Vers wider diesen Frevel gemacht hat, liegt natürlich auf der Hand.

Der Kampf um die Herrschaft der Frau in der Ehe und diese Herrschaft selbst zählen, wie der Kampf um die Hosen, den das heiratsfähige Mädchen führt, ebenfalls zu den allerältesten Motiven der gesellschaftlichen Satire. In welchem starken Maße diese Frage die Gemüter zu den verschiedensten Zeiten alteriert hat, das erhellt wohl nichts deutlicher als die Tatsache, daß dieser Kampf sich in einer Reihe von satirischen Meisterwerken wiederspiegelt: die Satiriker haben in dieser Frage gar häufig ihre eigene Sache geführt. In der Literatur sei nur an die kühnste und glänzendste Komödie des klassischen Altertums erinnert, an des Aristophanes „Weiberherrschaft"; in der zeichnenden Satire an die Namen von Dürer und Burgkmair.

Die Satire hat den Kampf der Frau um die Herrschaft im Hause, wie gesagt, ebenfalls als einen Kampf um die Hosen symbolisiert, aber hier raufen nicht mehr eine Anzahl Frauen um eine Männerhose, sondern Mann und Frau allein: jedes von beiden beansprucht „die Bruch" oder die Hose, das Symbol der Herrscherwürde im Hause. Mit der Hose verliert der Mann sein Herrscherrecht, darum dekretiert auch nach einem Flugblatt am Tage ihres Herrschaftsantrittes die Frau ihrem Gatten als erstes:

„Du mußt abstreichen deine Bruch (Hose),
Denn ich will hinfort Meister sein,
Sollst nicht mehr haben den Willen dein."

Wie überaus früh dieses Symbol verwertet worden ist, wie man immer nur dieses angewendet hat, und drittens, welche ganz außerordentliche Rolle im Leben diese Frage in den alten Zeiten gespielt hat, das belegt in charakteristischer Weise die Tatsache, daß die Darstellung, wie die Frau mit dem Mann um den Besitz der Hose rauft, einen der häufigsten Künstlerscherze bildete, die in den mittelalterlichen Kirchen an Chorstühlen und Pfeilern von ihren Erbauern angebracht wurden. In zahlreichen alten Kirchen Englands, Frankreichs und Deutschlands finden sich solche Darstellungen noch erhalten. Als interessante Karikaturen dieser Art geben

Der modische Hut als Retter

114. Kepler. Groteske amerikanische Karikatur

Unnöthige Sorge.

„Anna, führen Sie den Ami in den Anlagen ein wenig spazieren!... Daß Sie mir aber meinen Liebling nicht von ander'n Damen küssen lassen!"

115. Adolf Oberländer. Fliegende Blätter

wir hier das Blatt von Israel von Meckenem (Bild 47) und den gleichnamigen französischen Kupferstich aus dem Anfang des 18. Jahrhunderts (Bild 60). Das Blatt Israels zeigt den Mann schon als Unterliegenden, vorn rechts liegt der Gegenstand des Streites, seine Bruch; auf dem französischen Bilde ist die Sache noch unentschieden, hier wird aber noch überdies vor Augen geführt, welch grausiges Unheil der eheliche Krieg heraufbeschwört. Eine Variation der Darstellung des Kampfes um die Hosen ist auch, daß Mann und Frau zu gleicher Zeit in die Hose steigen wollen, oder daß Mann und Frau jedes sich ein Hosenbein errungen hat, in das sie bereits gestiegen sind. Im letzteren Falle sind beide in seltsamer Weise zusammengefesselt und führen nun mit den Fäusten wütend den ehelichen Krieg gegeneinander fort. Das ist übrigens auch die bildliche Darstellung der „Widerbellerin", jenes Typs, den nach dem Volksmund jede zweite verheiratete Frau repräsentieren soll. Der Volksmund erklärt nämlich, das Wesen aller weiblichen Dialektik sei „das immer anders wollen". Der groteske Geiler von Kaisersberg begründet das naturwissenschaftlich:

„Ich meine, daß die Weiber es von ihrem Anfang haben, von der Materia, daraus sie gemacht sind: sie sind gemacht aus einer Rippe Adams, die war krumm. Also sind sie auch überzwerch des Mannes Willen mit Zanken."

Hat die Frau den Sieg erlangt, hat sie es vermocht, sich die unbedingte Herrschaft im Hause anzueignen, so heißt es heute noch wie ehedem: „sie hat die Hosen an". Die zeichnende Satire hat dies buchstabengetreu ins bildliche übertragen, hosenbekleidet, als hagerer Besen, schreitet Frau Xantippe einher und verbreitet zitternde Furcht vom Keller bis unter den Giebel des Hauses. Aber nicht alle sind hager wie Frau Xantippe, und das soll das Versöhnliche an der Frauenherrschaft sein; verschiedene Satiriker behaupten sogar, die Frau wisse sehr wohl, daß nichts die jugendlich schwellenden Formen so vorteilhaft kleide wie des Gatten prallsitzende Hose, und einzig aus diesem Grunde strebe so manche Frau gleich am ersten Tage ihrer Ehe danach, die Hosen zu tragen:

„Nicht soll verhüllen der neidische Rock Wonach seine Neugier stets späht
Den Blicken des liebenden Gatten,   Und — was sie viel gerner noch zeigt."

Aber dieses versöhnliche Moment lebt leider nur in der Phantasie der Satiriker.

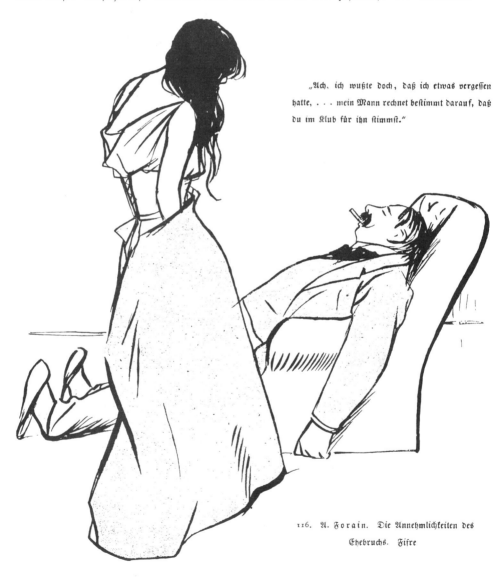

„Ach, ich wußte doch, daß ich etwas vergessen hatte, . . . mein Mann rechnet bestimmt darauf, daß du im Klub für ihn stimmst."

116. A. Forain. Die Annehmlichkeiten des Ehebruchs. Fifre

Das Wort „sie hat die Hosen an" ist jedoch in der zeichnenden Satire viel häufiger in einer anderen Form als in der der wortgetreuen Übertragung dargestellt worden: der Mann ist das gefügige Reittier, auf dessen Rücken die teure Gattin peitscheschwingend sitzt, und das sie ganz nach ihrem Willen lenkt. So haben es Dürer, Burgkmair (Bild 49), Hans Baldung Grün (siehe Beilage) und noch viele andere dargestellt. Er mag knirschen, er mag unwillig in den ihm angelegten Zügel beißen, aber er folgt; denn was ihn bändigt ist eben das Stärkste, was es gibt: das Geschlecht. Das hat in der wenig komplizierten Form des 16. Jahrhunderts keiner deutlicher dargestellt als Hans Baldung Grün (siehe Beilage). Die Macht des Weibes über den Mann ist der Urgrund alles Lebens. Es ist daher kein Einzel= schicksal, das so die Peitsche über dem Manne schwingt und ihm den Zügel anlegt, es ist das Verhängnis alles Lebens.

Wenn man nach Karikaturen, die den Frevel der Herrschsucht der Frau geißeln, fahndet, muß man niemals besondere Anstrengungen machen, um lohnende Beute zu finden; einer um so größeren bedarf es, um Blätter zu finden, die den täglichen Mißbrauch des Herrenrechtes durch den Mann gebührend kennzeichnen. Sie sind ebenso spärlich vorhanden, wie die ersteren häufig. Viel leichter wird man noch solche Blätter finden, die den Mann bei seinem Tun in Schutz nehmen; das mag das Blatt von Abraham Bosse auf die schlechte Hausfrau belegen (Bild 65).

Das Gegenstück zu den Karikaturen auf den ehelichen Krieg stellen die Karika= turen auf die eheliche Zärtlichkeit dar. Tragen die ersteren durchwegs kämpferischen Charakter, so ist Zweck und Ziel der letzteren mehr der der allgemeinen löblichen Erbauung, und im äußersten Falle höchstens Ausdruck boshafter Schadenfreude. Die eheliche Liebe ist zu allen Zeiten, auch in denen der verhocktesten Prüderie, eine tägliche Witzquelle für jedermann gewesen, und man macht darüber im vornehmen Salon sicher ebensoviel Witze wie im rauchigen Bauernwirtshaus; den Unterschied bildet einzig die Form.

Je nachdem, ob in der öffentlichen Sittlichkeit die verhockte Prüderie herrscht, oder ob die Menschen sich im schrankenlosen Genießen spreizen, wechselt natürlich, wie immer, der Grad der Deutlichkeit, mit der dieser Gegenstand in der für die Öffentlichkeit bestimmten Satire behandelt worden ist. Die Zeit, die den Zweck der Ehe in die kecken Verse faßt: „Boire, manger et coucher ensemble, C'est le mariage il me semble", oder gar die Zeit, die in brausender Lebenslust die Sinn= lichkeit allem voranstellt, und die der Frau zur Einführung in die Ehe keine bessere Unterweisung zu geben für nötig hält, als daß sie das Brautgemach mit Bildern von wollüstigster Deutlichkeit ausschmückt, — solche Zeiten haben sich in den Karika= turen auf die ehelichen Zärtlichkeiten einer Deutlichkeit befleißigt, daß wir uns hier mit der bloßen Konstatierung begnügen müssen, ohne es durch Proben belegen zu können. Solch eine Zeit war z. B. die Renaissance: das 15. und 16. Jahrhundert

Ein ernster Fall

Ein Opfer mehr!

Ein ganz alltäglicher Fall. Ein Wechsel in der Diät genügt!

Am Jubeltage: Der letzte Gast

119 u. 120. C. Deana Gibson. Amerikanische Karikaturen. Life

in Italien und Deutschland, das 17. Jahrhundert in Holland und England. Die bestallten Hüter der deutschen Zucht und Sitte werden sicher immer ihr scheinheiliges „Herr, wir danken dir, daß wir nicht sind, wie...." anstimmen, wenn sie von der welschen Unzucht hören, und sie werden sicher dreimal die Hände über dem heiligmäßigen Bauche zusammenschlagen, wenn sie z. B. hören, daß es in Italien zur Zeit der Renaissance noch landesüblicher Brauch war, am Morgen nach einer Hochzeit die Leintücher des Hochzeitsbettes zum Fenster hinauszuhängen, um so zum mindesten der ganzen Nachbarschaft Gelegenheit zu geben, sich zu überzeugen, daß der jungen Frau, die gestern zum Altar geschritten war, mit Recht der Ruhm einer tugendhaften Jungfrau gebührt hatte. Aber die sittliche Entrüstung und vor allem die scheinheilige Selbstgefälligkeit ist sehr wenig angebracht, sintemalen sich die teutsche Zucht und Sitte anno dazumal auch nicht allzu zimperlich gebärdete. Über die Hochzeit Johann Wilhelms III., Herzogs von Jülich-Kleve-Berg, mit der Prinzessin Jakobäa, der Tochter des Markgrafen Philibert von Baden, die im Jahre 1585 zu Düsseldorf stattfand, wird vom Hofchronisten folgendes gemeldet: Nach ihrem feierlichen Einzuge in die Stadt und ins Schloß, wo sie von ihrem Schwiegervater und ihrer Schwägerin begrüßt wurde, wurde die Braut in ihre Gemächer geleitet, welche mit Teppichen behangen waren, deren Gewebe Bilder darstellten, so „zur ehelichen Lieb' am meisten und vornehmlich gehörig". D. h. es war auf den Gobelins, die damals die Stelle der Tapeten vertraten, in mythologischen Szenen dargestellt, wie Mann und Frau in der Ehe der irdischen Liebe pflegen. Diese Beispiele lassen leicht einsehen, welche Deutlichkeit man in solchen Zeiten in der Karikatur nicht nur ertrug, sondern sogar von der Karikatur erwartete.

Ganz entgegengesetzt ist natürlich das Bild, das die Karikatur dort zeigt, wo die Prüderie die Sinnlichkeit aus der Öffentlichkeit verdrängt. Das Musterbeispiel dafür ist England seit den zwanziger Jahren des 19. Jahrhunderts. Erstens wurden hier so verfängliche Gegenstände wie die eheliche Zärtlichkeit so viel wie möglich umgangen; beschäftigte man sich aber mit ihnen, dann geschah es derart frei von jeder „Menschlichkeit", daß selbst die kühnste Phantasie beim Anschauen dieser Bilder nicht darauf verfällt, daß „die schreienden Beweise" etwa Folgen ehelicher Zärtlichkeiten sein könnten. Weil man dieser „Reinlichkeit" in der englischen Karikatur auf Schritt und Tritt begegnet, darum ist sie auch seit dieser Zeit so fad und nüchtern wie ein glattgebürsteter Puritanerfrack.

Abgesehen von England, zeigt die zweite Hälfte des 19. Jahrhunderts, vornehmlich das letzte Dezennium, die beiden Welten beieinander, d. h. überall hat auch der kecke Wahrheitsmut seine Fahne aufgepflanzt; das belegt die Offenheit, mit der diese Fragen heute satirisch glossiert werden. Die derbe Kühnheit des 16. Jahrhunderts ist freilich eine Sprache, die unsere strengeren Sittlichkeitsbegriffe, unsere feineren Sinne nicht mehr zulassen, aber die Waffen, die wir heute führen, sind schärfer, es sind sausende und silbern blitzende Klingen statt der dröhnenden und polternden Keulen.

Diese Eleganz, über die wir heute verfügen, führt aber nicht nur zum entnervenden Raffinement, sondern auch zum Guten, sie gestattet, das Kühnste zu sagen, ohne die gesunde Moral zu verletzen; denn sie ermöglicht es, die Aufgabe zu erfüllen, die die Beschäftigung mit dem Erotischen zur Bedingung stellt, wenn es begründetes Bürgerrecht im öffentlichen Geistesleben haben soll: der Witz des Vortrags und die künstlerische Form müssen das Stoffliche so sehr unterjochen, daß es niemals zum Selbstzweck werden kann. Gewiß ist das keine leichte Aufgabe, und die Gefahr, dabei zu straucheln, ist sehr groß; es gelingt daher nur den Tüchtigsten. Trotz der großen Schwierigkeit müssen wir gegenüber den Unvermögenden unnachsichtig sein, auch wenn wir gewillt sind, den Großen im Reiche der Satire die weitesten Rechte einzuräumen. Ein solcher großer Fechtmeister der Satire ist z. B. Adolf Willette; er beweist mit jedem Blatte, daß man mit Kunst und Grazie das Kühnste vortragen kann, und daß daran selbst der sittlich Strengste eine ungeteilte Freude haben kann, ohne sich auch nur im geringsten zu kompromittieren (Bild 135 und 154). In Deutschland ist Reznicek fast der einzige, von dem ähnliches gesagt werden kann. Ein Beispiel dafür ist z. B. das kokette Blättchen „Sittsam" (Bild 121), das die

„Soll ich nicht meinen Ehering an die Schuhbänder hängen, damit die Leute nichts unrechtes denken?"

Sittsam
121. Reznicek. Simplizissimus

— Nein, nein, mein Lieber ... ich bin ganz damit einverstanden, daß Sie eine Maitresse haben; aber unter der Bedingung, daß Sie ihr treu bleiben! ...

Eheliche Konzessionen
122. A. Guillaume

Besorgnisse einer jungen Frau auf der Hochzeitsreise schildert. Sie weiß nach den Erfahrungen der letzten Tage, daß jeder Hotelgast, der an ihrer Tür vorübergeht, beim Anblick dieser zwei Paar Stiefel leicht errät, was hinter dieser Tür vorgeht. Wie kann es nun aber verhindert werden, daß die Leute Unrechtes denken? Ihren Stiefeln kann man es doch unmöglich ansehen, daß sie schon auf dem Standesamt waren! Wie wär's, wenn sie ihren Ehering an ihre Schuhbänder hängte? Dann könnten die Leute unmöglich etwas Unrechtes denken, denn man hat sie gelehrt: einzig dieser Ring erhebt zum Recht, was ohne ihn gemeine Schande in den Augen aller anständigen Leute bedeutet. Der Amerikaner Gibson hat die eheliche Liebe zum Gegenstand von Dutzenden koketter Bildchen genommen. Das ist auf den ersten Blick sehr erstaunlich, weil die Yankeemoral womöglich noch um einige Grad perverser ist als die der englischen Bourgeoisie und zum mindesten mit dem gleichen Raffinement alles Erotische öffentlich verpönt. In Wirklichkeit ist es aber gar nicht erstaunlich, ebenso, wie es ganz selbstverständlich ist, daß der Amerikaner die Liebe am zartesten, graziösesten, duftigsten und idealsten von allen ihren Schilderern darstellt, trotzdem die Liebe derer, die er schildert, zufällig am wenigsten Duft hat und das durchsichtigste Rechenexempel ist. Gibson liefert mit seinen idealistischen Schilderungen nichts anderes, als das, was eben keine Institution entbehren kann: den Schein der Sittlichkeit. Dieser Schein wird um so energischer gefordert, je mehr die Wirklichkeit von echter Sittlichkeit entfernt ist; und darum wird er von der amerikanischen Plutokratie kategorischer als von jeder anderen Gesellschaft gefordert. Gibson ist der künstlerische Hofhistoriograph der amerikanischen Könige von Geldsacks Gnaden. Das ist auch das Geheimnis seines Ruhmes: er ist der Liebling der amerikanischen zahlungsfähigen Moral, weil er ihr die sittliche Rechtfertigung liefert; Gibson ideologisiert das Rechenexempel, indem er beständig aller Welt vorerzählt und vor Augen rückt, daß Amor immer und immer dabei war: er ist der Urheber der Krankheit der Jungfrau, er stand am Amboß als der kleine Schmied, der die Frau an die Ehe geschmiedet hat, und nach fünfzig Jahren, am Jubeltage, ist er der einzige Gast,

„Weißt du, wie die Herrn dich nennen? ... Plumeau ..."
Unter Kolleginnen
(Entre elles. „Sais-tu, comment ils t'appellent? ... article d'hiver ...")
Französische Karikatur von Steinlen. 1898

„Nee, Carmen, wat man sich von so 'm Dussel for jemeine Redensarten bieten lassen muß. Wenn ick denke, wat ick for 'ne Bildung jenossen habe. Wie ick noch 'ne kleene Jöhre war, hat meine Mutter immer det Fenster uffjerissen, wenn ick mal 'n bisken schnell über 'n Straßendamm jing, un denn hat se jerufen: Wallychen, Wallychen, nich so wild."

Aus guter Familie

Bruno Paul. Simpliziſſimus 1901

der im Hause geblieben ist und sich nicht mit den anderen Gästen verabschiedet hat (Bild 117—120). Daß Gibson in der Sache, die er in seinem Blatte „Life" zu führen übernommen hat, raffiniert zu plädieren versteht, muß ihm unbedingt zugestanden werden.

Eine andere, ebenfalls interessante Kategorie von Karikaturen auf die Frauen in der Ehe stellen die Karikaturen auf die Erziehung der Kinder dar. Früher spielten darin jene Mütter die größte Rolle, die der Gesellschaft, dem Vergnügen nachlaufen und ihre Kinder entweder sich selbst überlassen oder dem geduldigen Manne aufbürden. Gewiß ist dies Motiv aus der Karikatur nicht verschwunden, aber es ist doch ziemlich abgedroschen und hat darum anderen Nuancen Platz machen müssen. Die Einführung der Tochter ins Leben ist heute eines der bevorzugtesten Themata. Früher beschränkte sich das auf die Erziehung zum Fleiß, zur Ehrbarkeit, zur Ordnung. In dieser einfachen Formel erschöpfte sich ehedem alle Erziehung und Aufklärung durch die Mutter.

Und wie man nur den ganz simpeln Unterschied zwischen der pflichtbewußten und der pflichtvergessenen Mutter machte, so unterschied man nur zwischen der fleißigen und guten und der faulen und bösen Tochter. Die fleißige wurde selbstverständlich glücklich, die faule unglücklich, sie bekam Prügel von ihrem Manne, und die Kinder verkamen im Schmutz. Heute wissen wir etwas mehr. Wir wissen, daß die sogenannten „hausfraulichen Tugenden" leider nicht das ausschließliche Rezept zum vollkommenen Eheglück bilden, wir wissen, daß sehr viele Frauen trotz dieser Tugenden ein Leben der steten Qual und der Verzweiflung geführt haben, und wir

„Ja, mein liebes Enkelchen, das ist meine Großmutter."

Unglaublich

123. Hermann Paul. Le Courrier Français

wissen weiter, daß die hauptsächlichste Ursache vieler Familienzwiste, vieler unglücklicher Ehen in der Unwissenheit des heranwachsenden Geschlechts über das Geschlechtsleben beruht. Diese Erkenntnis hat glücklicherweise allmählich zu der Einsicht geführt, daß mit der seitherigen Übung des Darüberhinwegsehens als über etwas, woran zu denken und wovon zu sprechen immer Sünde sei, wie es die muckerisch verbildete christliche Morallehre gebot, unbedingt gebrochen werden muß, und daß im Gegenteil eine der wichtigsten Aufgaben der Erziehung des heranwachsenden Geschlechts darin besteht, dasselbe rechtzeitig über die Bedeutung und das Wesen des Geschlechtslebens aufzuklären. Rechtzeitig, das soll heißen, daß die keusche Jungfrau nicht erst am Tage der Hochzeit von der Mama in halb verdeckten Worten in das bittersüße Geheimnis der Sache eingeweiht werde, sondern daß das Märchen vom Klapperstorche den Kindern gegenüber schon zu einer Zeit von den Eltern entschleiert werde, daß diese dieser wichtigen Sache nie anders als unbefangen und aufgeklärt gegenüberstehen, sobald die Sinne zu sprechen anfangen. Der Jüngling und die Jungfrau sollen sich klar sein, welche Summe von Gefahren ihrer in der spekulativen Verführung harren, welches ihre Pflichten gegenüber sich selbst und gegenüber einer später etwa zu gründenden Ehe sind. Diese elterliche Aufklärungspflicht steht heute im Mittelpunkte der öffentlichen Diskussion, und das „Wie sag' ich's meinem Kinde?" bildet die große Streitfrage, das Schlagwort, in das die Frage gepreßt ist. Diese Frage ist zweifellos überaus kompliziert, denn sie läßt sich nicht willkürlich ausschalten und für sich allein lösen. Die seitherige Übung des „Nichtdarübersprechens" ist kein bloßer krankhafter Auswuchs einer sonst vernünftigen moralischen Basis, sondern es ist ein organisch bedingter Bestandteil der Gesamtmoral, ein Glied einer Kette.

Vom Beginn der Diskussion an war dieser Stoff ein Gegenstand der Satire, des Witzes — es ist ein zu verlockendes Thema; freilich nicht für das Familienblatt, sondern für jene, die sich getrauen dürfen, wichtige Wahrheiten kühn auszusprechen. Natürlich verhöhnte man nicht die Idee der Aufklärungspflicht, sondern man verhöhnte den seitherigen Brauch des geflissentlichen Verhehlens dieser heikeln Dinge und der offiziellen Einführung im letzten Augenblick. Zum ersteren hat der große englische Zyniker Beardsley, der die raffinierteste Kunst mit einer ebenso raffinierten Psyche verband, eine charakteristische Satire geschaffen: „L'Education sentimentale" (Bild 134). Die Vorgänge der Natur sind dem Mädchen von der vorsorglichen Mama als ängstlich behütetes Geheimnis vorenthalten worden. Die Mama, die die Gefahren anscheinend genau kennt, will die Tochter bis zu dem großen Tage im Stande völliger Unschuld erhalten. Aber die vorsorgliche Mama wird furchtbar enttäuscht, sie überrascht die Tochter eines Tages beim heimlichen Briefschreiben, und schon der erste Blick in den Brief offenbart der entsetzten Mama, daß in der Phantasie dieser „Unschuld" längst alle Laster der Perversität ihre unheimlichen Bilder brauen: die „Moral" hat zum

Nachtmärsche

124. Albert Guillaume. Aus den großen Manövern. Galante französische Karikatur

Gegenteil geführt! Beardsleys Blatt ist ein dekoratives Meisterwerk und ein satirisches Kabinettstück zugleich. Die offizielle Einführung der Tochter in die Geheimnisse der Ehe am Tage der Hochzeit durch die verschämte Mama, die „darüber" noch nie gesprochen hat, illustriert Gulbransson in dem Blättchen „Wie sag' ich's meinem Kinde?" Gulbransson hält keine Moralpauke, es ist für ihn weiter nichts als ein grotesk-komischer Vorwurf, zu dem er mit dem souveränen Rechte des Genies greift, alles in den Kreis seiner Kunst ziehen zu dürfen. Und die Ausführung rechtfertigt ihn, er verwandelt den Stoff zu einem grotesk-komischen Schlager ersten Ranges (Bild 133). Diese beiden Stücke sind aus der respektabeln Reihe der Karikaturen auf dieses Motiv künstlerisch zweifellos das Beste. Etwas pikanter ist der nächste Akt, das Enfin seul, den Reznicek einmal im Simplizissimus illustriert hat. Die junge Frau kann sich vor Angst über das Bevorstehende nicht fassen, sie zittert und bebt und birgt verstört den Kopf in den Kissen des Bettes, sie hat es noch nicht vermocht auch nur einen Knopf ihres Kleides zu lösen. Der junge Gatte hat lange gewartet, endlich — es dauert zu lang — beruhigt er sie: „Aber Else, du brauchst doch nicht so zu zittern!" Else ist verblüfft: „Nicht? Aber Mama hat mir das doch vier Wochen lang eingeübt!" Das ist als feine Satire auf die Heuchelei ein elegantes Gegenstück zu Gulbranssons Groteskhumor.

Aus der Mutter der erwachsenen Kinder wird die Schwiegermutter. Die Schwiegermutter in der Karikatur ist wieder eine besondere Kategorie der Karikaturen auf die Frau in der Ehe. Mit dem Begriffe „Schwiegermutter" verknüpft sich unwillkürlich etwas Feindliches, etwas Störendes, etwas Überflüssiges, das Wort ist faktisch untrennbar von diesen Vorstellungen. Diese Begriffsbildung ist ganz natürlich. Die Monogamie ist natürlich be-

Am St. Valentinstag

125. A. Blahsfield. Amerikanische Karikatur

Dessin de Hermann Paul. — Tu m'embrasseras sous le tunnel, dis chéri.

Eheliche Liebe
126. Hermann Paul. Französische Karikatur

gründet; darum ist jede dritte Person innerhalb der Ehe unnatürlich und ein störendes Element, das die Harmonie der Ehe in die größte Gefahr bringt. Daß sich aber zu allen Zeiten die Schwiegermutter als drittes in die Ehe einschiebt, sozusagen als die Vorsehung, ist ebenso natürlich. Warum soll sie heute nichts mehr von der Sache verstehen, nicht mehr dreinreden dürfen, wo sie doch gestern noch das anerkannte Recht hatte, alles sogar besser zu verstehen? Und darum redet sie drein, sie mischt sich drein, nichts soll ohne sie geschehen, zu allem will sie erst ihren Segen geben. Entzieht man sich aber einmal ihren immer wachenden Argusaugen, dann schnaubt und stöbert sie racheheischend durch Haus und Hof, durch Feld und Wald, so wie sie Hengeler — der köstlichsten einer aus den Fliegenden Blättern! — als Zentaurenschwiegermutter in einem prächtigen Ölgemälde dargestellt hat. Das ewige Dareinreden und Vorsehung-spielen-wollen hat den Typ der Schwiegermutter zum Schrecken der Schrecken gemodelt, zu dem Begriffe, von dem man in allen Zeiten mit den heftigsten Worten gesprochen hat: „Schwiegermutter = Teufelsfutter", so reimte das Mittelalter einfach, deutlich derb. Heute übergießt man die Anklage mit Humor:

In der Wüste der Sahara
Ging der Nathan mit der Sarah:
Er hausirt mit Hosenfutter,
Sie war seine Schwiegermutter.
Sarah sagte: „Nathan, siehste,
Rings herum ist nichts als Wüste;
Wie willst uns zu retten hoffen,
Käm' ein Tiger jetzt geloffen?"

Nathan sagte: „Käm' ein Tiger,
Sagt' ich: das ist meine Schwieger=
Mutter — ich bin überzeugt,
Daß das Untier dann entfleucht!"
Also sprach der weise Nathan
Kühn zu seines Hauses Satan,
Zu der Schwiegermutter Sara
In der Wüste der Sahara

Viele tausend ähnliche Verse sind sicher in jeder Sprache zum Hohn der Schwiegermutter gesungen worden (Bild 127).

Die Schwiegermutter, wie sie heute in der Karikatur lebt, ist aber keine Karikatur auf die Schwiegermutter als solche, sondern vielmehr auf einen Begriff. Es ist die Rubrik, unter der die ewige Bevormundung der Jugend, des neuen Geschlechts durch das Alter, das nicht anerkennen will, daß seine Zeit vorbei ist, karifiziert wird. In der Schwiegermutter symbolisiert und karifiziert man das konservative Element im Privatleben, das nur das Gestrige als gut anerkennt, das Gute von heute verneint — und zwar nur deshalb, weil es eben von heute ist — und das mit zäher Starrköpfigkeit dem Heute und dem Morgen die Weisheit von Gestern aufdrängen will. Oder am Kürzesten gesagt: Es ist die Personifikation des ewigen Kampfes zwischen den Alten und den Jungen.

* * *

Die Untreue der Frau. Es ist sicher eine reiche Ernte an Karikaturen, die man aus den bis jetzt beschriebenen Teilgebieten des Themas von der Frau in der Ehe einzuheimsen vermag; und doch, wenn man alles zusammenzählt, so reicht die Zahl, die herauskommt, wahrscheinlich doch nicht an das heran, was die Untreue der Frau in der Ehe für sich allein provoziert hat.

Die Untreue der Frau hat gemäß den oben dargelegten Moralanschauungen fast zu allen Zeiten als der große Unglücksfall der Ehe gegolten, schon daraus erklärt sich die ständig gleich große Aufmerksamkeit gegenüber dieser Verfehlung. Die große Zahl von satirischen Dokumenten, die von diesem Unglücksfall erzählen, wird dann noch dadurch bedingt, daß es trotz der barbarischen Strafen, die über die ungetreuen Frauen verhängt wurden, wie Stäupen, Naseabschneiden, Prangerstehen usw., nicht ein einziges Zeitalter gegeben hat — auch die sittlich am höchsten stehenden Zeiten sind davon nicht auszunehmen —, in dem nicht von zahlreichen Frauen wider das Gebot der ehelichen Treue gesündigt worden wäre.

Die materiellen Gesichtspunkte, die bei der Mehrzahl der Eheschließungen bestimmend sind, würden schon für sich allein die Häufigkeit der ehelichen Untreue hinreichend erklären: wo kein tieferes Gefühl vorwaltet, oder wo gar ein edleres

Die Kentaurenschwiegermutter

127. Nach einem Gemälde von A. Hengeler

Gefühl zugunsten materieller Interessen vergewaltigt worden ist, da sind von vornherein die sittlichen Hemmungen, die die Treue zur Selbstverständlichkeit erheben, im wesentlichen ausgeschaltet. Aber es braucht nicht einmal die Rache der durch ein Rechenexempel in ihrem Sehnen verkürzten oder mißhandelten Kreatur zu sein, die im günstigen Augenblick losbricht: Hunderte der verschiedensten Ursachen und Komplikationen führen täglich in den Ehen, die auf den reinsten und edelsten Voraussetzungen aufgebaut sind, zu demselben Resultat. Die heißeste Jugendliebe entschleiert sich nicht selten nach Jahren als ein großer Selbstbetrug; denn es ist leider kein Naturgesetz, daß die Liebe bei beiden Gatten ewig währen müßte. Wieder bei anderen verzehrt eine glühende Sinnlichkeit, mit der die Natur das Blut gesättigt hat, alle Kraft des Widerstandes, und die Gelegenheit zur Untreue findet eine offene Tür, usw. usw.

Aber nicht die Untreue der Frau als Einzelerscheinung, als individueller ehelicher Unglücksfall, ist die Hauptsache, sondern ihre jeweilige Häufigkeit als Ausfluß der allgemeinen sittlichen Zustände und der herrschenden sittlichen Anschauungen und die Wichtigkeit des Ehebruchs als soziale Gefahr sind maßgebend. Diese jeweilige Häufigkeit ist darum unbedingt an dieser Stelle zu veranschaulichen, soferne dies nicht schon geschehen ist (vgl. S. 66—70); freilich kann dies nur in ganz summarischer Weise geschehen.

Wenn man vom Zeitalter des Minnedienstes sagen kann: diese ganze Zeit stand zum Ehebruche nicht wie zu einem Laster, sondern vielmehr wie zu der obersten ritterlichen Tugend, so muß von dem nächsten wichtigeren Kulturabschnitte, dem des aufstrebenden städtischen Bürgertums, das Entgegengesetzte gesagt werden. Hier galt die Treue der Frau als die höchste und die wichtigste der Tugenden. Das findet seine volle und ausreichende Erklärung in den ökonomischen Lebensbedingungen des städtebildenden Bürgertums. Die Hauptkräfte des aufstrebenden Bürgertums flossen aus dem zünftigen Handwerk. Für die Leistungsfähigkeit des Handwerks

— Ach, mein Kind, die Männer sind sich alle gleich ... dein „glückseliger" Paul sieht nur deine Mitgift. Dein Vater war geradeso, der hat nie etwas anderes gesehen ... und damals hatte ich noch keinen Schnurrbart!

128. Forain. Französische Karikatur

war aber bei der patriarchalischen Organisation des Arbeitsverhältnisses, die jeden Gesellen und jeden Lehrling Tag und Nacht an das Haus des Meisters band, Züchtigkeit und Fleiß der Hausfrau die erste Bedingung. Die Handwerkerfrau hatte von morgens früh bis abends spät fleißig die Hände zu rühren, wollte sie die unerläßliche Ordnung im Hauswesen aufrecht erhalten. Die Meisterin, die es mit den Gesellen hielt und die Zeit der Abwesenheit des Gatten benutzte, um mit einem sympathischen Gesellen galante Gespräche zu führen oder insgeheim in seine Kammer zu schlüpfen, versäumte ihre Pflichten und war der Untergang des Geschäftes. Die Forderung der ehelichen Treue der Frau als Grundbedingung einer gesicherten materiellen Existenz führte zu der augenfälligen Form der äußeren Sittsamkeit, die jener Zeit eigen ist; denn sie wurde auch mit Eifer von denen gewahrt, die

„Beim beseligenden Klange der Harfen und Tuben, fern von dem schmutzigen Gewimmel des gemeinen Haufens leben wir in Schönheit!"

Die Liebe der Ästheten

129. Jossot. Französische Karikatur

insgeheim wider das Gebot der Treue sündigten. Daß dies in nicht seltenen Fällen geschah, das illustriert in reichster Weise die gesamte Volkslieder- und Schwankliederliteratur, ebenso zahlreiche Sprichwörter, bei denen „die zärtlichen Spiele, so die schönen Frauen mit den jungen Gesellen treiben", einen Hauptgegenstand bilden. Wenn auch das Wesen dieser sämtlichen Literaturgattungen das Generalisieren ist, und wenn es weiter im Wesen jeder Satire begründet ist, daß sie übertreibt, so wäre es bei der starken Beliebtheit und der entsprechenden Popularität dieser Kunstprodukte doch mehr als sinnlos und willkürlich, wenn man annehmen wollte, die Fastnachtsspieldichter, die Schwankschreiber und die Sprichwörterbildner hätten sich das alles aus den Fingern gesogen. Übrigens erweisen sämtliche neueren Quellenstudien, wie zuverlässig die Sprache des Volksmundes ist.

Mit dem machtvollen Aufstieg des Handels und dem allmählichen Übergang der Macht der Städte aus den Händen der zünftigen Handwerker in die der schwerreichen und immer reicher werdenden Pfeffersäcke verringerte sich die Bedeutung der Untreue der Frau als soziale Gefahr, und damit veränderte sich ebenso das äußerliche Bild. In dem Haushalte des Kaufmanns kam der Frau nicht mehr die wichtige Aufgabe zu, die sie in dem des Handwerkers gehabt hatte. Im Kaufmannsstand

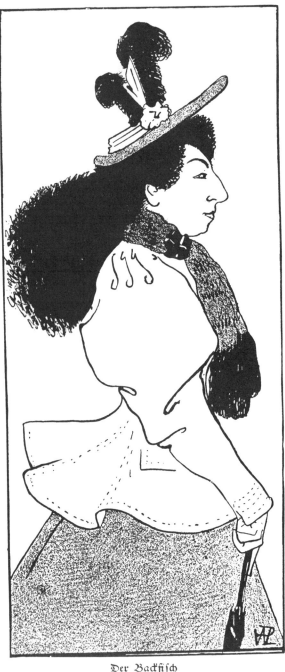

Der Backfisch
130. Hermann Paul. Französische Karikatur

wurde die Frau vom Haushalte emanzipiert und stieg zur Dame des Hauses empor; aus der Arbeitsgenossin wurde schon ein Luxusgegenstand, „den man sich leisten konnte", und den man entsprechend dieser Eigenschaft auch mit wollüstiger Pracht umgab. Der Kaufmann jener Zeit war überdies häufig gezwungen, größere, Monate dauernde Reisen zu machen. — Dies alles zusammen ergab für die Kaufmannsfrau folgendes: zum ständigen Anreiz gesellte sich die günstigste Gelegenheit zur Untreue, und überdies wirkten ihr die geringsten Hemmungen entgegen; die materielle Existenz des Haushaltes kam nicht im mindesten in Gefahr, wenn die Frau gegen einen fröhlichen Gast oder einen kecken Hausfreund nicht allzu spröde tat.

In jener Zeit kamen auch die regelmäßigen Reisen der Frauen in die Bäder auf, und solche Reisen vermochten nur die reichen Kaufmannsfrauen zu machen. Zum Beweise dafür, daß die Badereise in erster Linie eine Reise zu Frau Venus war, mag schon das damals geprägte ironische Wort genügen, es sei für unfruchtbare Frauen nichts vorteilhafter, als eine Reise ins Bad. In dem württembergischen Bade Liebenzell befand sich früher ein uraltes Gemälde, Badrätsel genannt, das zeigte eine schwangere Frau, eine schwangere Magd und eine trächtige Hündin, und darunter standen die freilich nichts weniger als rätselhaften Knittelverse:

Es war ein Mann, der hatt' ein Weib,
die liebt' er, wie sein eigen Leib,
da aber das Weib nicht gebären tat,
so schickt er sie in dieses Bad.
Weiß nicht, wie's kam — zur selben Stund
schwanger war Weib, Magd und Hund.

Der Genauigkeit wegen sei hier noch hinzugefügt, daß mit den Mönchen, die im 17. Jahrhundert von Liebenzell fortzogen, auch dieser gute Ruf des Bades verschwunden ist.

Der am Ende des 16. Jahrhunderts zur Herrschaft gelangende Absolutismus führte in allen Ländern zu der gleichen, oben schon (S. 69 u. f.) geschilderten sittlichen Verwahrlosung, bei der die Untreue zur Alltäglichkeit, zum pikanten Selbstzweck und schließlich zur obersten Tugend wurde.

Die erste Errungenschaft jener Zeit auf dieser Bahn war der offiziell anerkannte Hausfreund, und zwar in der Institution des Cicisbeo oder Cavaliere servente. Diese Institution kam in Italien auf und gelangte dort auch, sowie in Spanien, zur höchsten Blüte. Ein zeitgenössischer Schriftsteller schildert die Dienste des Cicisbeo in folgender Weise:

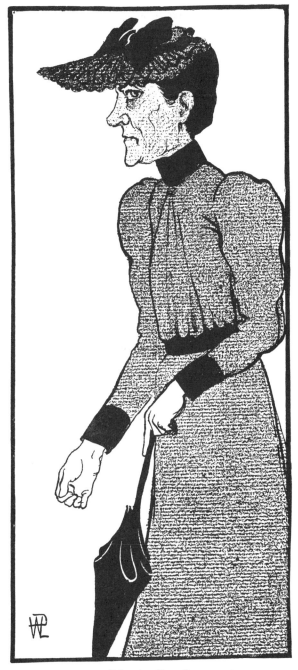

Die alte Jungfer
131. Hermann Paul. Französische Karikatur

„Das Cicisbeat der Italiener ist aus zwei Elementen zusammengebildet: aus der Galanterie des Rittertums und der neueren Geselligkeit. Als jene die Damen nicht mehr vor Raub und Mord zu schützen und ihren Habedank in Turnieren zu gewinnen Gelegenheit fand, bot der Ritter seiner Gebieterin den entharnischten Arm und führte sie durch die Straßen, hob sie in den Wagen, trug ihr den Fächer nach, stand in Festen und Schauspielen hinter ihrem Stuhle und flüsterte mit ihr; davon erhielt er den Namen Cicisbeo. In Genua soll die allmählich einschleichende Sitte zuerst die Macht eines ehelichen und geselligen Gesetzes erlangt haben: die blühende Handelsstadt bedurfte desselben mehr als andere. Der Drang der Geschäfte trennte den Ehemann so oft und so lange von seiner Frau, daß diese während seiner Abwesenheit eines stellvertretenden Begleiters und Gesellschafters kaum entbehren konnte, wenn sie nicht tyrannisch eingesperrt werden sollte. Die von Fremdlingen aller Lande wimmelnden Straßen mögen auch wohl einen männlichen Schutz für jeden Ausgang besonders nötig gemacht haben. So wurde denn durch beiderseitige Übereinstimmung ein Hausfreund gewählt, ein armer Verwandter oder ein Geistlicher, der nun ein für allemal den Schutz und die Wacht der anvertrauten Ehefrau übernehmen mußte.... Was die Notwendigkeit erzeugt hatte, das wurde bald von der Mode genährt und ausgeschmückt und verbreitete sich über das ganze Italien... In der Wahl herrscht, nach den Umständen, bald der Geschmack der Frau, bald die Eifersucht des Mannes, bald gemeinschaftliche, uneigennützige Übereinkunft; nicht selten ist auch schon im Ehekontrakte eine vorläufige Wahl getroffen worden. Der Kavalier erscheint alle Morgen bei der Toilette seiner Dame und sucht ihr beim Putzen behilflich zu sein und sie zu unterhalten. Dann fragt er nach ihren Befehlen für die Anordnungen der Vergnügen des Tages, die er vorbereitet und auch ökonomisch besorgt, entweder aus eigener, oder aus ihrer Kasse, je nachdem die Verhältnisse es erfordern. Er führt sie zu jedem Besuche, und wo sie selbst Besuche empfängt, macht er die Honneurs. An seinem Arme lustwandelt sie im Korso, an seiner Seite sitzt sie in der Karosse, in der Konversation und dem Schauspiele steht er hinter ihrem Stuhle. Nur zu der Mittagsmahlzeit und dem Schlafe überliefert er seine Dame dem Eheherrn, der ihm zu keiner Stunde den Eintritt in sein Haus erschweren darf."

Das Cicisbeat ist häufig mit derselben Gloriole des Platonischen umwoben worden wie der mittelalterliche Minnedienst; dieselbe nichtsehenwollende Vergangenheitsschwärmerei hat sich darin gefallen. Diese Institution ist aber niemals etwas anderes gewesen als höchstens eine poetische Verherrlichung des Ehebruchs und hat mit wenigen Ausnahmen in nichts anderem gegipfelt als in den Pikanterien des ehebrecherischen Geschlechtsgenusses.

In Deutschland entwickelte sich ein Cicisbeat im eigentlichen Sinne nicht, dafür aber das System des Hausfreundes. Welche Absichten der vorsichtige Gatte diesem unterschob, erhellt daraus, daß auch noch das 17. Jahrhundert den Gebrauch des italienischen Schlosses, wie man damals in Deutschland den Venusgürtel nannte, als Schutz der ehefraulichen Treue kannte.

Selbst Länder wie die Schweiz zahlten in diesem Zeitalter ihren Tribut an die allgemein herrschende Galanterie, d. h. sie übernahmen sie ebenfalls. Interessante Zeugnisse dafür enthalten die Schilderungen Casanovas, die als sittengeschichtliche Dokumente von größter instruktiver Wichtigkeit sind. Zur Charakteristik für die Schweizerinnen von damals sei nur Casanovas Erlebnis mit der jungen und schönen

Ein Match, oder: „Wer verliert, gewinnt"

132. Albert Guillaume. Galante französische Karikatur. Journal pour tous

Die bange Stunde naht, in welcher Herzblättchen sich von der Brust der Mutter losreißen soll, um dem geliebten Manne zu folgen.
Da tritt eine schwere Aufgabe an die Mutter heran. Noch sind die Vorgänge der Natur ein ängstlich behütetes Geheimnis für das unschuldige Mädchen geblieben. Es geht nicht länger. Herzblättchen muß erfahren, daß das Märchen vom Klapperstorche sich in bittersüße Wirklichkeit verwandelt.
Und ein Seufzer entringt sich der gepreßten Mutterbrust:
„Wie sag' ich's meinem Kinde?"
133. Olaf Gulbransson. Simplizissimus

Solothurner Patrizierfrau hervorgehoben, das er etwa ums Jahr 1760 in Zürich hatte. Die Dame kam mit ihrer Tante auf dem Wege nach dem Kloster Einsiedeln, wo sie beichten wollten, nach Zürich, wo sie in demselben Hotel abstieg, in dem Casanova wohnte. C. verliebte sich beim ersten Anblick sterblich in die Dame; und um sich ihr ungeniert nähern zu können, verkleidete er sich sofort, noch ehe er mit der Dame ein Wort gewechselt hatte, als Kellner, bestach den wirklichen Kellner, damit der ihm seinen Platz abließe, und bediente die Damen auf ihrem Zimmer. C. hatte nicht falsch spekuliert, schon nach einer halben Stunde nahm die junge Dame die angebotene Hilfe bei ihrer Toilette in Anspruch und verwehrte C. auch nicht, beim Aufschnüren ihrer Halbstiefel die pikantesten Feststellungen über die Schönheit ihrer Beine zu machen. „Ich band das Band ihrer Hosen auf und ergötzte mich am Anblick und noch mehr am Betasten ihrer köstlich geformten Waden," schreibt Casanova. Die Dame hatte selbstverständlich trotz aller Geschicklichkeit C.s die Verkleidung sehr bald erkannt und auch begriffen, zu welchem Zwecke sie unternommen worden war. Der Anstandskodex der herrschenden Galanterie hätte es als eine unentschuldbare Härte bezeichnet, wenn sie soviel galante Unternehmungslust nicht damit belohnt hätte, daß sie ihm die Gelegenheit gab, sich zu überzeugen, daß die Schönheit des umworbenen Gegenstandes solchen Eifers wohl wert sei. Das Wichtigste ist, daß ein solches Benehmen typisch ist; und das belegen außer Casanova noch verschiedene andere zeitgenössische Schilderungen.

Der Pesthauch, den das Maitressenregiment in sämtlichen großen und kleinen Residenzen Deutschlands ausströmte, steckte mit seiner Fäulnis selbst das kleine Bürgertum an; und es ist mehr als ein unfreiwilliger Witz, wenn um jene Zeit einmal eine um das Wohl ihres Sohnes besorgte Schwabenmutter ihrem Karl den folgenden Rat nach Stuttgart schrieb: „Hüte dich, lieber Karl, vor liederlichen Menschern, und kannst du es nicht lassen, so spreche lieber eine ehrliche Frau an, sie wird dir's nicht abschlagen." In Stuttgart residierte der Menschenschacherer Karl Eugen, dessen Harem zu den reichstbesetzten jener Zeit zählte, und den wenigstens für einen Tag zu zieren der Wunsch gar mancher schmucken Stuttgarterin war. Diesen Wunsch sah auch manche erfüllt, und der einsichtige Gemahl hieß seine Erfüllung gern für die Anwartschaft auf irgend eine Sinekure gut. Kein Wunder, daß bei solcher untertänigen Diensteifrigkeit in der Liebe zu jener Zeit immer noch fleißig das Wort im Schwange war: „Mutter gibt so guten Kaufs als Tochter." So ist's im Süden; das gleiche Bild zeigt der Norden, das gleiche der Westen, das gleiche der Osten. Welche laxe Moral die rheinischen Kurfürsten unter dem Bürgertum verbreiteten, das erweisen sämtliche Schilderungen der Hoffestlichkeiten, zu denen das wohlhabende Bürgertum Zutritt hatte. Casanova liefert auch hierfür ein klassisches Beispiel, und zwar in seinem Verhältnis mit der Kölner Bürgermeisterin, die er auf dem Ball eines rheinischen Kurfürsten kennen lernte, und bei der er ebensoviel bereitwilliges Entgegenkommen fand wie in Zürich. Wien ist die ganze Zeit mit Recht wegen seiner laxen Sitten berüchtigt gewesen. Der Familiengeist und das Familienleben waren dort seit lange vollständig zerrüttet. „Man muß seinen Nächsten lieben wie sich selbst, d. h.

L'Education sentimentale

134. Aubrey Beardsley. Englische Karikatur

man muß das Weib eines anderen so liebhaben wie sein eigenes", galt als die oberste der „Wiener Maximen" Die Epoche der größten Sittenfäulnis in Wien stellt wohl die Zeit der Herrschaft von Maria Theresias Keuschheitskommission dar, und zwar als Folge dieser Institution. Wenn etwas dazu beitrug, die Familie vollends zu korrumpieren, so war es diese Institution. Sie trieb das Unheil gerade in die Familie und züchtete dort förmlich den Ehebruch. Da jede öffentliche Betätigung erotischen Genießens verboten war, so übte man's hinter der sorglich gesicherten Kammertür, wo natürlich im Liebes-ABC auf das A viel rascher das B und die anderen Buchstaben folgten als beim Schein der Laterne oder im Lichte des Tanzsaals. Da aber die Sittenpolizei auch das Recht hatte, in den Geheimnissen der Familien zu schnüffeln, so wucherten aus dem Ehebruch und der Verführung ebenso üppig die Verbrechen der Kindesabtreibung und des Kindesmords empor.

Am Ausgang des 18. Jahrhunderts tobte überall derselbe Cancan von Ausschweifung wie in Frankreich (vgl. S. 69), bei dem man die Frage der Untreue häufig nicht ernster behandelte, als die Frage, ob man einem Diner einen Gang mehr

„Gnädige Frau, der Krämer ist da . . ."
135. Adolf Willette. Französische Karikatur

— Ich habe die Wahl, ich kann eine Liebes- und eine Geldehe eingehen.
— Dann heirate aus Liebe, dem andern kannst du während deiner Ehe das Geld immer noch abnehmen.

136. F. von Reznicek. Simplicissimus

beifügen solle oder nicht. Nur die Formen sind je nach der allgemeinen Kulturhöhe roher oder feiner. Man behauptet, daß in der Roheit des Genießens den Berlinerinnen die Palme gebührt hätte. Über die Zuchtlosigkeit der Berlinerinnen am Ausgang des 18. Jahrhunderts urteilt der bekannte Verfasser der „vertrauten Briefe über die inneren Verhältnisse am preußischen Hofe seit dem Tode Friedrichs II." u. a. in folgender unverblümter Weise:

„Die Weiber sind so verdorben, daß selbst vornehme Damen von Adel sich zu Kupplerinnen herabwürdigen, junge Frauen und Mädchen von Stand an sich ziehen, um sie zu verführen, wobei sie die Kunst verstehen, leichte Ansteckungen zu kurieren, für Schwangerschaften aber künstliche Präservative zu verkaufen. Manche Zirkel von ausschweifenden Weibern vereinigen sich auch wohl und mieten ein möbliertes Quartier in Kompanie, wohin sie ihre Liebhaber bestellen und ohne Zwang Bacchanale und Orgien feiern. Du findest oft in den Bordellen noch wahre Vestalinnen gegen manche vornehme Berliner Dame, die im Publiko als Tonangeberin figuriert. Es gibt vornehme Weiber in Berlin, die sich nicht schämen, im Schauspielhause auf der H.... bank zu sitzen, sich hier Galane zu verschaffen und mit ihnen nach Hause zu gehen."

Wenn der Absolutismus nach seinem ganzen Wesen die sittliche Korruption in jeder Form bedingt und diese auf Schritt und Tritt wie betäubende Blüten aufsprießen läßt, so daß alles öffentliche und private Leben einem einzigen stinkenden Sumpfe gleich wird, so war die bürgerliche Gesellschaft infolge der riesigen wirtschaftlichen Kräfte, die sie zeugten, in ihren Anfangsstadien von einem solchen Überschwang an Kraft erfüllt, daß er nicht zu bändigen war und darum äußerlich zu ähnlichen Resultaten führte wie der Absolutismus, d. h. also ebenfalls zu schrankenloser Ausschweifung. Wird das erstere durch die Geschichte des Ancien Regime illustriert, so ist für das letztere die Geschichte Englands nach der Revolution von 1649, und vornehmlich von den Zeiten der Restauration an, das drastische Beispiel. Genau so abenteuerlich wie die Formen des ursprünglichen Kapitalismus in England waren — so abenteuerlich sind die Formen des gesamten privaten und gesellschaftlichen Lebens gewesen. Wie ein Athlet, der bei jeder Gelegenheit und vor aller Welt mit seinen herkulischen Kräften protzen will, die schwersten Gegenstände erst spielend auf seinen Händen tanzen läßt, bevor er sie mit dröhnendem Gepolter auf den Boden stellt, ungefähr so hat sich der moderne bürgerliche Staat in England häuslich eingerichtet. Ohne Manier, ohne Takt, ohne Mäßigung, tobend und brüllend, mit brutalen Gebärden zeigend, daß sein Vermögen so stark war wie seine Begierden. Wer seine Kraft zeigen will, übertreibt natürlich. Darum ist es eine Selbstverständlichkeit, daß in dem England jener Tage das Riesenhafte das Gewöhnliche war, daß man die sittlichen und die rechtlichen

„La Rieuse"

Sie hat gelacht — ich war entwaffnet.
Byron (Don Juan)

(Die Szene spielt in der Junggesellenwohnung meines Freundes X... Auf dem Tische, den man im Spiegel bemerkt, steht ein Flacon Elixir — für alle Fälle.)

1. — Ach, da ist sie ... wie mein Herz klopft! ..

2. Ha! ha! ha! ... Ach das ist komisch! Ha! ha! ha! ...

Schranken bei jeder Gelegenheit sprengte, und daß die Ausschweifungen im Geistigen und im Sinnlichen zur Regel des täglichen Lebens gehörten. Man pflückte jeden Genuß, nach dem einen verlangte, mit kecker Hand, wo er sich bot; der Widerstand derer, die sich sträubten, wurde ohne viel Gewissensskrupel gebrochen, gleichviel, ob das Opfer wollte oder nicht. Man genoß aber nicht bloß, man schwelgte; das gilt vom Essen, vom Trinken und von der Liebe. Verführung und Untreue waren in den meisten Klassen eine stehende Erscheinung. Wenn die Eltern zu einer gewagten Verbindung nicht gleich Ja und Amen sagten, entführte man keck die zu allem bereite Tochter, und in sausendem Galopp ging es zum Schmied von Gretna-Green an der schottischen Grenze, der ohne viel Umstände und zu jeder Tages- und Nachtzeit liebende Paare kopulierte; die Namen der vornehmsten und reichsten Geschlechter prangten in seinem Eheregister. Aber nicht nur junge Mädchen wurden entführt, sondern auch zahlreiche Frauen. Die Untreue lockte an jeder Türe. Der Mann hielt sich Maitressen, die Frau Liebhaber. Die Ehescheidungsprozesse machten häufig den Hauptinhalt der Zeitungen aus, und die ungeheuerlichsten Zustände wurden dabei offenbar. Als der Lord Worseley den Entführer

3. (Hinter den Kulissen) Ha! ha! ha! ... hi! hi! hi! ... das ist zu komisch ...

4. Hi! hi! hi! ... Stellen Sie sich vor ... hi! hi! hi! Stellen Sie sich vor ... o! o! o!

5. Stellen Sie sich vor ... hi! hi! hi! o! o! o!

Ach, das ist zu komisch ... hi! hi! hi! ... Nein, aber ... ha! ha! ha!

7. O! o! o! Ich kann nicht mehr ... Stellen Sie sich ... Ha! ha! ha!

8. Wie ich ... in den Wagen stieg ... Ha! ha! ha!

seiner Frau, einen Leutnant, auf den Schadenersatz verklagte, den das englische Gesetz dem betrogenen Gatten zuerkennt, da lud die schöne Lady Worseley, um ihren Liebhaber vor einer empfindlichen Geldbuße zu bewahren, nicht weniger als vierunddreißig junge Leute der vornehmen Londoner Gesellschaft als Zeugen vor, „die alle aussagen sollten, daß auch sie Gunstbezeugungen von ihr erhalten hätten", und siebenundzwanzig von ihnen erschienen auch vor der Barre (Bild 74). Niemals und nirgends hat es in einem Lande soviel Fälle von Bigamie gegeben wie in dem England des 18. Jahrhunderts, und Frauen wie Männer haben deswegen vor Gericht gestanden; verschiedene solche Prozesse machten in der ganzen Welt ein ungeheures Aufsehen, so der der Herzogin von Kingston im Jahre 1773. So schnell man die Ehebande knüpfte, so leichtfertig löste man sie auch wieder, um sie ebenso jäh und leichtfertig wieder mit einem zweiten und dritten zu knüpfen ...

Diese wilden Wogen glätteten sich erst allmählich im 19. Jahrhundert. Hier aber auf der ganzen Linie. Der Absolutismus wurde überall von der Bourgeoisie abgelöst, und das bürgerliche Zeitalter emanzipierte sich von seinen Flegeljahren. Im 19. Jahrhundert vollzog sich langsam der Umschwung zu einer höheren Sittlichkeit, und zwar in dem gleichen Maße, als höhere geistige und politische Interessen in die Massen drangen. Eine Epoche großer, allgemeiner Ausschweifung hat zwar auch dieses Zeitalter noch einmal gesehen: das zweite französische Kaiserreich mit der Weltherrschaft der Königin Kokotte. Wenn man für die darauf folgende Generation und für die Gegenwart die Tatsache einer höheren Sittlichkeit in Anspruch nimmt, so besteht diese freilich nicht in einem durchgehend befriedigenderen Zustande der öffentlichen und der privaten Moral, sondern in dem ständigen und, wie die Erfahrung gezeigt hat, durch nichts mehr aufzuhaltenden Wachstum der Volksschicht, die einen sieghaften Aufstieg zu einer reineren Kulturhöhe für alle Kulturvölker garantiert. Die beiden Grenzen dieser Menschheit, zu denen die moderne wirtschaftliche Entwicklung führt, das Lumpenproletariat unten und die Plutokratie oben, zeugen heute freilich noch dieselben antisozialen Ten-

9. —

10. — Mein lieber Freund, nicht wahr, meine Frau ist reizend? Sie ist immer vergnügt, sie lacht fortwährend...
Der Künstler (träumerisch): Sie lacht ein klein wenig zu viel...

137—146. Caran D'Ache. Pariser Figaro. 1898

denzen, wie sie einerseits der Barbarei des Mittelalters, anderseits dem Raffinement des niedersinkenden Absolutismus eigentümlich waren. Diese beiden Pole der heutigen Menschheit sind ebensosehr in den sittlichen Schmutz getaucht wie die ihnen entsprechenden Schichten und Klassen im 18. Jahrhundert. Und das Oben und Unten steht heute wie damals Schulter an Schulter, wenn sie scheinbar auch weltenfern von einander geschieden sind. Dem aller Welt bekannten schmutzstarrenden Laster der Tiefe ist das goldstarrende Laster der Höhe ein durchaus ebenbürtiges Seitenstück. Die Wahrheit dieser Behauptung vermag eine einzige Gegenüberstellung zu erweisen: Im Lumpenproletariat von heute wird in Tausenden von Fällen der Gatte täglich zum Zuhälter der eigenen Frau; in der exklusiven internationalen Gesellschaft ist die tiefe

Schmach des Mittelalters die neueste Errungenschaft des raffinierten Sinnenkitzels, — der Gebrauch des goldziselierten Keuschheitsgürtels zum Schutze der Frau gegen Untreue ist die modische Fäulnisblüte des Tages, der mit lüsterner Koketterie und Pikanterie gefrönt wird. —

So umfangreich die Zahl der Karikaturen auf die Untreue der Frau in allen Zeitaltern ist, so abwechslungsreich ist auch die Art der tendenziösen „Ausschlachtung" dieses großen Unglücksfalles der Ehe. Allerlei Bestrebungen und Absichten hat dieses Motiv zum Stoffe gedient und sich bei allen als gleich dankbar erwiesen: der strengen, mahnenden und verurteilenden Moral, der tragischen Lebensphilosophie, der augenverdrehenden Prüderie, dem Humor und der Groteske in allen ihren Steigerungen, und nicht zuletzt der galanten Spekulationssucht, die sich vorrechnet, wie unendlich viel Pikantes sich dabei auftischen läßt. Im persönlichen Streite diente dieses Motiv dem Haß, der Rachsucht, der Schadenfreude, der pamphletistischen Verleumdung. In der Gegenwart ist dieses Motiv schließlich zum Haupthilfsmittel der ausgesprochen anklägerischen Satire geworden, um gerade damit die innere Unsittlichkeit unserer privaten Moral zu erweisen. Die größte Abwechslung in den Formen und den Tendenzen der karikaturistischen Behandlung der Untreue findet sich natürlich ebenfalls in der modernen Karikatur. Man könnte heute beinahe sagen: soviel Künstlernamen, soviel Gesichtspunkte.

Das Behagen an saftigen Scherzen und an handgreiflicher Galanterie, das das ganze Mittelalter beherrschte, und das gerade die frühen Darstellungen der gelüstigen Frauen, die kecken Buhlern nicht allzu ernstlich wehren, aufs deutlichste dartun, hat im gesamten Leben noch sehr lange vorgewaltet, denn es lebt heute noch fast ungemildert in den primitiven Volksschichten, aber die Tendenz der Karikaturen des 15. und 16. Jahrhunderts auf die eheliche Untreue war darum doch, gemäß den strengen sittlichen Forderungen des aufstrebenden Bürgertums, rein moralisierend. Die Darstellung war natürlich derb und handgreiflich. Das gilt auch von der daran gehängten Moral, die so einfach und diktatorisch ist wie Katechismussprüche. Das untreue Weib leistet in Abwesenheit des Mannes dem Gast im Bade unzüchtige Gesellschaft, und die satirische Moral lautet: „Die Ehebrecher" (Bild 51). Auf anderen Bildern läßt sich das untreue Weib von einem anderen Manne umarmen, liebkosen, betasten, und darunter steht „Du sollst nicht ehebrechen" (Bild 58), „Das unkeusche Weib", oder etwas ähnliches. Wieder auf anderen geht der Hohn gegen den Gatten: „Der mag wohl han einen guten Magen, der gestadt, daß sein Frau ihr Profunzen Feyl mag jedermann heimtragen." Diese Bilder erschienen teils als Titelbilder zu Broschüren mit ernst satirischem Inhalt, teils als Illustrationen zu den zehn Geboten, teils als Buchillustrationen in den verbreiteten Volksbüchern.

Die bei weitem wichtigsten Dokumente der satirischen Moral jener Zeit sind

Der Handel

Um den Galgen surrt der Wind
„Sie verkauft ihr eigen Kind,
Hat die Kleine nicht gefragt,
Was sie zu dem Freier sagt,
Der mit stiller welker Hand
Zählt Dukaten in den Sand,
Golddukaten Kling um Kling.
Schluchzend stand das junge Ding.

Hat gezetert und geweint,
Wie der Handel sich geeint,
Doch die Hexe hielt sie fest
Bei der Hochzeit ohne Gäst'
Hör noch ihren gellen Schrei
Und dann war der Spuk vorbei,
Nur drei Kröten schlüpfen träg
Leise, leise übern Weg."

147. Wilhelm Schulz. Simplicissimus

"There must be some mistake. I ordered a gold one."
148. A. Blashfield. Amerikanische Karikatur. Life

jedoch die satirischen Einblattdrucke, die, teils schwarz, teils koloriert, von den Händlern mit Fliegenden Blättern auf den Märkten in Dorf und Stadt verkauft wurden. Einen solchen satirischen Einblattdruck des 16. Jahrhunderts zeigt das Blatt „Vom Ehbruch" von dem Nürnberger Briefmaler Hans Hofer (siehe Beilage). Dieses Flugblatt ist in verschiedener Hinsicht wertvoll und instruktiv. Der Text ist die Hauptsache, er besteht aus gereimten Ratschlägen, wie sich der kluge Mann vor der Untreue seiner Frau sichern könne. „Wer durch die Finger sehen kann Und läßt seine Frau einem andern Mann", nun, der dürfe sich nicht wundern, wenn die Katz das Mausen nicht lasse. Diese Anfangszeilen sind symbolisch im Bilde dargestellt. An anderer Stelle wird dem Manne vorbeugende Klugheit vor allem empfohlen: „Voraus lug und tu aufschauen, Wer hat ein schön und geile Frauen", ein solcher sei in erster Linie davor zu warnen, daß er „Viel Gäst führ mit ihm heim". Die Beweisführung, die Nutzanwendung des Verfassers dieser Verse ist dadurch interessant, weil sie das bekannte Zurückgreifen der Renaissance auf die Antike charakteristisch offenbaren. Das Unheil, das den Unklugen droht, wird mit der Geschichte des Menelaus, des Paris, des Agamemnon bewiesen.

In verschiedenen satirischen Flugblättern auf die Untreue der Frauen wird den Männern dringend vom Reisen abgeraten: „Weilen die Männer ziehen nach Kompostell, ihre Weiber sich legen auf Pumpernell" (Fischart); das wurde „gar deutlich in Brieflein abgemalet".

Da bekanntlich in jener Zeit der Bauer das bevorzugte Spottobjekt war, so knüpfen sich auch an die Bauernweiber besonders zahlreiche satirische Pointen, deren meiste sich auf die Bereitwilligkeit der Bauernweiber zur Untreue beziehen: „Solange die Bauern Weiber haben, denken die Pfaffen nicht ans Heiraten", das ist eines der landläufigsten Sprichwörter des 16. Jahrhunderts. Dasselbe Motiv bietet den Stoff zu zahllosen satirischen Schwänken und Volksliedern: „Die junge Bäurin

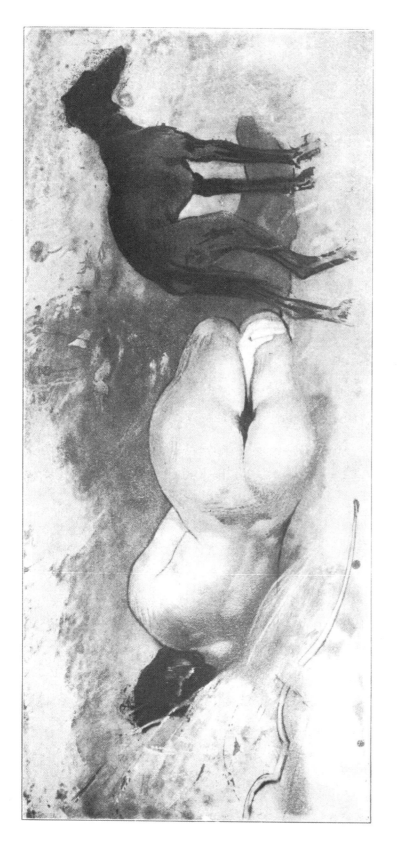

Diana und ihr Windhund

Radierung von Louis Legrand. 1912

„Der Pfarrer hat mi vermahnt, daß i wenigstens auf die Feiertåg koa Todsünd begeh. Wann der Hias koan Urlaub kriagt, laßt fi's macha."

Je nachdem

Bruno Paul. Simplizissimus 1901

beichtet nirgends so gern wie zu Haus unter einer Pfaffenkutte." In kriegerischen Zeitläuften haben der Mönch und der Pfaffe im Landsknecht einen erfolgreichen Nebenbuhler, „dem die Bäurin gerne freiwillig gibt, was er sich doch mit Gewalt nehmen würde." Beham hat das alles in derselben Einfachheit satirisch illustriert. Proben seiner derben Realistik in der satirischen Darstellung des geilen Bauern und des unzüchtigen Bauernweibes finden sich heute noch in den Mappen der meisten Kupferstichkabinette. Die große Zahl von derartigen Blättern, die sich erhalten hat, beweist, wie populär diese derbe, eindeutige Morallehre war.

Das 17. Jahrhundert brachte, wie die Reformation in der politischen Satire, nun in der gesellschaftlichen Satire das persönliche Pamphlet zum erstenmal zur höchsten Blüte. Im Zeitalter des Absolutismus lag es in jeder Epoche für alle Welt offen zutage, daß nicht Tüchtigkeit und Talent entscheidet, ob einer zu Rang und Würden kommt, sondern Clique, Verwandtschaft und nicht zuletzt eine hübsche Frau; man griff daher auch mit Vorliebe persönlich pamphletistisch an. Besonders in der Literatur wimmelt es von Beispielen dafür. Viele hundert Spottverse, die sich bis heute erhalten haben, bezeugen es. In der französischen Literatur gibt es verschiedene Sammlungen von solchen erhalten gebliebenen Spottliedern und Epigrammen. Der Hauptgegenstand dieser ganzen Literatur ist die verständige Frau, die mit ihrer Gunst nicht allzu spröde ist und dadurch entweder ihrem Manne, oder auch ihren Liebhabern

Die Rückkehr des amerikanischen Goldfisches aus Europa

149. A. Blashfield. Amerikanische Karikatur

„Herrschaft, muß die Geld gehabt hamm!"
Das belauschte Hochzeitspaar
150. F. v. Reznicek. Simplicissimus

zu Stand, Würden und Einfluß verhilft. Von dem Schwiegersohne der berühmten Madame Sevigné, dem Grafen Grignan, hieß es z. B., er verdanke seinen Einfluß den Schäferstunden, die seine schöne Frau einem mächtigen Schwager von ihm gewähre. Auf dieses Verhältnis münzte der Witz den folgenden Vers:

> Grignan, vous avez de l'esprit
> D'avoir choisi votre beau-frère;
> Il vous fera l'amour sans bruit,
> Il saura cacher le mystère.

Von einer schönen Marquise D'O., die im Interesse des Einflusses ihres Gatten gleich zwei mächtigen Persönlichkeiten Anrechte auf sich einräumte, sang man ein Couplet: Entre Marsillac et Ternant Partage son coeur et ses charmes.

Das sind Proben der zahmsten Spottverse, die im Kurse waren, die Mehrzahl ist wesentlich deutlicher, drastischer und zynischer. Dasselbe gilt auch von den persönlichen Karikaturen dieser Art, deren eine ganze Menge erschienen sind; ihre Reproduktion ist daher im Rahmen dieser Arbeit unmöglich. Die ungeschminkte Deutlichkeit der paprizierten Darstellung war natürlich damals für die Verbreitung kein Hindernis, im Gegenteil: um so begehrter wurden dadurch diese Produkte, um so rascher wanderten sie von Hand zu Hand. Nur eines wurde vorsichtig verheimlicht: Die Urheberschaft. Die Spottverse wie die Karikaturen erschienen ohne Ausnahme anonym, und zwar aus dem einen Grunde: Die Widerlegungsgründe der Mächtigen gegenüber den Pamphletisten waren zu drastisch. Das illustriert zur Genüge das Schicksal Schubarts. Und trotz aller Vorsicht der Spötter erzählt die Geschichte der Satire nicht von nur einem Schubart.

Dem persönlichen Pamphlet dieser Art begegnet man auch während des ganzen 18. Jahrhunderts unausgesetzt, es ist in dieser ganzen Zeit niemals verschwunden; denn seine Quellen flossen in jedem Lande ununterbrochen weiter. Zu den zeugenden

„Die kann sich selber einen aussuchen, ich muß heiraten, was mir Papa auswählt."

Neid

151. F. v. Reznicek. Simplicissimus

Ursachen gehören übrigens auch die kleinen, engbegrenzten Verhältnisse, in denen sich damals das gesamte öffentliche Leben abwickelte: die internationale Interessensolidarität war jenen Zeiten etwas vollkommen Fremdes, — das knüpfte das Interesse ans Persönliche, ließ das Persönliche als das Wichtigste erscheinen. Wie dem persönlichen Pamphlet, so begegnet man in dieser Zeit auch weiterhin der ernsten, an die Allgemeinheit gerichteten Moralpredigt, wie z. B. das Blatt „Die Hahnrey" (Bild 67) erweist, und wie sich noch durch eine Reihe von ähnlich ernst gemeinten Bildern erweisen ließe. Die Städte mit vorwiegend kleinbürgerlicher Bevölkerung, wie z. B. Augsburg und Nürnberg, lieferten diese Blätter; oder sie stammten, wie z. B. in Paris, aus dem Ideenkreis kleinbürgerlicher Schichten, die durch ihr bescheidenes Vermögen vor den Versuchungen der allgemeinen Debaucherie bewahrt blieben und zur Zuschauerrolle verdammt waren. Aber schon aus diesen wenigen Gründen liegt es auf der Hand, daß diese Produkte des satirischen Geistes der zeitgenössischen Satire natürlich nicht das Gepräge gaben. Dieses gab die der herrschenden Zeitmoral entsprechende galante Behandlung der Untreue, ihre satirische Glorifizierung, wie sie bis dahin in der bildnerischen Kunst noch niemals vorgekommen war. Die Zeit, die nur unterhalten und amüsiert sein wollte, und zwar so pikant wie möglich, fand für ihren mattgedämpften delikaten Witz begreiflicherweise keinen günstigeren Stoff als die eheliche Untreue der Frauen; zum mindesten stellte sie ihn mit in die erste Reihe. Der Witzkitzel, zu dem die Satire heruntergesunken war, hatte dabei bloß die eine Aufgabe, immer neue, immer raffiniertere Formen und Nuancen auszudenken, in denen die illegitime Liebe von der untreuen Frau — das mit Grazie zu sein, war ja der Stolz der meisten Damen — gekostet und genossen wird; die Art, wie sie verführt, wie sie dem Begünstigten ihre Schönheit kredenzt, und weiter, wie die illegitime Liebe immer über alle Gefahren triumphiert. Diese Aufgabe zu erfüllen, ist denn auch der zeitgenössischen Kunst in Dutzenden von berühmt gewordenen Bildern, in Bildern von berauschender Sinnlichkeit und kühnster Komposition gelungen. Selbstverständlich gilt dies, wenn auch nicht ausschließlich, so doch hauptsächlich von der französischen Kunst.

Die Deutschen besaßen damals eine viel zu bescheidene künstlerische Kultur, um auch nur annähernd ähnliches hervorzubringen. Was der vielgerühmte Hannoveraner Ramberg und die anderen über die verschiedenen deutschen Residenzen zerstreuten galanten Zeichner geschaffen haben, ist damit nur im Wollen verwandt, und so mußte man den vorhandenen Bedarf an galanter Kunst in der Hauptsache durch den Import aus Frankreich decken. Daß dieser Import nicht gering war, das beweist die nicht geringe Zahl von derartigen Stücken, die heute noch Jahr für Jahr in allen Gegenden des Reichs aus altem Familienbesitz in den deutschen Kunsthandel kommt; dieser Zufluß kommt natürlich am stärksten aus den Gegenden, die ehedem zu den Zentren des galanten Lebens in Deutschland gehörten, d. h. aus den Kreisen, die sich um jene Fürstenhöfe scharten, an denen dem Maitressenkult gefrönt wurde. Wenn man übrigens von dem damaligen Mangel an künstlerischer Kultur in Deutschland spricht, so darf man nicht vergessen, hinzuzusetzen, daß die wirtschaftliche Entwicklung bei uns in keinem einzigen Landesteil so weit vorgeschritten war, daß sie mehr als bloße Anfänge hätte entwickeln können.

Auf das denkbar grellste kontrastierte hiermit das Bild, das England darbot. England war wirtschaftlich stark entwickelt, England war politisch reif, und es hatte in London einen großen geistigen und kulturellen Mittelpunkt; es besaß darum eine dem

TRAMPLED UPON.

152. C. Deana Gibson. Vittoria l Comedy. Amerikanische Karikatur

Der Trost der Witwe

153 Th. Th. Heine. Simplicissimus

allem entsprechende hohe künstlerische Kultur. Aber auch gegen Frankreich kontrastierte das Bild aufs grellste. Wenn der hochentwickelte englische Kupferstich mit seinem Reichtum an galanten Motiven und dem technischen und kompositorischen Raffinement der Behandlung auch deutlich die oben geschilderte äußere Ähnlichkeit zwischen den Sittenzuständen Frankreichs und denen Englands spiegelt, so verfügte England außerdem und gleichzeitig über eine ebenso stark und charakteristisch entwickelte Karikatur, die Frankreich vollständig fehlte, und die wiederum die Unterschiede zwischen der absolutistischen Kultur Frankreichs und der bürgerlichen Kultur Englands stark markiert. Wenn in Frankreich die starke satirische Tendenz im Genußleben unterging, so daß schließlich nur noch ein raffiniert kokettes Tändeln übrig blieb, so vollzog sich dieser Prozeß, weil dieses Genußleben in dem Untergang der herrschenden Klasse seine Ursache hatte, der Fäulnis bedingte. In England mußte sich dagegen die satirische Tendenz zur höchsten Potenz entwickeln, weil hier das Genußleben im absoluten Gegensatz zu Frankreich nicht in der Fäulnis der Verwesung wurzelte, sondern in dem Kraftüberschuß des sieghaften Aufstiegs einer herrschenden Klasse. Das unterscheidet die beiden Länder im Wesen und konnte darum nur zu einigen äußerlichen Ähnlichkeiten führen.

Die englische Karikatur begleitete mit ihrem dröhnenden Lachen, dem Lachen des Kraftmenschen, jede Erscheinung des gesellschaftlichen Lebens. Sie schilderte selbst schwelgerisch das sinnliche Schwelgen. Die Entführung einer jungen verliebten Miß aus dem Mädchenpensionat und die einer liebestollen Lady aus dem Park, in dem der eifersüchtige Gatte sie ängstlicher verbarg, als der lebenslustigen Schönen angenehm war, illustrierte sie ebenso keck und ebenso kühn, wie diese Entführungen unternommen wurden. Da die Untreue der englischen Ladys jeden Tag aufs neue von sich reden machte und ein skandalöser Ehebruchsprozeß den andern ablöste, so hatte die englische Karikatur nichts Besseres und nichts Interessanteres zu schildern. Dasselbe gilt von der Bigamie, überhaupt von allen den zahllosen sinnlichen Extravaganzen dieser anspruchsvollen Zeit. Die hervorragendsten Schilderer dieses Lebens waren auf der Spitze der Entwicklung, die würdig mit Hogarth eingesetzt hatte, Bunbury, Newton, Isaac Cruikshank, Gillray, Rowlandson und Woodward. Jeder von ihnen hat in Dutzenden, ja Hunderten von Blättern den Überschwang dieses turbulenten Lebens der jungen englischen Bougeoisie dargestellt. Eine Revue ihrer Blätter würde dieses Leben fast lückenlos vor uns aufbauen. Ja, sogar die karikaturistischen Schöpfungen eines einzigen von ihnen, die Karikaturen Rowlandsons, würden dafür ausreichen. Die Proben, die wir zur Illustration dieser Ausführungen hier vorführen, bedürfen keiner näheren Erklärung, Sinn und Tendenz liegen überall handgreiflich zutage. Ihr gemeinsames Charakteristikum ist die ungenierte Keckheit in der Anwendung von gewagten Pointen; daraus aber spricht am deutlichsten das saftige Behagen der ganzen Zeit am Leben und am Genuß (Bild 74—78 und 80).

Als die riesige Revolutionswoge, die nicht nur die frivole Porzellangesellschaft

154. Adolf Willette. Galante satirische Geschäftskarte

155. Josef Damberger. Jugend 1897

des Rokoko, sondern überhaupt das ganze alte Europa klirrend in tausend Trümmer geschlagen hatte, so daß kein Flicken und Kitten mehr half, verebbt war, und als bald danach auch das bürgerliche Leben Englands seine Flegelhaftigkeit überwunden hatte, da bedurfte man fürs erste überall einer längeren Erholungspause, um sich von den Folgen der ungeheuerlichen Gewaltkuren zu erholen. In dieser Zeit der Erholung setzte sich überall der Kleinbürger auf den Thron: in Familie, Gesellschaft und Staat. Die Spießermoral wurde tonangebend, die Moral derer, die „immer recht gehabt haben", nämlich Recht darin, daß jede Aufregung nur schade und stets zu einem üblen Ende führe. Aber die Spießermoral, die nichts so sehr haßt wie die großen Aufregungen, und offiziell nur die geebnete Straße der Tugend wandelt, kann der süßen Sünde doch nicht entraten. Und trotz der scheinheilig erdwärts gerichteten Blicke findet man leicht und sicher den Weg zum verborgenen Hinterpförtchen des Nachbarn, hinter dem klopfenden Herzchens die schmucke, vollbusige Frau Nachbarin, die einem heute mittag ihr Einverständnis so kokett zutelegraphiert hat (Bild 89), bereits in verliebter Sehnsucht harrt.

Ist auch das Gewand der äußeren Wohlanständigkeit, der Staatsfrack der Philistermoral, hinfort dauernd beibehalten worden, weil sich herausstellte, daß man darin am bequemsten alle Wege wandeln kann, auf die das Verlangen lockt, so ist die Zeit, die ihn im 19. Jahrhundert zum ersten Male kreiert hat, politisch doch nur ein Zwischenakt in dem großen Völkerdrama der bürgerlichen Entwicklung gewesen. Die Jahre 1830 und 1848 waren in Frankreich und in Deutschland die Aktschlüsse, die das aller Welt aufs deutlichste ankündigten. Diese Aktschlüsse kündigten aber nicht nur ein Ende an, sondern auch einen Anfang, den Anfang der modernen Zeit, der modernen Gesellschaft mit ihrer komplizierten, vielgestaltigen Gliederung. Diese Zeit sah bereits an ihrer Wiege die moderne Karikatur mit ihren neuen, ihr entsprechenden Formen. Diese moderne Karikatur hält keine langatmigen Predigten im Stile Hogarths mehr, sie ist kurz und bündig und messerscharf in ihrer Pointe. Ein einziges kennzeichnendes Wort, ein kurzes Epigramm, ein Ausruf, ein eng zusammengedrängter Satz; aber damit rollt sich auch sofort ein ganzes Drama auf, vielleicht auch eine unterhaltsame Komödie, wenn nicht eine erschütternde Tragödie: „Aber das ist doch mehr als seltsam ... Heute morgen habe ich in der Eile einen Knoten gemacht und jetzt ist's eine Schleife?" so flüstert der erstaunte Gatte, als er seiner jungen Frau beim Lösen ihrer Korsettbänder hilft — der erste Akt eines Ehebruchdramas (Bild 101). Mit diesem Ton, den Gavarni angeschlagen hat, ist der Ton der modernen gesellschaftlichen Karikatur angeschlagen; und es ist nur noch ein ganz kurzer Weg zu Rops, Lautrec, Forain, Veber, Heine. Die satirischen Wortführer von heute sagen im Sinne meistens nicht viel anderes, als was die Monnier, Guys, Gavarni, Keene vor fünfzig Jahren über die bürgerliche Ehe gesagt haben; aber ihre Kunst ist jetzt größer, intimer, lebensechter, sie gießen den satirischen Geist in Fleisch von unserem Fleisch, und sie sind mitleidloser und kühner, weil sich ihnen die Zusammenhänge klarer enthüllen. Darum prasseln ihre Anklagen auch wie grimmige Peitschenschläge nieder, und jeder Hieb hinterläßt blutige Striemen in der Haut der bürgerlichen Gesell-

Die Witwe
156. Max Slevogt

Femme is monney

157. Englische Karikatur

schaft. — Beispiele? — jede satirische Zeitschrift bietet deren in einem einzigen Jahrgang Dutzende. In Frankreich „Le Rire", „Le Courrier Français", „Journal amusant", „L'Assiette au Beurre"; in Italien „La Luna"; in Österreich die Pornographensammlungen „Pschütt" und „Wiener Karikaturen"; in Deutschland „Simplizissimus", „Lustige Blätter". „Jugend", ja selbst die zahmen „Meggendorfer Blätter". Der Reichtum in dieser Richtung, der in allen diesen Zeitschriften zutage liegt, läßt sich nur konstatieren, nicht aber im einzelnen würdigen. Ein einziges Beispiel, freilich das klassischste, belegt dies schon: Die endlose Serie, die Forain vor einem Dutzend Jahren unter dem Titel „Les joies de l'adultère" in seinem eigenen satirischen Journal „Le Fifre" begonnen hat, die er im „Courrier Français" fortsetzte, und der er heute noch in nie unterbrochener Folge immer neue Stücke anreiht. Hier gibt es wohl einen Anfang, aber kein Ende, denn Forain wird diese Serie wohl nie abschließen, bevor er nicht seinen kühnen Stift für immer aus der Hand legt. Aber schon die Würdigung dessen, was bis heute vorliegt, würde einen starken Band für sich allein beanspruchen; denn das hieße die ganze Geschichte der modernen Ehe mit ihren tausend Klippen schreiben. Was man in einem großen Rahmen, der alles umspannen soll, tun kann, ist: einzelne Episoden herausgreifen. Eine einzelne Episode ist es, wenn die kleine Frau beim Anblick ihres Gatten, der neugierig in ihren Papieren wühlt, sich zuschwört: Toi, mon vieux ... tu seras trompé ... sans que ça me fasse plaisir! ... Eine Episode ist es, wenn sie ganz gleichgültig, nur so nebenbei, beim Ankleiden zu ihrem Geliebten sagt: „Ach, ich wußte doch, daß ich etwas vergessen hatte, ... mein Mann rechnet bestimmt darauf, daß du im Klub für ihn stimmst" ... (Bild 116). Und ebenfalls eine Episode ist es, wenn die kokette Frau, die endlich eingewilligt hat, „ihn zu besuchen", die stürmischen Küsse, mit denen

— „Frau Gräfin kommen ja viel zu spät zum Rennen!"
— „Bitte um Entschuldigung, meine Herren! Habe mich allerdings etwas verspätet — mußte mich noch schnell scheiden lassen."

158. Hermann Schlittgen. Fliegende Blätter. 1899

er sie bewillkommt, drängend unterbricht: „Aber, mein lieber Freund, du vergißt, daß ich unbedingt um fünf bei meiner Schneiderin sein muß, und jetzt ist es schon vier." Nur drei Episoden sind das, eine Rache, ein Geschäft zu dreien und eine Gelegenheit, aber eines ergeben sie trotz alledem unbedingt: die Richtigkeit dessen, was am Eingang dieses Abschnittes als das Hauptmerkmal für die ernst satirische Behandlung der weiblichen Untreue gekennzeichnet ist: sie ist heute das wichtigste Motiv der Satire, daran die innere Unsittlichkeit unserer gesamten privaten Moral zu erweisen. Wir begnügen uns, zu konstatieren, daß derselbe Beweis ebenso an der Hand der deutschen Karikatur geführt werden könnte...

22*

Daß die lustigen Causeure, die „ohne sittlichen Nebenzweck" an dieses Motiv herantreten, die der Schönheit der Sünde begeistert Tribut zahlen, wie schon gesagt, heute ihre Kühnheit durch genialen Witz zu rechtfertigen wissen, das belegen in diesem Abschnitt die köstlichen Proben von Guillaume und von Caran d'Ache. „Wer ist zuerst am Ziel?" „Ich," renommiert der sportseifrige Gatte und keucht pustend davon. „Nein, ich!" schmunzelt der galante Freund und bleibt an der Seite der schönen Frau, deren plastische Schönheiten er bewundernd genießt. Da es ganz mit den Wünschen der jungen Frau übereinstimmt, daß jeder zu seinem Ziele komme, so bewahrheitet sich wieder einmal auf das unwiderleglichste die Richtigkeit des Satzes, daß „wer verliert, in Wirklichkeit gewinnt" (Bild 132). Sie ist nicht hartherzig, im Gegenteil, sie willigt nach einigem koketten Sträuben ganz gern ein und hält auch prompt Wort. Aber sie ist eine „Rieuse", und das macht ihn zu einem glücklich Unglücklichen. Der Zufall will es, daß ihr unterwegs etwas Komisches passiert, und sie kann ihre Lachlust nicht bändigen; lachend kommt sie an, lachend wirft sie sich in die Sofaecke, mit Lachen begleitet sie alle seine galanten Werbungen und Unternehmungen: „Denken Sie sich . . . hi, hi, hi . . . Denken Sie sich . . . ha, ha, ha! Denken Sie sich . . .

„Dieses Wasser fördert die Verdauung, reinigt den Magen, bewahrt den Schlaf vor unruhigen Träumen, verleiht eine frische und gesunde Gesichtsfarbe, und durch einen Kauf erwirbt man überdies völligen Sündenablaß für die Seele eines Verstorbenen."

Der beste Witwentrost

159. Steinlen

Denken Sie sich . . . hi, hi, hi . . . eben als ich ha, ha, ha . . . ha, ha, ha . . . eben als ich einen Wagen nehmen wollte . . . hi, hi, hi!" — sie findet keine neuen Worte, es ist zu drollig, sie muß unausgesetzt lachen, sie kommt nicht weiter in ihrer Erzählung, er aber kommt auch nicht weiter. Warum nicht? Lächerlichkeit tötet! Im Leben zwar selten, in der Liebe aber fast immer. Aus dem Lustspiel, bei dem alle lachen, ist eine Komödie geworden, bei der schließlich nur der unbeteiligte dritte, der Zuschauer, lacht (Bild 137—146).

Diese humoristischen Bildergeschichten sind sehr pikant; aber trotzdem wird nur die impotente Scheinheiligkeit den Mut haben, zu bestreiten, daß in dem großen Witzkonzert, das jeden Tag, den der liebe Gott gibt, angestimmt wird, der amüsanteste Akkord fehlen würde, wenn man auf die erotische Note unter allen Umständen verzichtete, selbst dann auf sie verzichten wollte, wenn sie mit soviel Grazie, mit soviel Eleganz und Genie angeschlagen wird wie in diesen beiden Proben.

Etwas Völkerpsychologisches kommt hier aber noch hinzu: Wenn man erwägt, daß „La Rieuse" von Caran d'Ache im Original als Titelseite einer der bekannten Montagsnummern des klerikal schillernden Figaro erschienen ist, und zwar vor einigen Jahren, als der Figaro noch eines der gelesensten Blätter war, und wenn man weiter erwägt, daß Caran d'Ache mindestens alle vier bis sechs Wochen im Figaro mit einem Bilderzyklus von derart übermütiger Keckheit aufgewartet hat, so wird man schon an der Hand dieser einen Tatsache die wesentliche Verschiedenheit zwischen Frankreich und Deutschland in den Begriffen der öffentlichen Sittlichkeit erkennen müssen.

Aber solche Stücke, wie die eben geschilderten, sind trotz ihrer Häufigkeit nur die mitklingende Begleitung zu dem sonoren Ton der ernsten, anklägerischen Satire, den sie mit ihrem koketten Silberklang nicht zu übertönen vermögen, und der darum heute immer und überall der beherrschende Grundakkord bleibt. Deshalb braucht man diesem Ton freilich keine übernatürlichen Kräfte anzudichten, derart etwa, daß solche Töne unbedingt einmal die innere Unmoral unserer Zustände zum Bersten bringen müßten, wie weiland die Posaunenstöße des Volkes Israel die Mauern von Jericho gestürzt haben. Dazu führen andere Faktoren. Aber etwas anderes kann und muß man aus ihnen folgern: Eine Entwicklung, die einmal zu einer derart kühnen Kritik, wie sie sich gerade in diesem Teil der gesellschaftlichen Karikatur offenbart, vorgeschritten ist, kann nicht mehr mit dem biedermaiernden Urväterstandpunkt „so war es von jeher, und so wird es auch immer bleiben" widerlegt oder abgetan werden. In diesem Stadium gibt es nur noch eine Erkenntnis: Diese grellen Disharmonien können nur in ihren Ursachen überwunden werden. Und deren Überwindung wird eines Tages das Lebensinteresse aller Kultur bedeuten. Daß man auch darüber sich klar sein muß, ist die weitere Schlußfolgerung.

*

160. Aubrey Beardsley

II

Frau Minotaurus und ihre Töchter

Der Frau ist im Geschlechtsleben von der Natur die passive Rolle zugewiesen. Die Frau darf nicht mit denselben deutlichen und klaren Worten wie der Mann wählen und werben, sie darf nicht ohne weiteres das erste Wort sprechen und zu dem Manne ihrer Sympathie sagen: ich liebe dich, meine Sinne verlangen nach dir, ich freie dich, ich will dich zum Gatten haben. Die Frau muß sich wählen lassen und muß ihre Wünsche sogar verbergen, wenn sie nicht als schamlos und unweiblich erscheinen will. Die Konvenienz hat das in die starrsten und kleinlichsten Formeln gekleidet. Aber darum darf man doch keinen Augenblick darüber im Zweifel sein, daß es sich im Kern der Sache um ein natürliches Gesetz handelt. Die vom Weibe geforderte Zurückhaltung ist die logische Konsequenz ihrer physischen Organisation, d. h. eben ihrer passiven Rolle im Geschlechtsleben. Natürlich sind damit die lächerlichen Ukase, die Dame Konvenienz in dieser Richtung seit Jahrtausenden erläßt, nicht für alle Zeit und Ewigkeit sanktioniert. Denn wenn eine Zeit höherer Sittlichkeit auch am Kern der Sache nichts zu ändern vermögen wird — die Naturgesetze sind unabänderlich —, so vermag sie es sehr wohl, aus dem Widersinn und Unsinn allmählig die Vernunft, das Natürliche herauszuschälen.

Da das „Gewähltwerden" von jeher ebensosehr Existenzbedingung einer jeden Frau gewesen ist, wie das Wählen und Werben selbstverständlich Wille und Bedürfnis aller Frauen ist, so hat die Natur bei der Frau eine ihrer Passivität entsprechende Form des weiblichen Werbens herausentwickelt: die spezifisch weibliche Koketterie.

Die Koketterie. Die weibliche Koketterie ist die Sprache der Blicke, der Gesten, der Kleidung, kurz des gesamten Wesens, wodurch die Frau sich dem Manne in die Augen rückt, sich dem Manne auffällig macht, dafür sorgt, daß sie „gefunden" werde, wodurch sie weiter ihre sinnlichen Empfindungen und Wünsche offenbart, ihre Bereitwilligkeit gegenüber den erotischen Anträgen des Mannes ausdrückt.

Diese Sprache ist, wie gesagt, in der Hauptsache stumm, — aber diese stumme Sprache umfaßt trotzdem die reichste Skala, eine wahre Symphonie von Tönen. Keine andere Sprache ist so reich wie diese, keine ist so intim und so delikat gegliedert, so funkelnd und so bestrickend, nur aus Duft gewoben und doch bändigend wie stählerne Ketten. Und was das Wichtigste ist: keine Sprache wird mit solcher Meisterschaft gehandhabt, und fast jede Frau beherrscht sie. Gewiß ist nicht jede Frau

Die Eitelkeit
161. Hans Burgkmair. 16. Jahrhundert

Die Unkeuschheit
162. 15. Jahrhundert

eine Meisterin darin, jedoch über etliche Register verfügt die simpelste Bauernmagd. Dagegen hat es in jedem Zeitalter Tausende von Frauen gegeben, denen alle Register spielend gehorchten: vom zartesten Ton, der Herz und Seele bezaubert und bestrickt wie ein Klang von ungeahntem Glück, bis zu dem schwülen Akkord, der die Sinne des Mannes in gärenden Aufruhr versetzt, daß der Stärkste sich bedingungslos ergibt und zum willenlosen Sklaven wird. —

Wenn man auf die Frage nach den Mitteln der Koketterie eine ausreichende Antwort geben wollte, so müßte man einen dicken Band schreiben, ohne doch schließlich den Reichtum ihrer Formen erschöpft zu haben. Jedes Zeitalter kennt andere Hauptformen, und innerhalb jedes Zeitalters ist gerade hier das Wort zutreffend: chaque femme varie. Im Rahmen dieser Arbeit kann es sich also nur um einige allgemeine Linien, um das ungefähre Wesen der Sache handeln.

Als erster Satz ist die Tatsache zu konstatieren: Weil die weibliche Koketterie in der natürlichen Passivität des Weibes begründet ist, so ist sie auch den meisten Frauen angeboren; durch sie unterscheidet sich schon im Flügelkleide das Mädchen sehr häufig und sehr deutlich vom Knaben. Aus diesem „Angeborensein" folgt aber eine zweite sehr wichtige Tatsache, deren Übersehung oder gar Verkennung die ganze Frage in einen falschen Gesichtswinkel rücken würde. Diese zweite Tatsache besteht darin: Wenn auch die weibliche Koketterie als psychische Ausstrahlung der weiblichen Geschlechtsorganisation naturgemäß in einem direkten Zusammenhange mit der Geschlechtssphäre steht, so dient sie darum doch nicht von vornherein und noch weniger ausschließlich erotischen Zwecken. Ja, man kann sogar soweit gehen, zu sagen: die Koketterie als solche hat mit Sinnlichkeit überhaupt nichts zu tun. Daß die Koketterie auch die Sprache der weiblichen Erotik ist, ist nur eine Ausnützung, eine Indienststellung dieser Mittel durch die Sinnlichkeit, wie jede Sache verschiedenen Interessen dienstbar gemacht werden kann.

Das Wesen der weiblichen Koketterie besteht darin, daß die Frau danach strebt, in jeder Situation, in jedem Augenblick ihres Lebens in irgend einer Weise vor-

Das Weiberregiment
Deutsche Karikatur von Hans Baldung Grün. 1513

Die alte Kokette
Vlämische Karikatur von Peter Paul Rubens

teilhaft zu erscheinen, entweder als Gesamterscheinung, oder indem sie einen besonderen körperlichen Vorzug wirkungsvoll zur Geltung bringt. In der höchsten ästhetischen Entwicklung bedeutet das: In allem die schöne Linie finden, und von allem eben nur die schöne Linie zeigen, schön sein in allem, mit einem Wort: aus sich und allem seinem Tun ein Kunstwerk machen. Koketterie ist also sozusagen Karikatur im umgekehrten Sinne.

Die Frau stellt alles in diesen Dienst: Sprache, Lachen, Blicke, Gesten, Bewegung, Haltung, Gehen, Sitzen, Essen; sie kokettiert mit ihrer Freude und mit ihren Schmerzen. Und sie kokettiert immer; nicht nur, wenn sie sich beobachtet weiß, sie kokettiert auch, wenn sie ganz allein ist: sie spielt sich selbst dieses Theater vor; sie kokettiert sogar im Schlafe. Hippel sagt:

„Traue dem Frauenzimmer auch in seiner Krankheit nicht; es weiß mit Anstand im Bette zu liegen; und ich wette, es sinnt darauf, schön zu sterben. Auf der linken Seite wird Madame liegen, wenn sie stirbt; es läßt ihrem Gesichte am besten. Der Schlaf ist fast ebenso unsicher, besonders wenn sie von einer Mannsperson träumt."

Das Haupthilfsmittel weiblicher Koketterie ist natürlich die Mode, deren individueller Zweck es ist, die besonderen Vorzüge einer jeden einzelnen Frau ins Licht zu rücken. Da der Mode ein besonderes Kapitel gewidmet ist, so können deren Wirkungen hier natürlich nur insoweit gestreift werden, als dies unumgänglich nötig ist.

Die Sprache: Wie geschickt läßt sich dabei ein schön geschnittener Mund zur Geltung bringen! Ja noch mehr: man kann im Sprechen sogar die Täuschung hervorrufen, daß ein großer Mund klein sei. Das Lachen: Sind nicht schöngereihte, blitzende und gesunde Zähne eine hervorragende und hochgeschätzte Schönheit? Nun, es gibt kein dankbareres Mittel, diese Schönheit an den Tag zu bringen, als eben das Lachen. Eine schöne, schmale Hand und ein feiner Arm lassen sich durch gewisse Bewegungen oder durch den Schnitt des Ärmels, der im gegebenen Augenblick leicht zurückfällt, ganz hervorragend zur

163. Titelblatt einer satirischen Flugschrift auf die Gleichgültigkeit der Männer gegenüber der Unkeuschheit ihrer Frauen.
16. Jahrhundert

Die törichten Jungfrauen
164. Nikolaus Manuel Deutsch
Schweizerisches symbolisch-satirisches Blatt

Geltung bringen. Bestimmte schöne Linien des Körpers, ein schön geschwungener Nacken, eine feine Rückenlinie, eine stolze Büste lassen sich durch wohlerwogene Bewegungen in Haltung und Gang zeigen. Ja, es lassen sich dadurch immer neue schöne Linien entwickeln und scheinbar aus dem Nichts erschaffen. Daß ein Busen hoch ansetzt, und somit die oberste Schönheit besitzt, läßt sich durch die Fasson des Mieders verführerisch offenbaren oder auch vortäuschen. Seine jugendliche Festigkeit ist der größte Stolz jeder Frau: wie leicht läßt sich das durch kokettes Zurückbiegen des Oberkörpers den Blicken bemerkbar machen; im dezentesten Kostüm läßt sich demonstrieren, daß der Busen keines Stützpunktes bedarf. Daß die Pracht der Büste die Enge der Korsage zu sprengen droht, ohne daß die Formen den Eindruck der Überfülle hervorrufen, — diese Vorstellung zu wecken ist eines der obersten Probleme aller Korsettfabrikanten. Daß Venus Kallipygos gnädig war, — hundert Möglichkeiten gestatten der anständigsten Dame die zwingende Beweisführung dafür. Ein Franzose hat galant gesagt, die Frauen ließen in Gesellschaft gerne etwas fallen, ihr Taschentuch, ihre Handschuhe usw., um Gelegenheit zu haben, sie wieder aufzuheben, „parce que les dames ont les formes plus rondes." Daß man nicht auf Stelzen geht, wie man in Schwaben sagt, sondern ein elegantes, feines und doch volles Bein hat, das meißelt beim Sitzen, beim Gehen und beim Stehen „das zauberhafte Echo der Gliedergewandung". Auf ein kleines Füßchen kann man durch momentanes Vorstrecken, durch zufälliges Wippen aufmerksam machen, oder man kann darauf neugierig machen, indem man es vorsichtig versteckt. Die Spanierin, die berühmt ist wegen ihrer kleinen Füßchen, wie die Engländerin wegen ihrer konkurrenzlos großen Füße, versteckt ihren Fuß ängstlich vor den Blicken der Männer. In anderen Ländern ist der Besitz kleiner Füße freilich kein so strenge behütetes Geheimnis; im Gegenteil.

Es gibt hier, wie gesagt, kein Ende, und es gibt darum keinen andern Abschluß als: Usw. usw.

Wenn an der Spitze dieser Ausführungen das Prunken mit der Schönheit ausdrücklich als in seinem Wesen nicht unbedingt sinnlich hingestellt worden ist, so muß am Schlusse dieses Abschnittes hinzugefügt werden, daß dessenungeachtet die harmloseste Form der Koketterie auf den Mann häufig sinnlich wirkt, weil eben die meisten besonderen Vorzüge des weiblichen Körpers sekundäre Geschlechtsmerkmale sind und als solche auf die Sinne des Mannes wirken; und sie wirken um so stärker sinnlich auf ihn, je mehr er in der Frau nur das Genußobjekt sieht.

Die törichten Jungfrauen
165. Nikolaus Manuel Deutsch
Schweizerisches symbolisch=satirisches Blatt

Gibt es nichts Reizvolleres, ästhetisch kein größeres Wunder als die Frau, bei der das alles zur Grazie geworden ist, d. h. bei der alle weibliche Strategie des Werbens, des auf sich Aufmerksammachens völlig unbeabsichtigt, natürlich, harmonisch, einfach selbstverständlich wirkt, so ist freilich auch nichts peinlicher und abstoßender, als wenn die feine Linie, die die moralische Ästhetik zieht, überschritten wird, auf Kosten des Geistigen überschritten und zur beabsichtigten Pose entwickelt wird. Die von der moralischen Ästhetik gezogene Linie wird aber von den allermeisten Frauen überschritten. Diese Überschreitung ist leider keine bloße Geschmacksverirrung infolge einer individuell fehlerhaften Erziehung, sondern sie ist für die allermeisten Frauen eine soziale Notwendigkeit. Ist die Koketterie die psychische Ausstrahlung der weiblichen Passivität im Geschlechtsleben, so zwingt der schwere und heftige Konkurrenzkampf, den die Mehrheit der Frauen um den Mann zu führen hat, kategorisch zur Übertreibung der natürlichen Formen des weiblichen Werbens. Da die Chancen, unter die Haube zu kommen, zu gering wären, wenn sich die Frau nur auf die mit feinen Sinnen begabten Männer beschränken wollte, so muß sie dafür sorgen, daß auch der stumpfe Blick die Qualitäten gewahre, über die „man" verfügt. „Schöne Jungfrau hat ihr Heiratgut im Angesicht," sagt ein altes Sprichwort; das ist ja gewiß sehr richtig, aber selbst die Schönheit muß provokatorisch auftreten und für günstige Beleuchtung sorgen, wenn sie der Gefahr des Übersehenwerdens entgehen will. Es ist darum zu wiederholen: die Tendenz der Übertreibung, die systematische Verzerrung der Schönheit zur grotesken Karikatur ist eine soziale Notwendigkeit, und sie ist es, die täglich von neuem jene Formen züchtet, die die Koketterie dazu stempeln, was man gemeinhin als weibliche Gefallsucht anklagt.

Aus der sozialen Notwendigkeit des Übertreibens leiten sich im letzten Grunde alle die raffinierten Formen her, deren sich die Koketterie bedient, die zahlreichen künstlichen Mittel, wodurch die Frau ihre natürlichen Reize unterstützt, ins grellste Licht rückt und die Blicke provokatorisch darauf hinlenkt. Diese soziale Notwendigkeit führt weiter in erster Linie zur Betonung des Sinnlichen und macht aus dem Prunken mit der Schönheit das spekulative Wuchern mit der erotischen Wirkung. Im Konkurrenzkampf um den Mann wird die Frau förmlich dazu gedrillt, sich hauptsächlich in der Fähigkeit der erotischen Wirkung auf den Mann zu trainieren und ständig darauf auszugehen, die Sinnlichkeit der Männer aufzustacheln und Begierden

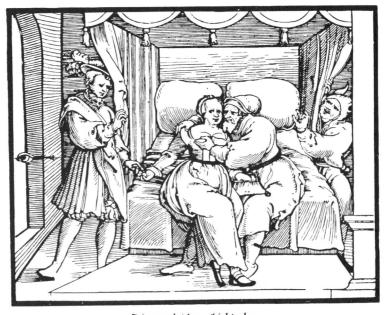

Die ungleichen Liebhaber
166. 16. Jahrhundert

nach dem sexuellen Besitz ihrer Person zu erwecken. Der Drill setzt infolgedessen schon sehr früh ein. Daß ihr einziger Lebenszweck der sei, einen Mann zu finden, das wird ihr schon in der frühesten Jugend eingebläut, und Tausenden schallt Tag für Tag, jahraus, jahrein das Donnerwort in die Ohren: „Mit solchen Manieren wirst du niemals einen Mann finden!" Das Resultat ist zu allen Zeiten das gleiche, daß nämlich die meisten Mädchen auffallend früh reif werden. Ein Satiriker des siebzehnten Jahrhunderts schreibt:

„Mit zwölf Jahren können die Mägdlein schon wacker löffeln, verstehen sich vortrefflich auf den Genitivum und wissen besser vom Heyrathen zu reden als manche Ehefrau, ja was wollten zwölff Jahre seyn, mit sieben und acht Jahren stehen sie schon vor dem Spiegel, pflänzeln und butzen sich, machen dabey allerhand Gebärden, wie sie gefallen mögen."

Fängt gar erst die Natur zu sprechen an, runden sich die Formen, dann weiß sie auch alsbald, welche körperliche Eigenschaften besonders geschätzt sind. Es ist bloß eine Anekdote, die der immer vergnügte Demokritos-Weber von der jungen Magd erzählt, die beim Anblick des strotzenden Busens einer Amme naiv ausrief: „Nein! junge Magd bleib' ich nicht mehr, ich lasse mich zur Amme machen!" Aber was liest man denn täglich in den Inseratenplantagen der allersittlichsten Zeitungen? „Schöne volle Körperformen werden leicht erzielt" usw., oder „Wenn Sie schön sein wollen, dürfen Sie nicht zu schlank sein!" Selbstverständlich gilt dies alles nicht nur von der unverheirateten Frau; die Frau verzichtet nicht etwa auf diese Mittel an dem Tage, wo sie den Wettlauf um den Mann siegreich beendet hat, — weil unsere Gesellschaftsordnung die Frau zum Genußobjekt degradiert, zwingt sie sie, diese Rolle bis an ihr Lebensende zu spielen, d. h. ewig als erotisches Stimulanz

167—169. Deutsche symbolische Karikaturen auf die Herrschaft des Weibes über den Mann. 16. Jahrhundert

mittel zu agieren. Natürlich ändert an dieser Tatsache der Umstand nicht das geringste, daß der größte Teil aller Frauen unbewußt, instinktiv handelt, daß die sogenannte anständige Frau keine Ahnung davon hat, welchen Gesetzen sie folgt und welche Wirkungen sie in ihrem ganzen Tun anstrebt.

Zu den ausgesprochen spekulativen Formen der weiblichen Koketterie gehört in erster Linie die Dekolletierung, und zwar sowohl die von oben nach unten, als auch die von unten nach oben. Die Dekolletierung von oben nach unten, die Entblößung der Reize des Busens soll hier nur registriert werden, weil sie eine Haupttendenz der Mode darstellt, und weil dieser, wie gesagt, ein gesondertes Kapitel gewidmet wird. Dagegen gehören hierher gewisse künstliche Steigerungen der Reizwirkung des dekolletierten Busens und alle Arten der Dekolletierung von unten nach oben, also die scheinbar zufällige, in Wirklichkeit aber beabsichtigte Preisgabe des Beines und häufig noch viel intimerer Reize.

Brantôme schreibt in einem seiner Kapitel: „Ein schönes Bein, eine fein geformte Wade und ein hübscher Fuß besitzen eine große Macht im Reich der Liebe." Und in demselben Kapitel sagt er weiter, daß sich in den Anblick schöner Beine viel mehr Männer verliebten „als in das hübsche Antlitz. Denn schöne Säulen pflegen gewöhnlich auch ein schönes Kapitäl und ein prächtiges Gesims zu tragen." Das wissen alle Frauen seit Mutter Evas Zeiten, und darum haben sie das Donnerwort des spanischen Zeremonienmeisters „die spanischen Königinnen haben keine Beine", das dieser proklamierte, als ein französischer Gesandter schöne französische Seidenstrümpfe als Geschenk für die Königin überreichen wollte, niemals akzeptiert. Im Gegenteil, daß sie schöne Beine haben, ist ja der besondere Stolz der meisten Frauen. Auf die vorteilhafte Wirkung des Beines wird darum eine außerordentliche Sorgfalt verwendet, einesteils durch die Fasson der Schuhe: zur Markierung des feinen Knöchels und anderer Vorzüge, andernteils durch die Strümpfe: zur Betonung der Formen; Farbe und Muster der Strümpfe sollen je nachdem die Waden voller oder schlanker erscheinen lassen. Und da die Schönheit des Beines am vorteilhaftesten zur Geltung kommt, wenn der Strumpf straff gespannt ist und sich eng anschmiegt, so lautet die Forderung aller Zeiten dementsprechend. „Der Strumpf muß so straff gespannt sein wie ein Trommelfell", sagte man bereits im sechzehnten Jahrhundert. Indem aber „die Frauen soviel Pflege auf ihr schönes Bein verwenden, ist anzunehmen, daß sie es nicht tun, um es unter ihren Röcken zu verbergen, sondern um es öfters zur Schau zu stellen". Daß diese Annahme nicht gerade von boshafter Frauenverleumdung eingegeben ist, das beweist kaum eine Zeit drastischer als unsere Gegenwart mit ihrem Raffinement in allen Variationen des Retroussé. Gewiß hat es Zeiten gegeben, in denen die Dekolletierung von unten nach oben ganz ungeheuerliche Orgien gefeiert hat, in denen es sich nicht bloß um die Entblößung des Beins bis zum Knie handelte, sondern wo man in vollster Öffentlichkeit aufs Ganze ging, —

Das Weib leiht jedem die Kraft
170. Deutsche symbolische Karikatur. 16. Jahrhundert

historische Beispiele werden es weiter unten noch belegen —, aber in diesen Orgien äußerte sich ebensosehr die naive Derbheit primitiver Zeiten. Heute feiert man in Masse solche Orgien solidarisch nur noch bei festlichen Gelegenheiten, auf Masken= bällen und Redouten, und als Schauspiel und Augenweide in den Kankannummern

171. Deutsche symbolische Karikatur. 16. Jahrhundert

der Variétés. Aber diese modernen Orgien sind durch das ausgesuchteste Raffinement „geläutert": an die Stelle der ehemaligen Nacktheit ist die pikanteste Verhüllung getreten, die aber durch zauberhafte Farbenkontraste auf die intimsten Reize hinweist und die Sinne natürlich ungleich mehr revoltiert, sie direkt zur Ausschweifung verleitet.

Das heute herrschende Raffinement, dessen Wesen dem verständnisvollen Beobachter übrigens schon ein einziger Gang durch die Straßen erschließt, führt uns aber zu einer nicht unwichtigen Erkenntnis: Je mehr die Frau den Blicken „oben" verweigerte, desto mehr hat sie ihnen „unten" preisgegeben. Aus dieser Beobachtung muß man aber folgern: es ist die Tendenz des weiblichen Werbens, irgend ein Geschlechtsmerkmal, einen ihrer besonderen intimen Reize, demonstrativ in seiner ganzen Realität öffentlich zur Schau zu stellen. Einst hat die Frau dies durch die Dekolletierung des Busens getan; da man nun heute auf der Straße den Busen in seiner absoluten Realität den Blicken nicht mehr sichtbar machen kann, so ist man darauf verfallen, systematisch das Bein zu zeigen. Die Formen des Beines der Frau sind spezifische Geschlechtsmerkmale der Frau, erotisch wirkende Reize, und seine eigenartige Bekleidung durch den enganliegenden Strumpf läßt es auch bekleidet in absoluter Realität sehen. Es braucht nicht bewiesen zu werden, daß es für die dazu bereitwillige Frau hundert Gelegenheiten, hundert Anlässe, hundert Möglichkeiten gibt, ihr Bein zu zeigen. Das moralische Ergebnis des Ersatzes der Dekolletierung als öffentliche Demonstration durch das Retroussé ist ebenfalls wichtig: Dokumentiert sich in dem Verschwinden des provokatorischen Busenausschnittes aus der Mode des täglichen Lebens unbestreitbar ein feineres ethisches und ästhetisches Empfinden, so dokumentiert die systematische, aber immer scheinbar nur zufällige Preisgabe des Beines die Entwicklung zum Delikateren und Raffinierteren; denn es ist ein viel erotischeres Verfahren. Das Raffiniertere und Erotischere besteht in Verschiedenem. Erstens darin, daß das Bein der Frau vom Knöchel bis zum Knie der Körperteil ist, der von der Mode den Blicken offiziell vollständig entzogen wird; seine Formen vermögen sich äußerlich nicht so deutlich abzuprägen wie die der Arme, des Rückens, des Busens, der Hüften, der Lenden und der Schenkel. Die Sichtbarmachung kann immer nur durch eine Art „Entkleidung" geschehen. Gerade diese Notwendigkeit aber eröffnet der Phantasie die kühnsten Perspektiven. Das Raffen des Kleides, das Retroussé, diese teilweise „Entkleidung" erschließt den Blicken scheinbar den Weg zum Intimsten. Ein weiteres ist das scheinbar Zufällige und doch individuell Willkürliche dabei. Die Dekolletage des Busens war innerhalb bestimmter Zeiten und Moden etwas Begrenztes und sozusagen Unverrückbares. Bei der Dekolletierung des Busens sieht jeder Mann gleich viel oder gleich wenig, wenn nicht ganz außergewöhnliche Kunststücke angewandt werden. Ganz anders ist das beim Retroussé. Es ist, wie gesagt, etwas absolut Willkürliches, etwas absolut Persönliches. Als ein Geschenk, von der Gunst des Augenblicks bewilligt, erscheint es, aber die Frau vermag Unterschiede zu machen. Sie vermag dem einen mehr, dem andern weniger zu bewilligen. Während sie der Menge nur für die Dauer der kürzesten Sekunde „Einblicke" gewährt, kann sie den Bevorzugten „das Glück", „den Genuß" beliebig verlängern. Schließlich kommt noch das ewig Wechselnde hinzu, die jede Sekunde veränderten Farbenkontraste und das Bewegte des Bildes. Das alles macht das Retroussé zur raffinierteren Form der weiblichen Koketterie. Und daß das alles bewußt geschieht, alles ausprobierte Absicht ist, daß das Retroussé heute das Hauptmittel der durch Demonstration der absoluten Wirklichkeit agierenden Koketterie ist, dafür spricht unwiderleglich der verschwenderische Luxus, dem die meisten Frauen in ihrer Unterkleidung huldigen, die zunehmende Eleganz alles dessen, was der Franzose les dessous nennt. —

Die natürlichen Reize durch Hervorheben oder Unterstreichen des Wesentlichen, oder indem man durch irgend etwas die Blicke darauf hinzog — und wäre es durch eine scheinbare Unschönheit —, künstlich zu steigern, war natürlich immer ein Problem der Koketterie. Es hat zu hundert grotesken Ausgeburten geführt, obenan stehen: das Pudern, das Schminken und die Schönheitspflästerchen.

Der Puder soll einerseits die Weiße der Haut betonen, eine interessante Blässe verleihen und einen unreinen Teint verbergen, anderseits die Farbe des Teints der jeweiligen Beleuchtung anpassen. Das letztere soll auch durch die Schminke erzielt werden, aber der Hauptzweck des Schminkens

172. Hans Burgkmair. 16. Jahrhundert

Der Mönch in der Nonnenzelle
173. 16. Jahrhundert

ist doch der, die Spuren des Alters zu verbergen und die rosige Frische der Jugend vorzutäuschen. Puder und Schminke herrschen heute noch uneingeschränkt im Reiche der Koketterie; ja man kann sogar getrost behaupten, daß beide heute im Bereich der weiblichen Toilettenkünste eine Rolle spielen, die alles das in Schatten stellt, was frühere Zeiten auf diesem Gebiete geleistet haben. Der einzige Fortschritt in der Richtung der Vernünftigkeit besteht nur darin, daß die höhere wissenschaftliche Einsicht in die Wirkung gewisser Prozeduren selbstverständlich zuerst mit jenen grotesken Formen aufgeräumt hat, zu denen die mangelhafte Klarheit über das Wesen der Dinge ehedem verführt hat. Wenn wir daher heute verächtlich über den Aberwitz lachen, zu dem einstens die Eitelkeit die Frauen verführt hat, so lachen wir vollkommen zu unrecht: der Aberwitz ist heute geradezu ins Wahnsinnige gesteigert worden. Aber, weil er mit den Mitteln der fortgeschrittenen Wissenschaft arbeitet, so fällt er nicht mehr so auf und ist unzweifelhaft größer in seinen Erfolgen. Die weiblichen Verschönerungskünste sind eine Wissenschaft für sich. Ihre Ausnützung im Dienste der Koketterie ist zu einem Raffinement entwickelt worden, von dem man keinen Begriff, sondern höchstens eine Ahnung bekommen kann, wenn man den Toilettentisch einer Femme du monde sieht, mit seinen oft mehr als hundert Messerchen, Scheren, Pinzetten, Polierapparaten, Näpfchen, Dosen, Salben, Stiften und Quasten. Der Toilettentisch einer vornehmen Dame, „die etwas auf sich hält", ist ein wissenschaftliches Laboratorium, das sehr häufig — zum traurigen Ruhme unserer Kultur! — verschwenderischer ausgerüstet ist, als das wissenschaftliche Hilfsmaterial vieler unserer größten Schulen, und er verschlingt Summen, von denen sich das werktätige, arbeitende Volk in seiner Naivetät nichts träumen läßt.

Einer entschwundenen Epoche gehört die Mode der Mouches, der Schönheitspfläſterchen an. Durch den Kontraſt der Farbe des Schönheitspfläſterchens ſollte der blendende Schimmer der Haut gehoben werden, denn gerade der Schatten läßt das Licht erkennen. Der biedere Hippel ſchreibt darüber: „Noch ärger aber iſt es, daß ſie Reize zeigen, und Schatten dabei anbringen, der die Sache, ſo wie in der Malerei erhebt."

Ein anderer Zweck, der mit den Schönheitspfläſterchen verfolgt wurde, war der, die Blicke der Männer in ganz beſtimmter Weiſe zu lenken und zu bannen, d. h. auf ganz beſtimmte Vorzüge und körperliche Schönheiten aufmerkſam zu machen. Die Frauen ſind in den raffinierten Verſchönerungskünſten gewiegte Empiriker. Sie wiſſen ganz genau, wie pikant ein dunkler Punkt die ſtrahlende Reinheit des Geſichtes unterbricht, wie der blendende Schimmer des Nackens oder des Buſens dadurch gehoben wird, wie durch dieſen kleinen Kontraſt die Haut plötzlich ſchimmernder und leuchtender erſcheint. Ja, ſie wiſſen noch etwas mehr, was noch viel pikanter für ſie iſt. Sie wiſſen, daß ein ſolcher Punkt, ein ſcheinbarer Fehler die Blicke eines jeden faſziniert, ſie immer und immer wieder auf ſich zieht. Eine Frau ſpricht in einer Geſellſchaft mit zwei, mit drei, mit ſechs Herren, und jeder ſtarrt nach dieſer Stelle; ſie tanzt bei einem Balle mit ebenſo vielen, und jeder ihrer Tänzer verſchlingt die Stelle, an der das Schönheitspfläſterchen klebt, förmlich mit den Blicken. Wie pikant läßt ſich das ausnützen! Wenn ihr der Anſtand auch alle Worte verſagt, mit Hilfe dieſer koketten Zeichenſprache kann ſie die allerintimſten, die zweideutigſten, die unanſtändigſten Unterhaltungen mit Dutzenden von Herren führen.

174. Deutſche ſymboliſche Karikatur auf die Sinnlichkeit der Frauen. 1648

Und das ohne jede Einleitung. Jedem kann sie sagen: „Habe ich nicht einen herrlichen Wuchs?" „Habe ich nicht klassisch schöne Formen?" usw. Und sie sagt das jedem, unterhält sich mit jedem darüber, indem sie tief am Rücken, knapp am Rande des Kleides, oder dort, wo die Zäsur ihres Busens delikat und doch deutlich einsetzt, ein Schönheitspflästerchen anbringt. Sie weiß, die Blicke ihres Partners werden sich darauf heften und werden bohrend weiterdringen, sie werden den ganzen Rücken hinabgleiten, sie werden ihre Büste wie mit Geierkrallen umspannen, kurz, sie werden ständig lauern, das Intimste zu erhaschen. Die Art und der Ort, wo die Schönheitspflästerchen im Gesicht angebracht wurden, sollte überdies den besonderen Charakter symbolisieren. Eine Schrift aus dem Jahre 1756 gibt folgenden interessanten Catalogue des mouches:

La passionnée au coin de l'œil,
La majestueuse au milieu du front,
L'enjouée sur le pli que fait la joue en riant,
La galante, au milieu de la joue,

La baiseuse au coin de la bouche,
L'effrontée sur le nez,
La coquette sur les lèvres,
La reveleuse sur un bouton.

Die Mode der Schönheitspflästerchen führte allmählich zu den tollsten Ausgeburten. Man begnügte sich schließlich nicht damit, nur kleine runde Plättchen aufzukleben, so wie es uns heute Lebenden von den Maskenbällen und vom Theater her bekannt ist, man ging dazu über, ihnen die Form von kleinen Mücken und Käfern, ja mehr noch, sogar die von höchst unappetitlichen Tierchen zu geben: nicht nur die Lust, zu schauen, sollte die Männer gefangen halten, auch die unbändige Lust, nach den bloßgelegten Schönheiten der Damen zu greifen, sollte den Männern ständig in den Fingern zucken. Der Sittenschilderer Moscherosch schreibt:

„Andere verpflasterten das Gesicht hie und da mit schwartz Daffeten schandflecken. Und ich sah deren einen Hauffen, die im Gesichte waren als ob sie geschröpft hätten oder sich picken und hacken lassen: dann an allen Orten, die sie gern wollten beschauet haben, waren sie mit schwartzen kleinen Pflästerlein behänget und mit runden, langen, breiten, schmalen, spitzen Mücklein, Flöhen und anderen fitzirlichen, zum Anblick dringenden, zum Zugriff zwingenden Mansfallen-Gestalten bekleidet."

Die übertriebene Anwendung der Schönheitspflästerchen ist freilich auch noch anders begründet worden als durch die Entdeckung des pikanten Reizes der Kontrastwirkung. Als der Busenausschnitt so tief herabsank, daß der ganze weibliche Oberkörper sich unverhüllt den Blicken darbot, traten natürlich auch die hinterbliebenen Spuren galanter Abenteuer immer häufiger zutage, die sogenannten Venusblumen, die man, wie die Geschichte der galanten Zeitalter beweist, selbst bei den vornehmsten Damen der Gesellschaft gar häufig traf. Diese Narben zu verdecken, sei der häufigste Zweck der Mouches gewesen. Der Sittenschilderer Geyersberg bestätigt dies in seinem 1689 erschienenen „Deutsch-französischen Modengeist", in dem er auch die Mode, die Schönheitspflästerchen in Gestalt von allerlei Getier zu verwenden, als eine deutsche Spezialität kennzeichnet. Die betreffende Stelle lautet:

Die wütenden Nonnen

175. Holländische Karikatur auf die Wut der Nonnen über einen bei Liebeshändeln mit weltlichen Beichtkindern ertappten Mönch. 17. Jahrhundert

„Sonst ist auch bekannt, daß die Franzosen ein verhurt und hitzig Volk sein, dahero sie auch in deren Gesichtern Venus-Blümgen zu bekommen pflegen, und damit sie solche bedecken mögen, haben sie die Schattier-Fleckigen ersonnen. Dieses haben auch unsere deutschen Jungfern nachgeäffet und zum öfftern auf die Schattier-Pfläſtrigen Fliegen, Käfer, Hähne, Esel, Bäre, Schafe, Rinder und Schweine geschnitten, daß also die Franzosen nichts so närrisch haben ausspintisiren und ersinnen können, welches die Deutschen nicht viel närrischer hätten nachmachen können."

Aus dem Peinlichsten hätte somit die raffinierte Koketterie eine Pikanterie gemacht. Daß diese Entstehungsursache nicht absolut ins Reich der Unmöglichkeit zu gehören braucht, erweist die absolut feststehende Tatsache, daß Unglücksfälle in der Liebe in verschiedenen Fällen die Anregung zu bestimmten Moden gegeben haben. —

Der Flirt. Muß nicht alle weibliche Koketterie von vornherein einen sinnlichen oder erotischen Untergrund haben, so zeigen doch gerade die zuletzt geschilderten Formen sehr deutlich, daß die Koketterie sehr leicht auf das Gebiet des ausgesprochen Sinnlichen gelangt. Daraus folgt ganz von selbst, daß sich die Koketterie auch des Mittels bedient, das der moderne Sprachgebrauch mit Flirt bezeichnet. Der Flirt zählt zu den wirkungsvollsten Mitteln des weiblichen Werbens, denn es kann als unbestreitbare Tatsache erklärt werden, daß die Männer überaus leicht den sexuellen Begierden des Weibes unterliegen. Und das Offenbaren sexueller Begierden, das ist eben das Wesen des Flirts.

Ergibt sich aus dem letzten Satz, daß der Flirt etwas wesentlich anderes ist als die Koketterie, ein direkter Bestandteil des erotischen Genießens, so folgt daraus weiter, daß er auch nichts spezifisch Weibliches ist, sondern ebenso ein Ausdrucksmittel der männlichen Erotik. Und das ist er auch. Der bekannte Züricher Professor Forel analysiert in seinem Buche über die sexuelle Frage den Flirt in folgender Weise:

„Der heutige Begriff des Flirts gehört unbedingt zum direkten

Supplement des Graces effanées.

176. Gbj. Augsburger Karikatur auf die alten Koketten

L'Optique

Nicelle observe, et son Oeil curieux,
A ce qu'il voit se prête sans malice,
Mais Aglaé, fuit d'un air furieux,
Juge Lecteur, quelle est la plus Novice.

177. F. Eisen. Französische Karikatur auf die Prüderie

Geschlechtstrieb, als formenreiche Skala seines Ausdruckes beim Manne wie beim Weibe. Wenn ich mich kurz ausdrücken soll, so besteht der Flirt in allen Äußerungen des Geschlechtstriebes eines Individuums den anderen Individuen gegenüber, die bei ihm jenen Trieb erregen, mit Ausnahme des eigentlichen Beischlafes. Der Flirt kann mehr oder weniger bewußt oder unbewußt geschehen ... Der Flirt besteht also in irgend einer Betätigung, die geeignet ist, sowohl den eigenen Erotismus zu verraten, als denjenigen des andern oder der anderen anzuregen ... Der Flirt kann von einem leicht provozierenden, etwas verliebten Blick, von einer leisen, scheinbar unbeabsichtigten Berührung, durch alle möglichen Liebesspiele, Küsse, Liebkosungen und Umarmungen bis zu sogenannten unzüchtigen Berührungen und Reizungen gehen, sofern man es nicht bis zum äußersten kommen läßt. Die Nuancen gehen hierbei unmerklich ineinander über ... Der Flirt bedient sich abwechselnd des

Gesichts= und des Tastsinnes. Der Blick spielt darin eine große Rolle, denn er kann sehr viel verraten und dadurch mächtig wirken. Der Händedruck, bloße Annäherung, ein Hauch, eine scheinbar unbeabsichtigte Bewegung, Streifen der Kleider und der Haut, provozierende Bewegungen sind die gewöhnlichen Mittel des Flirtes. In Situationen wo Menschen dicht beieinander sitzen müssen oder sonst nahe aneinander kommen (wie z. B. in Eisenbahn=Coupés, an dicht besetzten Tischen und dergl.), spielen die Beine durch Andrücken der Knie, der Füße und dergleichen mehr ihre wohlbekannte Rolle beim Flirt. Diese ganze stumme Sprache des Sexualtriebes pflegt zunächst in vorsichtiger, unverfäng= licher Weise gesprochen zu werden, so daß der angreifende Teil nicht direkt der Unanständigkeit beschuldigt werden kann. Merkt aber dieser Flirtsuchende, daß seine leisen Einladungen irgendwie beantwortet werden, so wird er dadurch ermutigt und dann, wenn beiderseits ein stummes Einverständnis vor= liegt, geht das Spiel weiter, ohne daß nur ein Wort die Gefühle beider Teile zu verraten braucht. Viele Flirtende hüten sich überhaupt, sich durch die Sprache zu verraten und amüsieren sich gegen= seitig mit dieser, wenn auch unvollständigen Reizung ihrer sexuellen Empfindungen."

Ist der Flirt bei Mann und Frau in gleich starker Weise im Schwange, so ist doch die Frau wiederum seine unvergleichliche Meisterin. Auch hier hat sie die Natur erzogen, auch hier ist ihre Passivität die entscheidende Ursache. Für die Frau ist der aktive Flirt die einzige zulässige Form, ihre erotischen Gefühle zu zeigen: „Sie darf aus ihrer passiven Rolle selbst dann nicht sichtbar heraustreten, wenn sie von der größten erotischen Sehn= sucht geplagt wird", denn die plumpe Offenbarung ver= fehlt den Zweck, sie stößt den Mann direkt ab. Nun, das hat die Frau zu der Meisterin erzogen, die es vermag, sich vor dem Manne bis aufs letzte zu entschleiern, seiner Phantasie ein Paradies geistiger, seelischer und phy= sischer Wonnen der Wollust vorzuzaubern, ohne auch nur im geringsten die Grenzen

J'offre aux chastes regards des charmes innocents,
  Si cette nonchalance
Amants voluptueux vous chatouille les Sens,
  Tant pis qui mal y pense.

178. Französische Karikatur auf die naiv tuende Koketterie. 18. Jahrhundert

des Anstandes zu überschreiten. Mitten im Gewühl der Straße beim gleichgültigsten Gespräche, in der Gesellschaft beim harmlosesten Scherz und Schäkern, im Theater oder Konzert, überall vermag sie Feste der sinnlichen Liebe zu inszenieren und zu feiern. Koketterie und Flirt verschmelzen sich so zu einem einzigen arabeskenreichen und vielverschlungenen Kunstwerk: im Dienste der Koketterie steht der Flirt, dem Flirt dient als gefügigster Sklave die Koketterie.

Die Hauptformen dieser beiden Manifestationsarten des weiblichen Geschlechtscharakters, d. h. den Grad des jeweils Zulässigen: wie weit die Frau gehen darf, sei es tendenzlos in der Demonstration ihrer individuellen Schönheit, sei es werbend, um

Koketterie
179. Deutsche Karikatur. 18. Jahrhundert

sich finden zu lassen, sei es, um den Mann in ihre Netze zu verstricken, indem sie seine Begehrlichkeit weckt, oder sei es als Teil des erotischen Genießens im gesellschaftlichen Verkehr mit dem Manne — das bestimmen natürlich die jeweils herrschenden Gesetze der öffentlichen Sittlichkeit und die der besonderen Klassenmoral. Die Bauerndirne verwendet andere, plumpere Mittel als die Fabrikarbeiterin, und diese andere als die Frau aus dem Bürgertum. Die Bürgerin ist wieder durch eine ganze Welt von der Dame aus der hohen Aristokratie geschieden. Das läßt sich schon an einem einzigen Beispiel deutlich klarmachen. Die junge Dame aus der hohen Aristokratie tritt offiziell mit dem Besuch des ersten Hofballs in die Welt ein. Das höfische Zeremoniell hat aber für die Balltoilette zu den allermeisten Zeiten eine überaus starke Dekolletierung vorgeschrieben. Die junge Dame muß also die offizielle Welt in einer Weise betreten, die dem natürlichen jungfräulichen Schamgefühl durchaus widerspricht. Gleichviel, die Klassenmoral dekretiert es, also ist die wichtigste Aufgabe, die sie für diesen Tag zu lösen hat, die: sich zwar halbnackt, besser halb entkleidet, aber mit Würde und Anstand zur Schau zu stellen. Um einen grotesken Vergleich heranzuziehen: sie hat das Kunststück zu lösen, im äußeren Auftreten Messaline, in Sprache, Miene und Benehmen Vestalin zu sein. Und dieses Doppelwesen muß ihr zur zweiten

25

Natur werden; denn sie hat jahraus, jahrein bei jeder offiziellen Gelegenheit genau dieselbe Rolle zu spielen. Das ist etwas, was den anderen Klassen stets absolut fremd gewesen ist. Fremd jedenfalls in seinem grellen moralischen Widerspruch. Gewiß hat es sehr viele Perioden gegeben, in denen das Bürgertum der Dekolletierung in ebenso starkem Maße huldigte, wie es die höfische Gesellschaft zu allen Zeiten getan hat; aber wenn der Blößenwahnsinn die anderen Klassen erfaßt hatte, so entsprach dem die Gesamtmoral, der Widerspruch fehlte, der Geist trug dann nicht die Maske der Vestalin.

Wollte man die geschilderten Formen der weiblichen Koketterie und des weiblichen Flirtes sozusagen historisch belegen, so könnte man damit ebenfalls Bände füllen, aber es reichen auch schon wenige Beispiele zur Illustration aus.

Der scheinbar zufälligen Entblößung wurde am naivsten bei den allermeisten Volksbelustigungen gehuldigt, und zwar systematisch durch zahllose Gesellschaftsspiele, und vor allem durch viele Tänze. Die populärsten aller Gesellschaftsspiele und Tänze im 15., 16. und 17. Jahrhundert waren in ihrer Pointe hauptsächlich darauf angelegt, die Frauen vor den Blicken der Mitspielenden und der Zuschauer unzüchtig zu entblößen. In welch ungeheuerlichem Maße dies mitunter geschah, das belegen die überall erlassenen Polizeiverordnungen zur Eindämmung der vorkommenden Ungeheuerlichkeiten. Bei einer bestimmten flämischen Volksbelustigung, die noch im 18. Jahrhundert in ziemlich ungemilderter Form im Schwange war, bestand der Höhepunkt darin, daß am Schlusse Männlein und Weiblein paarweise einen Abhang hinunterkollerten. Für die Frauen waren derartige Gebräuche, Tänze, Spiele und Volksbelustigungen die Gelegenheit, mit der Schönheit der Reize vor der Öffentlichkeit zu kokettieren, die den Blicken gemeinhin durch die Kleidung entzogen sind. Daß die Frauen sich mit dem ausgesprochenen Wunsch daran beteiligten, sich recht häufig zufällig entblößt zu sehen, das liegt schon in der ganzen Natur der Sache und müßte nicht erst durch die zahlreichen Sittenschilderer bestätigt werden, die alle ausdrücklich betonen, daß unter den Frauen die Männer besonders wohlgelitten seien, die es verstünden, die Partnerin besonders hoch zu heben und besonders stark zu schwenken, so daß die Röcke bis über den Kopf flögen; und Unterkleider trug damals bekanntlich weder die Bauerndirne noch die züchtige Bürgerstochter. Um zu erfahren, daß solche Derbheit nicht nur dem gewöhnlichen Volke eigen war, sondern in den höchsten Höhen der Gesellschaft ebenso eifrig gepflegt wurde, genügt es, wenn man die Memoiren des Grafen Grammont über den englischen Hof unter Karl II. nachliest. Für den französischen Hof bestätigt es Brantôme. Brantôme gibt über die Hoftänze, die „von unseren Königinnen, hauptsächlich von der Königinmutter" (Katharina von Medicis) aufgeführt wurden, folgenden niedlichen Bericht:

„Gewöhnlich richteten wir Hofleute unsere Blicke auf die Füße und Beine der tanzenden Damen und entzückten uns an den verführerischen Bewegungen. Denn ihre Röcke waren kürzer als

Die Torheit schmückt das verwelkte Alter mit den Reizen der Jugend

180. Charles Coypel. 18. Jahrhundert

sonst, aber nicht, wie bei Nymphen, so hochgeschürzt, wie man hätte wünschen können. Trotzdem schlugen wir unsere Augen ein wenig nieder, besonders wenn man die Volte tanzte, wobei die Röcke flogen und man stets etwas Hübsches zu sehen bekam, worüber einige ganz und gar in Entzücken gerieten."

Die Nonne bei der Toilette
181. Französisches galant-satirisches Blatt. 18. Jahrhundert

Für den Flirt haben wir ebenfalls historische Beispiele aus allen Klassen. Kann man von dem vornehmen Leben in unsern heutigen Luxusbädern, von den üblichen Unterhaltungen in den meisten Kurorten und Sanatorien sagen, daß der Flirt „in allen seinen Nuancen die Hauptbeschäftigung eines großen Teiles der Gäste bildet", so kann man von den bäuerlichen Spinnstuben, die sich ehedem in jedem Dorfe fanden und auch heute noch nicht völlig ausgestorben sind, sagen, daß sie tatsächlich auch weiter nichts als die bäuerliche Organisation des Flirts auf dem Lande darstellten und darstellen.

Der Einzelbeispiele gibt es genau so charakteristische. Der biedere Grimmelshausen erzählt in seinem „Simplizius" von der in ihn verliebten Obristin, bei der er im Dienste stand, folgende ergötzliche Methode:

„Ich mußte oft meiner Herrin beim hellen Tage Flöhe fangen, natürlich nur darum, damit ich ihren alabasterweißen und zarten Leib sehen und genugsam betasten konnte."

Das ist die handgreifliche Koketterie des Lagerlebens im Dreißigjährigen Kriege. Im Wesen war es natürlich dasselbe, was nach der Schilderung des Herrn v. Pöllnitz in seinem Werke „Das galante Sachsen" die Gräfin Esterle tat, um den starken August in ihre Netze zu verstricken. Pöllnitz schreibt:

„Die Gräfin gab ihm (dem Kurfürsten) Nachricht, daß sie ihn um acht Uhr abends erwarten würde... Er traf die Gräfin entkleidet auf einem Ruhebette von goldenem Stücke an, welches in einem Kabinett stund, wo man nichts als Goldgemälde und Spiegel von großer Kostbarkeit sehen konnte; nicht anders, als wenn dieses der Aufenthalt der Mutter des Liebesgottes wäre. Die Frau von Esterle war in der Tat reizend. Ihre Haare, welche die schönste blonde Farbe hatten, fielen lockenweis auf ihre Schultern, und waren mit grünen Bändern geschmücket... Eine kostbare Spitze erhub die Schönheit ihres Busens nicht wenig; die Fleischfarbe und die Weiße ihrer Haut vereinigten gleichsam Rosen und Lilien. Sie war in äußerster Bewegung von Furcht, oder vielleicht von Freude, über den Besuch des Kurfürsten. Dieser Prinz sahe sie mit einem Vergnügen an, das sich ebensowenig als das übrige, das mit den beiden Verliebten vorging, beschreiben läßt."

Für das Raffinement der abgefeimten Kokette, die es versteht, die Künste ihrer Koketterie in klingendes Gold umzumünzen, gibt Casanova in der Schilderung seines

Die Kokette bei ihrer Toilette

182. Thomas Rowlandson. Englischer galant-satirischer Kupferstich. 1790

Verhältnisses mit der Turiner Jüdin Lia ein geradezu klassisches Beispiel. Casanova schreibt:

„Während Moses nun fortging, um die 380 Zechinen zu holen, die ich ihm bei meinem Bankier Zappate anwies, und ich mit Lia allein war, drang ich in sie, sich zu entkleiden und meine Wünsche zu stillen. ‚Heut' noch nicht, die Tante ist noch zu Haus, man könnte uns überraschen, doch muß ich mich umkleiden, Sie aber treten solange in dies Kabinett, bis meine Toilette beendet ist.' Ich verstehe mich dazu, und sie schließt mich ein. Ich betrachte die Tür und bemerke eine kleine Spalte zwischen den beiden Flügeln. Ich steige auf ein Taburett, presse mein Auge an die Spalte und sehe Lia, die mir gegenüber auf einem Sofa sitzt, sich langsam entkleiden. Sie zieht ihr Hemde aus, nimmt eine neben ihr liegende Serviette und wischt sich den herrlichen Busen ab. Als sie die Beinkleider ausgezogen und ganz nackt dastand, fiel wie zufällig ein Ring zur Erde und rollte unter das Kanapee. Sogleich steht sie auf, blickt zur Rechten, zur Linken, bückt sich sodann, um unter dem Sofa zu suchen und muß, um dies zu können, niederknien und den Kopf senken. Als sie sich wieder auf das Sofa gesetzt hatte, bedurfte sie wiederum der Serviette, und nun trocknete sie sich abermals ab, so daß kein Teil ihres schönen Körpers ein Geheimnis für mein Auge blieb, das alle diese Reize gierig verschlang. Sie wußte, davon war ich überzeugt, daß ich alles gesehn, und erriet wohl, welchen Eindruck sie auf meine leicht entzündliche Natur gemacht."

Wie weit selbst Königinnen in der Koketterie gehen, dafür gibt Maria Antoinette von Frankreich, die Tochter Maria Theresias von Österreich, folgendes bezeichnende Beispiel. Der Busenausschnitt an den Kleidern der Damen des Hofes war dermaßen stark, daß die intimsten Feststellungen möglich waren und dementsprechend gemacht wurden. Die Büste Maria Antoinettens wurde von der Hofgesellschaft schwelgerisch als die schönste gerühmt. Maria Antoinette akzeptierte stolz diese Huldigung, indem sie von ihrem Busen einen naturgetreuen Abguß in einer wertvollen Masse herstellen ließ. Dieser Abguß wurde dann als Fruchtschale montiert und in einem Saal von Trianon aufgestellt. Die Gebrüder Goncourt haben die Abbildung dieser heute noch erhaltenen Fruchtschale in einem ihrer kostbaren Werke über die Gesellschaft des 18. Jahrhunderts vorgeführt.

Zweifellos wird beim Lesen solcher Beispiele mancher Leser den Einwand erheben, das seien Erscheinungen eines sinnlich korrupten Zeitalters, so etwas hätte aber keine Geltung mehr für unsere Zeit. Dem muß entgegengetreten werden, denn in der Sittengeschichte heißt Versteckspielen: Fälschen. Szenen, wie die von Pöllnitz und Casanova geschilderten, sind zweifellos feststehende Bestandteile der weiblichen Koketterie, es sind Methoden, die heute noch in allen Ländern begeisterte Vertreterinnen haben, natürlich nicht beim gewöhnlichen Volke; dieses hat keine Zeit für solche raffinierte Spielereien, dagegen blüht dieser Sport üppig bei der gesamten Lebewelt. Würde der Fall eintreten, was als Einzelfall ja nicht ausgeschlossen ist, daß irgend ein genialer Lebemann der Gegenwart unserer Zukunft intime Bekenntnisse im Stile Casanovas hinterließe, so kann man hundert gegen eins wetten: es würde sich zeigen, daß derartige Mittel und Formen noch heute in das Repertoire der Koketterie ge-

183. Französischer satirischer Kupferstich auf die Galanterie der Nonnen im 18. Jahrhundert. 1778

hören. Man braucht einen solchen Beweis aber gar nicht erst abzuwarten, sondern es genügt, wenn man als stiller und nüchterner Beobachter die Münchener, Berliner und Pariser Bals parés besucht: man wird Dutzende von Malen ungestört Szenen beobachten können, die von dieser Art Koketterie nicht allzuweit entfernt sind, und diese Szenen entwickeln sich in festlich beleuchteten Räumen vor aller Welt. Denn wenn sich die unternehmungslustige Koketterie auch in die Nischen zurückzieht, so macht doch der Zufall jeden Augenblick einen dritten, dem die Scherze gar nicht gelten, zum ungewollten Zeugen. —

Wie steht es nun mit der sittlichen Berechtigung dieser Faktoren? Auch die Beantwortung dieser Frage darf nicht umgangen werden, wenn man die Karikaturen, die uns von diesen Mitteln erzählen, richtig verstehen will.

Die stets einseitige und stets schablonenhafte Konvenienz hat das Wort Koketterie fast immer unterschiedlos mit Gefallsucht übersetzt und dementsprechend diese weibliche Eigenschaft verdammt. Demgegenüber ist mit aller Deutlichkeit hervorzuheben, daß die Koketterie sittlich durchaus berechtigt ist. Sie ist schon deshalb sittlich berechtigt, weil sie eben die notwendige und nicht ausscheidbare psychische Ausstrahlung der passiven Rolle der Frau im Geschlechtsleben ist.

Ganz das gleiche gilt auch vom Flirt als Bestandteil des sinnlichen Genießens, und vor allem von seiner spezifisch weiblichen Form. Aufgabe des kulturellen Strebens ist es, alle Lebensbetätigung aus der rohen Form, in der sie sich ursprünglich manifestierten, herauszuschälen und alles in seiner Art zu idealisieren, zum schönen und reichen Kunstwerk auszugestalten. Und das gilt nicht nur selbstverständlich, sondern sogar in erster Linie für die sinnliche Liebe. Das muß mit absoluter Unzweideutigkeit ausgesprochen werden. Wenn die zärtlich Liebende, sei es die Gattin, die Braut oder die intime Freundin, dem geliebten Mann durch kokette Spiele die besonderen Reize ihrer Person und

Alle werden hereinfallen!

184. Franzisko Goya. Spanischer satirischer Kupferstich

Französischer galant-satirischer Kupferstich nach einem Gemälde von Fragonard. 18. Jahrhundert

Ein Pariser Tee. Der gute Ton am Anfang des 19. Jahrhunderts
Französische gesellschaftliche Karikatur. Um 1805

ihres Körpers zum Bewußtsein bringt, und wenn sie den betreffenden dadurch zur Werbung und zu Wagnissen aufmuntert, wenn sie auf solche Weise ihr glühendes Verlangen nach seiner Umarmung oder ihr unaussprechliches Entzücken gegenüber seinen Liebesbezeugungen offenbart, wenn sie weiter die Zahl der sinnlichen Genüsse, die sie empfängt und bereitet, dadurch verhundertfacht, so kann dies alles nicht nur im höchsten Grade bezaubernd sein, sondern auch sittlich im vollsten Grade berechtigt. Und zwar eben als Ausdruck der Fähigkeit, die sinnliche Liebe aus der Sphäre des Bloß=Animalischen emporzuheben zu reineren und edleren Formen und Höhen. Man merke sich dabei gefälligst das alte Volkssprichwort: „Wenn Venus ihr Gespiel Grazie nicht hat bei sich, so ist sie ein Bauernmensch." Mit der Steigerung zum perversen Raffinement hat das natürlich nichts zu tun. Dagegen kann man bündig erklären, daß das Bestreben und das Vermögen, das Erotische aus der Sphäre des Nur=Animalischen emporzuheben, geradezu ein Bestandteil der persönlichen Sittlichkeit ist; und darum ist es auch eine der Kulturaufgaben in der Richtung einer höheren Zivilisation, immer mehr Menschen dahin zu bringen, in diesem Vermögen einen wichtigen Bestandteil des Lebensglückes zu erkennen.

Wenn sie gründlich gerupft sind, werden sie von dannen gejagt.
185. Franzisko Goya.
Spanischer satirischer Kupferstich

Wenn man die weibliche Koketterie und den Flirt im Prinzip für sittlich berechtigt erklärt, so ist damit freilich noch lange nicht gesagt, daß auch alle Formen sittlich berechtigt wären, zu denen die Frau greift, um den Zweck ihrer Werbungen zu erreichen. Die Mittel und Wege, die sie einschlägt, können tief unsittlich und verwerflich und für den geläuterten Geschmack im höchsten Grade abstoßend und empörend sein, und sie sind das auch zweifellos überaus häufig. Aber wenn es für die Frau leider eine soziale Notwendigkeit ist, die Formen der Koketterie und des Flirts zu steigern, um „gefunden" zu werden, d. h. um

Der Spiegel in Ungnade

186. Isaac Cruikshank. Englische Karikatur. 1805

den Konkurrenzkampf um den Mann siegreich zu bestehen, so ist es auch mehr eine Anklage gegen die fehlerhafte Form der Gesellschaftsordnung als ein persönlicher Vorwurf, der dagegen erhoben werden könnte.

Für die sittliche Qualifizierung der angewandten Formen ist viel weniger der Grad der Steigerung maßgebend als zahlreiche andere Umstände. Koketterie und Flirt können bis an die äußerste Grenze gehen und doch naiv und keusch — natürlich nicht in der muckerisch-unsittlichen Definierung des Wortes — bleiben, wie die schmucke Schweizer Liesel, die Vögel und sonstiges Getier, das da kreucht und fleucht, bei ihrem Tun belauscht, und als ihr Hansel kommt, da — zeigt sie ihm froh, „Wie sie's mache; Und wer lache Und mache's A so". Goethe hat diesen alten, naiven Volksliedgedanken in seinem köstlichen Schweizerlied zur ewigen Freude aller normalen Menschen ausgemünzt. Wenn eine Schauspielerin in einer übermütigen Szene eines Stückes in dem der Situation entsprechenden Übermut herumwirbelt, daß die Röcke fliegen, und es dabei einigemal zutage kommt, daß sie ein Paar Waden hat, die der liebe Herrgott gar wohl gedrechselt hat, so ist fürwahr kein Grund vorhanden, darob vor sittlicher Entrüstung Wutkrämpfe zu bekommen. Wenn aber dieselbe Schauspielerin in einem ernsten Stück, nehmen wir z. B. an: in Hebbels Maria Magdalena, in irgend einer Szene, wo sie Gelegenheit finden kann, im Vordergrund der Bühne zu sitzen, kokett ein Bein über das andere schlägt und dadurch dem ersten und zweiten Parkett Gelegenheit gibt, mit Muße intime Feststellungen über die Eleganz ihrer Dessous anzustellen, so ist das ein nicht allzu seltener Trick, aber trotzdem ein ganz infamer Zynismus. Wenn eine Frau mit raffinierter Berechnung die Sinnlichkeit aufstachelt, nicht um in der Auslösung des höchsten Elans eine der Glut ihrer Empfindung entsprechende Kraft beim Geliebten zu entfesseln, sondern einzig deshalb, um ihre sinnliche Reizwirkung materiell erfolgreich zu exploitieren, so ist das nichts Höheres als schmutzige Prostitution, und wenn das ganze Raffinement, das sie angewendet hat, einzig darin bestand, daß sie am Halsbund des Kleides einen einzigen Haken „zufällig" offen ließ.

Der Spiegel in Gunst
187. Isaac Cruikshank. Englische Karikatur. 1805

* * *

Der Koketterie und dem Flirt in jenen feinen Formen, die die Frau mit einem undefinierbaren Duft von ewigem Reiz und sich immer erneuernder Anmut umgeben, die sie gleichsam in eine zarte, durchsichtige und doch verschleiernde Wolke einhüllen, die man nicht zu fassen, nicht festzuhalten vermag, die aber doch die Sinne jedes für Schönheit und Harmonie empfänglichen Mannes in ihren Bann zwingt — diesen delikaten Formen, durch die die Frau ins Paradies der Liebe einlädt, und durch die sie sozusagen die Flügeltüren dazu selbst öffnet, und an denen nur der geschärfte Blick des „Kenners" das Bewußte und Beabsichtigte zu erkennen vermag, steht die Karikatur ziemlich oder, richtiger gesagt, gänzlich hilflos gegenüber. D. h. die Karikatur im streng sprachlichen Sinne des Wortes, die durch zeichnerisches Übertreiben das Bezeichnende betont. Das liegt auf der Hand. Das Wesen dieser, wenn man so sagen will, erstrebenswerten Formen der Koketterie und des Flirts ist die

Dezenz, das sorgfältige Vermeiden jeder Aufdringlichkeit, die Ausgeglichenheit, die Harmonie. Die innere Harmonie kann man aber nie mit Hilfe der äußeren Disharmonie karikieren, und das ist doch das Wesen der Karikatur. Unterstreicht die Karikatur die dezenten kleinen Mittel, z. B. die leichte Neigung in der Haltung, die für einen Augenblick gewisse schöne Linien bilden oder gewisse körperliche Schönheiten andeuten — nicht sie zeigen — soll, so erzeugt eben die Karikatur etwas, was nicht mehr das Wesen der feinen Koketterie ausmacht, sondern was das Gegenteil davon ist: das, wovon der feine Geschmack gerade wegstrebt. Ein Beispiel: Eine Frau von Geschmack wird jede provokatorische Geste beim unvermeidlichen Raffen des Kleides mit Geschick vermeiden. Die Karikatur dagegen, die auf das kokette Schürzen des Kleides hinweisen will, muß das Kleid möglichst hoch raffen lassen; wenn sie aber dies tut, schafft sie nicht eine Karikatur auf die feine Koketterie, sondern sie kennzeichnet jene plumpen Formen, von denen man sagt, daß sie „aufs Ganze" gingen. Den feinen Formen der Koketterie vermag man höchstens mit dem feingeschliffenen Wortwitz beizukommen, eine solche Art zeigt z. B. das hübsche Blatt von Schlittgen „Verschnappt". Er, der Gatte, kann gar nicht begreifen, wozu sie so viel Geld für Schönheitsmittel ausgibt, „die nützen ja doch nichts". Aber ihre Antwort kann triumphierend lauten: „Hast du mich denn schon ohne diese Mittel gesehen?" Wie kann er beurteilen, was ihr alleiniges Geheimnis ist? (Bild 239.) Die feine weibliche Koketterie ist ein überaus zarter Falter, der mit größter Behutsamkeit gefaßt werden muß; und dazu haben die meisten Satiriker viel zu klobige Finger. Andererseits ist es eine viel zu komplizierte Materie, als daß sie von der Masse verstanden und begriffen werden könnte; sie lockt somit nicht.

Ein ganz ander Ding ist es mit den handgreiflichen Formen, den ostentativen Posen „der schönen Linien", den ostentativen Dekolletierungen. Hier war es für die Satire stets überaus leicht, anzugreifen, denn die handgreiflichen Formen wirken doch stets wie ein Reklameschild, das ausgehängt ist, den Dümmsten anzulocken. Und die satirische Behandlung dieser Dinge war auch zu allen Zeiten überaus dankbar, gehört doch dieses Gebiet zu denen, wo sich am bequemsten das vorteilhafte Rezept „zeiget die Wollust, doch malet den Teufel daneben" anwenden läßt.

Die Mühen, die von der Frau unausgesetzt auf das „schön sein" verwendet werden, die ständige Kontrolle ihrer äußeren Erscheinung durch den Spiegel, als der oberste und wichtigste Beweis der weiblichen Eitelkeit, bildet die häufigste Note in der Satire, das gilt sowohl von der Literatur als auch von der gezeichneten Satire.

„Derweilen sie die Spiegel nicht allein im Beutel täglich bei sich tragen, sondern auch in den Büchern Spiegel haben, die sie mit sich in die Kirche nehmen, und wenn man meinet, sie lesen, und sind sehr andächtig, so schauen sie sich und andere im Spiegel."

So heißt es in einer Satire „Der Hoffartsteufel" aus dem 16. Jahrhundert. Dieser Gedanke kehrt in der satirischen Literatur hundertfach wieder. Ist man nicht

188. Isaac Cruikshank. Englische Karikatur. 1793
Ein Blick auf die Bond-Street oder die Arbeit der Bummler

Die drei Grazien in Hosen
189. Französische Karikatur. Um 1812

schön, so ist selbstverständlich nur der Spiegel schuld. In der Jungfernanatomie heißt es:

> Sie wollte nur die Schuld beim armen Spiegel suchen,
> Der Spiegel sey nicht gut; Sie machte tapffer aus,
> Die aus Venedig uns die Spiegel schicken raus.

In der gezeichneten Satire fehlt der Spiegel natürlich auch nie, um die kokette Eitelkeit der Frauen zu charakterisieren; das belegen die meisten der in diesem Kapitel enthaltenen Blätter; der Spiegel ist scheinbar der Mittelpunkt jeder Wohnung. Sie sitzen ununterbrochen vor dem Spiegel (Bild 187), sie tragen ihn in der Hand (Bild 2) oder werfen zum mindesten bei jeder sich bietenden Gelegenheit einen flüchtigen Blick hinein. Vor ihm sitzen sie stundenlang, um ihre Schönheit auffälliger zu machen, und vor allem, um die Mängel zu retouchieren und die erbarmungslos sich einstellenden Spuren des Alters zu tilgen (Bild 176). In müßigen Stunden weiß die eitle Schöne keine angenehmere Unterhaltung, als ihre Schönheit immer wieder kokett von neuem zu bestaunen und sich dabei in sich selbst zu verlieben. Neugierig probt sie Änderungen in der Frisur, behängt sich mit glitzerndem Schmuck, mit Ketten, Armbändern, Bracelets, Broschen (Bild 206), ebenso prüft sie Bänder, Tücher, Spitzen auf ihre verschönende und hebende Wirkung. Sie kontrolliert vor dem Spiegel die schöne Linie einer bestimmten Haltung, die Eleganz ihres Armes und ihrer Hand, die plastische Wölbung ihres Beines (Bild 187) usw. Wenn sie sich völlig ungestört weiß, dann dehnt sie ihre kokette Neugierde sogar bis auf die allerintimsten Reize ihres Körpers aus. In der intimsten Toilette, in den pikantesten Posen stellt sie sich vor den Spiegel (Bild 201—204), und die verwegensten Gedanken blitzen ihr dabei durch den Sinn: „So sollte er dich sehen", „so will er dich sehen", „so wird er dich sehen", „so hat er dich gesehen" usw. usw. Keinen intimen Reiz, keine besondere Schönheit ihres Körpers gibt es, den die Kokette nicht Dutzende von Malen schon im Spiegel beschaut und geprüft hätte, und das bei jeder Gelegenheit.

Vor allem die Schönheiten ihres Busens prüft sie. Vor einer Stunde ist ein bewunderndes Wort über die Schönheit ihrer Büste an ihr Ohr geklungen, ein Vorübergehender hat es seinem Begleiter zugeflüstert, jetzt ist sie beim Toilettenwechsel in ihrem Schlafzimmer, immer noch klingt das Wort in ihrem Ohre, und sie prüft seine Wahrheit kokett und selbstgefällig an der Wirklichkeit nach. Noch verliebter als zuvor ist sie in ihre jungfräulichen Reize. So zeichnete Rops die lüsterne „Selbstgefälligkeit" des Weibes (Bild 225). Man kann dieses Bild natürlich auch noch anders interpretieren. Die Selbstgefälligkeit ziert aber nicht nur das Weltkind, das vor der herrschenden Moral, die die Frau zum Genußobjekt stempelt, ein Recht darauf hat, — auch die junge, schöne Nonne des 18. Jahrhunderts verbringt manche Viertelstunde damit, kokett die Pracht ihres Busens im Spiegel zu bewundern, und sie ist sicher innerlich sehr befriedigt darüber, daß der junge Beichtvater des Klosters einmal zum Zeugen ihrer koketten Spielereien geworden ist (Bild 181).

Für die Satire bot natürlich die alte Kokette, die durch tausend Künste die Jugend mit ihren Reizen zurückzaubern will, die der Zeit das kategorische „Stehe still!" aufzwingen will, die geeignetsten Angriffspunkte. Der Franzose satirisiert die Koketterie der alten Frauen galant „C'est de la moutarde après le dîner" — der Senf, der erst nach dem Diner serviert wird. Der Deutsche ist wesentlich weniger

Die vorgetäuschte Ohnmacht

190. Franzisko Goya. Spanische Karikatur auf den raffinierten Flirt

geistreich, er nennt solche Frauen „Übertünchte Gräber". Moscherosch gibt von der alten Kokette die folgende hanebüchene Analyse, die an Deutlichkeit wahrlich nichts zu wünschen übrig läßt:

„... wann du sie aber in ihrem Wesen recht anschauen und betrachten solltest, wirstu nichts als Pflaster und Lumpen an ihr finden. Und nur ein wenig sie zu anatomieren und in Stücke zerlegen. So sind erstlich die Haare nicht ihre eigene Haar, sondern sie kommen aus dem Kramladen, vielleicht von einer, deren der Schädel abgeschlagen worden: von dieser elenden mit Eisen und Zangen gemarterter Haare gebraucht sie sich, weil die ihrige, entweders durch einen bösen Frantzösischen Lufft ausgefallen, oder doch, wann sie noch etliche deren hat, aus Forcht ihr Alter dadurch verrathen wirde, dieselbige nicht darf sehen lassen. Wann keine Schwärtze wäre, so hätte sie auch keine Augbrauen, supercilia protulit de pixide. Wann das Geschmink nicht wäre, so hätte sie weniger Farb als ein Jud. Sie ist ein alter Götz mit distillirten gebrannten Mercurialischen giftigen Wasseren verjüngert: welche so du anhauchen oder mit einem feuchten Leinwand angehen solltest nichts als ein abscheuliche, förchterliche Gestalt sehen, und nicht mehr kennen wirdest ... Und wann das Geschmünck alles als Zibet, Bisam, Balsam, Haarpulver, poudre de Cypre, Hurenpulver (dann Venus ist ein Hur gewest), bisamirte Handschuh, Strümpf und anderes nicht wären, wirdestu die Nase bald mit einem Schnupftuch wegen des vielen Geruchs und Gestancks verbollwerken müssen ... Solltestu sie einmal küssen, du wirdest die Leffzen und Wangen mit feißte und schmutz dermaßen besudeln, als ein Kuttelfeger am Bubeneck. Solltestu sie umbfangen und be=

Die drei Grazien im Winde

191. James Gillray. Englische Karikatur

Ein Blick am Ufer der Themse

192. Thomas Rowlandson. Englische Karikatur auf die Prüderie

greiffen, du wirdest nichts als Karten=Papier, groben Zwilch und Lumpen finden, mit welche allem ihre Schnürbrüste, Brusttücher und Röcke gefüllet sind, damit sie dem verstelten Leib irgend ein An= sehen und Gestalt geben möchte ... Gehet sie dann Schlafen, so lasset sie auf dem Tisch den besten Teil ihres Leibs, nemlich die Kleider liegen ... Um mit einem Wort den Ausschlag zu geben, so wisse, daß der größere Teil der Weiber nichts anders, als mit Stolz bekleidete und mit Falschheit gefütterte Thiere sind ..."

Für die gezeichnete Satire war der Widersinn des Gebarens der alten Kokette ebenso dankbar, er ließ sich zeichnerisch ebenso augenfällig demonstrieren. Darum hat dieses Motiv auch zahlreiche der größten Künstler gereizt; als glänzendstes Beispiel sei „Die alte Kokette" von Rubens genannt (siehe Beilage). Selbstverständlich wird es den vereinten Bemühungen gelingen, sie wenigstens in den Augen der Unwissen= den für einige Stunden als „eine Frau in den besten Jahren" erscheinen zu lassen.

27

Ein Seitenstück zu Rubens bietet der elegante Ch. Coypel in dem fein durchgeführten Kupfer „Die Torheit schmückt das verwelkte Alter mit den Attributen der Jugend" (Bild 180). Ein weiteres Seitenstück ist „Die Ergänzung entschwundener Reize" von dem Augsburger Göz (Bild 176). Auch die in jedem Strich groteske Radierung „Das Geburtstagskind" von Rowlandson, eines der hervorragendsten Blätter des Künstlers, gehört hierher (siehe Beilage). Daß, wenn alle Mühe umsonst ist, der Spiegel die Schuld trägt, das hat die Karikatur ebenfalls illustriert (Bild 186).

Rubens, Coypel, Rowlandson und überhaupt die meisten, die diesen Stoff zeichnerisch behandelten, stellten neben das verwelkte Alter, das alle Künste des Raffinements entfalten muß, um auch nur den bescheidensten Reiz vorzutäuschen, mit Vorliebe die blühende Jugend, die gar keiner künstlichen Mittel bedarf, die jeden Schmuckes zu entbehren vermag, um wie ein goldener Frühlingstag zu wirken. Da dies immer die Dienerinnen sind, die durch natürliche Schönheit abstechen, so ist man häufig versucht, eine soziale Note, das Aschenbrödelmotiv, gleichzeitig mit herauszuhören, aber

Böse Gedanken
193. Franzisco Goya. Spanische Karikatur

man tut in den meisten Fällen gut daran, darin nur ein kompositorisches Hilfsmittel des Künstlers zu erblicken, um durch die grelle Kontrastwirkung den höchsten Effekt zu erzielen. Das gilt sicher für die Mehrzahl dieser Blätter, aber doch nicht für alle. Auf keinen Fall gilt es z. B. für das kostbare Blatt von Debucourt „Die kokette Mutter und ihre Töchter". Hier ist der Grundgedanke der, daß die natürliche Schönheit, die durch sich allein berücken würde, verurteilt ist, im Dunkel zu bleiben, damit den gekünstelten und überreifen Reizen der immer noch abenteuerlustigen Mama keine unwiderstehliche Konkurrenz erwachse. Sie, die erfahrene Kokette, weiß:

Der indiskrete Zephir oder die Genüsse der Rutschbahnen
194. A. Gaudissart. Französische Karikatur. 1815

wenn das unscheinbare Busentuch von den Schultern ihrer blühenden Töchter fällt, dann wird kein Blick mehr den „schaukelnden Morästen" zuteil, die jetzt noch von den Blicken ihres Galans lüstern verschlungen werden (siehe Beilage). Das Treffende dieser ausgezeichneten Satire bemühen sich heute noch tagtäglich alle jene Frauen zu erweisen, die ihre heranwachsenden Kinder ängstlich vor den Blicken der Gesellschaft verbergen, um richtigen Schlüssen auf ihr Alter vorzubeugen. Hierher gehört auch eine andere Seite der Koketterie der verheirateten Frauen, die zu den wichtigsten gehört, obgleich die allermeisten Satiriker achtlos daran vorübergegangen sind. Thomas Theodor Heine macht davon eine Ausnahme, und genial ist seine Lösung: Die Hausfrau; so kleidet sie sich für ihren Gatten (Bild 228), so, wenn Besuch kommt (Bild 229). Für den Gatten zeigt sie sich schlampig, verwahrlost, abstoßend, kurz, sie zeigt sich ihm im Glanze ihrer negativen Reize; das kleine Töchterchen bietet dasselbe Bild. Ganz anders, wenn Besuch kommt: da ist sie sauber und appetitlich, und auch hier ist das Töchterchen das getreue Ebenbild. Dieses geniale Blatt von Heine hellt blitzgleich eine Untiefe auf, in der das Glück so vieler Ehen unrettbar untergeht: Für ihn sich putzen? Wozu denn? Ihn hat sie ja doch? Um ihn braucht sie doch nicht mehr zu werben und zu buhlen? Nein — ihn hatte sie höchstens.

Das tragische Geschick, das das alte und reizlose Mädchen oder die notorisch Häßliche zur verspotteten Koketten macht, ist in dem anonymen „J'aspire, aussi, moi" (Bild 195) behandelt. O ja, auch sie atmet, d. h. mit anderen Worten: auch sie hat ein Recht zum Leben, auch wenn sie von der Natur vernachlässigt ist, auch wenn

195. Französische Karikatur auf die alte Kokette

sie alt ist. Und da der Mann nicht nach verwelkten oder verkümmerten Blumen greift, sondern nur jenen Beachtung schenkt, deren Reize ihm sinnliche Sensationen versprechen, so borgt sie sich diese Reize, um sie vorzutäuschen. Im Bild unterscheidet sich dieses Blatt nicht von solchen wie dem von Göz (Bild 176). Die Unterschrift aber stempelt es anders, sie macht aus dem verächtlichen Hohn auf die Gefallsucht der Alten eine Tragödie, eine Anklage; im wirklichen Leben ist die Koketterie der Alten meistens eine Tragödie. Die soziale Notwendigkeit der Koketterie für so viele Frauen illustriert Cham in dem Blatt „Am Strande". „Aber wie kannst du dich so benehmen?" fragt tadelnd die Freundin einer Dame, die ihre plastischen Reize provozierend den am Strand herumlungernden Herren zur Schau stellt. Die Antwort der Getadelten ist überzeugend: „Aber was bleibt einem denn anders übrig, wenn man keine andere Mitgift hat, als das?" Darum verzichtet sie auch im Badekostüm nicht auf die Mittel, die die Mode ersonnen hat, um gewisse körperliche Vorzüge zu heben (Bild 218). —

Jenen derben, urkräftigen Formen der Koketterie, wie sie uns in den Volksbelustigungen des 15., 16. und 17. Jahrhunderts entgegentreten, in den ausgelassenen Tänzen usw., begegnet man in der Karikatur ziemlich selten. In der Karikatur jener Zeit spielt die Einzelfigur die Hauptrolle, Massendarstellungen kamen erst viel später auf. Und was das Entscheidende ist: als Ausdruck der allgemeinen Volkssitte wurden diese Dinge viel mehr verherrlicht oder als natürlich angesehen, als satirisiert, letzteres blieb meistens den des Wortes mächtigen priesterlichen Sittenpredigern vorbehalten. Erst als das moderne Bürgertum den Überschwang seiner Kraft in ähnlichen Formen austobte, fanden sich die kennzeichnenden Karikaturisten, das gilt z. B. von dem englischen Bürgertum des 18. Jahrhunderts; dessen urwüchsige Formen in der

Koketterie und im Flirt kann man heute noch in einer großen Zahl Blätter eingehend studieren. Eine charakteristische Probe gibt das groteske Blatt „Bäuerliche Scherze" von Rowlandson (siehe Beilage).

Die feineren Formen des Retroussé als Hilfsmittel der Koketterie kann man dagegen in ihren Hauptphasen deutlich in der Karikatur verfolgen. Aus dem 17. Jahrhundert besitzen wir verschiedene Karikaturen, die gerade in dieser Richtung interessant und bezeichnend sind (Bild 6). Noch mehr besitzen wir aus dem 18. Jahrhundert; sie illustrieren es uns, mit welchem Eifer die Frauen bestrebt gewesen sind, die Schön-

A MAIDEN AUNT SMELLING FIRE.

(Eine alte Schachtel wittert irgendwo Feuer)

196. Thomas Rowlandson. Englische Karikatur. 1812

Koketterie auf dem Dorfe
197. Englische Karikatur. 1815

heit ihres Beines an den Tag zu bringen. Jede Mutter, die weiß, wie groß die Macht ist, die ein schönes Bein im Reiche der Liebe hat, gibt der Tochter frühzeitig die entsprechenden Lehren: „Merk dir das eine — immer recht straff!" Diese Grundbedingung für die vorteilhafte Wirkung des Beines, die Goya zum Motiv einer seiner wunderbaren Radierungen, der berühmten Caprichos, verwendete (Bild 15), gab Hunderten von Frauen immer wieder Gelegenheit, das locker gewordene Strumpfband zu befestigen, den lose gewordenen Strumpf von neuem straff zu ziehen und so dem des Weges Kommenden die Möglichkeit zu geben, seine Neugierde mit Muße zu befriedigen, oder es war ihr eine günstige Gelegenheit, auf diese Weise mit einem bevorzugten Hofmacher zu flirten (Bild 179). Zeigt die französische Karikatur gemäß ihrem galanten Charakter mit Vorliebe die Intimität, so zeigt die englische Karikatur ebenso folgerichtig die Anfänge der heutigen Methode, „die öffentliche Wadenprozession" zur Befriedigung der erotischen Neugier aller Männer (Bild 188). Als die Galanterie des 18. Jahrhunderts in den dreißiger Jahren des 19. Jahrhunderts seine Kopie erlebte, hatte die Karikatur natürlich dieselben Methoden der Koketterie und des Flirts zu registrieren. Sie ist mit ihrem Liebhaber spazieren gegangen, man hat geschäkert, ist gehüpft und gesprungen, da hat sich das Schuhband gelöst. Ist das nicht ein vortrefflicher Anlaß, ihm die Bereitwilligkeit zum pikantesten Flirt anzudeuten? „Artig sein!" droht sie ihm zwar schalkhaft mit dem Finger, aber sie weiß, daß er nicht so dumm sein wird, ihre Worte zu befolgen und ihren stummen Lockungen zu widerstehen, nachdem sie ihm so galant beim Knüpfen ihres Schuhbandes behilflich ist, daß sie ihr Kleid sogar bis über das Knie emporgeschürzt hat (Bild 205). Daß er „unartig" war, das hat Maurin in einem Blatt illustriert, das nur für die Gourmands bestimmt war, und das heute ebenso von der öffentlichen Reproduktion ausgeschlossen ist.

So groß die Zahl dieser Blätter aus der Vergangenheit ist, so ist sie nicht nur positiv, sondern auch relativ gering gegenüber der Rolle, die das Retroussé in der Karikatur der Gegenwart spielt. Von der modernen leichtgeschürzten Karikatur kann man ohne jede Übertreibung sagen, daß sie seit den sechziger Jahren mindestens die Hälfte ihrer Motive und Anregungen diesem Stoffgebiet entnommen hat. Mindestens die Hälfte aller Witze und Illustrationen der schmierigen Boulevardpresse aller Länder ohne Ausnahme bezieht sich auf die Waden der Frauen, auf die schönen Aussichten, die das unumgängliche Raffen der Kleider den Blicken der Männer auf der Straße unausgesetzt eröffnet. Diese ewige Prozession von hochgerafften Röcken, drallen Waden, pikanten Spitzenhöschen usw., die Woche für Woche, Tag für Tag in endlosem Zuge in Hunderten von Witzblättern an unseren Blicken vorüberzieht, ist nicht nur geschmacklos und empörend, sie ist auch ein tieftrauriges Beweisstück geistiger Bedürfnislosigkeit. Aber so

Bei der Abendtoilette
198. Französische Karikatur auf die künstlichen Busen, Waden usw.

Bei den Modistinnen
199. Henri Monnier. 1828

widerwärtig dieses Schauspiel auch ist, so ist doch kein Zweifel, daß sich darin nur die gegenwärtige Haupttendenz der weiblichen Koketterie kraß widerspiegelt. —

Die künstlichen Verschönerungsmittel, das Schminken, das Pudern und die Schönheitspflästerchen haben eine ganze Reihe der heftigsten satirischen Angriffe gezeitigt, vor allem in der literarischen Satire. Logau, Deutschlands mutiger Epigrammatiker, hat von dem modischen Schminken und Pudern des Busens gesagt:

> Zuckeräpfel sind zum Schälen in gefärbtes Wachs bekleidet,
> Evenäpfel sind zum Locken oft mit Bleiweiß überkreidet.

Dem jungen Ehemann gibt der preußische Hofdichter Besser für den Hochzeitstag den folgenden wohlmeinenden Rat:

> „Kommt endlich nun die Zeit, daß in der Nachtkornette
> Sie sich zum Schlafe schickt, so eile nicht zum Bette;
> Wart erst, mein lieber Mann, bis deine schöne Frau
> Die Farben ihrer Haut dem Nachttisch anvertrau',
> Bis sie die Lilien und Rosen ihrer Wangen
> Der Wäscherin geschickt, in Tüchern aufgefangen,
> Die zwar den ganzen Tag ihr Angesicht geputzt,
> Nun aber auf einmal vier Tücher eingeschmutzt.

Die kokette Mutter und ihre Töchter
Französische Karikatur von Debucourt. Um 1815

Sie (sich zierend): Aber Herr Viktor ... lassen Sie doch ... Sie sind ja der reinste Casanova ...
Bedenken Sie doch, wir sind allein! ...
Der Gymnasiast (für sich): Um so besser! Jetzt riskiere ich alles ... ich küsse ihr die Hand ...

Das galante Debut

Französische Karikatur von Honoré Daumier. 1850

Die Schönheitspflästerchen wurden verhöhnt, indem man zynisch auf den oben genannten Zweck, die Spuren galanter Abenteuer zu verdecken, hinwies. Von anderen wurden sie die Aushängeschilder der Wollust genannt. Die Frauen wollten damit den Männern nur andeuten, daß man bei ihnen nicht vergeblich anklopfe. Hoffmannswaldau dichtete in diesem Sinne:

Was pflegst du noch mit schwartzen Flecken,	Und bist ein öffentliches Haus,
Mit Mouchen dein Gesicht,	Wo alles kann logieren;
Schwarze Chloris, zu bedecken?	Und um die Gäste zuzuführen,
Du hast die Tugenden verpachtet	Steckst du gewiß allhier die Zeichen auß.

Karikaturen auf diese künstlichen Verschönerungsmittel sind verschiedene der obengenannten Blätter (Bild 176 u. 180).

Zu den künstlichen Mitteln der Koketterie gehören selbstverständlich auch die falschen Busen, die falschen Waden, die falschen Globes d'arrière. Wenn es heute die Kunst der Korsettfabrikanten ist, die plastische Wirkung einer schönen Büste und „ihrer erfolgreichen Konkurrenten" verblüffend vorzutäuschen, so reichten die dazu verwendbaren Hilfsmittel in jenen Zeiten nicht aus, wo die Koketterie die gesamte Frauenkleidung auf einen einzigen durchsichtigen Schleier reduzierte. Das war also vom Ausgange des 18. Jahrhunderts bis etwa um das Jahr 1815—1818. In diesen

Windstöße

200. M. Marigny. Französische Karikatur. 1827

„So sollte er dich sehen!"

zwanzig Jahren mußte die Natur teils in Wachs, teils in feingetöntem Leder täuschend nachgebildet werden. Der Gebrauch dieser erborgten Reize hat eine ganze Reihe von Karikaturen gezeitigt, die die tägliche Entwicklung „der Larve zum Schmetterling" und die ebenfalls tägliche Rückentwicklung zur Larve satirisch illustrierten. Eine mehr realistische als anmutige Probe dieser vielbelachten Karikaturen gibt das anonyme Blatt „Bei der Abendtoilette" (Bild 198). —

Wenn es schon in den allgemeinen Darstellungen schwer ist, die Grenzlinie so klar zu ziehen, daß sich die Koketterie klar vom Flirt scheidet, so ist das bei der Karikatur noch viel schwerer zu trennen. Eine ganze Anzahl der schon besprochenen Blätter können in den Rahmen des erotischen Genießens, also des Flirts, einbezogen werden, andererseits können verschiedene der noch zu besprechenden Blätter ebenso leicht in dem Rahmen der Koketterie untergebracht werden.

Flirt ist selbstverständlich nur ein modernes Wort für eine alte Sache, oder noch genauer: für die älteste Sache von der Welt. Aber wenn man im 15. und 16. Jahrhundert auch genau so geflirtet hat wie heute, so fehlte doch den Alten mit ihren einfach gegliederten Vorstellungen und Begriffen die Fähigkeit, zu differenzieren, sie verfügten auf fast allen Lebensgebieten nur über allgemeine Sammelbegriffe. Aus diesem Grunde kannten sie auch für die verschiedenen Formen des sinnlichen Genießens keine besonderen Kate-

„So will er dich sehen!"
201 u. 202. Bouchot. 1830

gorien. Auf dem Gebiete der Sinnlichkeit kannten sie neben der erlaubten, aber im Wesen überaus eng umgrenzten ehelichen Liebe nur einen Begriff: den der Unkeuschheit. Darunter wurde alles zusammengefaßt und alles verurteilt, was in sinnlichen Dingen außerhalb des Ehebetts geschah; und wohlgemerkt: das Wort wurde in seiner buchstäblichen Bedeutung aufgefaßt. So gebot es der einfache Moralkodex, der offiziell jede Verfeinerung verpönte und auch für die Ehe nur das Wesentliche, die animalische Erfüllung des Geschlechtstriebes, als zulässig erklärte. Jede Form des Werbens war gewissermaßen „unkeusch", d. h. also unmoralisch. Über das Gebaren des sinnenkräftigen Ehemanns, der keck mit seiner Eheliebsten schäferte, wie über den zärtlichen Bräutigam oder Liebhaber, der sich unternehmend gebärdete, schrieb der Moralprediger ohne Unterschied das verdammende Wort: „unkeusch". Im wirklichen Leben strebten natürlich die meisten über die engen Schranken des Moralkodexes hinaus.

„So wird er dich sehen!"

Direkte Karikaturen auf den Flirt konnte es bei diesen Vorstellungen somit in jenen Zeiten nicht geben, sondern nur allgemeine Karikaturen auf die Unkeuschheit. Solche entstanden denn nun freilich in allen Ländern in ganz außerordentlich großer Zahl. Interessante Proben zeigen die Bilder 4, 6, 163, 166, 168, 172 und die farbige Beilage „Die ungleichen Liebhaber". Von den erschienenen Blättern, die sich auf die „Unkeuschheit" beziehen, lassen sich zweifellos eine ganze Reihe als Karikaturen auf das ansehen, wofür

„So hat er dich gesehen!"
203 u. 204. Bouchot. 1830

„Aber artig sein!"
205. Nikolaus Maurin. Französische galant-satirische Lithographie. 1830

wir heute den Begriff Flirt anwenden. Jedoch die Mehrzahl wendet sich gegen das, was eben mehr als Flirt sein soll, und zwar deshalb, weil die einfache Logik jener Zeit nur das Endziel begreift und ihr andere Formen des sinnlichen Genießens als Selbstzweck ganz unverständlich sind; sie folgerte: wer A und B sagt, sagt auch 3 — die Jungfer oder Hausfrau, die verliebten Scherzen ihr Ohr leiht, öffnet dem Buhlen auch des Nachts die Kammertür —, und wenn es einmal nicht bis zum 3 kam, so war das nach ihrer Logik höchstens irgend welchen Zufällen zuzuschreiben. Daß im A, B und C sich das sinnliche Genießen, der beabsichtigte Zweck erschöpfen könnte, das war zu kompliziert, um es prinzipiell anzuerkennen. Indem man sich also über die ersten Stationen sittlich entrüstete und sie satirisch verurteilte, wollte man damit überhaupt das Endziel treffen. Das gilt für die gesamte Karikatur bis tief ins 18. Jahr-

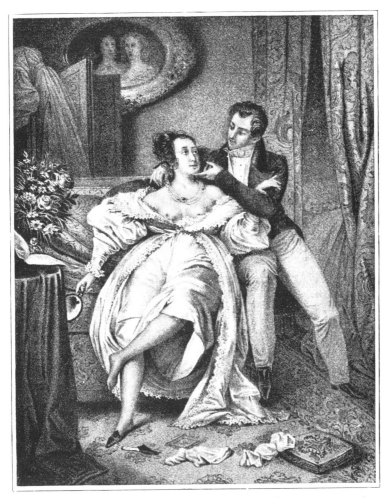

Wie wunderbar mir das steht! Du wirst mit mir heute in die Oper gehen!
206. Nikolaus Maurin. Französische galant-satirische Lithographie. 1830

hundert herein, und von hier ab bis in die zweite Hälfte des 19. Jahrhunderts immer noch für die ausschließlich volkstümliche Karikatur.

Das Zeitalter der Galanterie, d. h. jene exklusiven Kreise, die die galante Lebensphilosophie umspannte, zeigt die ganz entgegengesetzte Auffassung: Hier wurde jeder einzelne Bestandteil des sinnlichen Genießens mit Raffinement zum Selbstzweck erhoben. Naturgemäß. Die Frau als Geschlechtswesen sitzt in dieser Zeit auf dem Thron, ihre Koketterie ist das Mittel, mit dem sie regiert und herrscht; der Flirt, den sie treibt und gestattet, ist die Belohnung, die sie gewährt und der Dienst, den sie vom Manne verlangt. Galanterie ist aber nicht nur die Formel für Qualität, sondern ebensosehr für Quantität. Extrem ausgedrückt, bedeutet das nichts anderes als: jede Frau flirtet mit jedem Mann und jeder Mann mit jeder Frau.

Aus diesen Gründen feierten in dieser Zeit und in diesen Kreisen die Koketterie und der Flirt ihre tollsten Orgien, und darum hat diese Zeit einen Reichtum an künstlerischen Kostbarkeiten auf diesem Gebiet hervorgebracht, der in der Geschichte beispiellos dasteht; natürlich auch inbezug auf den Grad des Raffinements. Der Flirt ging naturgemäß bis an die äußerste Grenze. Eine solche weite Grenze war es z. B., den Freunden zu gestatten, der intimen Toilette beizuwohnen, was selbstverständlich gleichbedeutend damit war, den Begünstigten gewisse Reize in galanter Weise sehen zu lassen. Bemerkungen wie: „Ich hatte Gelegenheit, mit Muße ihren wunderbaren Busen zu betrachten, da sie sich stellte, als wisse sie gar nicht, welche Schätze sie meinen Blicken preisgab", finden sich zu Hunderten in der zeitgenössischen Memoirenliteratur. Das galant-satirische Modeblatt „La brillante Toilette de la Déesse du Gout" ist sowohl bildlich als textlich für diese galante Sitte charakteristisch: „Puis qu'il peut sans rougir observer tour à tour Ces trésors enchanteurs, destinés à l'amour" (Bild 7). Aber wenn das auch nach unseren heutigen Begriffen von Sittlichkeit schon eine ungeheuerlich weite Grenze ist, so ist es für die damaligen Begriffe doch noch lange nicht die äußerste Grenze des Flirts gewesen, und nicht wenige hatten Lust, soweit zu gehen. Bei der erlaubten Anwesenheit eines Freundes konnte man eine gewisse Grenze nicht überschreiten, ganz anders war es, wenn man allein war. Das führte zum raffinierten Arrangement von Überraschungsszenen. Die Überraschungsszenen boten der Pikanterie die dankbarsten Stoffe; denn überraschen, belauschen, beobachten kann man eben das Allerintimste. Die gewagtesten Situationen sind damit gegeben; jede Art von pikanter Unordnung der

Träumerei

207. J. E. Wilson

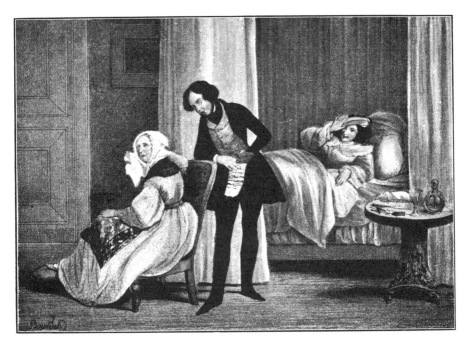

„Beruhigen Sie sich, die Operation ist ganz ungefährlich, aber ich fürchte Ihre Aufregung, darum müssen Sie sich auf Ihr Zimmer begeben und mich ungestört lassen; ich werde Sie rufen sowie ich fertig bin."

208. Bourdet. Galante französische Karikatur. 1832

Kleider, der Wohnung, und das in allen Steigerungen: Bei der Toilette, im Bett, im Bade, beim traulichen Geplauder mit der gleichgesinnten Freundin, oder bei gewagten galanten Scherzen eines begünstigten Liebhabers. Es gibt kein Ende, denn bei allem kann man überraschen; und jede hübsche Frau läßt sich gern überraschen, so zischelte schäfernd die Zeitmoral: Die junge schöne Mutter, wenn sie das Mieder öffnet, um dem zappelnden Kindchen die strotzende Brust zu reichen, die Kokette bei ihrer intimen Toilette, die Raffinierte bei noch viel intimerem Tun. In einer Sittenschilderung aus dem 18. Jahrhundert heißt es über die Engländerinnen: „Die jungen Frauen haben es nie so eilig, ihre Kleinen zu stillen, als wenn galanter Besuch dem Hause naht, sie können dadurch ihre schöne Brust zeigen, und sie sind nicht beleidigt, wenn sie sehen, daß der Besuch nur dafür Augen hat."

Für die galante Kunst bot der Trick der Überraschungsszenen, die scheinbar ungewollte Preisgabe intimer Reize, natürlich die dankbarsten Motive. Als klassische Probe dieser Art sei der berühmte galant=satirische Kupfer „Die gefällige Kammerzofe" von Schall an= geführt. Sie mimt die Spröde, vergeblich hat der galante Freund geworben und gebettelt, die Schönheit der angebeteten Frau einmal schauen zu dürfen, er kann sich nicht des geringsten Vorrechtes rühmen. Aber wozu gibt es denn gefällige Kammerzofen? Einige Louisdor, und alle seine Wünsche gehen in Erfüllung, kühner und einfacher, als er es je gehofft hat. Er braucht nur zu einer genau bestimmten Minute auf die Türklinke zu drücken, und seiner Neugierde wird sich bei einer bestimmten Gelegenheit der letzte Wunsch erfüllen. Und so kommt es denn auch, denn die schöne Marquise hat getan, als bemerke sie es nicht, daß die Zofe es diesmal unterlassen hat, die Türe sorgfältig zu schließen. Das ist der ungefähre Sinn dieses berühmten Kupfers, der nicht allein in Frankreich, sondern in allen Ländern den größten Beifall gefunden hat, was ein kostbarer englischer und ein schlechter deutscher Nachstich zur Genüge beweisen. Durch das scheinbar Unfreiwillige auf Seiten der Frau erhält hier wie überall die Darstellung ihren pikantesten Reiz (siehe Beilage). Ähnlich raffiniert ist der Gedanke des berühmtesten aller galant=satirischen Stiche des 18. Jahrhunderts „Die glücklichen Zufälle der Schaukel" von Fragonard. Die schöne kokette Frau ist heute in übermütiger Laune, sie will schaukeln. Wie reizend wäre das, sich keck durch die Lüfte schwingen zu lassen, bis hinauf zu den Ästen! Ihr Wunsch ist dem galanten Gatten Befehl, wenn es ihm in seinem Alter auch Mühe macht, und er wiegt sie in den Lüften, erst langsam und bedächtig, dann allmählich immer höher und höher. Und je höher die Schaukel sie trägt, um so fröhlicher, um so übermütiger und ausgelassener wird sie. Sie hat längst alles ringsum vergessen, die ganze Welt, die unter ihr ist; harmlos wie ein Kind schwelgt sie in diesem Vergnügen ... Ach nein, sie hat gar nichts vergessen, sie weiß ganz genau, daß unten zu ihren Füßen im Buschwerk der galante Besuch kauert, daß er begeistert jeder ihrer Bewegungen folgt und daß er längst begriffen hat, daß einzig zu seiner Wonne ihre Koketterie diese pikante Szene ausgedacht hat. Und jeder ihrer Jubelrufe, jede ihrer übermütigen Bewegungen bedeutet nur diese eine Frage: n'est-ce pas, mon ami, je suis un morceau de roi? (siehe Beilage). Bis zu dieser Grenze ging der offiziell erlaubte Flirt der galanten Damen des 18. Jahrhunderts! Die ganze

„Minchen, bedenke doch, erst 16 Jahr und schon einen Liebhaber!"
— „Aber Mutter, einer ist doch das wenigste, was man haben kann." —

209. Friedrich Schröder. Düsseldorfer Monatshefte. 1852

Mes chères filles! der wichtige Moment eures debut in der crème der société ist da. Ich kann nicht umhin, bevor wir in den Wagen steigen, euch noch eine Lehre zu geben, von deren Befolgung euer ganzes sort abhängt! Du Hermine, mußt beim Eintritt in den salon ein Wort leise aussprechen, welches deinen Mund verkleinert, und du, Valerie, eines, welches den deinigen vergrößert; also Hermine: „Supp'" — Valerie: „Braatl!" —

Aus der Wiener Gesellschaft
210. Moritz v. Schwind. Fliegende Blätter

exklusive Gesellschaft klatschte begeistert Beifall, wenn sie ihre Kühnheit künstlerisch so prickelnd festgehalten sah, wie es hier durch Fragonard geschehen war. Sie erhob daher von diesem Tage an diesen Künstler zu ihrem besonderen Liebling. Fragonard hat das in ihn gesetzte Vertrauen vollauf gerechtfertigt, indem er noch in Dutzenden von anderen Blättern die galante Moral der Zeit in ähnlich prickelnder Weise interpretierte. Aber das Raffinierte dieser Stiche wird noch durch etwas anderes ins Maßlose gesteigert: etwas, was auf den heutigen Beschauer nicht mehr wirkt; nämlich dadurch, daß die Mehrzahl dieser Kupfer sich an ganz bestimmte Damen der vornehmen Gesellschaft knüpfte, und daß die Fama die Namen der betreffenden Damen durch alle Salons trug. Die Satire klingt in diesen Blättern nur ganz leise, wie das verhaltene silberne Lachen einer schönen Frau, oder wie das verlockende Knistern der bei den koketten Liebesspielen zerknitterten Seidenkleider.

Wenn man sich übrigens aus diesen Blättern das Leben des Ancien Régime konstruiert, dann begreift man, daß die Menschen, die die sinnlichen Genüsse und Freuden als die höchsten Güter des Lebens achten, zu der Ansicht kommen konnten, daß die gar nicht gelebt hätten, die nicht die prickelnde Atmosphäre des Ancien Régime geatmet haben. Das war nämlich im ersten Viertel des 19. Jahrhunderts die herrschende Ansicht bei allen Überlebenden aus diesem Zeitalter.

Neben der künstlerischen Eleganz der eben beschriebenen Blätter verblaßt alles das, was andere Zeiten in dieser Art geschaffen haben. Die Frivolen der dreißiger Jahre des 19. Jahrhunderts, Maurin, Deveria, Tassaret, Bouchot, und wie sie alle heißen, haben sich ja redliche Mühe gegeben, es dem 18. Jahrhundert gleichzutun, und in der stofflichen Kühnheit ist es ihnen ja auch manchmal annähernd gelungen (Bild 205), aber die Höhe der künstlerischen Qualität blieb ihnen versagt, und in ihrer Art gleichwertige Töne haben darum diese galanten Nachbildner nicht geschaffen. Das Neue und Originelle dieser Zeit kam daher nicht aus der Reihe dieser galanten Nachbildner, sondern aus der Reihe derer, die wirklich den neuen bürgerlichen Geist der Zeit verkörperten; das waren: Gavarni, Monnier und Daumier. Diese haben gezeigt, was von den Rokokokünstlern nur der einzige Goya gezeigt hat (Bild 190), daß Koketterie und Flirt nicht nur eine Quelle der Laszivität sind, sondern daß daraus auch die ernste Satire und der gesündeste Humor zu schöpfen vermögen. Ein zwingender Beweis für das letztere ist unter vielem Gleichwertigen die Lithographie von Daumier „Das galante Debut" (siehe Beilage).

Je mehr wir uns der Gegenwart nähern, um so klarer verkörpert sich das Wesen des Flirts in der Karikatur. Die lohnendsten Motive

Ein Tag aus dem Leben einer vornehmen Dame nach der Mode

liefern natürlich die Vergnügungsgelegenheiten, der Ballsaal und das Badeleben, vorzugsweise das Seebad, denn hier wird offiziell von jedermann geflirtet. „Zwei Walzer, zwei Polkas, zwei Lanciers, eine Polonäse, ein Galopp, das sind acht Rendezvous", so schildert Boutet treffend und geistreich den Flirt der Ballsäle (Bild 226).

Den Flirt der vornehmen Nichtstuer in den modernen Luxusbädern illustrieren in eleganter Weise die Zeichner des Pariser „Journal amusant" und der Wiener „Karikaturen", die Mars, Gerbault, Bac, Guillaume (Bild 224), Laci v. F., Köystrand jedes Jahr dutzendfach; in ernst=satirischer Weise illustrieren ihn die Forain, Thöny, Heine usw. ebenso oft. Sie alle verraten aber auch, daß nicht nur die vornehme Femme du monde, die ihre Sommermonate in Ostende oder Trouville verbringt, dieser pikanten Form des Flirts huldigt, sondern daß auch die hübsche Frau aus dem vermögenden Bürgertum mit Begierde und Verständnis den Genuß kostet, „in anständiger Form unanständig zu sein", wie ein boshafter Frauenverleumder einmal schrieb, und die der große Frauenkenner Brantôme damit entschuldigt, daß eine schöne Frau an ihren intimen Schönheiten doch viel mehr Vergnügen hat, „wenn man so etwas auch andere sehen läßt". Dieses pikante Vergnügen der Frau daran, „andere etwas sehen zu lassen"

211—214. Fliegende Blätter. 1847

Am Strand   Auf dem Korſo   Im Salon

215—217. Marcelin. Journal amusant

iſt das Motiv von Heilemanns Blatt „Im Familienbad". Die beiden vollerblühten Schönheiten genieren ſich zwar noch etwas bei der lüſternen Prüfung, die die geſamte Herrengeſellſchaft ihren plaſtiſchen Reizen widmet, aber ſie ſind innerlich davon doch aufs höchſte befriedigt, denn ſie haben ja bei der Wahl des Schnittes ihres Badekoſtüms peinlichſt danach geſtrebt, daß das pornographiſche Intereſſe der männlichen Badegäſte voll auf ſeine Rechnung komme (Bild 234).

Wenn man behaupten wollte, die Frauen ſeien in der Mehrzahl ſo harmloſen Gemütes, daß ſie ſich bei ſolchen Gelegenheiten rein gar nichts denken und ſomit auch gar nicht ahnen, mit welchen Augen ſie von den Männern angeſchaut werden, — wer dieſes behauptet, der behauptet den barſten Unſinn. Die einfältigſte Frau weiß ganz genau, was in dem pikanten Badekoſtüm an den Tag kommt. Sie weiß auch, daß ſie in jeder Stellung und jeden Tag von neuem nur ein Gegenſtand lüſterner Neugier für die Männer iſt. Sie weiß aber weiter auch, daß dies die Gelegenheit und die Form iſt, in der es ihr die Geſetze der öffentlichen Sittlichkeit geſtatten, polygamen Begierden zu frönen, Dutzende das ſehen zu laſſen, deſſen Anblick die monogame Kultur ſonſt nur dem angetrauten Gatten vorbehält. Dieſe pikante Form des Flirts, die das Seebad ermöglicht, iſt ſein erſter und wichtigſter Zweck für viele Frauen; die Kräftigung der Geſundheit iſt für ebenſo viele nur die angenehme Nebenerſcheinung.

Bei der zeichneriſchen Satiriſierung der von der Karikatur faßbaren Formen der Koketterie und des Flirts iſt gegenüber der literariſchen Satire ein Unterſchied augenfällig und auch beſonders zu betonen: Wenn in der literariſchen Satire auf die Koketterie und den Flirt immer, oder wenigſtens faſt immer, das „Moralin" vorherrſcht, ſo ſucht man dies bei der gezeichneten Satire ebenſo oft vergeblich. Mehr als jedes andere Gebiet ſind es dieſe beiden Gebiete, auf denen die Karikatur mit Vorliebe der Frau in ausgesprochener Weise huldigt. Indem sie ihre koketten Mittel und Methoden entlarvt, singt sie begeistert das Hohelied von der Schönheit des weiblichen Schöpfungswunders.

※

Die weibliche Sinnlichkeit. Sehr häufig wird die Frage aufgeworfen: Wer ist sinnlicher, der Mann oder das Weib? Und die Antwort lautet zweifellos in sehr vielen Fällen: Das Weib. Alwin Schultz urteilt über das höfische Leben zur Zeit der Minnesänger: „Merkwürdigerweise sind die Männer viel schamhafter als die Mädchen." Und er belegt dies durch zahlreiche Tatsachen, durch die er z. B. nachweist, daß bei den gemeinsamen Bädern selbst die vornehmsten Edelfrauen, trotz der ausgelassen derben Späße, die bei diesen Gelegenheiten fast immer getrieben wurden, auch auf die geringste Verhüllung verzichteten und so den Anblick ihrer intimsten Reize der Neugier sämtlicher Männer preisgaben. Während die Männer stets eine Schambinde anlegten, oder sich des „Wedels" bedienten, schmückten sich die Frauen mit ihrem vornehmsten Kopfputze und legten ihre schimmernden Perlenketten an. Sie prunkten also aufs Koketteste mit ihrer Nacktheit. Als die herrschende Meinung des 18. Jahrhunderts notiert Hippel das Folgende:

„Geschäfte sind den Weibern nicht angemessen, selbst Handarbeiten nicht; das Schneiderhandwerk etwa, wenn es bei Frauenkleidern bleibt, ausgenommen. Weibspersonen können nicht zu Beinkleidern Maß nehmen: sie sind überhaupt so stark in der Einbildung, daß junge Mädchen selten Mannshemden passend zu machen verstehen, fast immer werden diese von ihnen verschnitten."

Wenn man schließlich unserer allerjüngsten Roman- und Novellenliteratur glauben möchte, in der das Thema „Weib" nervenpeitschend seziert

„Aber wie kannst du dich so benehmen?"
„Was bleibt einem denn anders übrig, wenn man keine andere Mitgift hat als das?"

Am Strande

218. Cham. Charivari

wird — als Beispiele seien nur einige Werke der Besseren genannt: Holitschers „Vergifteter Brunnen", Schnitzlers „Reigen" und von Strindberg sein ganzes Schaffen — dann wäre mindestens jede zweite oder dritte Frau eine unersättliche Messalina oder ein mitleidloser Vampir, der den Mann nicht losläßt, bis ihm das letzte Mark aus den Knochen gesogen ist.

Zu dieser Ansicht, daß das Weib sinnlicher sei als der Mann, verleitet mancherlei. In erster Linie ist es die den meisten Männern auffallende Häufigkeit jener stark aufgetragenen Formen der ostentativen Gefallsucht und Eitelkeit. Daß die Koketterie von dem Begriff Sinnlichkeit ebenso oft ganz unabhängig ist, das ist den wenigsten Männern klar bewußt. Auch wird übersehen, daß die kokettesten Frauen, absolut

— Aber sag einmal Eulalia, warum putzst du dich denn heut so auffallend?
— Ich gehe in einen Vortrag von Proudhon, und du weißt doch, wie viel dieser auf elegante Formen gibt!

219. Honoré Daumier. 1850

nicht die sinnlichsten sind, sondern daß eher das Gegenteil der Fall ist. Man achtet es nicht, daß nur die innerlich Kalten sich vollständig in der Hand haben, daß sie allein ohne Gefahr im tollsten Ritt, wenn man so sagen will, dem Abgrund zujagen und im letzten Augenblick noch „Stopp" sagen können.

Weiter verführt zu dieser Ansicht der Umstand, daß, wie wiederholt schon hervorgehoben worden ist, die Frau im gesamten gesellschaftlichen Organismus in erster Linie als Geschlechtswerkzeug figuriert, und daß auch sie sich selbst nie anders präsentiert, wie das Kapitel über die Mode erweisen wird. Der letzte und wichtigste Grund für die stark verbreitete Annahme einer größeren Sinnlichkeit auf Seiten

— Du solltest doch den Baron kennen?
— Was heißt kennen! Wie man eben jemand kennt, mit dem man ein halb Dutzend Mal diniert hat.

220. A. Grevin. Le Charivari

der Frau ist jedoch die notorische Tatsache der quantitativ größeren Genußfähigkeit des Weibes im sexuellen Verkehr, d. h. ihrer sozusagen physiologisch unbegrenzten Liebesfähigkeit.

Aber trotz alledem sind alle Folgerungen in der Richtung auf eine größere Sinnlichkeit der Frau absolute Trugschlüsse. Richtig ist dagegen eins: die Sinnlichkeit des Weibes ist eine wesentlich andere als die des Mannes; was alles als Element der Erotik bei der Frau ausgelegt wird, ist in Wirklichkeit sehr häufig etwas ganz anderes. Wenn beim Manne die Erotik ein sofort sich einstellender Ausfluß der Liebesgefühle ist — sein muß, weil ihm im Geschlechtsleben der Natur eine aktive Rolle zugewiesen ist —, und weiter, wenn beim Manne die Erotik von den Liebesgefühlen gar nicht zu trennen ist, die Liebe bei ihm also gewissermaßen lokalisiert ist, so ist bei der Frau genau das Entgegengesetzte der Fall. Die Liebe der Frau ist absolut nicht in derselben Weise lokalisiert, absolut nicht in derselben Weise erotisch konzentriert, sondern bei ihr sind stets die gesamten Lebensfunktionen von diesem Faktor gesättigt, und die Erotik braucht darin nur eine ganz untergeordnete oder nebengeordnete Rolle zu spielen. Die Liebe der Frau ist in einer Weise psychisch, wie das beim Manne höchst selten der Fall ist. Auch hat die Frau nicht wie der Mann nur erotische Beziehungen zur Entstehung kommender Geschlechter.

— Aber sag, meine Kleine, warum hast du denn nicht in unsern Orden eintreten wollen?
— Wozu erst den Umweg? Liebe Schwester, ich wußte ganz genau, daß Sie früher oder später ebenfalls in den unsrigen kommen würden.

221. Moloch. Französische Karikatur auf das unkeusche Leben der Nonnen. 1871

Natürlich ist mit der Ablehnung der Behauptung einer allgemeinen größeren Sinnlichkeit auf Seiten der Frau und mit der Betonung eines im Kern anders gearteten Liebesgefühles nicht gesagt, daß bei den Frauen niemals ein derart hoher Grad erotischer Sinnenlust vorkäme, daß diese die Sinnenlust des Mannes stark überragte. Das zu behaupten, wäre nichts anderes als ein direkter Unsinn, denn es hat in jedem Zeitalter und unter allen Volksschichten sehr viel Messalinennaturen gegeben, deren Sinnlichkeit ans Ungeheuerliche grenzte. Aber die größere Sinnlichkeit auf Seiten der Frau ist eben nicht das Typische, sondern, vor allem in der Steigerung zum Messalinenhaften, die widernatürliche Ausnahme, und das ist für die Beurteilung das Entscheidende.

Was die moderne Wissenschaft mit aller Entschiedenheit bestreitet, dem widerspricht die Historie scheinbar mit fast ebenso großer Beharrlichkeit durch alle Jahrhunderte, d. h., sie hat auf jedem ihrer Blätter von der starken Sinnlichkeit der Frauen zu erzählen. Wenn die Anschauung, die sie dadurch erweckt, indem sie zum Generalisieren verleitet, nun auch durchaus schief ist, so ist ihr Verfahren dennoch ganz logisch. Die Historie ist selten der einfache Registrator des Lebens und seiner Erscheinungen, d. h. also ein Registrator, der alles aufschriebe, das Alltägliche ebenso gewissenhaft wie das Außergewöhnliche. Sie ist vielmehr immer gewissermaßen parteiisch. Parteiisch zum Mindesten insofern, als sie das Alltägliche für gleichgültig hält, alles Auffällige dagegen mit Übereifer notiert. Nur der fiebernde Puls interessiert sie. Auch will Frau Klio, wie alle Frauen, immer interessant sein; die monotone Alltagsstimmung ist aber scheinbar selten interessant. So kommt es, daß die Geschichte auf jeder Seite von erotischen Frauen zu erzählen weiß, daß sie tausende und abertausende von verblüffenden Beispielen als endlosen Zug durch die Jahrhunderte schleift, — man sieht nur sie, nur sie; und ob des prickelnden Grauens, das der Anblick dieser Gestalten erweckt, übersieht man ganz die große Masse, die tausendfach größere Masse jener, die harmonischen Wesens und ausgeglichenen Gemütes ihre Straße ziehen. Aber diese Einseitigkeit der Berichterstattung ist das wesentliche Merkmal der hergebrachten Geschichtschreibung, und diese verfährt darum auf allen anderen Gebieten genau so. Es ist die innere Konsequenz der ideologischen Geschichtserklärung, die im Außergewöhnlichen — in den sogenannten Übermenschen — den Motor aller geschichtlichen Vorgänge findet. Daß aber das Außergewöhnliche gegenüber der Frau zum Gewöhnlichen gestempelt wird, das erklärt sich aus dem besonderen Grunde, daß der Vorwurf einer größeren Sinnlichkeit auf Seiten der Frau im Interesse der Männer liegt. —

Es gibt eine Reihe Kategorien von Frauen, die geradezu als Ausbünde weiblicher Sinnlichkeit verschrieen sind, und merkwürdigerweise wohl keine in höherem Grade als die, die ein typisches Musterbild der Keuschheit sein sollte, nämlich die Nonnen. Die Berichte und die Schilderungen über die Sinnlichkeit und die notorischen

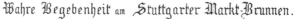

Die Magd ohn Hemd u. Unterrock, gieng aus zum Wasser holen, Und wie die Golte nimt die Magd, so fiel ihr Kleid herunter,
Ein Rathsherr sah zum ersten Stockheraus ganz unverholen. Drauf sich Herr Rath zu Tod gelacht u. kamins Grab hinunter.

222. Volkstümlicher satirischer Bilderbogen

Ausschweifungen der Nonnen umfassen geradezu eine Riesenbibliothek. Das Material, aus dem sich diese zusammensetzt, stammt aus allen Zeiten, vornehmlich jedoch aus der Zeit der Reformation, dem 16., 17. und 18. Jahrhundert. Für das Reformationszeitalter sind die Urteile des berühmten Gailer von Kaisersberg besonders bezeichnend. Er schreibt: „Ehemals gingen manche Mädchen ins Kloster, weil man dorten am besten dem Fleisch zu dienen vermochte." Ein andermal ist er bei der Frage, ob man eine Tochter ins Kloster schicken solle, im Zweifel, ob das nicht gleichbedeutend damit sei, sie in „ein gemein Frauenhaus", also zu den professionellen Freudenmädchen zu tun. In des Goldschlägers Antoni Kreutzers handschriftlicher Chronika der Stadt Nürnberg liest man: „Eins teil Nunnlein luffen von ein Kloster in das andere, das war in das Lieb Frauenhaus." Solche Berichte existieren noch Dutzende, und was man von späteren Zeiten, vom 17. und 18. Jahrhundert berichtet, ist nur im Wortlaut verschieden davon, im Sinne aber ganz gleich.

Diesen Schilderungen hat man als Gegenbeweis zweierlei entgegengehalten. Man hat es erstens als parteiische Verleumdung im Kampfe gegen die katholische Kirche erklärt, als ein skrupellos gehandhabtes Fechterkunststückchen der Lutheraner und später der liberalen, antikirchlichen Gottesleugner. Das ist die summarische Widerlegung, wie sie von den unbedingten Verherrlichern der katholischen Kirche geübt wurde. Die nicht so ganz Bedingungslosen, jene, die wissen, daß man eine fatale Tatsache nicht einfach mit dem Dekret „es ist gelogen!" aus der Welt schafft, haben sich auf etwas anderes hinausgeredet: Solche allgemeine Anklagen seien die Ergebnisse der Sucht nach Verallgemeinerung, die aus einem einzigen räudigen Schaf gleich eine ganze räudige Herde mache. Die Einerseits- und Anderseits-Geschichtsschreiber haben, um ihre Objektivität an den Tag zu legen, gewöhnlich genau dieselbe Methode geübt, und zwar mit der stereotypen Einleitung: „man muß gerecht sein." In Wirklichkeit ist das jedoch nicht Objektivität, sondern im günstigsten Falle die Unfähigkeit, die Dinge in ihren organischen Zusammenhängen zu begreifen.

Die sittlichen Zustände in den Nonnenklöstern des 15.—18. Jahrhunderts waren in vielen Fällen in der Tat so, wie sie von Gailer und so vielen anderen bis herauf zu dem so amüsant polternden Johannes Scherr gekennzeichnet und geschildert worden sind. Die Frauenklöster im Mittelalter waren häufig nichts anderes als die unterhaltsamen Absteigequartiere des Adels und der Patrizier, und es gab solche, in denen an manchem Abend keine Zelle ohne einen Gast war, die also mitunter mehr Gäste beherbergten als so manches gutbesuchte Wirtshaus an einem europäischen Kreuzweg. Man lese nur die derb deutlichen Berichte der wertvollen Zimmerischen Chronik nach, und man hat wahrlich der Beweise schon genug. Von den Frauenklöstern des 18. Jahrhunderts kann mit ebensolcher Bestimmtheit gesagt werden, daß sie ebenso oft Hochschulen der Galanterie und der exquisitesten Liebeskünste waren. Im Nonnenhabit steckten häufig die raffiniertesten Venuspriesterinnen. Die neueren Forschungen

223. Felicien Rops. Satirische Radierung auf die mit Religiosität vermischte weibliche Sinnlichkeit. Belgische Karikatur

beweisen das ohne Ausnahme, sie dokumentieren, daß sich weder die Rabelais und Aretin, noch die Casanova und Lauzun ihre kühnen Schilderungen des Nonnenlebens aus den Fingern gesogen haben, sondern daß sie tatsächlich Kulturbilder der Zeit gegeben haben. Die Gebrüder Goncourt schreiben vom 18. Jahrhundert, daß für diese Zeit die Nonne der Inbegriff aller Pikanterie gewesen sei.

Aber daß es so gewesen ist, das entspricht ganz und gar den ökonomischen Gesetzen, die die betreffenden Frauenklöster in jenen Zeiten bevölkerten, den Ursachen, die in verschiedenen Städten und Gegenden oft in kurzer Zeit die Nonnenklöster förmlich wie Pilze aus der Erde emporwachsen ließen. Der Irrtum — freilich ein eifrig genährter — hat im Kloster immer nur die Stätte erblickt, wohin die allermeisten nur aus unbedingter Frömmigkeit gingen, und weil sie prinzipiell den sinnlichen Freuden der Welt entsagen wollten. Diese Annahme, als vorherrschende Regel aufgestellt, ist falsch, sie ist eine völlige Verkennung der wahren Ursachen, die die Frauen so massenweise ins Kloster trieb. Nicht weil sie den Freuden der Welt innerlich entsagt hätten, ging die Mehrzahl der jungen Frauen in jenen Epochen ins Kloster oder wurde dorthin gesprochen, sondern ganz einfach, weil ihnen die Ehe kategorisch versagt war, versagt von der Familie, um die Zersplitterung der Vermögen, die Auflösung des Familienbesitzes hintan zu halten. Der Eintritt weiblicher Familienmitglieder ins Kloster ist für den Adel und die Patrizier nichts anderes als die systematische Lösung des Altjungfernproblems gewesen, das in diesen Klassen infolge ihrer ökonomischen Interessen — Verhinderung der Vermögenszersplitterung — naturgemäß permanent war. Das ist die ökonomische Wurzel. Die Töchter der herrschenden Klassen füllten die Klöster, für die Nichtbesitzenden hieß die Losung: in Dienst gehen und arbeiten. Eine in dieser Richtung forschende Geschichte der Klöster von Paris und Venedig, um nur zwei typische Städte zu nennen, würde dies geradezu klassisch belegen. In Venedig gab es z. B. im 18. Jahrhundert nicht weniger als 35 Frauenklöster, deren Mehrzahl von jungen Frauen aus den Kreisen der Nobili bevölkert war, denen ein Familienbeschluß die Ehe versagt hatte. Früher hatte es in Venedig ungleich weniger

„Croyez-vous, que mon costume de bain deplait à mon mari?"
„Oh, il faut voir pour le croire! . . .

224. A. Guillaume.

Frauenklöster gegeben, und das Interessante ist: ihre Zahl wuchs in dem gleichen Maße, wie Venedig von seiner beherrschenden Macht herunterstieg, wie die großen Vermögen sich zerstreuten und alle Mittel angewendet wurden, wenigstens die Reste zu sichern.

Weil also die Frömmigkeit, die Weltentsagung gar nicht in Betracht kam, gar kein Herzensbedürfnis war, sondern bewußt als bloße Maske vorgebunden wurde, so ist es innerlich bedingt, daß dementsprechende äußere Formen sich bildeten; das ist die notwendige Konsequenz, die gar nicht zu umgehen war. Die entsprechende Form für diese im Luxus aufgewachsenen Dämchen war: das Klosterleben mit angenehmem Zeitvertreib zu verbringen. Der angenehmste Zeitvertreib ist aber, sobald höhere Ideale mangeln, selbstverständlich die Galanterie, d. h. also: nicht Liebe aus Leidenschaft, sondern Liebe zur Unterhaltung. Das entwickelte die Liebeskünstlerin im Nonnenkleide. Tatsache ist, daß die venezianischen Nonnen des 18. Jahrhunderts geradezu weltberühmt waren wegen der pikanten Koketterie ihres gesamten Auftretens in Kleidung, Benehmen usw. Zeitgenossen melden, daß eine venezianische Nonne auf der Straße stets von galanten Begleitern umgeben war.

Selbstgefälligkeit
225. Felicien Rops. Belgische Karikatur

Wenn man alle diese Gesichtspunkte erwägt, dann wird man sowohl den verschiedenen grandiosen litterarischen Satiren, den Werken der Rabelais und Aretin, den zahllosen Schwänken und Sprichwörtern, die uns vom eifrigen und üppigen Fleischesdienst der jungen und alten Nönnlein erzählen, als auch den Karikaturen, die dasselbe in ihrer Art tun, den richtigen Platz in der Beurteilung ihrer Bedeutung anweisen, jedenfalls wird man viel mehr in ihnen sehen als das, was man so häufig und so gerne aus ihnen machen möchte: grundlose Verdächtigungen (Bild 173, 175, 181, 183, 221).

Der Ruhm, den die sprichwörtliche Sinnlichkeit der Nonne genießt, ist jedoch nicht unbestritten. Die Fama schreibt den Pfarrersköchinnen, der „Unschuld vom Lande" und vor allem den Witwen die ehrgeizigsten Absichten zu, es den Nonnen gleich zu tun. Pfaffenmagd ist gleichbedeutend mit Pfaffenmetze, sagt das Sprichwort, oder in einer kurzen Anekdote:

„Eine Pfaffenköchin fragte eine ehrliche Jungfrau, so aus der Meß kam, ob die Bauernmeß schier getan wäre? Ja, sprach sie, die Hurenmeß gehet schon an, ihr müsset euch beeilen."

In den polemischen Fastnachtsspielen des 15. und 16. Jahrhunderts ist die „Pfaffenmetze" eine stehende Figur und das Symbol weiblicher Geilheit. Eine typische Vorstellung geben die Reden der Pfaffenmagd Lucia Schnebeli in dem mehrmals aufgeführten Fastnachtspiel des Berner Malers und Dichters Nikolaus Manuel Deutsch.

Über die Sinnlichkeit der Witwen wird vom Volksmund, wie gesagt, ebenso summarisch abgeurteilt: „Die Köchin ist nie so eifersüchtig, als wenn eine Witwe beim Herrn Pfarrer Rat's holt", „Die

„Zwei Walzer, zwei Polkas, zwei Lanciers, eine Polonäse, ein Galopp, — das sind acht Rendezvous.
Ballflirt
226. Boutet. 1900

Witwe sagt: man wird nur im Gesicht alt." Das groteske Beispiel für die in der Sinnlichkeit bedingte Unbeständigkeit der Witwentrauer ist die Geschichte der Witwe von Ephesus, auf die schon weiter oben hingewiesen wurde (S. 124).

„Die schöne Frau von Ephesus hatte ihren Gatten verloren, und es war ihren Verwandten und Freunden unmöglich, einen Trost für sie zu finden. Bei der Beerdigung ihres Mannes, die sie mit lauten Klagen und Tränen begleitete, warf sie sich über den Sarg und verschwor, hier im Grabgewölbe bei der Leiche ihres Gatten sterben und ihn niemals verlassen zu wollen. In der Tat blieb sie zwei oder drei Tage in der Gruft. Nun begab es sich, daß ein Mann aus der Stadt wegen eines Verbrechens gehenkt worden war und sein Leichnam außerhalb der Stadt einige Tage lang sorgfältig von einigen Soldaten bewacht wurde, um als warnendes Beispiel zu dienen. Einer der wachhabenden Soldaten hörte nun in der Nähe eine wehklagende Stimme. Er ging darauf zu und entdeckte, daß sie aus der Totenhalle hervordrang; er ging hinein und gewahrte diese Dame, schön wie der Tag und ganz in Jammer aufgelöst. Er näherte sich ihr und fragte nach der Ursache ihrer Verzweiflung, die sie ihm in gütiger Weise erklärte. Er versuchte sie zu trösten, aber da es ihm das erste Mal nicht gelang, so kam er zwei- ja dreimal wieder. Nun half es; sie beruhigte sich nach und nach und trocknete ihre Tränen. Und da er nun den Grund ihres Kummers wußte, genoß er sie zweimal, und zwar auf dem Sarge ihres Gatten. Darauf versprachen sie einander die Ehe. Nachdem der Soldat diese Sache glücklich zustande gebracht, kehrte er zu seinem Gehenkten zurück, den er bei Lebensstrafe nicht verlassen durfte. So glücklich nun dieses Unternehmen verlaufen war, so unglücklich gestaltete es sich für ihn, daß inzwischen, wo er sich mit der Dame ergötzte, die Verwandten des Gehenkten gekommen waren in der Absicht, den Leichnam zu entwenden, falls sie keine Wache finden würden. Da die Wache nun wirklich abwesend war, schnitten sie den Körper sofort ab und machten sich schleunigst davon, um ihm ein ehrliches Begräbnis zu geben. Als der Soldat nun kam und den Leichnam vermißte, lief er verzweifelt zu seiner Dame und klagte ihr sein Mißgeschick. Er wäre nun verloren, denn ein Soldat, der auf Wache schläft oder den Leichnam des Verbrechers entwenden läßt, wird an dessen Stelle gehenkt,

„An was denken Sie, wenn Sie mich so in den Armen haben?" — „Ans Trinkgeld, Euer Gnaden."

Ein Schwärmer

227. F. v. Reznicek. Simplicissimus

Die Hausfrau

So kleidet sie sich für ihren Gatten

und das würde sein Los werden. Die Dame, die vorher von ihm getröstet worden war, glaubte nun auch ihm Trost zu schulden und sprach daher: „Beruhige dich, mein Lieber, und hilf mir nur, meinen Gatten aus dem Grabe zu holen. Wir wollen ihn an die Stelle des andern hängen, und man wird glauben, es sei der Richtige." Gesagt, getan! Nun war aber dem Verbrecher auch noch ein Ohr abgeschnitten worden, und so nahm die Frau an dem Gatten diese Verstümmelung ebenfalls vor, damit die Täuschung vollkommen sei. Am nächsten Tage kam das Gericht und fand nichts auszusetzen. So rettete die Frau ihren Liebhaber durch eine häßliche und schändliche Handlung an ihrem Gatten."

Hier mag übrigens gleich eine Anekdote aus dem Ende des acht-

und so, wenn Besuch kommt.

228 u. 229. Th. Th. Heine. Simplicissimus

zehnten Jahrhunderts ihren Platz finden, die die angeblich typische Sinnlichkeit aller Frauen, also nicht nur die der Witwen illustrieren soll:

„Ein ökonomischer Hausvater berechnete einmal seiner Ehehälfte, daß ihm bei dem heutigen Kleideraufwand jede Liebkosung auf einen Dukaten zu stehen komme. Die bescheidene Ehegattin fand aber sofort die naive Antwort: Es hängt nur von dir ab, mein Lieber, daß jede nur auf einen Kreuzer zu stehen kommt!"

Das Wort „Unschuld vom Lande" ist immer eine durchaus ironische Prägung gewesen. Und dieser ironische Sinn ist auch ebenso uneingeschränkt zutreffend. Nichts ist lächerlicher, als wenn die Lobredner des Landvolkes die bäuerliche Moral mit erhebender Gebärde der lockeren Städter-Moral gegenüberstellen. Ganz abgesehen davon, daß der voreheliche Geschlechtsverkehr überall auf dem Lande in Form von bestimmten Gebräuchen sanktioniert ist — als solche seien nur ins Gedächtnis gerufen: der Schweizer „Kiltgang", das oberbayrische „Fensterln", die schwäbischen

„Du, Toni, sprich doch nich immer von der Liebe. Ich kann das ewige Fachsimpeln nich leiden."

Liebe

E. Thöny. Simpliziſſimus 1904

"Die Kirche Sacré-Cœur ist das Werk von Menschenhänden, dies aber stammt aus Gottes Hand!"

Der unschlüssige Büßer

Französische Karikatur von Adolf Willette. 1903

230. Toulouse-Lautrec. **Frühreife**

„Probe- und Kommnächte" —, so liegt es in der ganzen Natur des beim Bauern enger umgrenzten Lebenshorizontes, daß die Hemmungen gegenüber außerehelichen sinnlichen Genüssen geringer sind. Der Witz von Bruno Pauls unvergleichlichem Blatt „Je nachdem", das als groteske Karikatur eine Meisterleistung ersten Ranges darstellt, ist gewiß als Witz glänzend, aber die satirische Pointe dieses Witzes ist ein Witz des wirklichen Lebens. Wenn die plattbusige und „langhaxete" Dirn aus der Schlierseer Gegend auf dem Heimweg von der Kirche vor sich hinphilosophiert: „Der Pfarrer hat mi vermahnt, daß i wenigstens auf die Feiertäg koa Todsünd begeh. Wann der Hias koan Urlaub kriegt, laßt si's macha", so ist das nichts als die pointierte Entschleierung der landläufigen Bauernmoral (siehe Beilage). Unkultur wie Überkultur führen in gleicher Weise zu relativ größerem Tribut an die Sinnlichkeit; das ließe sich durch die Statistik unwiderlegbar nachweisen.

31

Von Einzelbeispielen anormaler weiblicher Sinnlichkeit hier an dieser Stelle zu reden, würde zu keinem Resultate führen, da es sich hier um das Typische handelt, dagegen ist es sehr wohl angebracht, für die Methoden und Formen weiblicher Sinnlichkeit zu den verschiedenen Zeiten einige charakteristische Beispiele anzuführen, weil diese die Allgemeinkultur beleuchten.

Im 17. Jahrhundert herrschte nach Philander von Sittenwald in weiten Kreisen bei den Frauen die Mode, erotische und obszöne Schriften in der Art von Gebetbüchern einbinden zu lassen, um sie so stets harmlos mit sich führen und selbst in der Kirche darin lesen zu können. Diese Mitteilung beruht zweifellos auf Wahrheit, denn dieser Trick hat sich bis zum heutigen Tag erhalten. Heute noch bringen in Amerika und England die Händler pornographischer Schriften diese in Form von allerhand Erbauungsbüchern, Gesangbüchern, Gebetbüchern, Predigtbüchern, Taschenbibeln in den Handel. Im Besitze eines englischen Sammlers befindet sich eine ganze solche „Damenbibliothek", die zweifellos aus vornehmstem Besitze stammt; und die Gebrauchsspuren verraten deutlich, daß in sämtlichen Exemplaren gar eifrig der Andacht gepflegt worden ist. In einem Exemplar, einem englischen Erotikon, befindet sich auf der letzten Seite von zierlicher Damenhand der Vermerk: „Heute in der Kirche zum 10. Male zu Ende gelesen."

Solche „Scherze" sind häufig der Ersatz für die reale Betätigung der Sinnlichkeit gewesen, wozu die Gelegenheit mangelte. Wo diese nicht mangelte, sind sie meistens Hand in Hand mit einer ebenso skrupellosen wie ungeheuerlichen Ausschweifung gegangen. Das Mittel, die kühnsten Begierden zu sättigen, haben bereits die alten Römerinnen ausfindig gemacht, sie besuchten inkognito die Bordelle und gaben sich dort den Besuchern wie gewöhnliche Dirnen preis. Die Geschichte meldet dies als einen Sport zahlreicher vornehmer Damen. Desselben ungeheuerlichen Mittels haben sich Frauen eines jeden Jahrhunderts der christlichen Kultur bedient. Aus dem 14., 15. und 16. Jahrhundert melden verschiedene Chroniken, daß ehrbare und bessere Frauen in den Bordellen überrascht wurden, oft von ihren eigenen Ehemännern. Die in den letzten Jahren der Öffentlichkeit zugänglich gemachten pariser Polizeiakten aus dem 18. Jahrhundert enthalten die unwiderleglichen Beweise dafür, daß zahlreiche Damen der Gesellschaft regelmäßige Besucherinnen der Bordelle waren, und daß viele von ihnen sogar direkt Kupplerinnen in ihrem Dienst hatten, die ihnen fremde Reisende, Offiziere, Adlige aus der Provinz zuführen sollten, also solche Leute, bei denen sie die Gefahr der Entdeckung nicht zu fürchten hatten. Aber noch mehr: diese Schmach hat sich bis ins zwanzigste Jahrhundert erhalten. Der Beweis: Der Mayor von Philadelphia hatte Grund zum Haß gegen die Großbourgeoisie der Stadt. Was tut er? Er läßt eines Abends eine Razzia in sämtlichen Bordellen von Philadelphia vornehmen. Und was ist das Resultat? Eine Reihe der vornehmsten Damen der Gesellschaft wird dabei aufgegriffen; sie hatten die Bordells zu ihren Absteige-

231. Aubrey Beardsley. Messalina

quartieren gemacht und hier das Manko ausgeglichen, das die Ehe bei ihnen hinterließ. So geschehen im Sommer 1903. Aber wir brauchen gar nicht erst über den großen Teich zur anglikanischen Prüderie auszuwandern; im Reiche der deutschen Zucht und Sitte passiert täglich das gleiche. In dem „Tagebuch einer Verlorenen", das im letzten Jahre so großes Aufsehen erregte, findet sich über Hamburg die folgende Stelle:

„Im blauen Salon machten sie Paradies. Ich war nicht mit dabei. Es stößt mich ab. Übrigens sind ein paar ehrbare Kaufmannsfrauen von St. Pauli darunter. „Feine Damen" haben wir mehrere dabei. Das ist ja auch kein Wunder, wenn man so in den Tag hineinlebt, gut ißt und trinkt, keine Sorgen und viel Geld und Langeweile hat, kann man wohl auf absonderliche Einfälle zur Auffrischung der ermüdeten Nerven kommen, aber diese Philisterweiber sollten doch füglich an ihren Kochtöpfen und ihren Männern genug haben."

Die „nackten Bälle" sind freilich keine speziell neuzeitliche Errungenschaft; in den Reaktionszeiten des Vormärzes blühten sie überall aufs üppigste, so gibt es z. B. verschiedene Mitteilungen über Wien. Aber sie sind heute wahrscheinlich noch ebenso im Schwange; und wenn die Polizeiakten Berlins, Wiens, Münchens, Londons, von den halb asiatischen Metropolen wie Petersburg, Moskau, Budapest usw. ganz zu schweigen, je einmal geöffnet werden, so wird sich ergeben, daß in keiner dieser Städte auch nur ein Jahr verstrichen ist, ohne daß solche Veranstaltungen stattgefunden hätten, und es wird sich weiter bestätigen, was das „Tagebuch einer Verlorenen" erzählt, daß bei keiner die ehrbare Dame aus den Kreisen von „Bildung und Besitz" gefehlt hat.

* * *

Voyez-vous, ma chère, un homme qui ne sait pas manquer de respect à une femme, c'est pas un homme.

232. H. Gerbault. Album. 1900

Der Wichtigkeit, die die Sinnlichkeit sowohl im Leben des einzelnen als auch in dem der Gesamtheit hat, entspricht auch die Häufigkeit, mit der dieses Motiv einen Gegenstand für die Satire gebildet hat. Die moralische Bewertung der Sinnlichkeit hat zweifellos in der jeweiligen Beurteilung sehr stark geschwankt, sie war für die Frau Tugend und Laster, das letztere freilich viel häufiger als das erstere, und zwar aus dem ganz einfachen Grund, daß eine starke Sinnlichkeit bei der Frau stets einen gewissen Zweifel an der Legitimität der Kinder begründet. Wenn darum im Einzelfall die sinnliche Frau zwar meistens mehr geschätzt wurde, weil sinnliche Naturen in der Mehrzahl von vornherein auch reichere Naturen sind, so wurde die weibliche Sinnlichkeit

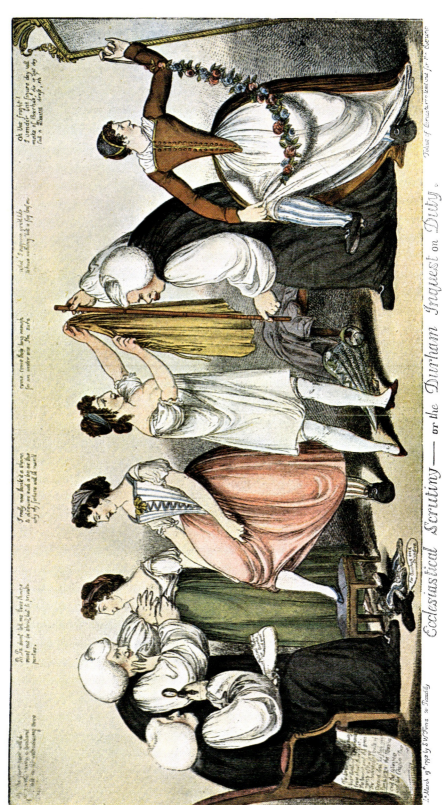

Die ungleichen Liebhaber

Deutsche Karikatur aus dem 16. Jahrhundert

Vom Ebruch.

Wer durch die finger sehen kan
Und lest sein fraw eim andern man

Do sicht die katz die mauß süß an
Und wirdt jrs mausens nymer lan.

Ebrechen wigt man als gering
Als ob man schnelt ein kieseling
Ebruch das gsatz yetz gantz veracht
Das Kayser Julius hat gemacht
Man fürcht kain Pan und straff yetz nit
Das schafft das die sind jnn der Ee
Zubrechen krüg und hefen gleich
Und kratz du mich so kratz ich deich
Und schweyg du mir so schweyg ich dir
Man kan wol halten finger für
Die augen das man sech darauß
Und wachen thun als ob man lauß
Man mag yetz leyden frawen schmach
Und get darnach kain straff noch rach
Die man starck mögen hand jm land
Sy mögen dewen gar vil schand
Und thun als etwa thet Catho
Der lech sein fraw Hortensio
Wenig den yetz get zu hertzen
Auß Ebruch solch layd und schmertzen
Als Atrides strafft mit recht
Do jn jr weyber wurden gschmecht
Oder als Colatinus thet
Das man Lucretia gschmecht het
Des ist der Ebruch yetz so groß
Clodius bschiß all weg wol stroß
Der yetz mit gayslen die wol strich
Die auß dem Ebruch römen sich
Als man Salustino gab lon
Mancher würd vil schnatrens lan
Gieng yedem Ebruch solch plag nach

Als dem Abimelech geschach
Und den sünen Beniamin
Oder darnach ging solch gewin
Als gschach Dauid mit Bersabe
Würd mancher nicht brechen sein Ee
Wer leyden mag das sein fraw sey
Jm Ebruch und er wond jr bey
So er das gwißlich waiß und sicht
Den halt ich für kain weysen nicht
Er gibt jr vrsach mer zum fall
Darzu die nachtpawrn mumlen all
Er hab mit jr tayl und gemain
Sy bringt auch mit den vorraub hain
Spricht zu jm hans mein güter man
Kain liebern dan dich will ich han
Ein katz den meusen gern nach gat
Wenn sy ein mal anbissen hat
Welch vil ander man hat versucht
Die wirdt so schamper und verrucht
Das sy kain scham noch ehr mer acht
Jrem mütwillen sy nach tracht
Ein yeder lüg das er so leb
Und sein frawen kain vrsach geb
Er halt sy freundtlich lieb und schon
Und fürcht nit yeden glocken don
Noch kifel mit jr nacht und tag
Lüg darbey was die glocken schlag
Dann ich rath das in trewen kain
Das er vil gest für mit jm haim
Voraus lüg und thü auff schawen
Wer hat ein schön und gayle frawen

Dann nymandt ist zutrawen wol
All welt ist falsch und untrew vol
Menelaus het sein fraw behan
Het Paris Helenam gen lan
Und Agamennon nicht zu huß
Gelassen/ sein freundt Egistus
Und dem vertraut hof güt und weyb
Er wer nicht kommen umb den leyb
Gleich wie Condeles der thot groß
Der zaigt sein weyb eim andern ploß
Wer nicht sein freud mag habn allein
Dem gschicht recht das sy wert gemain
Drum sol man haben für das pest
Ob Eleut nit geren haben gest
Voraus den nicht zutrawen ist
Die welt steckt vol betrug und list
Wer arckwon hat der glaubt gar bald
Das man thü das jm nit gefall
Als Jacob mit dem rock geschach
Den er mit plüt bespranget sach
Asuerus dacht das Aman maint
Ester gschmehet der do waint
Abraham forcht seint frawen Ee
Ee dan er kam genn Gerare
Wer vil auß fliegen will gen wald
Der wirde zu ein graßmucken bald
Wer prennend koln jnn geren legt
Und schlangen in seim busen tregt
Und in seir taschen zeucht ein mauß
Solch gest seind wenig nütz imhauß.

¶ Hanns Hofer Briefmaler.

Vom Ehebruch
Deutsche Karikatur von Hans Hofer. 16. Jahrhundert

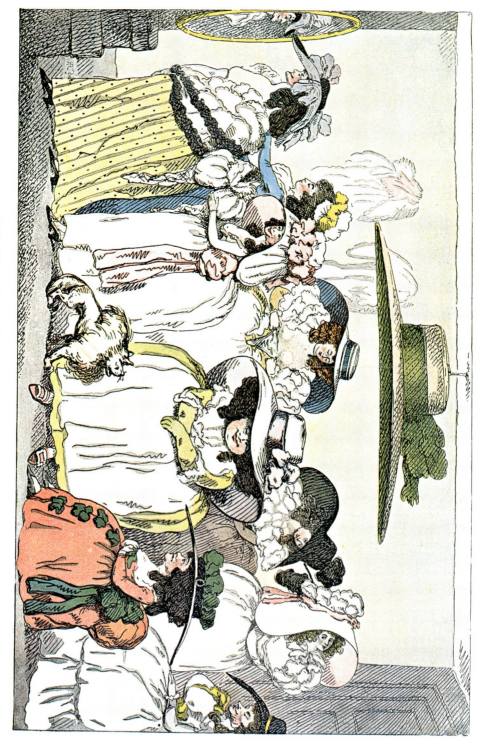

Englische Karikatur von Thomas Rowlandson auf die Mode der großen Damenhüte. 1786

233. Adolf Willette. Wettbewerb

doch prinzipiell im allgemeinen kategorisch befehdet. Daß er der weiblichen Sinnlichkeit den verurteilenden Stempel „Sünde" aufprägt, ist zugleich die Rache des Mannes für die Macht, die die Frau durch ihre Reize über den Mann ausübt: Die Frau ist allein schuld an allen Dummheiten, die der Mann macht. Sie ist die Verlockung, sie ist die Verführung; wäre sie nicht mit ihrem Buhlen und Werben, mit ihrem Girren und Locken, mit ihrem Fallenstellen, so würde der harmlose Mann niemals straucheln, niemals fallen, dann würde er immer in korrekter Unschuld auf dem richtigen Wege bleiben. So aber irrt selbst der zerknirschteste Büßer noch an der letzten Straßenkreuzung vom Wege zum Heil ab — und hilft sich mit einer schlauen Ausrede, wie Willette in seinem kokett-frivolen Bildchen „Der unschlüssige Büßer" schlagend beweist (siehe Beilage). Und darum klagt man die Frau an: summarisch und kategorisch.

Die Jungfrau, wenn sie reif ist, denkt angeblich an nichts anderes, ihr Kopf ist nichts anderes als ein zwitscherndes Vogelnest konfiszierlicher Gedanken und Wünsche:

    Ist das Mädchen flügg' und reif,   Wie die braunen Nüsse auch
    So scheut es nicht den Vogel Greif;   Gerne fallen von dem Strauch.

So reimte das 16. Jahrhundert. Abraham a Santa Clara wetterte im 17. Jahrhundert in folgender Weise:

„Jetziger Zeit gibt es gar viele braune und schwarze Jungfrauen, welchen des Cupido sein Pfeil weit lieber ist als der Koch=Löffl: in ihren Neb=Küß finden sich gemeiniglich so viel verliebte Lieder, daß man einen Singer=Kram damit aufrichten könnte; bald ist ein Lied von der Phylis, bald von der Schäferin Amarilis, bald vom Schäfer Celadon, bald von dem Coridon; über dieses alles steckt noch mit Buhl=Brieffen ein gantzer Pack in der Jungfrau Zizipe ihren Schubsack; da spreizt sich das Döckl mit dem Säckl in dem Strickröckl."

Natürlich ist all ihr Tun nur darauf gerichtet, den Mann zu verführen, sie sagt ihm ausdrücklich, er solle sich um ihr Sträuben nicht kümmern: „Zwinge mich, so tue ich keine Sünde, sagt das Mädchen." Dieses Sprichwort ist heute noch im Kurse. Jedes Entgegenkommen, jede Gunst, jede Zärtlichkeit, die sie dem Manne gewährt, ist der sichere Beweis, daß sie zum Äußersten bereit ist: „Mit Weibern, die das Küssen erlauben, ist man bald auf dem Bette." Auch dieses Wort ist heute noch im Kurs. Die Mode des Dekolletierens beweist nichts anderes als die geile Lüsternheit der Frauen. Logau reimte:

    Frauenvolk ist offenherzig: so, wie sie sich kleiden itzt,
    Geben sie vom Berg ein Zeichen, daß es in dem Tale bitzt.

Wenn eine Witwe stirbt, ob jung oder alt, so stirbt sie selbstverständlich aus keinem anderen Grunde, als weil sie den Freuden der irdischen Liebe entsagen mußte. In den poetischen Grabschriften Hofmannswaldaus ist der „Wittib" die folgende Grabschrift gewidmet:

    Ich war ein schönes Schiff, das ohne Ladung lag.
    Es plagte mich die Nacht, es kränkte mich der Tag.
    Hier ist nicht Licht genug, mich deutlich zu verstehn,
    Weil mir der Mast gebrach, muß ich zugrunde gehn.

Zur Charakteristik der literarischen Satire auf die Sinnlichkeit der Nonnen sei ebenfalls eine Probe hier eingeschaltet, und zwar aus dem eigenen Lager, ein Bruch= stück aus der „funkelnagelneuen Rosenkranzpredigt" des durstigen und redegewaltigen Wiesenpaters von Ismaning. Der fromme Mann redete in folgenden unzweideutigen Worten zu seinen gläubigen Schäflein:

„Die heil'ge Beicht, liebe Christen! und den heil'gen Rosenkranz laßts euch ja nit nehmen; aber ihr habt halt nit alle Tag Zeit, sagt ihr! Nicht Zeit? Aber Schnaderhüpfeln, Liederliedeln, Saufgsang'ln könnt's auf d' Nacht singen? Mein, mein! laßts, laßts doch den Pfifferling sein, und bett's dafür ein'n heil'gen Rosenkranz, denn der überwältigt den höllischen Sauschwanz. Zum

234. E. Heilemann. **Im Familienbad.** Simplicissimus. 1906

Beweis will ich euch ein gar auferbauliches Exempel erzählen: In einem g'wissen Frauenkloster ist eins'mals eine gewisse Klosterfrau gewest, und die ist Portnerin worden: Und da ist halt alleweil ein junger Geistlicher zu ihr kommen. Sie haben vom Anfang weiter nix Böses im Sinn g'habt:

aber, wie's halt geht, wenn man Feuer zum Stroh legt; der Teufel ist halt ein Schelm; man darf ihm halt nit traun; denn schauts nur, nachdem sie so eine Zeitlang b'ständig z'sammen kommen seind, verlieben sie sich endlich gar ineinander; und was geschieht? Er ist jung g'wesen, sie ist jung g'wesen; sie entschließen sich also, miteinander auf und davon zu gehen. Das ist schön, das ist brav, ich wünsch' Glück auf d' Reis', und ein schönes Wetter auf'n Buckel. Das wird ein schönes Leben werden; Sie eine Klosterfrau, er ein Geistlicher: daß Gott erbarm. Wär' das ein Geistlicher? Wär' das eine Klosterfrau? Und wo werdens denn hingehn? Fragts lang, ins Luthertum halt. Was werdens denn da anfangen? Dörfts ja gar nit zweifeln; ein Luederleben halt. Ja, ja! es ist schon so! sie sind wirklich miteinander zum Blunder g'gangen. Sieben ganzer Jahr seinds miteinander in der Welt herumvagiert; endlich hat der geistlose Geistliche seinen Schleppsack (verzeih mir's Gott! ich hätt' sollen sagen, seine saubere Klosterfrau) nett und sauber sitzen lassen, und ist ihr auf und davon g'gangen. Bedank mich's Trunks! Wie wird's ihr jetzt gegangen sein? Könnt's euch wohl einbilden, wie's bei einem solchen Lumpeng'pack geht. Sie hat halt ihre Fleischbank aufgeschlagen und hat von ihrem Körper gelebt. Pfui, der Schand! Ist das nit ein Sauleben? Aber, warts nur ein bissel; wir müssen uns nit übereilen. Merkts auf, was geschehen ist: Auf die letzt hat die saubere Sau gar nix mehr g'habt, weil sie mit ihrer Fleischbank und mit ihrem Sauhandel nix mehr hat verdienen können. Dann durch ihr Luederleben hat sie Französisch gelernt und ist krank worden. Und in ihrer Krankheit ist sie endlich zum Kreuz g'krochen. — So geht's, wenn man nit mehr luedern kann fangt mans Beten an."

Das ist zweifellos ein Kabinettstück volkstümlicher Predigersatire. Wenn die heutigen Lex Heintze-Pfaffen nicht mehr in diesem Stil vom Leder ziehen, so ist das viel weniger ein Resultat feinerer Kultur als abhanden gekommener Ursprünglichkeit.

Die gezeichnete Satire ist ebenso summarisch und ebenso kategorisch in ihrem Verdikt, das gemäß ihren beschränkteren Mitteln nur entsprechend einfacher formuliert ist. Wie von einem Teufel, so ist das Weib von der Unkeuschheit umkrallt; so zeichnete das 15. Jahrhundert satirisch die weibliche Sinnlichkeit (Bild 162). Das

— Was, schon wieder? Ich habe dir heute doch schon zweimal etwas gegeben?

235. H. Gerbault

— Es ist zum Platzen! Denk dir, Alphons, heut
hat man mich für eine Femme du monde gehalten!
— Es ist zu köstlich, denke dir, Marcel, heute hat man mich für eine
Demimondaine gehalten.

236. G. Meunier. Le Rire

16. Jahrhundert, dieses große Zeitalter des kühnsten Realismus in der Kunst, ist dagegen so deutlich wie nur möglich, man geht häufig direkt aufs Ziel los und schildert selbst im Symbolischen mit naturalistischer Treue, so daß die wenigsten Blätter einer Erklärung bedürfen (Bild 51, 53, 57, 58, 163, 172, 173). Jedoch besonders beachtenswert wegen seiner großen Häufigkeit ist ein Motiv: „Die ungleichen Liebhaber". Die Frau läßt sich die Liebe der alten Männer gefallen, um sich mit dem Gelde, das ihr das lüsterne Alter in den Schoß wirft oder sich wenigstens willig abnehmen läßt, die Liebe eines jungen Mannes zu sichern. Die außerordentliche Häufigkeit, mit der dieses Motiv wiederkehrt, läßt deutlich erkennen, wie sehr sich darin die allgemeine Anschauung spiegelt (Bild 166, 168 und Beilage). Freilich entspricht dieses Motiv auch dem wirklichen Leben, und wenn es im 17. Jahrhundert ebenfalls noch mehrmals wiederkehrt, so beweist das nur dasselbe. Auch unsere Gegenwart hat selbstverständlich diese Methode nicht aus der Welt geschafft. Wenn z. B. die Kellnerinnen eines einzigen größeren Cafés als Begutachter aufgerufen würden, so würde die geringschätzende Antwort lauten: ein alltäglicher Fall.

Im 17. Jahrhundert ärgert sich die umworbene Maid höchstens über die vielen Umstände, die ein Mann macht, und wodurch die Sache nur an den Tag kommt: „Ihr küßt mich Hänslein, daß man's sicht, Verkracht mein Hembtlein, mein Krag'n nicht!" (Bild 174). Hier wird die satirische Moralpredigt bereits zur Zote, die dem breiten Behagen dient. Bald darauf wurde sie zum Leckerbissen, der überhaupt nicht mehr kennzeichnen, sondern nur noch den Beschauer delektieren soll. In dieser Zeit wird alles pikant und geistreich gesagt. Montaigne schreibt: „Il est plus aisé, de porter une cuirasse toute sa vie, qu'une pucelage." Das sagt sich in jener Zeit jede Jungfrau, darum bietet die moderne Vestalin unternehmend ihre Unschuld an der Straße aus. Wen nach der Rose gelüstet, der soll keck danach greifen und sie brechen (Bild 11). Aber wozu überhaupt erst auf einen Käufer warten? Seien wir selbst die Käufer! Das illustriert das oft behandelte Motiv „Wer kauft Liebesgötter?" Rambergs Radierung ist von den verschiedenen Darstellungen zweifellos die amüsanteste und auch die berühmteste (siehe Beilage). Ähnliche Gedanken illustrieren auch verschiedene der schon bei anderen Gelegenheiten beschriebenen Blätter (Bild 46, 66 und 73); hierher gehören weiter noch die Bilder 5, 6, 64 und 68.

Wie auf allen Gebieten, so beginnt auch hier erst das 19. Jahrhundert zu differenzieren. Aus der allgemeinen Anklage wird jetzt die Einzelanklage. Aus der generalisierenden Phrase von der größeren Sinnlichkeit der Frauen wächst der Typ der sinnlicheren Frau heraus, und das Gesellschaftliche, das Ursächliche klingt mit; aus dem Willkürakt wird die präzisierte Anklage. Auf diesen Weg führte von vornherein die gesellschaftliche Karikatur, man begegnet dieser Form darum zum erstenmal bei den ersten wirklichen Vertretern der gesellschaftlichen Karikatur, bei Hogarth, Rowlandson und Goya. Zur klaren Methode wurde sie aber erst bei den Gavarni, Monnier und Guys. Und ihre Vollendung erlebte sie in den Werken der Großen unter den modernen Satirikern, vornehmlich in den Blättern der Beardsley, Heine, Forain, Lautrec.

Hogarth, der pedantische Moralist, der die Menschen immer durch die Drohung mit dem Vergeltungsknüppel vom Weg des Schlechten auf den des Guten führen will, polemisiert natürlich auch in dieser Weise gegen die vorkommende sinnliche Begehrlichkeit der Frauen, das illustriert vor allem die Serie „Der Weg der Buhlerin", und ebenso auch „Die Heirat nach der Mode". Daß derbe Moralprediger es nicht verschmähen, selbst gerne einer hübschen Dirne an den festen Busen zu greifen, das dokumentiert Hogarth sehr deutlich durch die Liebe und den Eifer, mit dem er solche Pointen in vielen seiner Blätter anbringt. Noch offenherziger darin ist Hogarths grotesker und kühner Fortsetzer, der fruchtbare Rowlandson. Rowlandson gesteht ganz offen ein: ich mache das alles nur, weil es mir selbst Behagen bereitet. Und wenn man die hierher gehörenden Blätter, wie z. B. The Fort (Bild 80) oder „Bäuerliche Scherze" (siehe Beilage) auch nur oberflächlich auf ihr Wesen und ihre Stimmung prüft, so bleibt einem kein Zweifel darüber. Die Zeit der Gavarni wurde intimer. D. h. die Zeit der bürgerlichen Wohlanständigkeit duldete es nicht mehr, daß man so ungeniert wie ehedem mit der Glut der Empfindungen vor aller Welt paradiere, sie verlegt den Schauplatz innerhalb ihrer vier Wände und schließt sorgfältig erst die Türe hinter sich ab. Hier aber ist man in unbelauschten Sekunden so zügellos wie ehedem. Im lauschigen, verschwiegenen Boudoir reckt sich die schöne Frau hüllenlos auf dem Ruhebett und verschlingt gierig einen eben erschienenen Band von Paul de Kocks pikanten Romanen. Im Geiste wird sie zur Heldin des Romanes, im Geiste ist sie es, die alle die geschilderten galanten Abenteuer erlebt, und ihre auf=

237. C. Deana Gibson. Englische symbolisch-satirische Karikatur. Pictorial Comedy.

gewühlte Phantasie trägt sie bald über das Geschilderte hinaus; was der Autor nur andeutete, das vollendet sich in ihrem Geiste, und schwelgend erlebt sie es mit. Wenn sie den nächsten Band zur Hand nimmt, Zolas Nana, den ihr die Phantasie bereits mit leiser Hand zuschiebt, wiederholt sich dasselbe: Nana liest Nana und erlebt Nana. Dieses Motiv hat der Belgier Wiertz zu einem großen Ölgemälde gestaltet, das heute im Brüsseler Wiertzmuseum unter dem Titel „Die Romanleserin" hängt. Alle Akkorde schwüler weiblicher Sinnlichkeit klingen in diesem Bilde zusammen (Bild 30).

Wiertz ist gewiß nicht der Rubens, als der er in solchen Bildern gerne hätte gelten mögen. Aber die Kraft Rubensscher Weiber hat ihm wenigstens vorgeschwebt, und so fehlt ihm das nervöse Raffinement, mit dem sein Zeitgenosse Rops, der auch noch unser Zeitgenosse wurde, die moderne satirische Frauenanalyse einleitete und zugleich einer ihrer unermüdlichsten und perversesten Zergliederer wurde. Die gärende Sinnlichkeit tobt in ihr (Bild 223 und 225), sie ist nicht bloß die Kokette, die sich vor sich selbst mit ihren Reizen brüstet, sie ist auch die personifizierte Lüsternheit, deren Phantasie von erotischen Vorstellungen voll ist, so daß sonst nichts darin Platz hat. D. h. so behauptet Rops. Denn das ist es eben, er ist Literat, Redner, aber nicht künstlerischer Schöpfer von Blut, Mark und Knochen, seine Figuren sind Sprechmaschinen, die ein Programm hersagen. Ob der Hörer ihnen glauben will, das hängt einzig von seinem guten Willen ab. Nicht so ist es bei den Lautrec oder Beardsley. Sie haben die Typen geschaffen, an die man glauben muß, denen gegenüber es keinen Widerspruch, keinen Zweifel gibt, wo man sich aber auch wiederum jeden Kommentar sparen kann. Das ist die Frühreife, vor deren Geist tausend verführerische Bilder vorüberziehen (Bild 230), und das ist Messalina, die nicht satt, sondern nur müde wird (Bild 231 und 241).

✻

Die Prüderie. Untrennbar von der Sinnlichkeit ist die Prüderie. Nicht daß Sinnlichkeit stets ihren Widerspruch oder Gegenpol in zunehmender Prüderie fände. Wäre das der Fall, so müßte man logischerweise in den ausgesprochen sinnlichen Zeitaltern am häufigsten auf die Prüderie stoßen, es ist aber eher das Gegenteil der Fall. Dagegen werden nicht selten sinnliche Zeitalter von einer despotischen Herrschaft der Prüderie abgelöst, und das ist eine entwicklungsgeschichtliche Folgerichtigkeit. Sie entspringt jenen wirtschaftlichen und historischen Gesetzen, die zuerst zu sinnlichen Zeitaltern emporführen.

Prüderie wird gewöhnlich als krankhaft gesteigerte Schamhaftigkeit definiert. Diese Definition ist durchaus unrichtig, zum mindesten unzulänglich, denn sie haftet rein am Äußerlichen, an den konkreten Manifestationsformen statt am Untergrund.

Frühling

298. Louis Legrand. Le Courrier Français

Das Wesen der Schamhaftigkeit ist ein soziales Ideal: das Höchste und Erhabenste, die Wonnen der positivsten Form der Lebensbejahung vor Profanierung zu schützen, indem man sie in jene Regionen erhebt, in denen sie den Menschen Ansporn nach oben geben, ihrer Seele Flügelkraft verleihen und sie dadurch über die tausend Schlamm= pfützen des Gemeinen hinwegtragen. Es ist darum gar nicht verwunderlich, daß die sinnlichen Naturen häufig die Schamhaftesten sind, schamhaft natürlich nicht im spieß= bürgerlich verballhornten Sinne. Schamhaftigkeit ist überhaupt nur dann eine Tugend, wenn sie mit Sinnlichkeit gepaart ist. Ein ganz ander Ding ist es mit der Prüderie. Prüderie ist individuell Sinnlichkeit, die sich ihrer schämt; die sich schämt, und die zugleich verheimlicht werden muß wegen der gemeinen Form, in der die betreffende Person die Auslösung ihrer Sinnlichkeit ersehnt. Prüde Menschen sind im Grunde ohne Ausnahme Pornographen, und ihre prüden Gebärden sind die Furcht vor und der Ärger ob der Gefahr des Ertapptwerdens. Prüderie als allgemeines, das gesamte Volk beherrschendes soziales Gesetz ist die polizeiliche Bändigung der Sinnlichkeit.

Zu einer solchen Bändigung schreitet die Gesellschaft gewöhnlich in dem Augenblick, wo sich ein neuer sozialer Zustand, dessen Entstehen stets mit einer Flutwelle größerer Sinnlichkeit verknüpft ist, zu konsolidieren beginnt. D. h. mit anderen Worten: wenn eine Zeit ihre jeweilige historische Aufgabe insoweit gelöst hat, daß sie die Klasse zur Herrschaft geführt hat, die entwicklungsgeschichtlich an der Reihe war, und wenn diese Klasse nun zur Exploitierung ihrer im Sturm und Schöpferdrang errungenen Machtstellung übergeht — dann erzwingt sie kategorisch und drakonisch das geglättete, nicht mehr von lodernden Leidenschaften durchwühlte Antlitz. Die entsprechend den materiellen Interessen der neuen Gesellschaft formulierten Gesetze der öffentlichen Sittlichkeit sollen das Überschäumen sinnlicher Potenzen verhüten, sie sollen die Dämme darstellen, die die Gefahr von der Ruhe und Ordnung fernhalten, deren alles planmäßige Geschäftemachen bedarf. Auf diese Weise erklärt sich die charakteristische Erscheinung, daß sinnliche Zeitalter sehr häufig von einer Zeit der Prüderie abgelöst werden. Die ideologische Begründung lautet natürlich stets anders, je nachdem, ob sie in der Zeit oder nachträglich gegeben wird; in letzterem Falle ist's

„Wozu du nur soviel Geld für Schönheitsmittel ausgiebst? Die nützen ja doch nichts!"
„Hast du mich denn schon ohne diese Mittel gesehen?"

Verschnappt

239. Hermann Schlittgen. Fliegende Blätter

Ihr erster Ball
240. C. Deana Gibson. London News. 1899

die Zeit, die in sich gegangen ist und durch verdoppelten Eifer gut zu machen sucht, was sie zuvor gesündigt hat; denn es erscheint als eitel Sünde, weil es in seinem Wesen unerkannt bleibt.

* * *

Wenn sich ein sozialer Zustand positiv und direkt in der Satire absolut nicht widerspiegelt, so gilt dies von der Prüderie, sobald sie als oberstes Gesetz der öffentlichen Sittlichkeit proklamiert ist, wenn sie zur öffentlichen Gesellschaftsmoral erhoben ist. Und es bedarf wahrlich keiner weiteren Begründung, daß das Umgehen dieses Gegenstandes in solchen Zeiten nicht nur begreiflich, sondern ganz folgerichtig ist. Höchstens von außerhalb kann dieser Zustand seine kennzeichnende Züchtigung erleben.

So kommt es, daß sich die Prüderie fast nur als Einzelerscheinung in der Satire spiegelt. Und diese Züchtigungen entstammen natürlich wiederum nicht prüden Zeiten oder Ländern, sondern sie entstehen dort, wo entweder die Sinnlichkeit ihr Zepter über das ganze Leben schwingt oder wo prüde Zeiten überwunden werden, indem neue Klassen siegreich aufstreben und in immer weiteren Schichten den Mut zeugen, das Natürliche natürlich zu finden und Gesetzen zu trotzen, die von einer gesunden Sinnlichkeit als starre Vorurteile entlarvt sind. Für das erstere sind besonders typisch das Frankreich und England des 18. Jahrhunderts, für das letztere das Deutschland des ausgehenden neunzehnten und des beginnenden zwanzigsten

Jahrhunderts. Und das illustrieren einerseits Blätter wie „L'Optique" von Eisen (Bild 177) und „Ein Blick am Ufer der Themse" von Rowlandson (Bild 192), andererseits Blätter wie „Die G'schamige" von Reznicek (siehe Beilage).

Die Satire des Blattes „L'Optique" von Eisen knüpft sich an das Aufkommen der Guckkästen; diese Mode hat zu zahlreichen ähnlichen Späßen Veranlassung gegeben. Die Spekulation der Guckkästen-Männer war das Überraschen, die Satire hat es in dieser Weise variiert. Die satirische Pointe ist in dem vorliegenden Blatt, und überhaupt in den meisten ähnlichen Fällen die: die Prüden sind die intimsten Sachkenner über die Dinge, vor denen sie in der Öffentlichkeit die Augen ostentativ niederschlagen. Es darf nicht unterlassen werden, hinzuzufügen, daß dies keine Straßenwitze, keine Pöbelscherze für die Vorstadt gewesen sind, sondern daß dies Kost für das beste Publikum gewesen ist. Den englischen Ton, die englische Note charakterisiert das Blatt „Ein Blick am Ufer der Themse." Pfui, wie schamlos, völlig nackt zu baden! Sophie muß ihr nachher genau erzählen, was sie alles gesehen hat, natürlich bloß deshalb, damit sie sich noch mehr entrüsten kann. Hier sei hinzugefügt, daß dieses Blatt eines der zahmsten ist, die in jenen Jahren in England auf die verlogene Scham erschienen sind.

Das pikant-geistreiche Blatt, „Die G'schamige", das Eleganteste, was Reznicek je gemacht hat, gibt die Quintessenz aller Prüderie: inkognito die Wollust zu kosten, die Bereitwilligkeit zur Sünde, wenn der Gefahr des Entlarvtwerdens vorgebeugt ist. Die elegante Femme du monde ist heute zu allem bereit, sie ist dem Verführer girrend in seine Wohnung gefolgt, sie hat keiner seiner verliebten Unternehmungen einen ernstlichen Widerstand entgegengesetzt, und sie wird zärtlich bis ans letzte Ende gehen, er wird gewiß mit ihr zufrieden sein. Jedoch unter einer Bedingung: sie will die Maske aufbehalten. Und sie wird sich auch nicht demaskieren, trotz seiner Bitten; er muß das eine mit dem andern bezahlen (siehe Beilage). Von diesem Stück hat der Franzose Meunier eine Variante gezeichnet. Zwar künstlerisch wenig bedeutend und nicht vertieft, aber doch mörderisch in der Pointe. Stolz ist die Straßendirne, wenn sie einmal für eine anständige Dame angesehen wird, nicht weniger stolz aber ist die Femme du monde, wenn es der Zufall fügt, daß man sie mit einer Priesterin der Venus verwechselt (Bild 236). Diese Variation ist das Symbol der Prüderie, und zwar aller Prüderie, nicht nur der weiblichen — mit der Phantasie im Lasterhaften unterzutauchen und im äußerlichen Gebaren doch anständig zu bleiben.

✱

Frau Minotaurus. Die Frau als Geschlechtswesen kommt schließlich noch in einem übertragenen Sinne in Frage, in dem menschgewordenen Symbol des Begriffes Geschlecht überhaupt.

Die Dirne
Französische Karikatur von Toulouse-Lautrec. 1896

Das Weib macht jeden zum Narren

Deutsche symbolische Karikatur aus dem 16. Jahrhundert

241. Aubrey Beardsley. Messalina

Das größte Mysterium unserer gesamten Erscheinungswelt bildet nicht nur für alle Völker, sondern auch für jedes einzelne Glied derselben bei einer bestimmten Entwicklungshöhe der unwiderstehliche Drang der schöpferischen Lebensbejahung, der sich jedem einzelnen Lebewesen in der Kraft und den Tendenzen des geschlechtlichen Bewußtseins offenbart.

Jeder einzelne, ohne Ausnahme, ist diesem Drang unterworfen, jeder folgt seinen kategorischen Geboten, und er folgt ihnen unter Schauern der Wonne und Seligkeit. Sein erstes Auftreten revolutioniert den ganzen Menschen und scheidet das Leben in zwei streng geschiedene Hälften. Der Körper wird bei beiden Geschlechtern ein völlig anderer, sie differenzieren sich nach zwei entgegengesetzten Richtungen, die Geistesrichtung wird eine andere, und die Seele bewegt sich ebenfalls in anderen Schwingungen. Und merkwürdigerweise, gerade die bestimmten Unterschiede, die sich jetzt körperlich, geistig und seelisch herausbilden, werden hinfort die gegenseitigen Anziehungspunkte, das, was die besonderen Qualitäten der einzelnen Persönlichkeit ausmacht. Die Allgemeinregel lautet: Die spezifische Veränderung des weiblichen Körpers macht nach dem Grade der Vollendung, den sie erreicht, die Frau dem

Manne begehrenswert, die seelischen und physischen Zustände, denen von nun ab der Mann der Frau gegenüber unterworfen ist, machen ebenfalls im gleichen Verhältnis ihres Auftretens den Mann der Frau sympathisch.

Das wurde als das große Wunder und zugleich als das große Rätsel alles Lebens vom Uranfange aller Kultur an empfunden. Das Mysteriöse des Geschlechtlichen hat infolgedessen die Vorstellungen aller Zeiten beherrscht und befruchtet. Aber der Mensch will nicht im Dunkeln tappen, er will festen und sichern Fuß fassen, das Ungelöste beengt ihn wie eine Gefahr. Er will aus dem Dunkel heraus, will das Unfaßbare fassen können. Und darum hat er allem Form gegeben, hat er jede Kraft personifiziert. Nun kann er ihr Auge in Auge gegenüberstehen. Das gilt selbstverständlich auch für die im Geschlechtlichen sich manifestierende schöpferische Lebensbejahung.

Die jeweilige Symbolisierung ist aber kein Willkürakt, sie folgt organisch den Möglichkeiten des Erkennens. Bei der Symbolisierung des Geschlechtlichen bestimmte die Richtung des Weges die Eigentümlichkeit, mit der die Natur das männliche und das weibliche Prinzip geschieden, und wie sie deren Wesen bestimmt und begrenzt hat. Weil die Kraft und Macht des Geschlechtlichen durch die Aktivität des Mannes materiell und sichtbar in Erscheinung tritt, und weil er dabei als der Abhängige erscheint, wie der Sklave, der immer willig dem Gebote seines Herrn folgt, darum hat man diese Kraft im Weibe symbolisiert, denn zu ihr zieht es ihn, aus ihr strömt die Kraft, die ihn anlockt — also ist sie der Quell und der Ursprung, das Zentralfeuer des Lebens.

Allem Geschehen entspringen naturgemäß bestimmte Konsequenzen. Die bestimmten Konsequenzen des Verfahrens, das das Weib zum personifizierten Träger des Begriffes Geschlecht machte, haben ihr zugleich die gesamte Verantwortung aufgelegt. Alles, was Ausfluß der geschlechtlichen Sensibilität ist, wurde auf das persönliche Konto Weib gebucht. Da aber die Opfer augenfälliger und scheinbar häufiger sind als die Sieger, so wurde das Symbol zugleich zur Anklage, zur persönlichen Schuld, die sie zur „Teufelin Weib" stempelte. Und die Begründung lautete: daß sie stets nur der hohnlachende Sieger sei, der alles Schöne, was er gewähre und spende, stets mit der unsterblichen Seele des Überwundenen bezahlt haben wolle. Den Kommentar aber dazu schrieb die Geschichte, die tausendfach nachweist, wie der Einfluß der Frau bei dem einen alles Verantwortlichkeitsgefühl auslöscht, den andern das Tollste und Wahnwitzigste mit der Miene und dem Gefühl absolutester Selbstverständlichkeit zu tun treibt, und wie sie schließlich sowohl dem untertänigen Knecht, als auch dem zäh Widerstrebenden gleich mitleidlos das Rückgrat zerbricht und die Knochen zermalmt; und noch eins: daß es häufig die Besten sind, an deren Mark die „Teufelin Weib" ihre Lust sättigt.

So formte sich der Begriff von dem Minotaurus Weib.

* * *

Die Maschine

242. Jean Veber. Symbolisch-satirisches Gemälde

Die Renaissance, die die erste große Inventur des menschlichen Lebens seit den Zeiten des klassischen Altertums vornahm, hat mit der gigantischen Kraft, die sie zu dieser Arbeit befähigte, auch dieses Problem bewältigt. Ernst und satirisch. In der Satire geschah es in zwei in ihrer Einfachheit klassischen Formen: durch die auf dem Manne reitende und ihn ganz nach ihrem Willen lenkende Frau, und durch die Illustration des Gedankens „das Weib macht jeden zum Narren". Hier ist nur noch die zweite Form zu behandeln, da die erste in einem anderen Zusammenhang bereits weiter oben gewürdigt worden ist (S. 131). Es ist zu dem oben Gesagten hier nur noch das eine hinzuzusetzen, daß es ein grober Irrtum wäre, in allen diesen Blättern nur Illustrationen der klassischen Erzählung von der Macht der Phyllis über Aristoteles zu sehen. Gewiß ist dies offiziell der Inhalt dieser Blätter, aber es hat sich darum doch die eigene Lebensphilosophie der Renaissance darin gespiegelt. Man übersehe nie: die Anlehnung an die Antike von seiten der Renaissance war nur die Verwendung bereits fertiger Denkformen für einen ähnlichen Inhalt des Lebens.

„Das Weib macht jeden zum Narren", diese Symbolisierung ist direkt aus der Renaissance emporgewachsen, hier bediente man sich keiner klassischen Formel; darum entwickelte sich dieses Motiv auch breiter und freier, sozusagen zu einer ganzen Predigt, mit zahlreichen Beispielen und Gleichnissen. Das gesamte Tun des Weibes ist einzig, Narrenkappen zu schneidern, vom Morgen bis zum Abend. Der wildeste Mann wird gefügig in ihren Händen, so darf sie höhnen:

> Ich kann bezwingen einen Mann
> Und ihm ein Kappen legen an,
> Den sonst niemand darf greifen an.

Und es bedarf ihrerseits gar keiner Mühe dabei, denn jeder Mann drängt sich förmlich darnach, von der Frau die Narrenkappe aufgesetzt zu bekommen, und mehr noch: die, so bereits eine tragen, stellen sich überdies hilfsbereit in ihren Dienst, um ihr die andern zuzuführen; denn so lautet das Verdikt: jeder Mann soll eine Narrenkappe tragen. Die Männer zu betören, weil sie mit aller Gewalt betört sein wollen, wird aber für die Frau aus einem Vergnügen sehr bald zu einer Last:

> Ach weh, ach weh uns armen Weiber.
> Der großen Arbeit, die wir treiben,
> Können wir die Läng nicht kommen zu,
> Die Narren laufen hauffend zu.

Aber alles Beschweren nützt nichts: es ist nicht nur das Verhängnis des Mannes, es ist auch das ihre.

Dieser Gedanke hat zweifellos seinen glänzendsten Ausdruck in dem wunderbaren, im Original mehr als meterlangen Holzschnitt gefunden, der unter dem Titel „Das Weib macht jeden zum Narren" hier reproduziert ist (siehe Beilage). Dieses monumentale Blatt ist sowohl gedanklich als auch künstlerisch zugleich eine der hervor=

ragendsten Glanzleistungen der gesamten Renaissancekarikatur, es offenbart in seiner einfachen Logik und Dialektik die ganze Größe dieser Zeit; ein Hauch von Gesundheit und Schöpferkraft entströmt diesem Blatte. Wenn sie auch nicht so groß im Stil sind, so stammen doch aus demselben Geist und denselben Gedankengängen heraus die Blätter, die illustrieren, daß alle Narren nach ihrer Melodie tanzen (Bild 167 und 169), und daß jeder sein Feuer und seine Kraft sich vom Weibe leiht (Bild 170).

In den Zeiten, in denen das Schöpferische nachgelassen hatte, haben sich solche Vorstellungen von der Macht des Weibes über den Mann meist zu religiösem Mystizismus verdichtet, und nur selten zur befreienden satirischen Form. Die sich anschließenden liederlichen Zeiten haben, auch wenn sie dem Dämonischen unterlegen sind, dies doch nur zum Gegenstand frivoler Witze gemacht, denn das Wesen des Liederlichen besteht darin, daß es in der Liebe nur die raffinierte animalische Betätigung sieht, ohne diese wiederum heroisch zu steigern.

Huldigung an die Sonne
243. Adolf Willette. Französische Karikatur

Erst die moderne Karikatur mit ihrem wachsenden Reichtum an Inhalt und Form hat dieses Motiv wieder keck aufgegriffen und häufig auch würdig gestaltet. Rops hat damit angefangen, das Bezwingende und dämonisch Unterjochende des Begriffes Geschlecht satirisch pointiert darzustellen. Aber die Gesellschaft des zweiten französischen Kaiserreichs, in der Rops sich bewegte, glich dem verfaulenden Inhalt einer Kloakengrube, und weil er über den Rand dieser Kloakengrube nicht hinauszusehen vermochte, hat er alles mit einer Kloakengrube verwechselt, hat er im Geschlecht, im Weibe nur eine Kloakengrube gesehen. Nach ihm sind Künstler mit weiteren Horizonten gekommen, und vor allem stärkere künstlerische Potenzen, die ihre Meisterschaft gerade auch auf diesem Gebiete bewiesen haben; das illustriert Beardsley mit dem diabolischen Blatt „Die Lady und der Affe" und Veber mit dem tristen Gemälde „Die Maschine"; freilich auch Geleektere sind gefolgt, wie Gibson (Bild 237). Zum possierlich springenden Affen wird der Mann an der Leine der Frau, und so ziehen sie wie zwei eifrige Komödianten über die Bühne des Lebens. Ihre schwellenden Brüste, die sie ihm lüstern preisgibt, und ihre lockende Sinnlichkeit, die ihm gesteht: du darfst dich daran sättigen, sind sein Zuckerbrot, mit dem er stündlich dressiert wird (Bild 31). Veber ist in seinem symbolisch-satirischen Gemälde „Die Maschine" tragischer: Symbol der unheimlichen, geheimen Kraft der Maschine, die alles zermalmt, was in ihre Räder kommt, was die Wege ihrer Kurbeln, Stangen und Riemen kreuzt, oder was gar sinnlos vermessen in ihre Spreichen greift, — das ist das Weib. Aber auch umgekehrt: Symbol des männerwürgenden Minotauruscharakters des Weibes ist die Maschine, die kalt und grausam ohne Rast und ohne Ruh' Hekatomben von Männern opfert, als wären sie ein Nichts! (Bild 242). Ebenfalls tragisch, aber poetisch gemildert ist Wilhelm Schulz in dem geradezu heroisch wirkenden Blatte „Die wilde Frau" (siehe Beilage).

Solche Blätter wie die zuletzt charakterisierten sind unbedingt Dokumente des sittlichen Ernstes ihrer Schöpfer, aber darum darf man sich von der Tendenz, die solche Blätter gerade heute häufig provoziert, doch nicht irreführen lassen. Im Weibe stets das Dämonische zu sehen und jedes Weib mysteriös zum unlösbaren Rätsel hinaufzuschrauben, ist nicht das Resultat tieferen Eindringens in die Dinge, sondern im letzten Grunde der Ausweg des Unvermögens niedergehender Weltanschauungen.

*

Pfui wie plump!   O wie graziös!

244. H. Avelot. Französische Karikatur auf den modernen Schönheitsbegriff. Le Rire

III

Ich bin der Herr dein Gott!

Der oberste oder, noch richtiger gesagt, der fast ausschließliche Zweck der dekorativen Ausgestaltung der Bekleidung der Frau ist die pointierte Herausarbeitung der erotischen Reizwirkungen des weiblichen Körpers. Mit anderen Worten: die Kleidung der Frau ist ein erotisches Problem. Dieser Satz müßte bei jeder Geschichte der Mode obenan stehen. Solange das nicht der Fall ist, d. h. solange die Sittengeschichtschreibung nicht den Weg zu diesem Ausgangspunkte findet, solange werden wir nicht nur zu keiner grundlegenden Geschichte der Moden kommen, sondern man wird es auch nie zu fassen vermögen, warum die „vernünftigsten" Modereformen von der Masse der Frauen beharrlich unbeachtet gelassen werden und immer nur theoretische Experimente bleiben, für die sich im besten Falle die körperlich schön gewachsenen unter den klugen Frauen begeistern. Auf ein einziges weibliches Klei-

Der Modeteufel

245. Mittelalterliche Karikatur auf die langen Ärmel und Schleppen

dungsstück, freilich das wichtigste, exemplifiziert: ohne diese Erkenntnis wird man es nie begreifen, warum das Korsett absolut nicht aus der Welt zu schaffen ist, und warum es selbst bei seinen abgefeimtesten Gegnerinnen immer wieder, wenn auch unter einem anderen Namen, wie z. B. „Gesundheitsgürtel", eingeschmuggelt wird.

Gewiß ist auch die Kleidung des Mannes ein erotisches Problem, aber sie ist das in wesentlich weniger pointierter Weise als bei der Frau, und zwar infolge der aktiven Rolle des Mannes im Geschlechtsleben. Aus der Tatsache, daß auch hier die aktive und die passive Rolle im Geschlechtsleben entscheidenden Einfluß haben, ergibt sich aber ein zweites, nämlich der für die allgemeine Beurteilung wichtigste Satz: daß die Entwicklung der Kleidung zu einem erotischen Problem an sich keine Verirrung darstellt, sondern das natürliche Produkt eines immanenten Naturgesetzes ist. Dieses Naturgesetz tritt klar zutage, sowie man der ursprünglichen Entwicklung der menschlichen Bekleidung nachspürt. Wir wissen heute: es ist eine absolut feststehende Tatsache, die wir überdies jeden Tag durch die vergleichende Ethnologie von neuem nachprüfen können, daß es ein Irrtum ist, wenn man von einem den Menschen von Uranfang angeborenen Schamgefühle spricht, das sie dazu treibe, gewisse Körperteile zu bedecken; wir wissen weiter, daß im Gegenteil jede Art der Bekleidung niemals einen anderen Zweck verfolgt hat, als den des Schmuckes und der Zierde. Natürlich ist damit das Geheimnis erst halb gelöst, die ganze Lösung ergibt erst die Antwort auf die Frage, worin das Schmückende gesehen wurde. Die Antwort lautet: der Schmuck des Körpers wurde auf jeder Stufe, also sowohl in seinen primitivsten als auch in seinen entwickelteren Formen in der Absicht vorgenommen, die besonderen Rassenmerkmale zur Geltung zu bringen, die natürlich stets als Rassenvorzüge angesehen werden. Als ein möglichst vollkommenes Exemplar seiner Rasse zu gelten, das ist das angeborene Bestreben jedes Individuums. Die auffälligsten besonderen Rassenmerkmale der Europäerin sind folgende: das relativ längere Bein, die natürliche Tailleneinschnürung, das breite Becken, die runden Hüften und die aufrecht stehenden Brüste. Diese Dinge galt es also zu schmücken und dadurch hervorzuheben. Die besondere Länge der Beine der mittelländischen Frauen zu heben, entstand der Rock, das Bestreben, die natürliche Tailleneinschnürung zu markieren, schuf den Gürtel;

und als endlich das Hemd die Kleidung vervollständigte und sich zum Oberkleid entwickelte, war die Entstehung des Mieders und schließlich des Korsetts gegeben, d. h. unvermeidlich, denn es war nichts anderes als das Hilfsmittel, die übrigen weiblichen Rassenvorzüge der weißen Rasse: das breite Becken und die aufrecht stehenden Brüste, im bekleideten Körper zur Geltung zu bringen. Den einfachsten Beweis für die Richtigkeit dieser Sätze liefert wohl die Gegenüberstellung anderer Rassen: Bei zahlreichen Rassen, es seien nur die Chinesen und die Eskimos genannt, ist weder das breite Becken, noch die eingezogene Taille, noch der hochaufgerichtete Busen das besondere Rassenmerkmal. Und was ist die Folgeerscheinung? Bei allen diesen Völkern unterbleibt die Einschnürung der Taille und die künstliche Hervorpressung der Büste.

Die natürliche Folge der Tendenz, die besonderen Rassenmerkmale hervorzuheben, ist selbstverständlich die Übertreibung, denn auffallend wirkt stets die Quantität. So kommt es, daß die Kleidung in erster Linie mit der Steigerung der Quantität arbeitet. Diese Tendenz setzt sich meistens ohne Rücksicht auf die natürliche Harmonie, die Grundlage aller reinen Schönheit, durch; denn wenn auch höchst selten jene Frauen als schön gelten, die über die breitesten Hüften, die massigsten kallipygischen Reize und über den üppigsten Busen verfügen, so sind doch die die bevorzugten, bei denen diese Rassenmerkmale irgendwie auffälliger entwickelt sind.

Wie sehr alle Entwicklung dahin strebt, die besonderen Rassenmerkmale hervorzuheben, dafür haben wir in der Einführung des Absatzes am Schuh vielleicht den klassischen Beweis. Die Bedeutung des Absatzes, d. h. das geheime Gesetz, dem die Entstehung des Absatzes zu danken ist, ist bis jetzt immer übersehen worden. Die Absätze an den Schuhen sind nichts anderes als ein wichtiges Hilfsmittel zur Betonung der beson=

246. Deutsche Karikatur auf die langen Schleppen. 15. Jahrhundert

247. Hans Burgkmair. Karikatur auf den Luxus der Frauen. 16. Jahrhundert

deren Raſſenmerkmale der mittelländiſchen Raſſe. Durch den Abſatz am Schuh wird die geſamte Körperhaltung verändert, und zwar in der Weiſe verändert, daß die durch die Abſätze bedingte Haltung die beſonderen Raſſenmerkmale augenfälliger macht. Der Bauch geht hinein, die Bruſt geht heraus; um das Gleichgewicht zu erhalten, muß der Rücken eingezogen werden, dadurch markiert ſich aber ganz von ſelbſt das Becken, ſeine Schwellung wird auffälliger; weil die Kniee durchgedrückt werden müſſen, wird die geſamte Haltung jugendlicher und unternehmender, der Buſen wird vorgedrängt und erſcheint dadurch ſtrotzender. Da alle dieſe Auffälligkeiten aber in erſter Linie die beſonderen Merkmale der mittelländiſchen Frau ſind, ſo iſt damit zugleich auch die Tatſache erklärt, daß gerade am Frauenſchuh der Abſatz die ungeheuerlichſten Höhen erreicht hat.

Aber warum iſt alles das gerade ein erotiſches Problem? So wird man gewiß fragen. Nun aus einem ganz einfachen Grunde: weil die genannten Raſſenmerkmale der mittelländiſchen Frau zugleich auch ihre ſekundären Geſchlechtsmerkmale ſind. Es ſind die körperlichen Unterſchiede, die in erſter Linie die Sinne des Mannes irritieren und je nach dem Grade ihrer Vollendung und Entwicklung eine Frau mehr oder weniger begehrenswert machen. Das Raſſenmerkmal der ſchlanken Taille zu zeigen — um bei einem zu bleiben —, bedeutet demnach gar nichts anderes, als die Demonstration ſinnlich wirkender Körperteile. Weil aber das Beſtreben gleichzeitig und vor allem beſtändig darauf hinausgeht, zu vergröbern und zu übertreiben, das Becken breiter, die Brüſte größer erſcheinen zu laſſen, als es die natürliche Harmonie bedingt, so müssen wir unbedingt folgern, daß auch hier etwas Natürliches sich manifestiere. Und in der Tat, in dem Bestreben des Vergröberns finden wir die Lösung der Frage: „Was ist sinnlich?"! Des Rätsels Lösung lautet: Sinnlich wirkt auf den gesunden Durchschnittsmann die auffällige Form der Zweckschönheit. Das heißt mit anderen Worten: jene Entwicklung der Formen, die sie zu den ihnen von der Natur bestimmten Zwecken vorteilhafter erscheinen lassen. Das ist selbstverständlich das breitere Becken und die größere Brust. Das breitere Becken sichert eine vorteilhaftere Entwicklung des neuen Menschen und eine günstig verlaufende Geburt, der größere Busen verspricht eine reichere Nährquelle zu sein.

Wenn man sich über den inneren Zusammenhang der bis jetzt dargelegten Punkte klar ist, so hat man damit den Schlüssel für die Grundtendenz sämtlicher Modebestrebungen und Modeabsichten in allen Kulturepochen gefunden; denn dieser Schlüssel führt zu den Erkenntnissen und Schlußfolgerungen, ohne die eine Klärung selbst des nebensächlichsten Modeproblems ausgeschlossen ist. Lautet der Fundamentalsatz: die Kleidung ist ein erotisches Problem, so lautet die erste Schlußfolgerung: in der Mode ist nicht die vollendetste Schönheit, die die Harmonie zur Voraussetzung hat, das unbewußt verfolgte Ziel, sondern die immer neue Herausbildung des spezifisch Sinnlichen in der Kleidung. Die zweite, nicht weniger wichtige Erkenntnis lautet: Aus der Beharrlichkeit, mit der sich der sinnliche Endzweck durchsetzt, ergibt sich mit unerbittlicher Logik, daß es ein Irrtum ist, anzunehmen, in der Mode herrsche der Zufall, sie sei ein Reich der kompletten Anarchie. Darüber sich klar zu sein, daß dies nicht der

248. Deutsche Karikatur auf das Dekolettieren. 16. Jahrhundert

Fall ist, ist sehr wichtig, weil die Ansicht, in der Mode entscheide die gesetzlose Willkür, tatsächlich die vorherrschende Meinung darstellt; ungezählte Autoren, die über die Mode geschrieben haben, sind über diesen Fundamentalirrtum gestolpert. Gewiß bestimmen oft scheinbar nebensächliche Dinge eine Mode, gewiß knüpfen sich zahlreiche weltbeherrschend gewordene Moden nachweisbar an die momentane Laune einer Fürstin oder einer fürstlichen Maitresse. Aber man übersieht dabei gewöhnlich das eine, daß von den vielen Maitressenlaunen, die jeder Tag in der Weltgeschichte geboren hat, eben nur jene Launen modebildend geworden sind, die mit den allgemeinen Kulturtendenzen zusammentrafen, d. h. in die man das hineinzulegen vermochte, was die Tendenz des herrschenden Geistes war.

Nicht Anarchie, sondern strengste Gesetzlichkeit herrscht in der Mode. Ihr untergeordnetstes Bestandteil hängt organisch mit der Gesamtkultur zusammen und folgt deren Gesetzen. Darum ist sie in jedem einzelnen Teil der peinlich genaue Ausdruck aller Kultur und spiegelt diese auf das getreueste wieder, in Ruhe und Sturm. Wir sehen z. B., daß die Mode sich in tollen Ausgeburten überschlägt, — nun, daraus folgt denn nichts anderes, als daß Stürme die Menschheit durchwühlen. Aber die irrtümliche Annahme, in der Mode entscheide der Zufall, ist immerhin begreiflich: weil die Mode nicht nur den großen Linien der Kulturentwicklung folgt, sondern sich den tausend Stimmungen des Tages mimosenhaft anschmiegt und dadurch deren untergeordnetste Tendenzen ausprägt; deshalb wirkt das Bild durch seinen unaufhörlich zuflutenden Reichtum verwirrend. In Wirklichkeit sind die tausend Widersprüche nur scheinbar vorhanden. Die Widersprüche liegen alle in unserem Unvermögen, die Materie völlig zu durchdringen und sofort die inneren Zusammenhänge zu erkennen. Sowie wir uns jedoch auf die großen Linien beschränken, d. h. eine möglichst große Periode prüfen, vor allem eine Periode, an der wir nicht mehr persönlich interessiert sind, und deren politische und soziale Struktur uns klar ist, so können wir schlagend nachweisen, wie adäquat alle Formen und selbst die geringsten Finessen einer bestimmten Mode den allgemeinen politischen und sozialen Tendenzen der betreffenden Zeit sind.

Für das erotische Problem in der Kleidung, das ständig in jeder neuen Mode gelöst wird, ist noch eins bezeichnend, was nicht übergangen werden darf: die Modeschöpferinnen. Man hört so häufig jammern, oder es wird in den Tönen der höchsten sittlichen Entrüstung von den Sittenpredigern der verschiedensten Zeiten vorgetragen, daß die meisten und die erfolgreichsten Neuschöpfungen der Mode von den professionellen Priesterinnen der Venus aufgebracht würden. Diese Behauptung stimmt in der Tat, der Beweis läßt sich ohne weiteres historisch führen. Aber diese Tatsache ist nichts weniger als verwunderlich, denn sie wächst ganz logisch aus der eben geschilderten Tendenz heraus, die die Kleidung beherrscht. Als bewußtes Geschlechtswerkzeug, ja noch mehr: in der offiziellen Rolle, „nichts als Geschlechts=

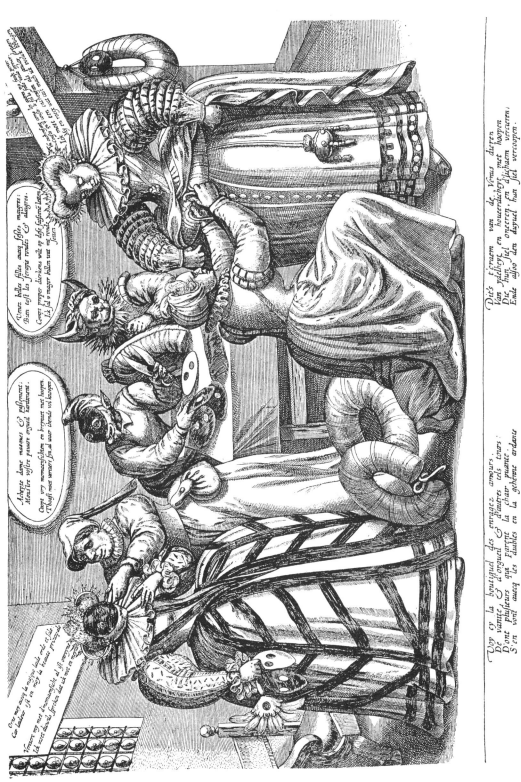

249. Holländische Karikatur auf die Wulstenröcke und den Gebrauch der Masken auf der Straße. 16. Jahrhundert

250. Französische Karikatur auf die Wulstenröcke. 16. Jahrhundert

werkzeug zu sein", ist es der stündlich geübte Lebenszweck der Priesterin der Venus, „die Männer rasend zu machen", sie muß am raffiniertesten verfahren, um gute Geschäfte zu machen, und darum folgt sie in allen Zeiten am raschesten den jeweiligen Tendenzen der Erotik. Da sie das mit Bewußtsein tut, findet sie naturgemäß stets die besten Lösungen des erotischen Problems, das die Kleidung stellt. Der anständigen Dame bleibt selbstverständlich nichts übrig, als getreu die Errungenschaften der Priesterin der Venus nachzuahmen, wenn sie bei dem Kampf um einen Mann nicht riskieren will, von der skrupellosen Konkurrenz aus dem Felde geschlagen zu werden.

Auch der Ausgangsort aller Frauenmoden ist durch das erotische Problem erklärt: es kann keine andere Stadt sein, und wird auch wohl für lange Zeit keine andere Stadt sein, als Paris. In Paris hat die Frau gemäß der politischen und sozialen Entwicklung vom ausgehenden 16. Jahrhundert an als Geschlechtswesen ihren höchsten Kultus gefunden. Dieser Kultus hat gleichzeitig zu den adäquatesten Erscheinungsformen geführt, weil er mit jenem Faktor zusammentraf, der hier entscheidend ist, dem sinnlichen Element. Die französische Kultur, konzentriert in Paris, ist die höchste Entwicklung aller romanischen Kultur. Das wesentliche Merkmal der romanischen Kultur ist aber Sinnlichkeit, im Gegensatz zum Abstrakten, dem Merkmal der nordischen Kultur. Aus diesem Grunde haben alle Dinge, die rein sinnlicher Natur sind, also in erster Linie die Frauenmode, in der romanischen Kultur stets die ihnen entsprechendsten Lösungen gefunden, und alle anderen Völker derselben

Rasse haben sich diese Dinge, die ihnen ihre andere Kultur bei sich selbst auszubilden nicht gestattete, naturgemäß von dort geholt. Daß dies stets unbewußt geschah, ändert nichts an der Richtigkeit der Behauptung. —

Das wichtigste Merkmal der Mode, das, was sie von der Tracht unterscheidet, ist der stete Wechsel. Die Tracht ist das Bleibende, das Versteinerte, die Mode ist das Bewegliche, das ewig Wechselnde, das Vorübergehende in der Kleidung. Das Wort Mode oder modisch ist darum förmlich zum Synonym für alles Vorübergehende geworden. Über diese Definierung herrscht keinerlei Meinungsverschiedenheit, wohl aber herrscht eine sehr große Unklarheit über die Gesetze, die diesen ewigen Wechsel bestimmen, darüber, was die Hauptformen bedingt und was zur ruhelosen Veränderung dieser Hauptformen führt. Es existiert bis jetzt nirgends eine analytische Modegeschichte, die z. B. geschichtlich nachwiese, warum im 16. Jahrhundert die Hauptformen der Mode von Spanien ausgingen, im 18. von Frankreich, die moderne Herrenmode von England usw. D. h., man ist vor allem noch nicht darauf verfallen, systematisch zu untersuchen, was die Reihenfolge bestimmte, in der diese Moden in den verschiedenen Ländern ihren Einzug hielten und herrschend wurden, warum gerade in dem einen Lande früher und wiederum in dem anderen merklich später. Und doch ist die Antwort so leicht zu finden. Aber freilich nur dann, wenn man sich darüber klar ist, daß, weil die Mode ein organisch bedingter Kulturreflex ist, sich auch in ihr das

251. Deutsche Karikatur auf die Mühlsteinkragen und die spanische Mode. 17. Jahrhundert

252. Titelblatt einer satirischen geistlichen Strafpredigt auf das Dekolettieren und auf die Fontange. 1689

Grundprinzip aller Kultur, die ökonomische Basis der Gesellschaftsordnung kategorisch und klar zum Ausdruck ringen muß. Ist man sich über diesen Punkt klar, so folgt alles weitere von selbst: Die jeweilige Form der Lösung des erotischen Problems in der Kleidung wird durch die politisch-ökonomische Struktur der Gesellschaft bedingt; wie die ökonomische Basis ganz bestimmte staatliche Organisationsformen der menschlichen Gesellschaft entwickelt, so entwickeln diese wiederum ganz bestimmte ihnen adäquate Kleiderformen. Das ist das Gesetz der Mode — der Variation der Lösung des erotischen Problems in der Kleidung — und deshalb müssen wir in erster Linie zwischen feudaler, absolutistischer und bürgerlicher Mode unterscheiden. Dieses sind die Hauptformen der Mode, und sie sind auch der ruhende Pol in der Erscheinungen Flucht, im ewigen Wechsel, sie bleiben solange herrschend und typisch, solange die Gesellschaftsordnung eines bestimmten Landes sich je nachdem auf feudaler, absolu-

Die Korsettanprobe

Französischer galant-satirischer Kupferstich von Wille. 1750

Der Triumph der Koketterie

Groteske, französische Karikatur auf die Pariser Hutmoden. Um 1780

253. Titelbild der geistlichen Strafpredigt „Gedoppelte Blasbalg"

tistischer oder bürgerlicher Basis aufbaut. Der jeweilige Haupttyp der Mode ändert sich erst in dem Augenblick, wo die feudale Gesellschaftsordnung von der absolutistischen oder diese von der bürgerlichen abgelöst wird. Solange dieses aber nicht der Fall ist, vollzieht sich aller Wechsel stets innerhalb des Rahmens der Hauptform, und selbst die scheinbar kühnste Neuerung ändert am Prinzip nichts.

Den bündigen und den am leichtesten kontrollierbaren Beweis für die Richtigkeit dieser Sätze erhält man, wenn man das unternimmt, dessen Nichtberücksichtigung vorhin als die wichtigste Unterlassungssünde der Modehistoriker bezeichnet worden ist: die Feststellung der Reihenfolge, in der die Hauptformen der verschiedenen Moden in den einzelnen Ländern ihren Einzug gehalten haben. Sowie man zu dieser Feststellung schreitet, ergibt sich klar und unzweideutig der oben fixierte innere Zusammenhang der Mode mit der politisch-ökonomischen Struktur des betreffenden Landes. Im 17. Jahrhundert herrschte allmählich überall die spanische Tracht, deren Prinzip die steife Grandezza, die Starrheit und vor allem die Unnahbarkeit ist. Warum? In Spanien hat sich der Absolutismus zuerst und am reinsten entwickelt, und er ist hier zugleich auf die

35

steilste Höhe getrieben, somit hat es ihm in allen Lebensformen, also auch in der Mode, den präzisesten, den entsprechendsten Ausdruck geschaffen — die typische Form. Die spanische Mode des 17. Jahrhunderts wurde somit die typische Mode des Absolutismus, d. h. des ökonomischen Prinzips, das politisch zum Absolutismus führte. Wenn wir nun an der Hand der politischen Geschichte Europas verfolgen, wie sich der Absolutismus als Regierungssystem der Reihe nach in den anderen Ländern, in England, Holland, Frankreich, Deutschland, entwickelte, so haben wir damit die Daten gefunden, mit denen die typischen Linien der spanischen Mode übernommen wurden, — sie kam nicht früher, und sie kam nicht später. Ganz genau so vollzog es sich mit der modernen bürgerlichen Mode. Diese wurde von England ausgebildet; hier erreichte die bürgerliche Entwicklung ihre erste Spitze, hier füllte sie die Erscheinungsformen des Lebens zuerst mit ihrem Geiste. In derselben Reihenfolge, in der die anderen Staaten in die bürgerliche Entwicklung eintraten, übernahmen sie auch die englische Mode, d. h. die bürgerliche Mode. Man fragt heute so oft: wie kommt es wohl, daß die Herrenmode heute genau noch so wie früher ihre Anweisungen aus London bezieht, und zwar genau so beharrlich, wie die Frauenmode die ihrigen aus Paris? Die Antwort lautet: Ganz einfach deshalb, weil der bürgerliche Geist einzig und allein in England alles durchsättigt hat, so daß es dort allein zu einer wirklichen

254. Deutsche Karikatur auf das weibliche Alamodewesen. 17. Jahrhundert

255. Boitard. Französische Karikatur auf die Reifröcke. 1745

bürgerlichen Kultur gekommen ist, und — weil die bürgerliche Kultur, als auf der Herrschaft der Massen beruhend, eine männliche Kultur ist, während im Gegensatz dazu jede aristokratische Kultur im letzten Grunde stets eine weibische Kultur ist. Es gibt keine bürgerliche Kultur, in der die Frau als Geschlechtswesen alles beherrschend auf dem Throne gesessen, es gibt andererseits keine aristokratische Kultur, die nicht zu diesem Resultat geführt hätte. Damit ist der Unterschied zwischen männlicher und weiblicher Kultur aufgedeckt.

Daß sich nicht nur die untergeordneten Nebenformen in der Mode jäh und unvermittelt ändern, sondern daß sich das Typische ebenso rasch umformt, sobald der Gesellschaft der seitherige Boden entzogen wird und diese auf eine andere Basis gestellt wird, das tritt klassisch in den revolutionären Wendepunkten der Geschichte zu Tage. In solchen revolutionären Zeiten, in denen sich der Zustand der Gesellschaft scheinbar in wenigen Monaten von Grund aus ändert, erfährt die Mode in demselben knappen Zeitraume ihre tiefgehendsten Umwälzungen, ein neuer Typ tritt unvermittelt an die Seite des früheren. Das klassischste, uns am nächsten liegende Beispiel bietet das ausgehende 18. Jahrhundert mit seinem jähen Übergang vom Rokokokostüm in das dem Altertum entlehnte Kostüm der Revolutionszeit. Dieses eine Beispiel aus der Geschichte würde übrigens tatsächlich ausreichen, die hier in Frage stehende These zu beweisen, daß die jeweilige politisch-ökonomische Struktur der gesamten Gesellschaftsordnung der Bildner der Hauptformen der Mode ist.

Spiegelt der Haupttyp der Mode die jeweilige Basis, auf der sich die gesamte Gesellschaftsordnung aufbaut, so muß naturnotwendig die täglich zu konstatierende Variierung dieser Hauptform die Unterschiede oder Unterschiedsbestrebungen spiegeln, die sich innerhalb der betreffenden Gesellschaftsordnung geltend machen. Diese Unterschiede sind die Klassengliederung der Gesellschaft. Jede Gesellschaftsordnung, ob feudal, absolutistisch oder bürgerlich, ist in sich in verschiedene Klassen gegliedert. Ein solcher Zustand bedingt aber selbstverständlich mit innerer Notwendigkeit, daß er sich auch äußerlich dokumentiert, daß er sichtbar in Erscheinung tritt — nun, dieser Tendenz, diesem Zweck des Zutagetretens, dient in letzter Linie die Mode des Tages. Die sozial höher stehenden Klassen wollen den höheren Platz auf der gesellschaftlichen Stufenleiter dem ersten Blick offenbaren. Sich von den Wenigerbesitzenden und gar von den Nichtbesitzenden in der äußeren Erscheinung zu unterscheiden, abzustechen von ihnen, das ist das stete Bestreben der Wohlhabenden. Das kann natürlich durch nichts anderes erreicht werden als durch die Kleidung. So einfach dies scheint, so verschwommen wird aber das Bild, weil diese Absicht ständig von einer anderen Tendenz durchkreuzt wird. Diese andere Tendenz, die ebenso stereotyp in allen Zeiten herrscht, ist der Drang, die Klassenunterschiede zu verwischen. Natürlich nicht nach unten, sondern nach oben. Der Tieferstehende will empor auf der sozialen Stufenleiter, er drängt darnach, den Eindruck zu erwecken, daß er gleichwertig sei. Und daß dieses Bestreben zu seinem Ziele kommt, d. h. daß der sozial Tieferstehende den immer wieder Unterschiede schaffenden besitzenden Klassen ständig auf den Fersen bleibt, das wird für ihn durch die ständig fortschreitende technische Entwicklung ermöglicht, und zwar ermöglicht um so leichter, je mehr sich diese der großindustriellen Produktionsweise nähert, deren Prinzip die billige Massenproduktion ist. Die einfachste Formel für diese Tatsache ist der Satz, daß das Bestreben, die Standesunterschiede auszugleichen, im gleichen Maße wächst, in dem die technische Entwicklung die Möglichkeiten erleichtert. Mit dieser Formel hat man auch die Lösung für den unaufhörlichen Modewechsel unserer Gegenwart gefunden. Freilich, alle Seiten dieser Frage sind damit noch nicht aufgezeigt. Vor allem muß für die sogenannte „moralische" Beurteilung des ewigen Modewechsels das eben Gesagte noch dahin erweitert werden: Die gesamte moderne kapitalistische Produktionsweise beruht durchaus auf der Tendenz, die Klassenunterschiede zu verwischen, denn diese Tendenz schafft ihr die Profitrate. Wenn der Wechsel in der Mode ehedem das ausschließliche Vorrecht der Besitzenden war und ein Nachahmen nur sehr langsam vonstatten ging, so muß der moderne kapitalistische Betrieb, der auf dem Massenabsatz beruht, systematisch dahin drängen, daß nicht nur enge Kreise dem Modewechsel folgen, sondern möglichst die Gesamtheit. Der Kapitalismus muß die Gesellschaft äußerlich demokratisieren, zwar nicht aus den politischen Idealen der Bourgeoisie heraus, sondern eben im Interesse der Mehrwerterzeugung, der fortgesetzten Steigerung der Profitrate. Die Frau Kommerzienrat, die im Kreise gleich-

256. Französische Karikatur auf die hohen Haarfrisuren. Um 1780

gesinnter Damen über die Arroganz und Großspurigkeit ihrer Dienstboten loszieht, weil diese sich ebenso kleiden wie sie, die gnädige Frau, klagt somit im letzten Grunde nur das ökonomische Prinzip an, dem ihre Klasse die Reichtümer verdankt.

Was hiermit über das Hauptmerkmal der Mode, ihren steten Wechsel, gesagt ist, das gilt natürlich für die Mode im allgemeinen, also sowohl für die Herrenmode als auch für die Frauenmode. Der Wechsel und die Formen der Frauenmode werden jedoch außerdem noch von anderen Umständen beeinflußt, und zwar von jenen Faktoren, von denen schon mehrfach die Rede war: es sind das die passive Rolle der Frau im Geschlechtsleben und die materielle Basis der Einehe. Da diese Faktoren die Frauenfrage als Ganzes bestimmen, so ist es naturnotwendig, daß sie auch alle einzelnen Teile dieser Frage entscheidend beeinflussen. Und sie bestimmen die Mode notwendigerweise in gleicher Richtung wie z. B. die Koketterie. Was somit weiter oben über die Formen der Koketterie gesagt ist (S. 179 u. fg.), das gilt auch hier.

Die passive Rolle im Geschlechtsleben zwingt die Frau, die Mode zu ihrem wichtigsten Werbemittel im Kampf um den Mann zu erheben, denn durch die Kleidung vermag sie die wirkungsvollsten Effekte zu erzielen. Die Sprache der Koketterie wird zum Geflüster gegenüber dem dröhnenden, phrasenreichen Vortrag, den die Kleidung der Frau dem Manne hält. D. h., richtiger ist: die Kleidung ist das wichtigste Sprachrohr der hauptsächlichen Formen der Koketterie. Den schönen Arm, die volle Büste, den Schwung der Hüfte, das elegante Bein, alles zeichnet der Schnitt des Kleides. Durch die Vornehmheit und den Prunk ihrer Kleidung und dadurch, daß sie sich stets nach der neuesten Mode kleidet, kann die Frau ihren Wohlstand verkünden: „So schwer bin ich!" Und schließlich: durch die Art, wie sie alles das tut, durch die Wahl der Farben, durch die Manier, mit der sie die jeweilige Modetendenz fruktifiziert, vermag sie ihrer geistigen, seelischen und sittlichen Qualität den Stempel zu prägen usw.

Alles das kann die Frau durch die Kleidung, und sie könnte es auf die schönste und edelste Weise, sie könnte in allem, und im sinnlichen am leichtesten, die schöne Linie finden. In Wirklichkeit überwiegen aber die häßlichen Linien. Warum? Nun, die Antwort lautet wie bei der Koketterie: Nicht das Schöne, das Harmonische fällt auf, sondern das Groteske, das Aberwitzige. Und auffallen muß jede einzelne, das diktiert ihnen die brutale Logik des Erfolgs. Es genügt nicht, schön zu sein. Die Frau muß den Hochzeitsschleier als Beute erringen. Man siegt nur selten, wenn man die Probleme in der Richtung des Schönen löst, um so häufiger aber, wenn man sich auffällig zu machen versteht, wenn man hervorsticht aus der endlosen Reihe der Mitkonkurrenten. Auffallen tut man aber vor allem in der Kleidung, und das Auffälligste ist das Neue. Darum: Immer neu! Das ist die Losung. Und die Mode folgt dieser Losung, indem sie jeden Tag ihre Formen ändert und es der Frau so ermöglicht, in immer neuen Kombinationen ihre Reize, ihren körperlichen, geistigen und materiellen Besitzstand zu demonstrieren, aller Welt aufs hörbarste in die Ohren zu schreien: das bin ich, das hab ich! Und: Anstand hin, Anstand her! — Die Gesellschaftsordnung sieht in der Frau in erster Linie das Weib, das Instrument der Wollust. Also bleibt der Frau gar nichts anderes übrig, als den Konkurrenzkampf um den Mann, sei es um dessen Erwerb, sei es um dessen Erhaltung, in der Mode so zu führen, daß sie in jeder Situation, im Gewühl auf der Straße ebenso deutlich wie in der Intimität des Familienkreises sinnliche Versprechungen macht. Ich bin das, und noch bin ich das, was die Frau in erster Linie sein soll — das muß jedes Kostüm, das sie trägt, jede Mode, die sie mitmacht, aufs Deutlichste predigen, wenn sie nicht übersehen sein, d. h. nicht beiseite geschoben werden will.

Was nützt demgegenüber die Einsicht der Verständigen in das ästhetisch und sittlich Verwerfliche des Modegebarens? Nichts, oder ach, nur herzlich wenig. Die tiefste Einsicht muß vor der brutalen Logik des weiblichen Existenzkampfes kapitulieren. Und dieser Existenzkampf ist aus unserer Gesellschaftsordnung nicht auszuscheiden,

Weil Deutsche Karikatur auf die hohen Haarfrisuren. Um 1780

258. Französische Karikatur auf die Ohrringe. 18. Jahrhundert

unsere Gesellschaftsordnung müßte sich denn selbst aufgeben; denn über ihren Schatten springen kann sie nicht. Daß die Kleidung sich stetig zu einer reineren Schönheit fortentwickele, und daß alles Gewonnene sicherer Besitz bleibe, das ist solange nicht möglich, solange die kapitalistischen Interessen die menschliche Gesellschaft in Klassen scheiden und die Beziehungen der beiden Geschlechter zueinander bestimmen — darüber muß man sich klar sein. Solange das der Fall ist, ist der groteske Wahnwitz in der Mode ein Gesetz der Notwendigkeit, solange muß aber auch der folgende Satz jedes Kapitel über die Mode abschließen: Weil die Mode das wichtigste und erfolgreichste Hilfsmittel in dem weiblichen Existenzkampfe ist, darum mußte sie zum untertänigsten Sklaven der Interessen der Frau werden und selbst der geringsten Regung folgen. Freilich aber auch zu einem Sklaven, der sich nach echter Sklavenart rächen darf, indem er sich gleichzeitig zum barbarischen Gebieter über alle Frauen emporschwingt, diktatorisch seine Gesetze erläßt, keinen Verstoß duldet und katonisch Tag für Tag erklärt: ich bin der Herr, dein Gott!

* * *

Sowie man sich darüber klar ist, daß die Mode ein erotisches Problem ist, erscheint es auch sofort als folgerichtig, daß die meisten und die charakteristischsten Extravaganzen der Frauenmode in der Richtung einer exaltierten Übertreibung der erotischen Pointen liegen müssen. Und das bestätigt denn auch die Mode eines jeden Zeitalters. Ebenso folgerichtig ist freilich auch, daß die Satire sich mit den erotischen Spekulationen der Mode am häufigsten beschäftigt, und das wiederum bestätigt die Satire eines jeden Zeitalters.

Zwei Haupttendenzen treten in der Mode deutlich zutage; die erotische Präsentation des Busens und die erotische Präsentation der Hüften und der Lenden. Verbunden werden diese beiden Tendenzen durch die künstliche Einschnürung der Taille. Diese hat an sich zwar den Selbstzweck, die natürliche Taillenenge augenfällig zu machen, sie steht aber auch gleichzeitig im Dienste der beiden anderen Tendenzen, indem sie den Busen voller und das Becken breiter erscheinen läßt. In der raffinierten Ausgestaltung ist das Ziel der Mode immer das gleiche: alle Linien des Körpers zu entwickeln, die den Geschlechtscharakter des Weibes markieren, d. h. also, wie schon einmal gesagt, die Frau als nur aus Busen, Hüften, Lenden und Schenkeln bestehend zu zeigen.

Die weibliche Bekleidung hat bei den mittelländischen Rassen mit der Entwicklung des Rockes begonnen, während der Oberkörper noch lange unbekleidet blieb, und auch heute kennt das Kind keinen anderen Unterschied zwischen Knaben und Mädchen als den, daß die letzteren Röcke tragen. Aber gleichwohl ist doch der weibliche Busen bei uns Kaukasiern das wichtigste sekundäre Geschlechtsmerkmal der Frau. L. Stratz sagt ganz richtig:

259. Französische Modekarikatur. 18. Jahrhundert

„Besonders charakteristisch ist der sinnliche Reiz, den die weiblichen Brüste (auf uns) ausüben. Während alle Naturvölker dafür völlig gleichgültig sind, während selbst die völlig bekleideten Chinesen und Japaner der Weiberbrust keine sinnliche Bedeutung abgewinnen, ist sie bei den höher kultivierten Völkern kaukasischer Rasse zum Inbegriff weiblicher Anziehungskraft geworden und gilt, gut entwickelt, als schönste Zierde des weiblichen Körpers."

Die Entstehung dieses Reizes ist auch das erste, was dem geschlechtsreifen Manne das andere Geschlecht sinnlich offenbart. Durch den Busen, dessen Größe das Korsett sofort verdoppelt, wird in der Vorstellung des Mannes zuerst das Neutrum zu einem

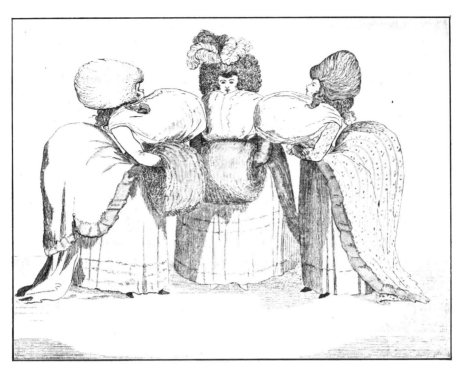

260. Englische Modekarikatur. 1786

Femininum. Auch wird die frühzeitige Entwicklung einer Büste immer als ein beneidenswerter Vorzug angesehen, während die auffällige Wölbung der Hüften und der Lenden erst bei der reiferen Jungfrau schön gefunden wird. Ihren Busen demonstriert daher die heranwachsende Jungfrau zuerst den Blicken; mit ihm beginnt sie die Zurschaustellung ihrer „Weiblichkeit". Weil aber der Busen zum Inbegriff aller weiblichen Anziehungskraft geworden ist, so genießt er diese Bevorzugung natürlich durch alle Altersstufen hindurch bis ins hohe Alter hinein; immer noch einen schönen Busen zu haben, ist der größte Triumph der reiferen Frau. In alledem ist es also ganz natürlich begründet, daß die Präsentation des Busens zum obersten Modeproblem aller Zeiten geworden ist.

Die erste modische Schaustellung des Busens bestand im Enthüllen, in der Dekolletierung; und, was gleich hier hervorzuheben ist, dieses Verfahren wurde zeitlich auch am längsten geübt. Durch die Enthüllung des Busens soll ein sinnlicher Reiz auf den Mann ausgeübt werden. Daß nichts anderes der letzte Grund der Dekolletage ist, ergibt sich klar und deutlich daraus, daß ihr Wesen auf der Ausnutzung der sinnlicheren Wirkung des bekleideten Körpers beruht. Der bekleidete Körper wirkt auf den europäischen Kulturmenschen ungleich sinnlicher als die Nacktheit. Durch die Bekleidung ist an die Stelle der früheren Gleichgültigkeit für das alltäglich Nackte eine Neugierde nach dem verhüllten Körper getreten, „eine Reizung der Phantasie, die sich das Unbekannte, Verborgene in lebhafteren Farben ausmalt." Diese stets von neuem geweckte Neugier verleiht dem Bedeckten einen sinnlichen Reiz. Ein Entgegenkommen gegenüber dieser sinnlichen Neugier ist die Dekolletage, freilich nicht, um die Neugierde zu befriedigen und auszulösen, sondern um sie im Gegenteil noch mehr aufzustacheln, denn das ist es eben: ein teilweises und zeitlich begrenztes Entgegenkommen führt nicht zur Befriedigung, sondern zur Steigerung der Neugierde. Der teilweise entblößte Körper der Frau erregt tatsächlich die Neugierde und Aufmerksamkeit des Mannes in erhöhtem Maße, oder mit anderen Worten: der teilweise entblößte Körper wirkt in gesteigerter Weise sinnlich. Gewiß erstreckt sich dies nicht auf den Busen allein, sondern auch auf jeden anderen Körperteil, also ebenso auf die Dekolletierung von unten nach oben, die Preisgabe der Reize des Beines, weil heute der verhüllte Körper des bekleideten Weibes in allen seinen Teilen einen sinnlichen Reiz auf den Mann ausübt. Aber in der Dekolletierung des Busens hat dieses Problem seine systematische Lösung erfahren. Ob bewußt oder unbewußt, — das hat mit dem Tatsächlichen natürlich nichts zu tun.

Daß in erster Linie die sinnliche Reizwirkung die Dekolletierung bestimmt und reguliert, läßt sich außerdem auch historisch nachweisen, und zwar durch einige Besonderheiten, die in jenen Zeiten galten, als die Mode des Dekolletierens nicht nur auf den Ballsaal beschränkt war, sondern die Mode des täglichen Lebens bildete. Eine dieser Besonderheiten bestand darin, daß den unverheirateten Frauen ein viel tieferer Ausschnitt des Kleides gestattet war als den verheirateten Frauen. Natürlich wäre es ein Trugschluß, wollte man darin etwa eine Symbolisierung der Unschuld des jungfräulichen Weibes erblicken, „die nicht weiß, daß sie Kohlen ins Liebesfeuer schüttet, wenn sie soviel von Frau Evas Zuckerballen zur Schau legt". Diese Meinung würde nämlich schon durch die einzige Tatsache widerlegt, daß der Witwe dasselbe Recht von dem Tage an zustand, an dem die Trauerzeit um den verstorbenen Gatten abgelaufen war, d. h. also von dem Tage an, da der Sittenkodex ihr wieder gestattete, um einen Mann

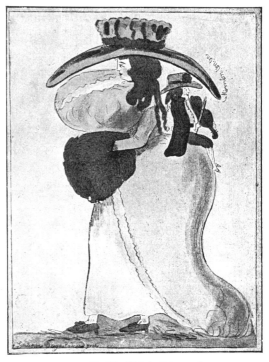

261. Englische Modekarikatur. 1787

zu werben und um sich werben zu lassen. Zahlreiche zeitgenössische Moralprediger sagen es übrigens rund heraus, daß es sich bei der Sache um gar nichts anderes dreht. Ein einziges Beispiel: in der „Jungfern-Anatomie", einem Werk aus dem 17. Jahrhundert, wird die Frage aufgeworfen: „Warum tragen die Jungfern die Brüste mehr offen als die Weiber?" Und die Antwort lautet: „Weil sich das als das beste Lockmittel auf dem Männerfang erwiesen hat, darum vermeint man, es könne von diesem Lockmittel nicht genug ausgelegt werden. Um Vögel zu fangen, muß man Vogelleim haben. Je mehr man aufträgt, um so eher bleibt einer kleben."

Die Dekolletierung des Busens kennt alle Grade. Sie hat sich mitunter auf einen vergrößerten Halsausschnitt des Kleides beschränkt, ist aber auch zu Zeiten so tief herabgerückt, daß sich vorn der ganze Oberkörper den Blicken nackt darbot. Die Königin Isabella von Bayern brachte im 14. Jahrhundert eine Mode auf, bei der das Kleid bis zum Gürtel offen stand. Die schönen Hofdamen sollen dieser Mode leidenschaftlich gehuldigt haben. Das Volk nannte diese Mode verächtlich „Robes à la grand'gorge", d. h. also „Kleider à la Sau". Im 16. Jahrhundert, wo man fast immer weitausgeschnittene Kleider trug, kehrte dieselbe Mode unter dem ausschweifenden König Franz I. von Frankreich wieder und provozierte einen ähnlichen Namen. „Dames à la grand'gorges" nannte man die Frauen, die eine derart weitgehende Offenheit an den Tag legten, daß auch die Busenknospen sichtbar waren. Im 18. Jahrhundert und unter dem Direktorium war der Busenausschnitt an den Kleidern zuweilen nicht weniger tief. Derart „weitgehende Offenheiten" verführten gewöhnlich noch zu besonderen Tricks. Um die Blicke recht ostentativ auf den entblößten Busen zu lenken, brachte man diamantverzierte Ringe oder goldene und steinbesetzte Käppchen an der Spitze des Busens an, oder man durchbohrte, um die jugendliche Festigkeit des Busens recht augenfällig zu demonstrieren, die Busenknospen und verband die beiden Brüste durch steinbesetzte goldene Ketten.

Derartig groteske Modekühnheiten waren natürlich nur in solchen Zeiten möglich, in denen lüsternen Ausschweifungen nur ganz unwirksame Schranken gesetzt waren, auch herrschten sie immer nur vorübergehend. Sie hatten einen absolut unwiderstehlichen Widersacher. Zwar nicht in dem sogenannten „sittlichen Gewissen der Menschheit", sondern einfach in dem Neide der besitzlosen Klassen: das sind in diesem Falle jene Frauen gewesen, denen eine karge Natur oder ein vorgerücktes Alter — „Im Dreißigsten beginnt die Busenökonomie" ist ein sehr altes Wort — ein kategorisches „non possumus" diktierte. Da aber diese Frauen immer die große Mehrzahl aller Frauen ausmachten, so war ihre Opposition entscheidend. Wenn eine Mode für längere Zeit und allgemein herrschend werden soll, muß sie allen Frauen die Ausnützung ihrer erotischen Pointen gestatten, das ist natürlich bei einem solchen Grade der Entblößung nicht möglich. Aus diesem Grunde bewegte sich die Dekolletage meistens in Grenzen, bei denen die männliche Neugierde zwar nicht voll auf

The Bum Shop

262. Thomas Rowlandson. Englische Modekarikatur. 1785

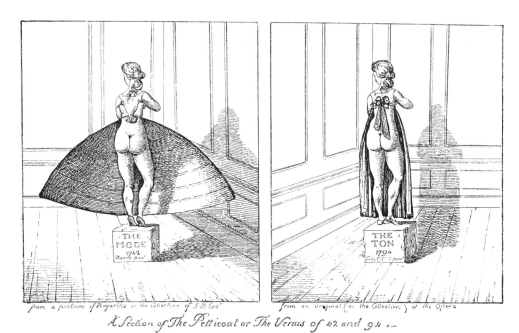

Die Venus im Jahre 1742 und 1794

263. Englische Modekarikatur

ihre Rechnung kam, innerhalb deren die Frauen aber imstande waren, das vorzutäuschen, was man vortäuschen wollte und wohl oder übel auch vortäuschen mußte, sei es durch raffiniertes Schnüren, sei es durch Busengestelle, Wattierungen, künstliche Nachahmungen usw. Innerhalb dieser Grenze bewegen sich auch die heutigen Gesellschaftsroben. —

Es ist oben gesagt worden, es sei ein allgemein gültiges Gesetz, daß nie die Frauen für die schönsten oder begehrenswertesten gehalten wurden, die sich durch eine übermäßige Fülle des Busens auszeichneten. Dessenungeachtet hat die Mode in einigen Zeiten Formen entwickelt, bei denen die Busenmasse sich geradezu ins Ungeheuerliche gesteigert präsentierte. Selbstverständlich war das nur in kraftstrotzenden Zeiten möglich, in Zeiten strotzenden Lebensdranges und saftigen Genießens. Eine solche Zeit durchlebte z. B. England am Ende des 18. Jahrhunderts, als das englische Bürgertum zum ersten Mal seine wirtschaftlichen Kräfte exploitierte. In dieser Zeit des Überschwanges und der strotzenden Lebenslust wurde die tizianische Fülle der körperliche Idealtyp der englischen Frau, ähnlich wie hundert Jahre früher in Holland. Die Formen kolossalster Weiblichkeit standen am höchsten im Kurs. Diese Tendenz reflektierte in der Mode in einem wahren Kultus der Masse: Busen und Lenden wuchsen zu förmlichen Riesenhöckern an. Die Übertreibung der Größe des Busens war z. B. so stark, daß es den Frauen gänzlich unmöglich war, vor sich auf den Boden zu sehen. Eine solche groteske Übertreibung der Busenfülle konnte natürlich nicht auf natürlichem Wege erzielt werden, sie bedurfte der Polsterungen oder der ballonförmigen Drahtgestelle, und diese Hilfsmittel zwangen wiederum zum gänzlichen Verhüllen des vorher enthüllt getragenen Busens, denn nur so konnte man solche Massen demonstrieren. Es ist begreiflich, daß eine solche Mode nie allzu lange herrschte, ihre Wirkungen auf den Mann entsprachen dem Aufwande an Mühe zu wenig. Darum bildete sie auch immer nur ein Interregnum in der Mode des Dekolletierens, zu der man nachher stets mit um so größerem Eifer zurückkehrte.

Mit der fortschreitenden Verfeinerung in den Gesetzen der öffentlichen Sittlichkeit ist die Dekolletierung des Busens überall von der Straße verdrängt, d. h. auf die festlichen Gelegenheiten beschränkt worden. Vollzogen hat sich diese Tendenz überall im 19. Jahrhundert. Es wäre jedoch ein grober Irrtum, anzunehmen, damit sei auch auf die Spekulation mit den Reizen des Busens durch die Alltagskleidung verzichtet worden. Nein, jetzt war nur ein neues, und zwar ein kompliziertes Problem gestellt. Dieses lautete: alles peinlich zu verhüllen, aber das Verhüllte dennoch ebenso peinlich in seiner ganzen Intimität allen Blicken sichtbar zu machen. Natürlich in seiner idealen Intimität. D. h. also: die Frau soll zwar bekleidet sein, und zwar

264. Englische Modekarikatur auf den Kultus des Kostüms der Nacktheit bei den Damen der englischen Aristokratie

außerdem höchst anständig, aber sie soll doch als Nudität wirken. Daß dieses Problem aufs Raffinierteste gelöst worden ist, darüber kann angesichts der modernen Damenmoden kein Zweifel sein. Die Mehrzahl der modernen Damenmoden ist, obgleich auf jede wirkliche Nudität verzichtet wird, ungleich sinnlicher konstruiert als viele direkt ausschweifende Moden der Vergangenheit mit ihren kühnen Konzessionen an den Blößenwahnsinn. Es ist dem Raffinement gelungen, durch die raffiniert peinliche Verhüllung eine Reihe absolut neuer, früher gänzlich unbekannter Wirkungen zu erzielen. Aber das Verfeinerte ist immer schwerer zu fassen, und darum bieten die modernen Moden auch ungleich weniger Angriffsflächen als alle früheren.

Kein Wunder also, daß das heftigste und gröbstkörnige satirische Hagelwetter nicht über die modernen Moden niedergeht, sondern daß es über die auffälligeren Extravaganzen des Dekolletierens niedergegangen ist. Zwar sind die Lobredner der Frau nicht nur heute, sondern zu allen Zeiten auf den höchst genialen Einfall gekommen, die Dekolletierung des Busens sei ein „festtäglicher Gottesdienst vor dem erhabensten Heiligtum der Natur", aber die biederen Sittenprediger des 16., 17. und 18. Jahrhunderts sind auf diesen Zauber nie hereingefallen. Sie fühlten die Wirkung der Mode der entblößten Brüste am eigenen Adam, und darum war es Sünde, Fleischeslust, Hurenmode, das Werk des Unzuchtsteufels usw. In dieser Weise zogen sie unisono vom Leder. Das Toben und Schimpfen wider die Mode im allgemeinen und vornehmlich „wider die bloßen Brüste" verhallte sich nicht wirkungslos, es hat ohne Zweifel manchen wahnwitzigen Mißbrauch eingedämmt, aber überschätzen darf man die Wirkung doch nicht. Wenn in verschiedenen Zeiten ein Nachlassen der Mode des

La grande dame im Jahre 1801
265. James Gillray. Englische Modekarikatur

Dekolletierens zu konstatieren ist, so hat das, um nur eine einzige entscheidende Ursache anzuführen, oft viel mehr an einer zunehmenden Verarmung als an der gesteigerten Moral gelegen, denn die Dekolletierung setzt die Möglichkeit eines größeren Luxus im allgemeinen voraus.

Zur Charakteristik der literarischen Satire auf die Mode der Entblößung des Busens müssen wir uns mit einigen wenigen charakteristischen Proben begnügen, obgleich es gerade hier spielend leicht wäre, durch Reichtum zu erdrücken.

Eine Anklage aus dem Mittelalter besitzen wir in der Predigt eines Osnabrücker Mönches, sie lautet:

266. Isabey. Französische Modekarikatur

„So ist es gleichfalls gefährlich, mit dem Feinde zu kämpfen, der ein Schwert aus der Scheide gezogen, aber viel gefährlicher ist es, wenn er viele gezogen, d. h. den Mantel und das Kleid zurückgeschlagen und sich entblößt, den Schleier ablegt, daß der Busen bis zu den Brüsten sichtbar wird, dann reizen sie die Männer um so mehr zur Unzucht."

In des Hilarius von Freudbergs „Narrenfest" heißt es:

„Und du hast eine solche Kleider=Tracht, die nicht nur das Angesicht frech entblößet, sondern auch deine zwey Brüste, wie die verfluchten Berge Gelboe entblößest, nicht anderst solche mit Taschen und Binden in die Höhe zu steigen zwingest als wie zwei Dudelsäck, nicht anders solche auslegest als wie die Weiber auf dem Kräutel=Marck zwei Plutzer, welche, wenn sie verfaulen, den Säuen für geworffen werden."

Wider die ungeheuerliche, raffinierte Mode, an die bloßen Brüste Ringe und Ketten zu heften, eine Mode, die sich übrigens gegenwärtig in der vornehmen Lebewelt Englands und Amerikas von neuem wiederholt, zog ein Sittenprediger mit folgenden Sätzen zu Felde:

„Ich sage es euch unverhohlen, wo ihr nicht ablassen, sondern euch noch mehr so nacket kleiden, ja überdies noch, welches erschrecklich zu hören, und doch bei manchen Weibspersonen so gebräuch=

lich ist, güldene Ringe auf eurer Brüste Warzen stecken werden, so wird Gott euch die Ringe und Ketten der Finsterniß anlegen."

Die zwei letztgenannten Texte stammen aus Satiren aus der zweiten Hälfte des 17. Jahrhunderts. Diese Zeit war in Deutschland besonders reich an Satiren auf „die schamlos geblößten Brüste". Groteske Unnatur in allen Lebensformen ist das Stigma dieser Zeit gewesen. Die allgemeine Verrohung, die der Dreißigjährige Krieg herbeigeführt hatte, hatte sich mit der Unselbständigkeit gemischt, die sich in allem auf das Ausland, und zwar vor allem auf Frankreich, stützen mußte. Das Resultat war ein groteskes Gemengsel, sein Name hieß Alamode. Alamode war die Sprache, Alamode waren die Gesten, Alamode war die Kleidung. In der Frauenmode bestand dieses Alamode in einer ungeheuerlichen Form der Dekolletage, es war die französische Frivolität in plumpe und rohe Formen übertragen. Die vielen moralisch-satirischen Schriften, die in jener Zeit gegen das Alamodewesen entstanden, wendeten sich natürlich in erster Linie gegen die Dekolletage, denn hieran ließ sich das „Unsittliche, Verhurte, Französische" des Alamodewesens am deutlichsten demonstrieren. Die verbreitetste, unter zahlreichen Sondertiteln immer wieder von neuem aufgelegte moralisch-satirische Predigt dieser Art war „der Gedoppelte Blasbalg der üppigen Wollust oder die bloße Brüste sein ein so groß Gerüste viel böser Lüste". Dieser Titel wird vom Verfasser in folgender Weise begründet:

„Hieraus haben wir etlicher Maaßen Anlaß genommen, unser Gleichniß vom Schauspiel und erhabenen Gerüste zu erfinden, wenn wir, wie der Titel dieser Schrift ausweiset, die bloßen Brüste nennen ein groß Gerüste viel böser Lüste. Der Komödiant ist der Unzuchts-Teufel, das Komödien-Kleid die nackte Weiber-Tracht, das Theatrum, Schauplatz oder Gerüste, die bloße Weiber-Brüste, und die vorwitzige Zuschauer dieses unzüchtigen Spiels das närrische Männervolk. Andere nehmen ein Gleichniß her von

Mme Pelisse

267. Französische Karikatur auf die Mode der großen Müffe

Eine Königliche Loge nach der Natur gezeichnet

268. Isaac Cruikshank. Englische Karikatur auf das Dekolettieren. 1792

den Schmieden, wenn die ihr Handwerk treiben wollen, so treten sie den Blasbalg und schüren damit das Feuer an. Also sagen sie, wenn der Höllen=Schmied, der Teufel, die Kohlen der bösen Lust in den Herzen der Mannesbilder aufblasen und ein Hurenwerk schmieden wolle, so brauche er die durchs Athemholen aufschwellende und niederfallende bloße Weiberbrüste als höllische Blasebälge dazu. Wieder andere erborgen ein Gleichniß von den Fleischern; wenn diese die Lungen oder Kälber=Geschlünke gerne los sein wollen, so legen sie's vorn auf die Fleisch= bank, und bietens also jedermann zum feilen Kaufe; da sie hingegen ein gut Stück Fleisch wohl bis= weilen zurückhalten, bis etwa ein bekannter guter Freund kömmt, dem sie es verkaufen. Also, sprechen sie, gebe das liederliche Frauen=Volk, weil sie die Brüste, als ein Kälber=Geschlünke, so herauslegen, damit zu verstehen, wie gern sie ihre Keuschheit wollten los sein und die Jungfer= schaft an den Mann bringen oder verkaufen, es möchte kommen, wer nur wollte..."

Der Ton dieser Satire ist zugleich ein typisches Beispiel für die gesamte deutsche Satire der zweiten Hälfte des 17. Jahrhunderts. Daß freilich nicht nur geschimpft wurde, sondern daß auch hin und wieder die echte, mit Humor gepaarte Satire in jener Zeit zum Wort kam, das mögen einige Verse aus Lauremberg plattdeutschem Gedicht „Von allemodischer Kledertracht" illustrieren:

„Sobald de Börgers=Döchter wüsten,
Dat de Adelifen gingen mit blöten Brüsten,
Mit blotem Halse und Rüggen halff naked
Do sach eine jede van en wo se ydt maket,

Encore une Merveilleuse, ou la Chatte à la Mode
L'oeil doux, la griffe aiguë, ah! voilà bien les femmes!

269. Französische Karikatur. 1796

De mußte sik of sehen laten in sulker Gestalt
Jens Schnieder kreeg genog arbeit alsobald.
Se spreken: hebbe wy nicht even sülchen Plunder
Baven den Gördel und of darunter?
Warum schelden wy denn unse schmucke Titten
Verbergen und laten in düstern sitten?
Wy hebben sie eben so wenig gestahlen;
Ick kann dem Schnieder dat Makelohn bethalen,
Dat he my dat Wams so deep scheret uth,
Dat men my sehn kann de Titten und blode Huet.
Tucht und Schamhafftigkeit is mit weggeschneden,
Mit halff bloten Lyve kamen se her getreden."

Die gezeichnete Satire ist sicher nicht arm an Karikaturen auf die Dekolletage, aber mit dem Massenaufgebot an literarischen Kapuzinaden kann sie nur in neuerer Zeit erfolgreich konkurrieren.

Eine Karikatur auf die „Robes à la grand'gorges" findet sich bereits im ersten Band der Karikatur der europäischen Völker. Die Frauen sind in dieser Karikatur tatsächlich als „Säue" dargestellt, und zwar als solche, die auf Stelzen gehen (vgl. dort Bild 34). Die Wiederkehr dieser Mode, die „Dames à la grand'gorges", zeigt annähernd die symbolische Karikatur von Geyn (Bild 3). Die im 16. Jahrhundert modische tiefe Entblößung des Busens karikieren die Blätter „Klag wyplicher Scham" (Bild 248), „Eitelkeit" (Bild 2), „Unkeusch" von Burgkmair (Bild 172) und zahlreiche andere. Einer besonderen Erklärung bedarf keines dieser Bilder. Die künstlerische Unkultur, die nach dem Dreißigjährigen Krieg überall in Deutschland herrschte, hat sehr wenig Gutes gezeitigt. Zeugnisse dafür sind „Der kuriose Weiberkrieg" (Bild 62) und das Titelbild von „Der Gedoppelte Blasbalg der üppigen Wollust" (Bild 253). Um so reicher ist das 18. Jahrhundert, vom Rokoko bis zur Revolutionsmode. Belege dafür enthält fast jedes einzelne Kapitel (Bild 7, 14, 72, 179, 256, 259). Die glänzendsten Proben zeigen die Blätter „Die Korsettanprobe" von Wille (siehe Beilage), „Die Pariserinnen in ihren Winterkostümen für 1800", von Isaac

270. James Gillray. Englische Karikatur auf die Federmode. 1794

Cruikshank (siehe Beilage) und das Blatt „Eine königliche Loge nach der Natur gezeichnet", eine Satire auf das gute Vorbild von oben, ebenfalls von Isaac Cruikshank gezeichnet (Bild 268). Das 19. Jahrhundert ist selbstverständlich noch viel reicher an einschlägigen Dokumenten. Die große Linie der Entwicklung der bürgerlichen Mode gibt die Grundnote: die kühne Extravaganz des Empire, das lüsterne Verschämttun der Biedermeierzeit, die tolle Lasterhaftigkeit des zweiten Kaiserreichs, und die moderne „Decenz", mit der man vorgeblich „den Gottesdienst der Schönheit" abhält. Aber jeder dieser Abschnitte wird durch Hunderte, ja durch Tausende von Karikaturen illustriert, so daß schließlich jede einzelne Nuance satirisch registriert ist. Um uns auf das nächstliegende Beispiel, die Gegenwart, zu beschränken, — wir können den „Gottesdienst der Schönheit" in allen seinen Posen belauschen. In „seiner keuschen Züchtigkeit" erleben wir ihn z. B. in dem Blatt „Ihr erster Ball" von Gibson (Bild 240), in seinem „bewußten Ausleben" in einem Blatt von Beardsley, in dem dieser mit geradezu fabelhaftem Geschmack und Raffinement das prickelnde Mitempfinden der Wonneschauer, die durch Tristan und Isolde rieseln, nachgezeichnet hat, und schließlich in seinem frivolem Überschlagen in der von Gerbault illustrierten Kokottenmoral der modernen Femme du monde. Un homme qui ne sait pas manquer de respect à une femme, c'est pas un homme — das ist ihre mondaine Moralphilosophie. Ihrer Freundin kann sie es mit deutlichen Worten sagen. Den Männern ihres Salons und der Salons, in denen sie verkehrt, kann sie es nur durch die zynische Dekolletage ihres Kostüms sagen. Und so sagt sie eben auf diesem Wege den Männern, was sie sagen will, und das lautet: mein Herr, wenn Sie sich nicht an meine Worte kehren, sondern sich zu den Keckheiten hinreißen lassen, zu denen der Anblick meiner Reize ihre Phantasie verleitet, so riskieren sie höchstens einen — Erfolg (Bild 232). Nur die Dummen werden diese Sprache nicht verstehen und darum werden diesem Gottesdienste der Schönheit die Gläubigen jedenfalls nie fehlen!

Die Zahl der Karikaturen, die die anderen modischen Schaustellungen des Busens kennzeichnen, die groteske Übertreibung seiner Größe, wie es z. B. um 1785 Mode war, und die intime Nachzeichnung der idealen Wirklichkeit, was im 19. Jahrhundert die allge-

271. Englische Modekarikatur. 1801

Kontraste

272. James Gillray. Englische Modekarikatur. 1794

meine und beherrschende Tendenz ist, ist relativ immerhin gering. Sie ist gering, weil, wie schon oben gesagt, Moden wie die erste immer nur vorübergehend geherrscht haben, und Moden wie die letztere, wie ebenfalls schon oben gesagt, ungemein schwer karikaturistisch zu fassen sind. Unter dem relativ Wenigen gibt es aber für beide Moden immerhin eine Reihe ganz charakteristischer Stücke. Für die Mode der grotesken Übertreibung der Busenfülle belegen das Blätter wie Bild 260 und 261. Für die heute herrschende Tendenz des „in Kleidern nackt" kann der größte Teil der modernen Gesellschaftskarikatur ins Feld geführt werden, und darum finden sich mehr oder minder bezeichnende Belege in jedem einzelnen Kapitel. —

Wenn die Modemoral in der modischen Drapierung des Busens ihren augenfälligsten Ausdruck gefunden hat, so hat die Unnatur der Mode sich um so drastischer in der Bekleidung des Unterkörpers manifestiert. Die modische Behandlung des Rockes hat zweifellos die groteskesten Gebilde hervorgebracht, die es in der gesamten

273. Französische Karikatur auf die Gefahren des Kostüms der Nacktheit

Mode gibt. Die Ursache dieser Erscheinung liegt freilich auf der Hand. Sie beruht ganz einfach darin, daß das gegebene Problem der Kleidung im Rock nicht auf so relativ einfache Weise zu lösen war wie beim Oberkleid. Die Entblößung des Busens war nicht nur eine einfache, sondern auch eine naheliegende Lösung.

Die erste modische Entwickelung des Rockes führte zu seiner übertriebenen Verlängerung und resultierte schließlich in der Schleppe. Da die Schleppe jede rasche Bewegung unmöglich macht und somit ihre Trägerin von jeder ernstlichen Arbeit ausschließt, ist sie gleichzeitig zum Symbol der Vornehmheit erhoben worden. Aus dieser Bedeutung der Schleppe erklärt es sich auch, daß der Schleppe vom Bürgertum besonders in den Zeiten eifrig gehuldigt wurde, in denen es jäh zu Reichtum, Macht und Ansehen emporstieg. Eine solche Periode war die Zeit vom 14. bis zum 16. Jahrhundert. In diesen Jahrhunderten war die Schleppe denn auch ununterbrochen die offizielle Straßenmode des wohlhabenden städtischen Bürgertums. In den Augen der Masse des Volkes war die Schleppe freilich nicht nur das Symbol der Vornehmheit, sondern auch das Kennzeichen des weiblichen Nichtstuertums. „Wir können es uns leisten, nur dem Vergnügen und dem Tand zu leben!" dies und nichts anderes will nach der Ansicht des Volkes die Trägerin einer Schleppe protzig vor aller Welt erklären.

Das ergänzende Seitenstück zur Schleppe bildeten die langen Ärmel, diese gaben den Schleppen an Länge häufig nichts nach und mußten darum mitunter geknotet werden, um nicht am Boden zu schleifen. Natürlich wurden die langen Ärmel

Vorbereitung zum Maskenball

Galante Karikatur von Thomas Rowlandson. 1790

Mode de l'année prochaine.

Französische Modekarikatur von Charles Philipon. 1832

genau so wie die Schleppe zum Symbol der Vornehmheit und des Nichtstuertums gestempelt.

In der übermäßigen Verlängerung des Rockes wurde aber auch ein erotisches Problem gestellt und gelöst. Je länger der Rock ist, um so häufiger wird seine Trägerin in die Notwendigkeit versetzt, ihre Röcke zu raffen, und um so höher muß sie die Raffung vornehmen. Der Franzose sagt: „Il n'y a rien de tel qu'une robe trop longue pour bien découvrir le pied." Ist man auch nur halbwegs imstande, logisch zu folgern, so bleibt aus diesem inneren Zusammenhang kein anderer Schluß übrig als der: die systematische und übertriebene Verhüllung der Beine geschieht nicht im Interesse der Schamhaftigkeit, die das Körperliche aus den Augen zu rücken suchte, sondern im Interesse des Gegenteils. Die übermäßige Verhüllung wird vorgenommen, damit man recht häufige und recht vorteilhafte Gelegenheiten habe, möglichst viel öffentlich enthüllen zu müssen. Daraus erklärt sich auch, warum der fußfreie Rock immer nur vorübergehend in der Mode ist: er zwingt nicht zum öffentlichen Enthüllen.

Die zweite und die wichtigste Modetendenz des Rockes ging natürlich auf die Betonung der runden Hüften und des breiteren Beckens: die neben der aufrechten Haltung des Busens auffälligsten Geschlechtsvorzüge der mittelländischen Frau. Diese beiden Schönheiten können durch zwei Methoden sichtbar gemacht werden: positiv und negativ. Positiv durch Polsterung, negativ durch künstliche Verengerung der sowieso als Rassenvorzug vorhandenen Taillenenge. Gewöhnlich wurden beide Methoden gemeinsam angewandt. Man schnürte die Taille nach Kräften ein und vermehrte die Dicke der Polsterungen. Das

274. Französische Karikatur auf die Mode des Invisibles. 1810

letztere vornehmlich durch Vermehrung der Zahl der Röcke. Von dem ständigen Gebrauch, mehrere Röcke zu tragen, steht jedenfalls fest: er hat zu allen Zeiten viel mehr der Polsterung der Hüften gedient als dem Zweck der Wärmeerzeugung. In der grotesken Steigerung: zu gleicher Zeit zu schnüren und aufzutragen, führte diese Tendenz zu jenen ungeheuerlichen Moden des 17. und 18. Jahrhunderts, die uns selbst in ihrer bildlichen Wiedergabe noch mit einem Gefühl des atemraubenden Unbehagens erfüllen. Natürlich wäre es total falsch, unsere heutige abstoßende Empfindung gegenüber der Unnatur jener Moden im Sinne einer Widerlegung ihrer damaligen erotischen Tendenz zu deuten. Wenn unsere Sinne auf derartig grobe Reize heute in entgegengesetzter Weise reagieren, so beweist das nur eine Verfeinerung unserer Sinne, sonst nichts.

Die erste groteske Etappe auf dem Wege der quantitativen Übertreibung der Beckenbreite durch künstliche Unterlagen bildeten die sogenannten Wulstenröcke, die ihren Namen von riesigen, rings um den Leib gelegten Wülsten hatten. Diese Wülste, über die der Oberrock drapiert wurde, machten die Frauen förmlich zu wandelnden Ungeheuern. Von Margareta von Valois, der tonangebenden Modekönigin dieser Mode, wird berichtet, daß sie den Umfang dieser Wülste allmählich derart übertrieb, daß es schließlich nur noch ganz wenige Türen im Schloß gab, durch die sie zu passieren vermochte. Die kolossale Ausladung der Hüften bei dieser Mode bedingte natürlich ein Gegengewicht, um das Ganze organisch erscheinen zu lassen. Dieses Gegengewicht wurde in den steifen Halskrausen, den sogenannten Mühlstein= kragen, entwickelt.

In ihren typischen Linien stellte diese Mode die Mode des Absolutismus dar. Und sie hat auch geherrscht, so lange der Absolutismus auf seiner steilen Höhe stand.

Der Reifrock, der dem Wulstenrock folgte, löste in der erotischen Tendenz genau dasselbe Problem wie sein Vorgänger, aber er stellte gewissermaßen die bessere Lösung dar. Diese bestand darin: Der leichtere Draht, der die Stelle der Wulsten ersetzte, gestattete die weitere Übertreibung der Hüftenbreite, d. h. die Fortsetzung der Zeittendenz, der das mit der Größe zunehmende Gewicht der Wulsten schließlich ein Ziel gesetzt hatte. Die Konstruktion der Metallreife eröffnete der Tendenz der Beckenverbreiterung sozusagen die unumgrenzten Möglichkeiten; hier sei auch gleich eingeschaltet, daß die spätere Krinoline aus ganz demselben Drange heraus entstand. Zu diesem Vorteil gesellte sich aber noch ein zweiter: der Reifrock löste noch ein weiteres erotisches Problem. Die Einführung des Reifrocks wird in zeitgenössi= schen Schilderungen auf einen Unglücksfall in der Liebe zurückgeführt; eine königliche Maitresse soll durch diese Mode eine vorhandene Schwangerschaft zu verheimlichen gesucht haben. Im Anschluß daran wird gemeldet, daß die Eigenschaft, diesem Zweck aufs beste zu dienen — viel besser noch als der Wulstenrock, der ebenfalls bei vielen Damen der Gesellschaft den gleichen Körperzustand zu kachieren hatte —, die absolute

275. James Gillray. Englische Modekarikatur auf die Federmode. 1790

Herrschaft der Reifrockmode begründet haben soll. Diese Ansicht der Mutigeren unter den zeitgenössischen Sittenschilderern ist absolut nicht ohne weiteres als phantastisch abzutun und beiseite zu schieben. Denn daß in einer Zeit, in der das Vergnügen zum obersten Lebenszweck der herrschenden Klassen erhoben war und dieses Ver=

Bin ich jetzt nicht die Herrin!
276. Thomas Rowlandson

gnügen hauptsächlich in einem ausschweifenden Liebesgenuß bestand, so daß die meisten Frauen dieser Klasse fortwährend mit unerwünschten Schwangerschaften zu rechnen hatten —, daß in einer solchen Zeit eine Mode Beifall fand, die den Damen dieser Kreise ermöglichte, ihre diversen Unglücksfälle überaus lange zu verheimlichen, und die somit den geringsten Verzicht auf das Vergnügen von ihnen forderte, ist an sich ganz natürlich. Aber restlos ist durch diesen Vorteil weder die dreimalige Wiederkehr der Reifrockmode erklärt, noch die begeisterte Verehrung, die ihm die Frauen trotz seiner ungeheuerlichen Unbequemlichkeiten immer und immer wieder zollten. Es mußte noch etwas anderes hinzukommen, und das war denn auch der Fall. Im Reifrock war durch seine Steifheit das oben angeführte erotische Problem, das sich an die übermäßige Verlängerung des Rockes knüpft: die raffinierte Verhüllung zum Zwecke der ebenso raffinierten Enthüllung am groteskesten gelöst. Der Reifrock bedeutete die Form der Verhüllung, die die Frau zur häufigsten, zur größten und zur längstandauernden öffentlichen Enthüllung nicht nur verleitete, sondern direkt zwang. Die reifrocktragende Dame mußte sich, um sich fortbewegen zu können, um die Hindernisse, die diese Mode unausgesetzt schuf, zu überwinden, stündlich viele Dutzende von Malen vor jedermann auf das ungeheuerlichste entblößen. Die Konstruktion des Rockes führte sogar selbsttätig ununterbrochen zur Dekolletage von unten nach oben. Diese auffällige selbsttätige Enthüllung durch den Reifrock haben schon seine zeitgenössischen Schilderer konstatiert. Der Deutsche Osiander schrieb z. B.:

„Ferner haben wir noch eine Hoffart aus fremden Landen gebracht, nämlich die Reif unten an den Weibskleidern, die haben diesen Nutzen und Zierlichkeit: Wann ein Weibsbild nahe zu einem Tisch steht, oder aber niedersitzen will, so stehen die obersten Kleider von wegen des Reifes über sich), eines Schuhs hoch, also daß man darunter die anderen geringen und nachgültigen Kleider sehen kann."

Spätere Zeiten sprachen dasselbe nicht nur ungeschminkter aus, sondern verherrlichten mitunter sogar offen die stete Notwendigkeit, sich vor aller Welt enthüllen zu müssen, als den besonderen Vorzug dieser Mode. Zahlreiche Lobredner der Krinoline, deren Herrschaft die dritte Reifrockperiode darstellt, haben dies z. B. getan, und sie haben diese Notwendigkeit allen Ernstes als denjenigen Vorzug dieser Mode hervorgehoben, der alle Unbequemlichkeiten, alle Qualen dieser Mode vollständig wettmache. In einem deutschen Modeartikel aus dem Jahre 1860 über die Krinoline heißt es:

„Die mannigfachen Unbequemlichkeiten, die der Krinoline gewiß nicht abgestritten werden sollen, werden sie nicht schon dadurch reichlich aufgewogen, daß die Frau in keiner früheren Mode derart ihr Bein in seiner absoluten Wirklichkeit den Blicken zu zeigen vermochte? Ohne den Anstand auch nur im geringsten zu verletzen, vermag eine Femme du monde nicht nur den kleinen schmalen Fuß, nicht nur den zarten Knöchel, nicht nur die wohlgeformte Wade, sondern noch viel mehr Reize ihres Beines, auf die eine schöne Frau mit Recht stolz ist, vor aller Welt zu enthüllen und damit verführerisch zu prunken."

In einer aus der Zeit der unbeschränkten Herrschaft der Krinoline stammenden längeren Satire „Die umgekehrte Moral" heißt es über die neue durch die Krinoline geschaffene Moral:

277. Französische Sitten- und Modekarikatur. Um 1810

"Ehedem schlugen in einer Gesellschaft von Herren und Damen nur die jungen Mädchen die Augen nieder, heute tun es die Herren. Ehedem geschah es aus Schamhaftigkeit, heute aus dem Gegenteil. Wenn eine Dame ehedem einem Freunde eine Gunst bewilligen wollte, flüsterte sie ihm zu: ‚wenn wir ungestört sind‘, heute sagt sie zu ihm: ‚begleiten Sie mich bei meinem Spaziergang‘. Und wirklich, heute kommt die männliche Neugier auf jeder Treppe viel mehr auf ihre Kosten, als wenn ehedem eine Dame einem Freunde gestattete, Zeuge zu sein, wenn sie ihr Kleid wechselte."

Auch die aktive Galanterie des Mannes unterstützte der Reifrock. Der erste Name des Reifrockes war Vertugardien, Vertugade, d. h. Tugendwächter. Dieser Name wurde ihm gegeben, weil er als der beste Hüter der weiblichen Ehre gegen gelegentliche Angriffe ausposaunt wurde; "die Gelegenheit hat jetzt keine Gelegenheit mehr", sagte man. Natürlich ist das Gegenteil der Fall gewesen. Der "Gelegenheit" waren gerade durch die Vertugade die Hindernisse aus dem Wege geräumt worden. Ein französischer Schriftsteller schreibt darüber:

"Die Galanterie hatte niemals einen entgegenkommenderen Helfershelfer. Die Vertugade ist die direkte Verleitung zur Galanterie, denn die Frauen können den Männern die galantesten Scherze gestatten, ohne Furcht, sich nachträglich zu verraten. Die Vertugade, die jede Dame erst emporheben muß, wenn sie sich setzen will, braucht nur heruntergelassen zu werden, um wie ein Theatervorhang jede Spur von dem zu tilgen, was zuvor vorgegangen ist. Die Frauen wissen das zu nützen. Und tatsächlich sagt jede Frau, die einen Reifrock trägt, zu jedem ihrer Freunde nichts anderes als: Monsieur, faites votre jeu! Die Frau ist in dieser Zeit eine Bankhalterin der Liebe, denn sie gestattet jedem, einen Einsatz zu riskieren."

Wenn man alles dieses zusammenfaßt und sich dabei außerdem vergegenwärtigt, daß jede Reifrockperiode mit einer Mode der spekulativsten und darum schamlosesten Enthüllung des Busens verknüpft war, so ist man vollauf berechtigt zu sagen: diese Mode ist in ihrer Gesamtheit die Uniform der Liederlichkeit gewesen. Sie war natürlich nicht Ursache, sondern Resultat. Und zwar eines der Resultate des allgemeinen Sittenzerfalls, zu dem jede Herrschaft des Absolutismus, d. h. jede feudal-aristokratische Klassenherrschaft, in der Geschichte hinführt. —

So wenig das Aufgeben der allgemeinen Dekolletierung des Busens einen Verzicht auf die erotische Reizwirkung der weiblichen Brust durch die Mode bedeutete, ebensowenig bedeutete natürlich die Überwindung des Wulstenrockes und des Reifrockes ein Aufgeben der erotischen Spekulation durch die Hüftenwölbung und die Beckenbreite. Die bürgerliche Mode stellte in ihrem Typ nur eine andere Lösung des erotischen Problems dar.

Der Verzicht auf Wulstenrock und Reifrock und die Beschränkung der Hüften- und Beckenbetonung auf die künstliche Einschnürung der Taille führte zunächst zu einer besonderen Errungenschaft, zur exklusiven Markierung der Reize der Venus Kallipygos. Als man bewußt auf dieses Ziel lossteuerte, begann man natürlich auch hier zuerst mit der voluminösen Übertreibung, denn mit dem groben Reiz setzt alles

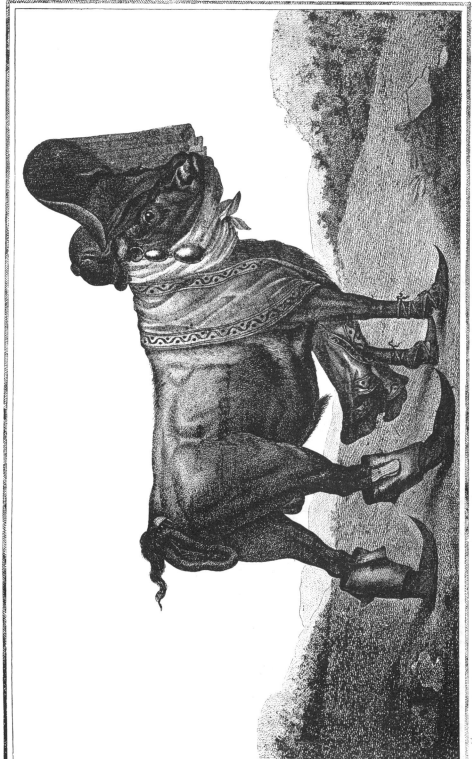

BŒUF À LA MODE.

278. Lancon. Französische Karikatur auf die mann=weiblichen Moden um die Wende des 18. Jahrhunderts

ein. Aus der Venus Kallipygos wurde die hottentottische Venus Steatopygos gemacht. Ganze Berge, förmliche Kamelshöcker wurden nach hinten aufgetürmt. Die letzte Wiederkehr einer solchen Mode liegt übrigens kaum zwei Jahrzehnte hinter uns. Man tut gut daran, sich an diese Tatsache zu erinnern, wenn man den Drang in sich fühlt, über den Modewahnsinn vergangener Jahrhunderte mitleidig zu lachen.

Allmählich begriff man jedoch, daß man zu viel pikanteren, d. h. zu viel wirkungsvolleren Eindrücken auf den Mann kommt, wenn man die Natur täuschend nachahmt, also nur dort künstliche Unterlagen schafft, wo die Natur einen stiefmütterlich bedacht hat — das ist das Problem „in Kleidern nackt zu wirken", d. h. das Modeproblem der Gegenwart seit einer Reihe von Jahren. Innerhalb dieser Tendenz, der man freilich auch schon im Mittelalter begegnete, gab es natürlich viele Schwankungen, und mancherlei besonders raffinierte Tricks wurden damit verknüpft. In der Neuzeit hat diese Mode ihre ersten und größten, uns heute Lebende freilich ungemein abstoßenden Triumphe am Ausgang der siebziger Jahre des 19. Jahrhunderts gefeiert. Dem damals noch lebenden bekannten Stuttgarter Ästhetiker Vischer hat diese Mode den Anlaß zu einer ausgezeichneten Abhandlung über Mode und Zynismus gegeben. Und da Vischer nicht nur den Mut fand, sondern auch die Fähigkeit besaß, die Dinge mit dem deutlichsten Namen zu nennen, so ist es wahrhaft herzquickend und für den Satiriker ein köstliches Labsal, zu lesen, wie er gegen die Ungeheuerlichkeiten dieser Mode loslegt. Über die Haupttendenz, die zynische Nachbildung der Reize der Venus Kallipygos im Kleide, schreibt Vischer:

279. Isabey. Französische Modekarikatur

L'INCONVÉNIENT DES PERRUQUES.

280. Charles Vernet

„Keinen oder einen schlechten Hintern haben ist immer ein ästhetisches Unglück. Nur ganz begreiflich, daß daher ein Bestreben durch die Mode geht, diesen Teil zu heben. Aber wie hat man's nun getrieben! So mit Fingern auf jene Stelle weisen, das geht denn doch über den Spaß. Die Natur, ja die erlaubt sich mitunter dort ein Ornament anzubringen, daß man so recht hinsehen muß; sie setzt einigen Vierfüßlern und vielen Vögeln einen Prachtschwanz an, sie färbt einigen Affen zwei betreffende nackte Flächen schön zinnoberrot oder himmelblau, sie dreht dem Pinscher zwei niedliche gelbe Wirbelchen hin in Quittenform, aber Donnerwetter! muß ihr denn der Mensch, muß ihr gerade das Weib solche Witze nachmachen? Einmal habe ich Unglaubliches gesehen, und zwar an einem bildschönen Weib und in höllisch noblem Salon: da saß mitten in diesem Gebausch ein zierliches Röschen just auf dem — nun, ich frage, ob es ein schickliches Wort gibt, um fortzufahren! Ich frage, ob ein Mensch die Ideenassoziation in sich unterdrücken kann, die — unter anderem auch von den Gesetzen der Nachbarschaft und des Kontrastes geleitet wird, — ei pfui Teufel!"

Das Unanständige in der Art der Demonstration der kallipygischen Reize beweist Vischer durch die folgende Analyse der betreffenden Mode:

Die Engländerinnen von 1814

281. Französische Karikatur auf die Häßlichkeit der englischen Moden

„Spannt das Kleid über den Bauch, so wird Hüfte, Schenkel und Schwellung gegen hinten in den Umrissen natürlich ganz anders aufgezeigt, als wenn ein Kleid in fließenden Falten fällt. Wir sind, versteht sich, nicht so absurd, zu verlangen, das Weib solle in ihrer Kleidung die schönen Linien verbergen, die schließlich mit seiner Geschlechtsbestimmung zusammenhängen; nicht so absurd, der Formenfreude zu zürnen, weil sie sich vom Reize nicht ganz trennen läßt; aber es sind Grenzen und hier sind sie zu gunsten des groben Reizes überschritten. — Die Spannung bringt beim Sitzen zugleich gewisse Buchten mit sich, Schattenzüge in der Leistengegend auf beiden Seiten und nach der Schrittstelle hin konvergierend — genug, genug, es ist so, daß der Anblick selbst einem Manne von nichts weniger als mädchenhaften Gesichtshautkapillargefäßen eine Schamröte für das Weib austreiben kann, das so vor ihm dasitzen mag, daß er sein ganzes Gehirn vergeblich anstrengt, sich einen Begriff zu bilden, wie in aller Welt es möglich sei, sich so in Kleidern nackt vor das andere Geschlecht hinzupflanzen."

Den bekannten Einwand: „dem Reinen ist alles rein; ein sittsames Weib sieht und weiß das nicht, — es ist dein Blick, der das hineinträgt", — diesen Einwand fertigt Vischer kurz und bündig damit ab, daß er sagt:

„Wir kennen das, wir wissen, wie sich die liebe Unschuld im Mitmachen unsauberer Nouveautés verhält! ... Empören wir damit eine Unschuld, so wäre sie vorläufig zu fragen, ob ihr unbekannt ist, daß die weltfeinen Damen jetzt statt des dichteren Unterrocks hirschlederne Hosen tragen, um alle Formen vom Gürtel bis zum Knie recht rein plastisch heraus und hinein zu modellieren."

Die hier gekennzeichnete Mode ist sicher toll, aber es gibt in der Tat noch tollere. Von den zahlreichen Ungeheuerlichkeiten der modischen Drapierung des Unterkörpers, die allein in den letzten Jahrzehnten die zivilisierte Menschheit beglückt haben, sei zur Charakteristik eine einzige Errungenschaft hervorgehoben, und zwar die künstliche Vortäuschung der Schwangerschaft in ihren Anfangsstadien. So verblüffend die Anführung einer solchen Mode klingen mag, diese künstliche Vortäuschung war tatsächlich einige Jahre lang Mode, und zwar Ende der sechziger Jahre. Die sprechenden Beweise können wir heute noch auf jeder Inseratenseite der damaligen Modezeitungen zusammentragen, denn wie man früher oder später alle Arten „Culs" angepriesen las, so las man damals „Ventres à deux, trois, six mois" angepriesen. Das ist ganz zweifellos eine ungeheuerliche Mode gewesen, denn ungeheuerlich ist es z. B.

schon an und für sich, den Zustand der Jungfräulichkeit des Weibes durch die Mode kategorisch auszuschalten. Aber diese Mode ist nicht allein dadurch ungeheuerlich, sondern vielmehr noch wegen des Zweckes, der mit dieser Vortäuschung erstrebt wurde. Es gibt keine höhere Würde der Frau als die, Gebärerin neuen Lebens zu sein. Nichts aber lag dieser Mode ferner als der Zweck, die erhabene Würde der Mutterschaft zu symbolisieren, dagegen war ihr offenkundiger Zweck der, mit der künstlichen Vortäuschung dieses Zustandes eine grobe sinnliche Spekulation zu treiben. Daß nichts anderes der Zweck war, wenn sich jedes weibliche Wesen ohne Ausnahme vom Tage der jungfräulichen Reife an in „interessanten Umständen" der Öffentlichkeit präsentierte, ist sehr leicht zu erweisen. Die wirklich schwangere Frau wirkt auf den normalen Menschen nichts weniger als pikant; die entstellenden Spuren der Mutterwürde im Gesicht, die von den Schmerzen der Mutterwürde künden, flößen ganz andere Empfindungen ein: die des Verantwortlichkeitsgefühles und die der Hochachtung. Ein ganz ander Ding dagegen ist es, wenn diese Spuren fehlen, wenn mit dem blühendsten Gesichtchen, mit der unbefangensten Miene einzig und allein die andere „Folge" zur Schau gestellt wird. Wenn das Gesicht den Leib Lügen straft, dann ist die Frau wirklich in „interessanten Umständen", interessant als Instrument der Wollust, denn dann ist dieser fingierte Zustand nichts anderes als ein grotesker Hinweis auf „das Spiel, bei dem man aus Jungfrauen Frauen macht". Der Anblick einer solchen Frau kann in der Phantasie des Mannes keine anderen als erotische Gedanken auslösen, denn er sieht nun nicht die werdende Mutter in der Frau vor sich, sondern

1789 und 1817
282. Englische Karikatur

eben nur das zur Wollust geeignete Instrument, das ihm immer nur das eine zu verstehen gibt: dafür allein bin ich da, dafür nimm mich).

Die einzige Logik, die diese Mode zuläßt, — denn jedes Ding hat eben seine innere Logik —, ist die: die Phantasie des Mannes, die infolge seiner Aktivität im Geschlechtsleben und infolge der ganzen Organisation unserer Gesellschaftsordnung sowieso in der Frau in erster Linie das sinnliche Genußobjekt sieht, sollte künstlich geradezu dazu aufgepeitscht werden, jeder Frau gegenüber und ununterbrochen keine anderen als sinnliche Gedanken zu bekommen; alle anderen Gedanken sollten systematisch in den Hintergrund gedrückt werden.

Man mag sich drehen und wenden, das ist und bleibt die innere Logik dieser infamen Mode. Diese Konsequenzen sind zynisch, aber es ist der Zynismus der historischen Wirklichkeit. Für die Geschichte der Mode, d. h. für die Erkenntnis der Gesetze, die in ihr wirken, sind aber gerade solche Modeerrungenschaften von eminentem dokumentarischem Werte. Sie entschleiern das Geheimnis der Modetendenz geradezu augenfällig und schlagen alle Spintisiererei, die das Nebensächliche zum Wesenskern machen will, platt zu Boden. —

283. Englische Karikatur auf die großen Hüte. 1827

Die übermäßige Verlängerung des Rockes zur Schleppe war, wie oben gesagt worden ist, die erste auffällige Modetendenz des Rockes. Der Schleppe galten darum wohl die frühesten satirischen Angriffe. Bereits um 1180 schrieb ein Schriftsteller mit Namen Gaufredus Vossensis: „Die Frauen schreiten mit ihren langen Kleidern einher gleich den Schlangen". Einen der interessantesten Angriffe auf die Schleppe enthält der schon einmal zitierte Ritterroman Roman de la Rose aus

Eine Theaterloge im Jahre 1829
284. Englische Karikatur

dem 13. Jahrhundert. Die betreffende Stelle ist dadurch besonders interessant, weil sie zeigt, daß man damals schon ganz dieselben hygienischen Einwände gegen die Schleppe erhob, mit denen man sie heute noch bekämpft. Die Stelle lautet:

„Die Damen ziehen ihre Schleppen mehr als eine Elle hinter sich her und sündigen damit ganz wunderbar, weil sie mit schwerem Gelde sie erkaufen, Christus in den Armen berauben, Flöhe sammeln, die Erde bedecken, in der Kirche die Andächtigen im Gebete stören, den Staub aufwühlen und aufwirbeln, die Kirchen dadurch verdüstern, die Altäre gleichsam beräuchern, die heiligen Stellen mit Staub beschmutzen und entweihen, und auf eben diesen Schleppen den Teufel tragen und fahren. Meister Jakobus sagt, ein gewisser Heiliger habe den Teufel lachen gesehen, und als er ihn gefragt, warum er lache, habe er geantwortet, daß eine Dame, wie sie zur Kirche ging, auf ihrer Schleppe einen seiner Genossen fuhr, und als sie, um eine schmutzige Stelle zu überschreiten, das Kleid aufhob, sei der Teufel in den Schmutz gefallen."

Das letzte Bild wurde ebenfalls von der Karikatur übernommen, wie das der Schlange (Bild 246). Im Volksmunde nannte man im 15. und 16. Jahrhundert die Schleppe „den Tanzplatz des Teufels", denn in der Schleppe fand man, wie oben gesagt ist, das faule Nichtstuertum modisch symbolisiert; und wer nichts arbeitet, der leiht nach der begreiflichen Logik jener Zeiten allem Bösen sein Ohr. Eine weitere Karikatur auf die Schleppe zeigt das Bild: Der Teufel als Modedame. Um die übertriebene Länge der Schleppe zu kennzeichnen, ist diese geknotet, genau so wie die langen Prunkärmel, gegen die sich diese Karikatur ebenfalls richtet (Bild 245).

285. Charles Philipon. Französische Modekarikatur. 1830

Die Straßenschleppe ist in späteren Jahrhunderten verschiedene Male Mode gewesen, so z. B. in der großen französischen Revolution und in der ganzen Zeit des Empire. In allen diesen Zeiten hat sie auch vortrefflichen Stoff zu Karikaturen geliefert. Für die Revolutionszeit belegt dies z. B. überaus köstlich das ausgezeichnete Blatt „Ah, s'il y voyait! ..." von Vincent. Ach, er soll doch schauen! — der arme Blinde wäre sicherlich sehr zufrieden, wenn er die Schönheiten schauen könnte, die durch seine Ungeschicklichkeit offenbar wurden! (Siehe Beilage).

Heute ist die Schleppe von der Straße verschwunden, herrschend aber ist immer noch das Schleppenrudiment, der übermäßig lange Rock, mit dem die Dame jahraus, jahrein in ekelerregender Weise die Straße fegt. Ein solches Schleppenrudiment, aufgeputzt mit Rüschen und Volants, eignete auch der Mode von 1877, gegen die Vischer in seiner oben zitierten Arbeit „Mode und Zynismus" so schneidig ins Feld geritten ist. Das widerliche Gebammel dieses Schleppenrudimentes satirisiert Vischer in folgenden Sätzen:

„Marschieren heißt hier in Knieschellen sich fortschieben, heißt sich durch ein Gestrüpp hindurcharbeiten, das man nicht im Wege findet, sondern mitbringt. O Rhythmus, o Musik eines schönen Ganges, wie willst du aufkommen gegen all den Salat! ... Die linke Ferse schleudert diesen Faltenbüschel nach rechts, die rechte nach links: ein Gebaumel widerlich lächerlichen Effekts."

Für die Karikatur war dieser „Salat" sicher ein sehr dankbarer Stoff, aber diese Mode fiel zeitlich mit dem größten künstlerischen Tiefstande des 19. Jahrhunderts zusammen, und so zeugen nur ganz mittelmäßige Dokumente von dieser Mode (Bild 306).

Die wichtigste Modetendenz des Rockes, die Betonung der Hüften und Lenden durch Aufpolsterung, wurde natürlich schon deshalb von Anfang an verspottet, weil diese Tendenz zuerst ins Grobe und Auffällige ging und selbst in der Wirklichkeit zu wahrhaft grotesken Formen führte.

Die nächstliegende Form der literarischen Verspottung dieser Modeungeheuerlichkeit war natürlich die groteske satirische Schilderung der Situationen, die diese Mode herbeiführte, d. h. ihrer unvermeidlichen Unannehmlichkeiten. Diese Schilderung bildete den Gegenstand zahlreicher illustrierter Flugblätter. Aus einem dieser Flugblätter mögen die folgenden Verse eine Probe geben:

> „In Kutschen sehen sie als wie die Wolkensitzer,
> Man sieht von ihrem Aug' kaum einen scharfen Blitzer,
> Dieweil der Reifrock sich in alle Höh erstreckt,
> So daß er manchesmal das halb' Gesicht bedeckt.
> Es kann kein Kavalier mehr neben ihnen gehen,
> Er muß beinah drei Schritt vom Frauenzimmer stehen,
> So daß ja, wenn er will von ihnen einen Kuß,
> Er solchen mit Gefahr des Lebens wagen muß.
> Denn wer das Honig will von ihren Lippen saugen,
> Der muß jetzt Stühl und Bänk' und Feuerleitern brauchen,
> Bis er zum Purpurmund nur hin gelangen kann,
> Und mit viel Angst und Müh sein Opfer bringet an."

War das die vorherrschende Form der Verspottung dieser Mode, so unterließ man daneben auch nicht, in höhnischer Weise auf die Entstehung und den angeblich eigentlichen Zweck dieser Mode hinzuweisen: Schwangerschaft, hauptsächlich unerwünschte, vor den Blicken der Welt zu verbergen. So schrieb z. B. Moscherosch in „Alamode Kehraus":

„Eine lose Schandhur, die mit einem unehrlichen Kinde schwanger gangen und solchen ihren unehrlichen Bauch vor der Welt verdecken wollen, hat die große Gepulster und Reifschürze anfangs erdacht und aufgebracht. Dannenhero die Franzosen selbst solche gepulsterte Weiberkleidung Cache-Bastards, Blinde Bastardt oder Hurenkleider zu nennen pflegen."

286. Charles Philipon. Französische Modekarikatur. 1831

Die Ballkönigin
287. Bourdet. 1835

Diese Methode der Bekämpfung übte man in allen Ländern, und zwar gleich beim Auftauchen der Wulstenröcke. Eine französische Satire aus dem 16. Jahrhundert, die sich gegen die Vertugade wandte, trägt den folgenden Titel:

„La source du gros fessier des nourrices et la raison pourquoi elles sont si fendues entre les jambes avec la complainte de Mr. le Cul contre les inventeurs des vertugades et une chanson pour la reponse et consolation des Dames."

Dieser Titel spielt, wie man sieht, auch auf die aktive Galanterie an, der die Vertugade Vorschub leistete. Man wird vielleicht einwenden, daß diese angebliche Eigenschaft wahrscheinlich eine boshafte Unterschiebung durch die Satiriker gewesen sei. Daß dies nicht der Fall gewesen ist, dafür haben wir jedoch einen ebenso einfachen wie unwiderlegbaren Beweis zur Hand, und zwar in den offiziellen Namen, mit denen dieses Kleidungsstück seinerzeit benannt wurde. Sie knüpfen meistens an derb erotische und zwar handgreifliche Galanterien an. Diese Tatsache ist für die sittliche Qualifikation dieser Zeit sehr charakteristisch, denn diese, des niedersten Zuhälterwitzes würdige Namen waren nachweislich im Munde der vornehmsten Damen.

Über die „Mühlsteinkragen", die Mode der riesigen Halskrausen, die, wie gesagt, mit der Mode der Wulsten= und Reifröcke Hand in Hand ging, und freilich von den Männern in gleicher Weise kultiviert wurde, spottete man ähnlich:

„Macht Platz, ihr Leut, jetzt kommt die Sau, Mit großen Kragen einhergeht,
Welch sich verwandelt in ein Pfau, Damit ziert er sein Gravität."

Auch in der bildlichen Satirisierung der Wulsten- und Reifröcke wurde auf den angeblichen Ursprung dieser Mode: den Zweck, eine Schwangerschaft zu verbergen, mehrfach hingewiesen, und zwar gewöhnlich in der Form, daß dargestellt wurde, wie eine schwangere Frau sich eine solche Wulst — „Cachenfant" — umband, oder umbinden ließ. Einen Beleg dafür bietet eine interessante holländische Karikatur auf die Wulstenröcke aus dem Anfang des 17. Jahrhunderts: „Un cachenfant comme les autres me faut porter" — so erklärt die eine der beiden Kundinnen und läßt sich die riesige Wulst um den schwangeren Leib binden (Bild 249). Diese Karikatur hellt aber auch den anderen, den wohl wichtigeren Zweck dieser Mode auf: die Vortäuschung runder Hüften und Lenden. „Venez belles filles avec fesses maigres: Bientôt les ferai-je rondes et alaigres" — mit diesen Worten werden die Frauen angelockt. Deutlicher kann das Geheimnis dieser Mode doch nicht entschleiert werden. Die Mode der spanischen Halskrausen oder der Mühlsteinkragen, gegen die sich dieses Blatt schließlich auch noch wendet, wurde auch mehrfach allein zum Gegenstand einer Karikatur gemacht. Einen Beleg dafür bietet das Blatt „Der Kragensetzer". Selbstverständlich hat der Teufel diese Mode aufgebracht, er propagiert sie, er bläst das Feuer, in dem die Brenneisen heiß gemacht werden, er schert die Kragen und er legt sie sogar eigenhändig den hoffärtigen Menschen an (Bild 251).

Als der Reifrock den Wulstenrock ablöste, wurden die Vorzüge des Reifrockes von den Frauen in allen Tonarten gepriesen. Natürlich wurde die neue Mode auch mit Gründen der Vernunft verherrlicht, als bequem zum Gehen, als leicht und deshalb gesund gegenüber der Last der schweren Wulstenröcke usw., was an sich gewiß richtig war. Die Satire pfiff jedoch ein anderes Lied, sie erklärte: die Einführung des Reifrockes habe einen anderen Grund, und zwar den: die Frauen würden immer frivoler und leichtfertiger, sie wollten ihre Amants stets bei sich haben, sich keine Stunde mehr von ihnen trennen. Um sie nun nötigenfalls vor den Blicken des Gatten oder der Eltern verbergen zu können, habe man die Röcke mit Reifen versehen und so ein vorzügliches und auch das geeignetste Versteck für einen Lieb-

Gnädige Frau, ich bin allerdings gern galant gegen Damen, allein Sie sehen selbst — mehr zu thun ist unmöglich. —

288. Karikatur auf die Vorläuferin der Krinoline.
Fliegende Blätter. 1845

Die drei Grazien.
Nach Canova — aber sehr spät!
289. John Tenniel. Englische Karikatur auf den Bloomerismus. Punch, London. 1851

haber erdacht. Auf dieselbe Weise wurde einmal auch die Entstehung der riesigen mantelartigen Ärmel erklärt (Bild 250).

Der deutschen Alamodetracht, die in der zweiten Hälfte des 17. Jahrhunderts aufkam, wurden besonders viel satirische Flugblätter gewidmet; der Hauptvorwurf, den man gegen sie erhob, war der der Franzosen-Nachäfferei. Ein solches satirisches Flugblatt zeigt das Bild „A la Modo Matressen", dieses Blatt illustriert sehr charakteristisch die umständliche Manier der damaligen Satire (Bild 254).

Als die Reifrockmode im 18. Jahrhundert, im Zeitalter Ludwigs XV., ihre groteskeste Entfaltung erlebte, da war es für die Karikatur faktisch gar nicht mehr möglich, die Wirklichkeit zu überbieten. Und so hübsch und grotesk z. B. auch Blätter wie das von Boitard, „Die Mode von 1745" (Bild 255) sind, so sind es eben doch nur Wirklichkeitsbilder, und zwar solche, die noch nicht einmal die höchste Entfaltung dieser Mode illustrieren. Um dies zu beweisen, genügt es, an die berühmten Kupfer von St. Aubin und noch mehr an die des jüngeren Moreau, die jedem Kunstkenner bekannt sind, zu erinnern.

Als die Reifrockmode in der Mitte des 19. Jahrhunderts in der Krinoline zum drittenmal auferstand und ihren Triumphzug über die ganze Welt hielt, war die Satire nicht mehr auf das vom Zufall inspirierte Einzelflugblatt beschränkt, sondern sie hatte jetzt in der periodisch erscheinenden Witzblattpresse die Form gefunden, in der sie systematisch den Interessen des Tages diente. Durch diese Entwicklung hatte sich die Front der Angreifer natürlich unendlich ausgedehnt, und so kam es, daß die Zahl der Karikaturen auf die Krinoline alles in Schatten stellte, was bis dahin jemals an Modekarikaturen erschienen war. Freilich, daß die Zahl der Karikaturen auf die Krinoline zu einer derartigen Hochflut anschwoll, daß diese selbst bis zum heutigen Tage einzig dasteht, das hing natürlich noch mit einer Reihe anderer Faktoren zusammen. Nicht der geringste war der, daß diese grotesk-tolle Mode nichts anderes als der gesellschaftliche und modische Reflex des sieghaften Bonapartismus war. Wie dieser politisch, so siegte sie mit derselben Methode gesellschaftlich; frech und anmaßend überrannte sie alle Vernunft. Die Krinoline entsprach weiter in geradezu idealer Weise der Protzigkeit und dem Talmicharakter des Parvenuzeitalters, das damals in Europa als Folge der so jäh einsetzenden kapitalistischen Entwicklung anhob, und das in einem auffälligen Luxus einzig den Beweis der Zahlungsfähigkeit erblickte. Denn das ist das Merkmal aller solcher Zeiten, sie sind von der Tendenz beherrscht, eine Form zu finden, die es jedem einzelnen ermöglicht, auf sich aufmerksam zu machen, die unausgesetzt jedem in die Ohren brüllt: Aufgepaßt, jetzt komme Ich! Diese Form war in der Krinoline gefunden; die Krinoline ergab sich als die geeignetste Uniform des Luxus. Das erotische Problem, das die Krinoline löste, die unausgesetzte schamlose Enthüllung des auf so abenteuerlich-groteske Weise verhüllten Körpers, das entsprach natürlich auch besser als alle anderen Modeformen der Kokottenmoral, die naturnotwendig in diesem Parvenuzeitalter allgemein herrschend werden mußte. Aus allen diesen Gründen wurde die Krinoline in der Mode absolut herrschend, und zwar genau so absolut in der entferntesten Provinzstadt wie in der Kapitale, beim zimperlichen Philisterium ebenso wie bei der Grande Cocotterie.

Daß die Krinoline mit jeder Wendung alle sittlichen und ästhetischen Forderungen, die das verfeinerte Empfinden des 19. Jahrhunderts allmählich entwickelt hatte, auf das gröblichste brüskierte, — das setzte unter solchen Umständen ihrer Verbreitung keinen Damm entgegen; diese Tatsache vermochte höchstens den Stoff für die satirische Kennzeichnung der Krinoline zu liefern, und sie hat ihn auch in Masse geliefert. Freilich muß man sofort erweiternd hinzusetzen, daß es mit der sittlichen Tendenz dieser Karikaturen nicht allzuweit her war, die meisten sind entstanden, dem frivolen Geist der Zeit mit unterhaltendem Schellengeklapper zu dienen, und nicht, ihn zu züchtigen. Das beweist überzeugend jede eingehende Revue dieser Karikaturen, aber es beweist dies ebenso deutlich auch schon ein einziger Blick, den man auf die Krinolinenkarikaturen wirft. Denn schon dieser offenbart die spekulative Ausnützung eines bestimmten Motives. Das Hauptmotiv wurde von den Karikaturisten vorwiegend in den grotesken Enthüllungen gefunden, die

Vertauschte Rollen

290. John Leech. Englische Karikatur auf den Bloomerismus. Punch 1851

291. Darjou. Französische Karikatur auf die Krinoline

der Zufall immer und immer wieder herbeiführte. „Es geht nicht!" murmelt die elegante Dame, als sie einen Park an einem nur für Fußgänger reservierten Ausgang verlassen will (Bild 27). Aber ihre Überlegung dauert nur eine kurze Sekunde — „Es geht doch!" Und warum geht es? Nun, man rafft eben die Röcke so hoch, wie es die Umstände in diesem Falle gebieten (Bild 298). Gewiß ist es im allgemeinen höchst unanständig von einer Dame, die Röcke öffentlich derart hochzuheben, daß selbst die intimsten Kleidungsstücke ostentativ den Blicken gezeigt werden, aber jede Mode redigiert eben die Gesetze der öffentlichen Sittlichkeit nach ihren Bedingungen, und so ist es in der Zeit der absoluten Herrschaft der Krinoline jeder Dame ohne weiteres gestattet, sich auf diese Weise zu helfen. Da sie mit solchen Zufälligkeiten rechnet, so ist nämlich auch ihre intime Kleidung darauf eingerichtet. Nicht daß sie dezent verhüllende Unterkleidung trüge, o nein, aber ihre Unterkleidung ist nach der neuesten Mode, Röcke, Beinkleider, Strümpfe, Strumpfbänder, alles ist nach der neuesten Mode, und darum braucht sie sich nach den herrschenden Begriffen der öffentlichen Sittlichkeit nicht zu genieren, diese Dinge der männlichen Neugier preiszugeben. Würde freilich das Gegenteil beim Raffen der Kleider zu Tage kommen: daß nicht jedes Stück ihrer intimen Wäsche nach der neuesten Mode wäre, dann allerdings — das wäre unanständig, das wäre very shocking indeed.

Das ist ein einziges Bild, aber es ist das Thema der meisten, und darum sind sie auch alle mit dieser Anführung erledigt. Dem grotesken Humor, der tendenzlos dem Lachen dienen will, hat die Krinoline natürlich auch die dankbarsten Motive geliefert, das erhellt jeder Blick in die „Fliegenden Blätter", den „Punch" und den „Charivari" in jenen Jahren; hier illustrieren es die Bilder von Darjou, Rops und Daumier usw. (Bild 291—293).

Die Konzentration der Rockmode auf die Betonung der Reize der Venus Kallipygos war für die Karikatur natürlich besonders bei jenen Moden sehr dankbar, die diese Reize durch mehr oder minder auftragende Polsterungen, durch die hundert Formen der künstlichen „Culs" wirkungsvoller zu machen glaubten. Den Beweis liefern das hübsche Blatt von Rowlandson mit dem schwer übertragbaren Titel „The bum shop" (Bild 262) und die bereits oben zitierten Bilder 260 und 261, die sich gleichzeitig gegen die modische Übertreibung der Busenfülle wendeten.

War die peinlich genaue Nachzeichnung der Wirklichkeit, wie schon erklärt worden ist, für die Karikatur nicht in diesem hohen Maße dankbar, so haben doch manche Tricks, mit denen auf das „Wirklichkeitsbild" demonstrativ hingewiesen wurde, ein herzhaftes satirisches Zugreifen ermöglicht, d. h. wenigstens der literarischen Satire. Die angeführten Zitate aus Vischers Philippika beweisen es.

— Etaient-elles drôles, ces femmes du temps des Romains!
— Le fait est qu'elles manquaient un peu de Crinoline.

292. Felicien Rops. Eulenspiegel. Brüssel

* * *

Es ist bereits oben gesagt worden, daß die Betonung der größeren weiblichen Beckenbreite und der Formen des Busens gewöhnlich auch durch die negative Methode, durch die künstliche Verengerung der natürlichen Taillenenge unterstützt wird. Die künstliche Taillenverengerung ist aber auch, wie ebenfalls schon gesagt ist, Selbstzweck, da eine schmale Taille nicht weniger als runde Hüften und ein aufrechtstehender Busen zu den geschätztesten Rasseschönheiten der mittelländischen Frau zählt. Das Zusammenwirken dieser beiden Tendenzen hat in seiner höchsten modischen Entwicklung zur sogenannten Wespentaille als einem Ideal der weiblichen Figur geführt. Diese höchste modische Entwicklung wurde schon sehr früh erreicht, denn schon das Altertum kannte die Wespentaille. Leider ist sie auch das Ideal aller Zeiten geblieben, denn sie kehrte immer und immer wieder, und noch in den achtziger Jahren des vorigen Jahrhunderts hat die Frauenmode in dieser Richtung Orgien gefeiert, die den Zeiten der ungeheuerlichsten Modekühnheiten nichts oder wenigstens nicht viel nachgaben. So alt wie die Tendenz der Tailleneinschnürung ist auch das Instrument, das diesem Zweck dient, der Gürtel, denn dieser ist die Ausgangsform der Schnürbrust oder des Korsetts. Schnürbrust und Korsett sind nur die „zweckentsprechenderen", die „höher entwickelten" Formen des Gürtels, wie dieser wiederum nichts

— Diese Dame muß sicher zuviel gegessen haben, daß sie so dick geworden ist.

293. Honoré Daumier. Journal amusant

anderes ist als die Fortsetzung des ersten Kleiderschmuckes, den die Frau überhaupt anlegte: die mit Perlen oder Muscheln verzierte Hüftenschnur; daß die Taille markiert wurde, damit fing die weibliche Kleidung an.

Der edlere Geschmack, der die übertriebene Einschnürung der Taille häßlich finden mußte, und die Einsicht in die Gefahren, die das starke Schnüren der Gesundheit der Frau brachte, haben schon frühzeitig zur

Das Tier der Wüste liebt die Freiheit; der Adler schwebt frei durch die Lüfte, und auch der Busen liebt die Freiheit; erkundigt euch bei der Mode, ob es nicht so ist.

294. Industrielle Humorist. Hamburg. 1868

Opposition gegen das Korsett geführt. Diese Opposition ist schließlich in der zweiten Hälfte des 19. Jahrhunderts zu einem wahren Sturmlaufe gegen das Korsett geworden, bei dem alle Tonarten, vom gröbsten Spott bis zur ernstesten Ermahnung, erklungen sind. Aber alles ist umsonst gewesen, wohlgemerkt: alles! Der Orkan der sittlichen Entrüstung über das Korsett braust heute ebenso wirkungslos wie ehedem. Doch halt, wir wollen nicht ungerecht sein, ein großes Resultat ist in den letzten Jahrzehnten erzielt worden — der Name hat bei den zur Vernunft bekehrten Frauen gewechselt. Statt Korsett sagen sie heute Gesundheitsgürtel, Reformleibchen, Brustgürtel, Hygieia usw.

Da „man" in Anbetracht der vielen überzeugenden Gründe, die gegen das Korsett sprechen, das negative Resultat in der Bekämpfung des Korsetts nicht zu fassen vermag, so wird gewöhnlich nur von der nicht zu überwindenden Unvernunft der Frauen — „Lange Haare, kurzer Sinn" — geredet. In Wirklichkeit ist die größere Portion Unvernunft auf der Seite der Korsettgegner, die nicht imstande sind, einzusehen, daß die Frau heute das Korsett absolut nicht entbehren kann, daß sie es kraft der brutalen Logik des Konkurrenzkampfes, den sie um den Mann zu führen gezwungen ist, absolut nicht preisgeben darf. Die prinzipiellen Korsettgegner urteilen und handeln unhistorisch. Sie übersehen die wahre Bedeutung des Korsetts, übersehen, daß es ein integrierender Bestandteil der ganzen sozialen Frage ist, und daß also infolgedessen die „Korsettfrage" nur im Zusammenhang mit dieser zu lösen ist. Dieses Übersehen passiert ihnen aber, weil sie die Logik des weiblichen Konkurrenzkampfes geflissentlich mißachten oder auch verkennen: das Auffallenmüssen und die Notwendigkeit, beim Manne Begierden zu erwecken. Es ist freilich bequemer, diese fatale

295. Cham. Karikatur auf den Chignon. Charivari 1868

Frage zu umgehen; man kann der zarten Seelen schonen und doch endlos daraufloßfalbadern. Das ist alles nicht möglich, wenn man historisch denkt und unbeirrt die Konsequenzen zieht. Tut man dies, dann lautet freilich schon der zweite Satz: Um aufzufallen und Begierden zu erwecken, dazu braucht die Frau das die Wirklichkeit korrigierende Korsett. „Aber die schönen Frauen doch nicht?" — wird man vielleicht einwenden. Jawohl, auch die schönen Frauen! Auch die wenigen unter den vielen! Und das ist ja eben das Wichtige und Entscheidende. Es handelt sich doch gar nicht um die Harmonie, sondern um die Disharmonie, um das Betonen einzelner Linien auf Kosten anderer. Und das kann nur durch Übertreiben im Positiven und im Negativen erreicht werden; das setzt aber wiederum ein Hilfsmittel voraus, ohne das auch die schöne, oder wenn man so sagen will, wohlproportionierte Frau nur selten auskommt. Und dieses Hilfsmittel ist eben das Korsett. Es kommt hinzu, daß das Gesunde und Natürliche nur in den seltensten Fällen „Mode" ist; ist es aber wirklich einmal der Fall, dann ist meistens nur eine bestimmte Form davon der Idealtyp und nicht die Fülle der Verschiedenheit, in der sich die Natur gefällt. Aber die Disharmonie ist andererseits wiederum, wie oben gezeigt worden ist, kein ewiger Begriff, d. h. er repräsentiert keine unwandelbare Form, sondern er folgt allen jeweiligen Kulturtendenzen, muß ihnen folgen, weil alles ein Lebendes ist. Was folgt daraus? Nun nichts anderes als das: Die Frau braucht unbedingt ein Hilfsmittel und einen Verwandlungsapparat, um den jeweils herrschenden Tendenzen gerecht zu werden, um sich, grotesk ausgedrückt, von heute auf morgen umkneten zu können. Diesen unentbehrlichen Verwandlungsapparat hat sie sich im Korsett geschaffen.

Wenn man die Bedeutung des Korsetts für die Frau in einigen wenigen Sätzen erläutern will, so kann man sagen: Das Korsett ist für die Frau das Instrument, durch das einzig und allein das jedem Individuum angeborene Bestreben, als ein vollendetes Exemplar seiner Rasse zu gelten, zum Ziele kommt. Daraus aber folgt: Das Korsett dient sowohl der allgemeinen Tendenz der Kleidung, als auch den besonderen Tendenzen der vorübergehenden Mode, und es dient nicht weniger den Launen und Interessen des einzelnen Individuums, sei es, um Vorzüge zu demon-

Deutsche Modekarikatur auf die Krinoline. Um 1860

Im Schuhladen
Gesellschaftliche Satire auf die kniefreien Röcke von Adolf Guillaume. 1926

strieren, sei es, um Fehler zu verbergen. Es dient dem Positiven und es dient dem Negativen, es gibt der Frau alles, was sie nicht hat, und nimmt der Frau alles, was sie zuviel hat. Beispiele mögen das erhärten: Die Zeit bevorzugt große, strotzende Brüste, stolze Hüften, schwellende Lenden — das Korsett verleiht der Frau diese Formen. Die Zeit will kleine, zarte Brüste und die schmalste Taille — das Korsett macht die Brüste der Frauen klein und ihre Taille schmal. Die Zeit fordert Energie der Haltung und Elastizität der Bewegung — das Korsett zeichnet die Linien der Eleganz und der Energie. Die Zeit bedingt Steifheit, Unbeweglichkeit, Unnahbarkeit — das Korsett versteinert jede Figur. Die Zeit dekretiert Lässigkeit, präraffaelitische Formen und abfallende Hüften — das Korsett wandelt sich zum Frackkorsett, und schafft schlanke Hüften und zerfließende Formen . . . Diese Beispiele ließen sich ins Endlose vermehren, diese wenigen genügen.

Es bleibt nun noch die Frage der Verbesserung des Korsetts. Gewiß, es kann verbessert werden, — aber immer nur bis zu einem gewissen Grade, d. h. gerade soweit, als die Verbesserung für die obigen Tendenzen nicht allzu sehr störend ist.

Soll durch diese Ausführungen nun ein hohes Lied auf das Korsett gesungen sein? Absolut nicht. Es ist nur die einfache Begründung dessen, was ist. Es ist der einfache Vordersatz, den man konstruieren muß, wenn man den zweifellos fatalen Nachsatz kapieren will, der darin gipfelt, daß alle Logik, alle Menschenliebe, alle ästhetische Kultur es bis heute nicht vermocht haben und auch in der nächsten Zukunft wohl nicht vermögen werden, die Masse der Frauen in der Korsettfrage „zur Vernunft" zu bekehren. —

In dem Entrüstungskonzert gegen das Schnüren — denn darauf konzentrierten sich doch zumeist die Anklagen gegen das Korsett — hat die Satire immer in ziemlich auffälliger Weise mitgewirkt, und zwar in diesem Fall vornehmlich durch die Zeichnung, denn für die bildliche Darstellung war es ein überaus lohnendes Motiv, da es die Elemente des bildlich Grotesken meist schon in der Wirklichkeit besaß. Das 16. und 17. Jahrhundert kannte zwar auch schon die Gesund-

Amtliche Verordnung

In Erwägung, daß an eine obrigkeitliche Abschaffung der höchst gefährlichen, vernunft- und passagewidrigen Krinoline nicht zu denken ist, wird verordnet: daß jede Dame, deren krinolinische Peripherie einen Durchmesser von zwölf Fuß enthält, verpflichtet ist, an der linken oder rechten Seite einen freiwilligen Durchgang anzubringen, sodaß bei Verengung der Straßen die Passanten dennoch im stande sind, ihren Weg fortzusetzen.

296. M. Schleich. Münchener Punsch. 1857

Auf dem Korso
297. C. Guys. Um 1860

heitsschädlichkeit des starken Schnürens, aber viel wichtiger war jener Zeit, daß eine Frau im enggeschnürten Kleid untauglich zur Arbeit ist. So wetterte z. B. Abraham a Santa Clara in seinem „Judas der Erzschelm" über das Schnürmieder:

„‚Mein Kämmer=Jungfrau, sie vergieb mir's, was ligt allhier auff der Taffel.' ‚Es ist das Mieder,' sagt sie, ‚für meine gnädige Frau', ein Mieder? Allmächtiger Gott! ist es doch so eng, daß ein Marder nit konnte durchschlieffen. Es haißt wohl recht Mieder, damit nit eine geringe Mühe in dieser Klaydung . . ."

Es gibt auch aus dieser Zeit verschiedene Bilder, die das starke Schnüren des Mieders satirisch darstellen, aber eigentlich beschäftigte sich doch erst das 18. Jahrhundert mit der Intimität der weiblichen Kleidung, zu der das Korsett gehört. Das 18. Jahrhundert, als die Blütezeit der Galanterie, war in seinem sinnlichen Genießen raffinierter geworden. Das Raffinement bestand vor allem darin, daß man den Genuß verlängerte, ihn in zahlreiche Stationen einteilte. Eine der wichtigsten Stationen war die Frau im Negligé, und diese Station wurde auch von der Kunst mit besonderer Vorliebe dargestellt. Dadurch gab man erstens etwas Positives, denn man konnte bei dieser Darstellung alle körperlichen Reize der Frau in pikantester Weise vorführen, zweitens aber leitete man dadurch die Phantasie des Beschauers von selbst auf das letzte hin, auf das, was man eigentlich zeigen wollte, was man aber in seiner Realität öffentlich nicht darstellen durfte. Die Frau im Negligé ist die Frau auf dem Wege zur Liebe. Ein sehr häufiges Motiv für die Frau im Negligé war die Darstellung der Frau im Korsett, mit der Korsettanprobe oder mit dem Schnüren beschäftigt. Vielleicht die bezeichnendste Probe dafür bietet Willes berühmter Kupfer „Die Korsettanprobe" aus dem Jahre 1750. Der Korsetthändler hat das neueste Korsett vorgelegt, und man ist eben bei der Anprobe. Selbstverständlich wird der väterliche Freund, der „uneigennützig" den Unterhalt der schönen Nichte bestreitet, hinzugezogen. Er sieht, mit welch großer Mühe die Schöne in den Panzer gezwängt wird, und er kann daher die Befürchtung nicht unterdrücken, ob er nicht doch zu eng sei. Kann sie ihm einen besseren Beweis ihres unbedingten Vertrauens und ihrer Zärtlichkeit geben, als indem sie ihn bittet, sich doch mit eigenen Händen zu überzeugen, daß seine Furcht ohne Grund sei? (Siehe Beilage).

Als im 18. Jahrhundert von England ausgehend der groteske Stil in der Karikatur ausgebildet wurde, wurde das starke Schnüren zu einem beliebten Vorwurf des Groteskhumors. D. h. jetzt begann eigentlich erst die Zeit der zeichnerischen satirischen Darstellung des Schnürens. Enger! Enger! Viel enger! Noch etwas enger! — das ist der nie verstummende Schlachtruf der Frau. Alle Humoristen und Satiriker des Stifts haben ihn hinfort grotesk illustriert, von Rowlandson angefangen bis herauf zu Oberländer. Die hier vorgeführten Proben illustrieren das Wie. Rowlandson zeigt, wie sich der schmächtige Gatte aus Leibeskräften abmüht, dem Gebot der zärtlichen Gattin: „Noch ein wenig enger!" nachzukommen (Bild 13). Zwanzig Jahre später reichen die unmittelbaren menschlichen Kräfte gar nicht mehr aus, Hebel und Winden müssen zu Hilfe genommen werden, das widerspenstige Fleisch zu bändigen; und als in der Mitte der achtziger Jahre wiederum die Wespentaille Mode wurde,

Es geht doch!

298. Deutsche Karikatur auf die Krinoline

da zeigte Oberländer in der Bildergeschichte „Des Junkers Abschied" das Resultat, zu dem zu starkes Schnüren unbedingt führen muß: zu einer wahrhaft herzbrechenden Geschichte (Bild 307 und 308).

Der Humorist hat das Recht, selbst über das Tragische harmlos zu lachen, es seinem Witze untertänig zu machen, der Satiriker hat ebenso das Recht, das Opfer noch obendrein zu züchtigen, seine Qualen zu verhöhnen, wenn er damit das Wesen der Sache geißelt. Das letztere geschieht unbedingt in dem Blatt „Die Hauptsache" von Reznicek. „Mit der verdammten Schnürerei wirst du dir noch die ganze Leber verquetschen", hält ihr der Gatte mahnend vor. Aber sie versteht das besser: „Gott, das sieht man doch nicht auf der Straße!" Und sie hat vollkommen recht: Das sieht man nicht, daß sie sich die Leber verquetscht, wohl aber sieht man, wenn sie das mit in den Kauf nimmt, um so pikanter ihre Büste und ihre schönen Hüften, und das wirkt, also ist das die Hauptsache (Bild 36).

* * *

Das lange und reiche Haar und der relativ kleine Fuß sind nicht nur ebenfalls auffällige Geschlechtsmerkmale der Frau, sondern diese Eigentümlichkeiten haben bekanntlich auch zu allen Zeiten als besonders hochgeschätzte Geschlechtsvorzüge gegolten. Es ist daher eine logische Selbstverständlichkeit, daß auch sie stets Hauptgebiete der Modephantasie gewesen sind. Natürlich ist es ebenso logisch, daß, gemäß der Tatsache, daß eine bestimmte Haupttendenz die gesamte Mode beherrscht, auch der dekorative Aufbau der Haare und die Präsentation des Fußes mit raffiniertem Instinkt nur zur Unterstützung der jeweiligen Tendenzen verwendet wurden. Wenn wir uns über die Notwendigkeit dieser inneren Zusammenhänge gleich im ersten Augenblick klar werden, dann fällt es uns nicht nur auf, sondern wir begreifen es auch sofort vollständig, warum gewisse groteske Frisur- und Schuhmoden gerade immer mit ganz bestimmten Kleidermoden zusammentreffen, oder, um es an einem einzelnen Beispiel zu exemplifizieren: jetzt ist es z. B. sofort klar, warum die halsbrecherisch hohen Absätze eine Eigentümlichkeit der Mode des Rokoko waren — der Steckelschuh ist die groteske Ausnützung des Absatzes am Schuh zum Zwecke der auffälligen Betonung der weiblichen Geschlechtsmerkmale (vgl. S. 265).

Am dankbarsten diente den Zeittendenzen in der Mode natürlich die Frisur, denn sie vermag für sich allein der weiblichen Erscheinung jede gewünschte Prägnanz der Physiognomie zu verleihen. Die Frisur vermag ihrer Trägerin den zauberischen Schimmer der naiven Unschuld, den Strahlenkranz der keuschen Weiblichkeit und ebenso die Würde der Unnahbarkeit zu verleihen. Sie wandelt aber auch, wenn es die Zeittendenz will, von heute zu morgen, den dicken Gretchenkopf zum Chignon, d. h. die naive Unschuld zur koketten Femme du monde, die keusche Weiblichkeit zur unternehmenden Begehrlichkeit. Den Verwandlungskünsten des Schuhes sind natürlich wesentlich engere Grenzen gezogen.

Wenn man den Reichtum und die Länge der Haare auf natürliche Weise, also z. B. durch schöne, lange Zöpfe demonstrierte, hat das natürlich den Angriff nicht herausgefordert, sondern das taten in erster Linie die grotesken Haargebilde, zu denen die Mode immer und wieder gelangte, um Aufmerksamkeit zu erwecken. In Abraham a Santa Claras „Narrenwelt" heißt es:

„Sie kraußt und zaußt ihr Haar und ziehts streng, als weren sie in einem steten Noviciat; da muß ein Haarlocken krumm seyn, der andere noch krümmer, der dritte zum krummetsten, da muß viel Haar seyn, dort wenig Haar, da muß gar schitter seyn, wie das Traidt der armen Leuthen, da muß in die Höhe stehen, wie ein Reiger Busch, da muß hinausstehen wie ein Bachstelzen Schweif, da

Auf dem Boulevard
299. C. Guys. Um 1860

Die Mode des Amazonenhutes bei den verschiedenen Lebensaltern

Mit sechzehn Jahren: Reizend!

Bei vierzig Jahren: Lächerlich!

muß herunter hencken wie ein Bierzaicher, da muß die Schaidel seyn wie ein lateinische Ypsilon, da muß Rauch seyn, dort glat, da gemischt, da plesant, dort negligant, da galant."

Da die eigenen Haare, und wenn sie noch so reich waren, nur in den allerseltensten Fällen ausreichten, den Experimenten, die mit der Frisur unternommen wurden, zu genügen, so griff man natürlich stets zu künstlichen Hilfsmitteln, zu Drahtgeflechten, Wollfüllungen und vor allem zu der ausgedehntesten Benützung fremder Haare. Dieses letztere Hilfsmittel hat die älteren Satiriker vor allem in Aufregung versetzt, und um Ekel und Abscheu vor der Benützung fremder Haare zu erwecken, erklärte die Satire, die fremden Haare stammten meistens von den Köpfen hingerichteter Verbrecherinnen oder von verworfenen Dirnen, denen zur Strafe das Haar abgeschnitten wurde. Moscherosch sagt in seiner Schrift „Weltwesen" z. B.:

„Die Haare sind nicht ihre eigene Haare, sondern aus dem Kramladen, vielleicht von einer, deren der Schädel abgeschlagen worden."

Drei Haartrachten sind es vor allem, die der Satire viel Stoff geliefert haben, oder, wenn man so sagen will, von der Satire stark mitgenommen worden sind: die Fontange, die im 17. Jahrhundert Mode war, ihre groteske Fortentwicklung, die ellenhohen Frisuren des 18. Jahrhunderts und der Chignon, der mit der Krinoline verschwistert war. Die Fontange bestand darin, daß die vorher über den Kopf herabfallenden Locken oder Haarwellen durch ein Drahtgestell emporgehalten wurden und daß darauf eine terrassenförmige Bedachung aus Spitzen angebracht wurde. Ihren Namen erhielt diese Mode von der schönen aber geistlosen Maitresse Ludwigs XIV., Madame de Fontanges. Sie soll diese Mode dadurch aufgebracht haben, daß sie einmal auf der Jagd ihren Kopf zum Entzücken ihres königlichen Liebhabers zum Schutz gegen die Sonne in ähnlicher Weise mit Laub überbaut hatte. Die Fontange war über ein Menschenalter hindurch bei allen eleganten Französinnen die herrschende Haarmode, aber auch in Deutschland war sie, wenn auch in etwas verkleinertem Maße, ebensolang die allgemeine bürgerliche Kopftracht. In der oben angeführten großen Prosasatire „Der gedoppelte Blasbalg", die, wie schon der Titel ausweist (Bild 252), sich auch ausdrücklich gegen die Fontange wendet, wird diese Mode in folgenden Sätzen satirisiert:

„Es ist eine Huren=Tracht, welche von einer Huren den Namen, den Anfang, die Authorität führet, ... und glaube ich, daß die Henckersbuben hierauff reflektieren, wann sie denen aus der Stadt verwiesenen Huren Stroh=Fontangen und Fuchsschwänze aufsetzen ... Fontange und Phantasie sind fast gleichlautende Wörter, ohne daß diese das Hinterteil des Haupts innen hat, und tausenderley Schwachheiten täglich hervorbringet, jene die Fontange aber das Vorderteil des Haupts besitzet, und gleiche, wo nicht größere Fehler täglich anzeiget. Doch hat die Fontange von dieser ihrer Nachbarin der Phantasie, eine gute und vertrauliche Opinion, indem sie täglich aus derer Erfindung neue Moden auf der Schaubühne der Stirn präsentiert, wiewohl mit einer großen Unbeständigkeit, denn die närrische, durch einander gewundene Fontange, da die eine Schleife hie, die ander dorthin stehet, zeuget eure uneins gesinnte Sinnen, daß ihr noch zur Zeit nicht einstimmig schlüssig seid, ob die Fontange vorn oder hinter dem fante, oder aber ob hinten und vornen was sein muß, oder ob man zwischen den entblößeten und aufgequollenen Ballen der bloßen Brüste auch eine Fontange beklemmen müsse, ob der Band von einerlei Couleur sein müsse, oder ob man hierin denen scheckigsten Papageyen müsse nachahmen."

Die eigentlich nicht nur ellen=, sondern tatsächlich sogar meterhohen Frisuren, die knapp an der Schwelle der Revolution aufkamen, waren nur eine Steigerung der Fontange ins ganz Ungeheuerliche. Hier reichten nicht mehr bloß Drahtgestelle aus, hier mußten ganz unglaubliche Polsterungen von Wolle, Roßhaar und ähnlichem zu Hilfe genommen werden. In welch groteskem Maße alle Verhältnisse verschoben wurden, ergibt sich daraus, daß das Gesicht nun fast in der Mitte der Körperlänge zu sitzen schien (Bild 256).

Hatte die zeichnende Satire entsprechend dem allgemeinen Tiefstand der deutschen und französischen populären Kunst im 17. Jahrhundert auf die Fontange meistens nur sehr mäßige Karikaturen hervorgebracht (Bild 253), so war sie aus dem entgegengesetzten Grund gegenüber dieser gigantischen Rokokofrisur um so erfolgreicher. In der Tat gibt es aus keiner Zeit ähnlich glänzende Karikaturen auf die Haarmode; der dankbare Stoff fand die geschicktesten Künstler, sowohl in Frankreich als auch in England und selbst in Deutschland. Für Deutschland illustrieren es die famosen Blätter des Augsburger Karikaturisten Weil (Bild 257); für Frankreich die kostbaren Kupferstiche „La brillante toilette de la déesse du gout" (Bild 7) und „Die Gefahren der gegenwärtigen Mode" (Bild 256) und nicht minder der große

In den fünfziger Jahren: Abscheulich!
300—302. Herbert König.
Berliner Montagszeitung. 1857

La Boulevardière
303. Hadol.
La Parodie. 1869

satirische Kupfer „Der Triumph der Koketterie" (siehe Beilage).

Im Vergleich zu diesen beiden Haarmoden kann man vom Chignon eigentlich nicht mehr als von einem grotesken Gebilde reden, gleichwohl war auch er grotesk im Verhältnis zur Natürlichkeit. Ein in Epigrammen abgefaßter Modebericht aus Baden-Baden, dem deutschen Modebad der feinen Welt in den sechziger Jahren des vorigen Jahrhunderts, ist darum ganz treffend, wenn er dem Chignon das folgende Epigramm widmet:

„Mit dem Gebirge von Haar vergrößert den Kopf sie zum Kürbis, Tief nach vornen hinab sitzt ein Teller von Stroh."

Eine karikaturistische Darstellung des Chignons zeigte das Bild 295 von Cham. —

Dem abnehmbaren Kopfschmuck, dem Hut, galt natürlich stets ganz dieselbe Aufmerksamkeit in der Mode, und auch er diente genau denselben Zeittendenzen und denselben Zwecken. Der Hut hat darum in seinen verschiedenen Formen ebenfalls alle Unmöglichkeiten durchmessen: vom Tipfelchen auf dem i bis zum riesigen Wagenrad.

Die erste im größeren Maße von der Karikatur dargestellte Hutmode ist die der großen englischen Schlapphüte, die in den achtziger Jahren des 18. Jahrhunderts aufkam. Eine gute Probe davon gibt ein großes Blatt von Rowlandson (siehe Beilage). In den zwanziger Jahren des 19. Jahrhunderts kehrte diese Mode fast genau so wieder, und zwar wieder vornehmlich in England; diesmal wurden ihr vielleicht noch mehr Karikaturen gewidmet. Der Hut ersetzt den Sonnenschirm und dient als Schutzdach für eine ganze Gesellschaft gegen Sonnenbrand. Er ersetzt auch das Parapluie: bei einem unvorhergesehenen Platzregen flüchtet sich die ganze Familie darunter und kann trocken nach Hause gelangen. In dieser Art sind die meisten Blätter, es ist die letzte Epoche des grotesken Stils der englischen Karikatur; an Stelle der Keckheit, die ihren Beginn kennzeichnete, war aber jetzt bereits die Eleganz getreten, die sehr bald zu der Prüderie hinüberleitete (Bild 283).

Die Zeit des Konsulats hat eine Zeitlang die Hutränder auf beiden Seiten heruntergebunden und aus dem Hut eine Scheuklappe gemacht: die Mode der „Invisibles". Die scheinbar widersinnigste Mode! Während das Revolutionskostüm alle Reize des Frauenleibes provokatorisch preisgab, war das Gesicht derart grotesk verhüllt, daß es den Frauen ganz unmöglich war, nach links oder nach rechts zu schauen, und jede direkte Annäherung von vorn erforderte die Kunst des Jongleurs. Die Zyniker höhnten über diese Mode: die Frauen wollten dadurch nur die Männer zur Galanterie ermutigen; die Männer sollten durch etwaige unwillkürliche strafende Blicke und Mienen der Frauen in ihrem Tun nicht beirrt werden, andererseits sollten die Männer aber auch nicht gewahren, daß die Frauen selbst bei den kecksten Scherzen nicht erröten. Ausgezeichnete Karikaturen auf die Mode der Invisibles zeigen die Blätter „Fashionable Furbeloes" (Bild 271) und Bild 274. Ein häufiges Motiv in der zeichnerischen Verspottung dieser Hutmode bot auch die Darstellung der Schwierigkeit, eine solche Dame zu küssen. Diese Scheuklappenmode hat sehr lange geherrscht, sie ist auch mehrmals wiedergekehrt. Verschiedene Bilder, die hier reproduziert sind, belegen es; derart groteske Formen hat diese Mode freilich nie mehr angenommen. —

Darf man heute wenigstens auf dem Gebiete verrückter Hutmoden „tempi passati" sagen? Nein, hier so wenig wie wo anders. Und das ist auch ganz natürlich; ein fundamentales Gesetz wie das der Modebildung läßt sich niemals einseitig ausschalten. Solange die Ursachen nicht überwunden sind, die den Aberwitz der Mode bedingen, ist dieser auf allen ihren Gebieten ein Gesetz der Notwendigkeit.

* * *

Einen besonderen Abschnitt erfordert die Revolutionsmode, das sogenannte klassische Kostüm, das am Ende des 18. Jahrhunderts aufkam, sich unter dem Direktorium zu dem Kostüm der Nacktheit ausbildete und in einer nur wenig modifizierten Form die allgemein herrschende Mode des ganzen Empire geblieben ist. Diese Mode erfordert deshalb einen besonderen Abschnitt, weil sie scheinbar dem allgemeinen Gesetz widerspricht und wie ein von einer tollkühnen Laune konstruierter Witz isoliert mitten in der allgemeinen Modenentwicklung steht. Aber nicht nur zu einem interessanten Kapitel der Modegeschichte ist diese Mode geworden, sondern auch zu einem der wichtigsten. Dies aber vor allem dadurch, weil diese Mode genau wie alle „Ideen" der großen Revolution ihren Siegeszug über die ganze Erde gehalten hat. Die Ideen von 1789 haben auf der ganzen Welt gesiegt, und der Sieger zwang der Welt seine Uniform auf, noch ehe er sie materiell überwunden hatte. Die Anhänger des Ancien Regime ahnten diesen inneren Zusammenhang natürlich nicht, sie ahnten nicht, wie sehr sie damit ihrer selbst spotteten, als sie diese Mode ebenfalls übernahmen, daß sie damit gewissermaßen das Todesurteil akzeptierten, das die französische Revolution der feudalen Welt gesprochen hatte. Freilich spotteten sie ihrer nur in den Augen der Nachwelt. Und

304. Keppler. Amerikanische Modekarikatur
42

zwar wiederum nur jener Nachwelt, die die Gesetze kennt, die sich in der Mode manifestieren, die weiß, daß die Herrschaft einer bestimmten Mode den Sieg einer bestimmten ökonomisch-politischen Idee bedeutet ...

Es ist oben (S. 275) gesagt worden, daß die Revolutionsmode unvermittelt aufgetreten sei. Unvermittelt, — das ist aber nicht etwa so zu verstehen, als fehlten alle vermittelnden Zwischenglieder zwischen ihr und den charakteristischen Formen der Moden des Ancien Régime. Das Unvermittelte ist nur scheinbar vorhanden, und wenn auch z. B. zwischen der Mode von 1785 und der von 1795 die ungeheuersten Kontraste existieren, so läßt sich doch klar nachweisen, daß sich auch diese Mode organisch entwickelt hat. Die Revolutionsmode hat sich innerhalb des Ancien Régime genau so vorbereitet, wie sich die bürgerliche Gesellschaft vorbereitet hat; und schon darum ist sie kein der allgemeinen Modeentwicklung widersprechendes Gebilde, was fälschlich so häufig angenommen wird. An dem äußerlich sichtbaren Entwicklungsgang dieser Mode, d. h. an der jähen Herausbildung ihrer auffälligen Verschiedenheit offenbart sich aber auf das deutlichste, was das Eigentümliche aller revolutionären Epochen ist: In revolutionären Epochen durchlaufen die Dinge ihre Bahnen überaus rasch, Schlag reiht sich an Schlag, die Zwischenakte sind erstaunlich kurz, das geschichtlich Bedingte braucht nicht mehr lange Jahre, bis es die Schale der alten Form gesprengt hat, sondern reift oft binnen wenigen Monaten. Die natürliche Folge dieses potenzierten Entwicklungstempos ist, daß die den einzelnen geschichtlichen Phasen entsprechenden äußeren Lebensformen sich kaum in den Ansätzen zu entwickeln vermögen. In dem Augenblick, wo man das Ziel ahnt, steht dieses auch schon als fertiges Ergebnis da. Die Menschen werden von den Dingen förmlich überrumpelt — so entsteht der Eindruck des Unvermittelten. Die Entwicklung der Mode während der großen französischen Revolution bietet für dieses Gesetz der Revolution ein wahrhaft klassisches Beispiel.

Das Revolutionskostüm, das männliche wie das weibliche, ist der politische und gesellschaftliche Herrschaftsantritt des Bürgertums in die Mode übertragen. Weil es nichts anderes als das ist, wurde diese Mode aber nicht nur in Frankreich vorbereitet, sondern ihre Hauptlinien sind auch in England selbständig entwickelt worden. Das wurde damals ganz übersehen und wird auch heute meistens übersehen.

Weil die Revolutionsmode die Mode des Bürgertums war, mußte sie aber auch ihr charakteristisches Vorbild in dem Kostüm des klassischen Roms finden. Die französische Revolution hat mit Bewußtsein auf diese Mode zurückgegriffen, und sie erfüllte auch damit ein allen Revolutionen der Vergangenheit eigentümliches Gesetz. Alle bisherigen Revolutionen haben die Geister der Vergangenheit heraufbeschworen. Und zwar aus zwei Gründen. Der jäh veränderte Inhalt des Lebens bedarf so rasch wie möglich neuer Formen, und diese erhält man am raschesten, wenn man auf bereits fertige Formen zurückgreift, die ein ähnlicher Inhalt des Lebens früher entwickelt

305. Die Krinoline und der Chignon als ruhmvollste Fahne Frankreichs. Deutsches satirisches Flugblatt aus dem Jahre 1870 auf die Kaiserin Eugenie, die „Erfinderin" der Krinoline

306. Bechstein. Karikatur auf die Mode der 70er Jahre. Fliegende Blätter

hat. Das ist der erste Grund der in allen früheren Revolutionen üblichen Totenerweckungen. Der zweite Grund ist die Verherrlichung des eigenen Tuns. Indem man sich in das Kostüm historischer Heldengeschlechter warf, hob man sich über den Inhalt der eigenen Kämpfe empor, schraubte man sich selbst zu Helden hinauf und sah sich wenigstens stets in der Heldenperspektive. Dadurch aber entfesselte man zweifellos eine Menge latenter Antriebskräfte. Alles dieses erfüllte die französische Revolution, indem sie sich die Namen und die Symbole, unter denen sie ihre Kämpfe führte, aus dem klassischen Rom holte. Und sie agierte damit so wenig ein Komödienspiel, wie einst die englischen Rundköpfe unter Cromwell, die sich in der Pose von alttestamentarischen Helden gefielen.

Dies ist der politisch-historische Rahmen der Revolutionsmode. Innerhalb dieses historisch bedingten Rahmens waltete natürlich dieselbe Tendenz, die jede Mode beherrscht, — also in erster Linie die Betonung der Geschlechtsmerkmale. Da man jedoch das Problem noch in Verbindung mit etwas anderm lösen wollte: da man gleichzeitig zeigen wollte, daß die Menschheit wieder „klassische" Kraft, „klassische" Muskeln, „klassische" Formen hätte, — denn man verjüngte und stählte doch angeblich die Menschheit! — so kam man im Männeranzug zu der prallansitzenden Hose, die aufs deutlichste demonstrierte, daß der Mann kraftgeschwellte Muskeln hat, beim Frauenkostüm dagegen kam man zur weitestgetriebenen Enthüllung. Und zwar zur Enthüllung nicht bloß des Busens und der Waden, sondern aller spezifisch weiblichen Formen. Die Kühnheit der Zeit, die die Kraft und den Mut fand, eine ganze Welt in Trümmer zu schlagen und eine neue Welt, die moderne bürgerliche Welt, zu entfesseln und auf die Beine zu stellen, — die Kühnheit dieses Gebahrens forderte, daß man alles zeigte, was man hatte, und zwar alles in seiner realen, plastisch-greifbaren Wirklichkeit. Dieses Ziel konnte man natürlich nur durch Entkleidung in des Wortes verwegenstem Sinne erreichen. Busen und Waden kann man allenfalls durch ein starkes Dekolettieren und ein demonstratives Hochraffen des Rockes sichtbar machen, alles andere jedoch nur dadurch, daß man den ganzen Begriff „Kleidung" auf das Hemd reduziert und dieses überdies aus anschmiegsamen und durchsichtigen Geweben anfertigt. Da der Sittenkodex in dieser wildgärenden Zeit das nicht hinderte, so reduzierte man schließlich eben die Frauenkleidung auf das Hemd und löste so die modische Aufgabe der Zeit, bekleidet zu sein, und doch alles zu zeigen.

Diese Entwicklung ging, wie gesagt, in einem sehr raschen Tempo vor sich, aber wenn man dieses Ziel auch in sehr großen und sehr raschen Schritten erreichte, so kann man, wie ebenfalls schon hervorgehoben worden ist, bei genauem Zusehen die organische Entwicklung doch feststellen. Die Nachprüfung dieser Entwicklung des Revolutionskostüms führt überdies zu einem sehr wichtigen Ergebnis,

nämlich zu der Beobachtung, wie verblüffend und wie charakteristisch sich der historische Auf- und Abstieg der revolutionären Welle in der Mode ausprägte. Solange die historisch fälligen Aufgaben von der Zeit zu lösen waren und auch gelöst wurden, d. h. also: solange sich die Revolution aufwärts entwickelte, solange ging es durch die Mode wie ein fortwährendes Muskelrecken, wie ein fortwährendes Freiwerden, bei dem scheinbar das einzige Bestreben obwaltete, die Hemmnisse hinwegzuräumen, die den Menschen am freien Atmen, an der freien und spielenden Betätigung seiner Kräfte hinderten. Das ist das bezeichnende Merkmal des revolutionären Aufstiegs. Als jedoch die Revolution ihren Höhepunkt überschritten hatte, als die historische Aufgabe von der Zeit gelöst war und die zur Herrschaft gelangte Klasse nun im ersten Taumel der Macht schwelgte, da bekam die Befreiung eine andere Tendenz: man entwickelte die geschaffenen Formen hinfort ausschließlich in der Richtung weiter, daß sie der anhebenden Orgie des ausschweifenden Genusses dienten. Die Tendenz der Befreiung wandelte sich zu der Tendenz der schamlosen sinnlichen Nacktheit. Das Weib wurde zur Dirne gestempelt,

307 u. 308. Adolf Oberländer Karikatur auf die Wespentaille. Fliegende Blätter. 1891

und die Kleidung sollte es ermöglichen, daß sich alle Welt an den Reizen einer jeden Frau zu delektieren vermöchte.

Die tatsächliche Physiognomie dieser ungeheuerlichen Mode ist in Hunderten von peinlich genauen Modebildern festgehalten worden und kann heute noch jeden Tag in allen Details nachgeprüft werden. Als litterarischer Beleg sei hier eine Stelle aus einem zeitgenössischen deutschen Modeberichte zitiert. Das „Journal des Luxus und der Mode" schrieb beim Aufkommen des Kostüms der Nacktheit in einem Bericht aus Paris folgendes:

„Halbnackt im eigentlichsten Sinne des Wortes, erscheint die Pariserin bloß in fleischfarbenen seidenen Trikotpantalons mit lilafarbenen Zwickeln und Kniebändern und darüber mit einer wahren Chemise, d. h. einem echten Hemde, das bloß durch ein paar schmale, frisierte Bänder auf den nackten Schultern hängt und die ganze Oberhälfte des Körpers vollkommen entblößt zeigt."

Aber hier handelt es sich noch nicht um das letzte Stadium der Entwicklung. Viele Frauen emanzipierten sich noch in der Weise, daß sie auch auf die Trikotpantalons und selbst auf die Strümpfe verzichteten, also tatsächlich schließlich nur mit einem Hemd, und zwar mit einem aus durchsichtigem Musselin gewobenen Hemde bekleidet waren. Diesen Luxus konnten sich natürlich nur klassische Schönheiten leisten. Unter diesen erhob sich aber auch ein wahrhaft bewundernswürdiger Wettstreit um den Ruhm, durch Vorurteilslosigkeit zu glänzen und auch nicht den geringsten Verdacht der Prüderie aufkommen zu lassen. Dieses allein hätte man unanständig gefunden. An den nackten Füßen trug man römische Sandalen, und um die Aufmerksamkeit in besonderer Weise dahin zu lenken und zu fesseln, wurden an den Zehen und den nacktdurchschimmernden Beinen goldene und edelsteinbesetzte Ringe und Reifen getragen.

Solche tolle Extravaganzen kultivierten natürlich nur die Damen der Gesellschaft; das gewöhnliche Volk ist zwar den Hauptlinien der Revolutionsmode in seiner Kleidung durchaus gefolgt, aber es war auch in der neuen Zeit vom ersten Tage an zu sehr Ausbeutungsobjekt, als daß es Zeit und Mittel gefunden hätte, sich diesem schwülen Kankan anzuschließen. Nur der Bodensatz der Gesellschaft, das höhere und niedere Dirnentum und sein zuhälterischer Anhang, koalierte sich sehr eifrig den oben auf den Höhen der sozialen Stufenleiter kultivierten Orgien. Die weltberühmten Modeköniginnen entstammten ausnahmslos der Creme der damaligen französischen Bourgeoisie. Besonders in zwei Namen ist alle Kühnheit des Kostüms der Nacktheit verkörpert gewesen, in Madame Recamier und in Madame Tallien. Die laßziv schöne Madame Tallien hat den weltberühmt gewordenen Rekord erreicht. Auf einem der berühmten Direktoriumsbälle wog ihre gesamte Gewandung — sie trug nur ein zart gewobenes Musselinhemd — einschließlich der Schuhe genau einhundertundfünfzig Gramm!

Das Kaiserreich, unter dem die taumelnde Orgie wieder in gemäßigtere Bahnen einlenkte, führte die Unterkleidung wieder ein, aber im Prinzip änderte sich sehr wenig

309. Aubrey Beardsley. Karikatur auf die Theatertoiletten bei Festvorstellungen

an dem typischen Schnitt der Revolutionsmode, und das ist auch folgerichtig. Der Napoleonismus, der sich gegen eine Welt von Feinden zu wehren hatte, bedurfte genau so sehr der Kraft und der Muskeln, wie die durch ihn abgeschlossene und fortgesetzte Periode. Und diese Kraft mußte die Mode genau so symbolisieren . . .

Es ist zweifellos ein ungeheuerliches Bild, das sich als modischer Reflex dieser wildgärenden Zeit vor den Blicken auftut, aber trotzdem muß man ihm eines, und zwar etwas sehr Wichtiges, bestreiten — die Originalität. Weder das Kaiserreich noch das Direktorium waren in der Unzüchtigkeit ihrer Moden selbstschöpferisch. Das durchsichtige Kostüm war eine sehr alte und mehrmals wiederholte Modeerrungen=

schaft. Nicht nur die raffinierten Liebeskünstlerinnen der römischen Verfallzeit operierten bei festlichen Gelegenheiten damit, sondern auch die minniglichen Ritterfrauen zur Zeit des höfischen Minnedienstes trugen zuzeiten zur hehren Augenweide der männlichen Fest- und Tafelgenossen Kleider aus durchsichtigen Geweben. Auch im 16. Jahrhundert kehrte diese Mode wieder. Katharina von Medici liebte es, ihren weiblichen Hofstaat, der aus den schönsten Frauen des ältesten französischen Adels gebildet war, bei den täglichen Hoffesten auf diese Weise zur Schau zu stellen. Diese Tatsache darf man doch nicht ganz übersehen, wenn man den tollen Ausartungen der Revolutionsmode, dem Kostüm der Nacktheit, in der Beurteilung gerecht werden will. —

In der Kleidung fand die Kühnheit der in Aktion getretenen Kräfte der neuen Gesellschaftsordnung zwar nicht ihren ersten, wohl aber ihren auffälligsten Ausdruck. Als man daher Zeit fand, den neuen Zustand der Gesellschaft künstlerisch darzustellen, zeichnete man zuerst und mit Vorliebe das neue Kostüm, in das sich die Weltgeschichte geworfen hatte, und in dem sie ihre weltgeschichtlichen Taten vollbrachte. Diese künstlerische Registratur der neuen Zeit geschah aber wiederum in den meisten Fällen karikaturistisch. Nicht nur die Mehrzahl der populären Sittenbilder bestand aus Karikaturen, sondern auch der größte Teil aller wirklich künstlerischen Werke, soweit ihr Stoff den zeitgenössischen Sitten entnommen war. Will man dieses beweisen, so genügt es, die drei populärsten Künstlernamen dieser Epoche, Debucourt, Isabey und Vernet, zu nennen und an deren berühmte und kostbare Kupfer zu erinnern, die, soweit sie aus dieser Zeit stammen, fast ausnahmslos karikaturistisch sind. Es konnte aber auch gar nicht anders sein, denn das Groteske war der Stil aller Dinge dieser Epoche. Diese Zeit war dermaßen voll von Expansionskraft und Aktionslust, daß alles über sich hinaus wuchs; jede einzelne Lebensform übertrieb ihre natürlichen Linien und verschob ihre Grenzen ins Maßlose.

Altenburgerin (in der Großstadt): Gott, was doch die Stadtleut' für närrische Moden haben!

310. Franz Jüttner. Lustige Blätter. 1900

— « N'y a de la place, ici, que pour quarante siècles; vas te percher sur la Tour Eiffel. »

311. Adolf Willette. Le Courrier Français. 1901

Das ist die eigenartige, aber auch die notwendig bedingte Erscheinung revolutionärer Epochen — die karikaturistische Linie in Allem muß die Linie der Revolution sein. Daraus folgt denn auch von selbst, daß in jedem Revolutionszeitalter die populäre Kunst förmlich darin schwelgen muß, die Eigenart der Dinge nicht anders als wiederum karikaturistisch gesteigert nachzuschreiben, denn wenn schon im Leben der groteske Stil herrscht, so muß die karikaturistische Übertreibung in der populären Kunst um so mehr die herrschende Grundnote bilden, als sie ja immer in pointierter Weise die Zunge ihrer Zeit redet.

Die Kühnheit, die diese Zeit durchbrauste, bestimmte in der Kunst natürlich nicht nur den Stil, sondern auch die Stoffwahl, und vor allem die Stoffbehandlung: man war darum niemals zimperlich, sondern wählte die Stoffe mit ungenierter Keckheit und erledigte sie meistens mit der denkbar größten Kühnheit. Der Kraft der Zeit genügte nur das Massive. In den zeitgenössischen Modekarikaturen kommt dies in überaus deutlicher Weise zum Ausdruck, und hier vielleicht deutlicher als wo anders, weil hier ja die Schilderung der Kühnheit an und für sich sehr oft die direkt gegebene Aufgabe war.

Die bezeichnendsten und interessantesten Karikaturen auf die Revolutionsmode entstanden natürlich auf dem Höhepunkt der Entwicklung, als die charakteristischen Formen sich klar herausgebildet hatten; das war ungefähr vom Jahre 1795 an. Die erste charakteristische weibliche Modeform war das Kostüm der „Merveilleusen", das würdige Seitenstück zu dem der männlichen „Incroyables". Diese beiden Typen stellten die weiblichen und männlichen Gecken des revolutionären Kraftgefühls dar, alles war darum bei ihnen in der Kleidung ins Kolossale, ins Groteske getrieben. Für die Karikatur waren diese Trachten, wie man sich denken kann, überaus dankbar, und bald wurde darum ihr groteskes Abbild auf allen Straßen ausgeboten. Die satirische Pointe bestand meistens darin, daß die Zeichner die Tracht von 1796, also die der Merveilleusen, der von 1780 oder einer ähnlichen früheren Mode gegenüberstellten und durch den ungeheuerlichen Kontrast das Lachen herausforderten (Bild 14). Die beste, d. h. die charakteristischste Karikatur der Merveilleusen besitzen wir in dem mit Recht berühmten gleichnamigen Kupfer von Vernet. Dieses interessante Blatt illustriert auch das oben angeführte französische Wort, daß nichts geeigneter sei, die Schönheiten des Beines öffentlich an den Tag zu bringen als ein zu langes Kleid. Um den ständigen Gefahren des Straßenverkehrs zu entgehen, sind die Schönen der Revolution gezwungen, Schleppe und Kleid fortwährend über den Arm zu nehmen, und sie tun dies denn natürlich auch in edler Selbstaufopferung mit aller erdenkbaren Ungeniertheit (siehe Beilage).

Schon ein Jahr später war die Phantasie von der Wirklichkeit weit überholt, auf die Merveilleusen waren die Trikoteusen gefolgt, aus deren Reihen in kürzester Zeit

312. G. Dalsani. Italienische Modekarikatur auf die Damenmäntel. Pasquino. 1893

313. G. Dalfani. Italienische Modekarikatur. Pasquino. 1893

die alles wagenden Göttinnen der Nacktheit hervorgingen. Damit war die Kleidung tatsächlich fast auf das „Nichts" reduziert und der Straßenspott konnte jetzt singen:

Grâce à la mode	Un' chemise suffit.	Un' chemise suffit,
Un' chemise suffit,	Ah! qu' c'est commode!	C'est tout profit!

Das Bild der Trikoteuse und noch mehr das der kühnen Göttin der Nacktheit nahm bald in der zeitgenössischen Karikatur den ersten Rang ein, denn in dieser Erscheinung gipfelte doch die ganze Kühnheit dieser Zeit. Jeder zeichnete es, die Großen, die Debucourt, Dutailly, Isabey, Vernet, Vincent usw. in foliogroßen kostbaren Kupfern, die Kleinen in quartgroßen kolorierten Stichen, die von den Händlern in den Wandelgängen des Palais Royal und an allen Straßenecken ausgeschrieen wurden und durch ihre saftigen Bonmots, die den erklärenden Text bildeten, alle Welt zum zynischen Gelächter herausforderten. Nackter als nackt kann man freilich nicht sein, in der Richtung des noch Nackteren konnte die Karikatur also kaum noch übertreiben. Aber man konnte in der Zeichnung für die Dauer festhalten, was in der Wirklichkeit immer nur die Gunst weniger Augenblicke den neugierigen Augen bot. Man konnte zeigen, wie jeder Windstoß ein geschickter und gefälliger Nachbildner der intimsten Wirklichkeit ist, wie der Regen ebenso meisterhaft zu modellieren versteht, wie der unglückliche Zufall immer und immer wieder die fatalsten Situationen zeitigt, und ähnliches mehr. Was von solchen Darstellungen als durchaus salonfähig galt, das mögen die Blätter von Dutailly, „Eine Morgenpromenade" (Bild 16) und von Vincent, „A s'il y voyait..." (siehe Beilage) illustrieren. Natürlich bekreuzigte man sich auch nicht vor Blättern wie: „Chacun montre ce qu'il a de plus beau: L'une montre son derrière, l'autre ses cornes" (Bild 81).

314. J. Diez. Jugend

Dem französischen Witz attachierte sich mit nicht minder großem Behagen der fremde, vornehmlich der englische, der mit seinem ungeschlachten Groteskhumor an Kühnheit des Zynismus übrigens alles weitaus überbot, was der gallische Witz trotz seines revolutionären Überschwanges zu leisten vermochte. Eine klassische Probe bietet dafür der große farbige Kupfer „Die Pariserinnen in ihrem Winterdreß für 1800" von Isaak Cruikshank gezeichnet (siehe Beilage). So treffend diese Verhöhnung der Pariser Göttinnen der Nacktheit ist, so darf man sich durch dieses Blatt doch nicht irreleiten lassen, man darf es ja nicht etwa als den Ausdruck einer berechtigten Entrüstung über eine spezielle Unmoral der Pariserinnen deuten. Nichts wäre törichter. Gewiß erklommen die Pariserinnen im Kostüm der Nacktheit zuerst die Spitze, aber sowohl die Damen des englischen Adels und der englischen Bourgeoisie als auch die biederen deutschen Spießbürgerinnen taten ihr Möglichstes, um hinter den Pariserinnen an Vorurteilslosigkeit nicht zurückzubleiben. Und daß es gar keiner langen Überredung bedurfte, um die Modedamen allerorten davon zu überzeugen, daß es für eine schöne Frau höchst pikant sei, die Kleidung auf engschließende Trikotpantalons und einen durchsichtigen Musselinüberwurf zu reduzieren, das illustrieren sämtliche Modebilder und Modeberichte aus jener Zeit. Bereits 1797 beklagt sich ein Frankfurter

Modeberichterstatter über den allgemeinen Sieg der französischen Nudidätenmode beim Bürgertum, und die detaillierte Schilderung, die er gibt, zeigt, daß das Kostüm der Nacktheit mit echter deutscher Gründlichkeit kopiert wurde. Der Spott hatte also, wie man sieht, reichlich Anlaß, vor der eigenen Türe zu kehren. Und diese Pflicht wurde auch nicht versäumt, in England jedenfalls nicht. Hier sind Hunderte von bezeichnenden Karikaturen auf die Herrschaft der Revolutionsmode in England erschienen (Bild 191, 263—265). Wenn man sich in Deutschland hauptsächlich auf das Wort beschränkte, so ist die Ursache zum großen Teil in der damaligen allgemeinen künstlerischen Unkultur des Landes zu suchen.

Die englische Karikatur erhielt einen besonderen Anstoß noch dadurch, daß die Revolutionsmode in England sozusagen noch „vervollkommnet" wurde, nämlich durch den Federschmuck im Haar. Die wallende Straußenfeder im Haar sollte der Frau ein ritterliches, selbstbewußtes, stolzes Aussehen verleihen. Auch diese Mode wurde, wie alles in dieser Zeit, sofort grotesk. Die Länge der Federn wurde ins Ungeheuerliche übertrieben, und nicht nur eine, sondern drei, vier und noch mehr solcher Ungetüme schwankten den Modedamen auf dem Kopfe. Der eifrigste Spötter über diese Mode war Gillray, seinem Witz danken wir gerade in dieser Richtung eine Reihe ausgezeichneter Blätter (Bild 270, 272 u. 275). Natürlich übten auch die andern Karikaturisten ihren Witz an dieser Mode, und zwar ebenfalls häufig mit dem besten Erfolg, das mag das köstliche Blatt von Rowlandson, „Wer ist jetzt die Herrin?" illustrieren. Die derbe Küchenfee posiert mit dem erborgten Federschmuck auf dem Kopf die gnädige Frau und illustriert in ihrer Weise das alte Wort, daß Kleider — in diesem Falle freilich vor allem die nicht vorhandenen! — Leute machen (Bild 276).

Die Französin, die bei dieser Federmode die Nehmende war, übte sich in vor-

315. A. Scheiner. Karikatur auf die tiefe Dekolettage. Lustige Blätter

nehmer Bescheidenheit; die Federmode wurde von Paris zwar auch allgemein übernommen, aber sie wurde hier doch selten in grotesker Weise getragen, wie in London. Sollte aber nicht doch etwas anderes als die zurückhaltende Bescheidenheit des Empfangenden der wahre Grund davon gewesen sein? Sollte die Pariserin gefühlt haben, daß dieser Kopfschmuck viel weniger ihren Tendenzen entsprach als der Wuschelkopf à la sauvage oder die künstliche Perücke à la romaine (Bild 280), die sie mit jedem Kostüm wechseln konnte? Höchst wahrscheinlich war dies die Ursache! Die ritterliche Romantik entsprach wohl der organischen englischen Entwicklung, nicht aber der jähen brutalen Logik der Guillotine, die das französische Bürgertum bei seinem Herrschaftsantritt zu seinem modernen tarpejischen Felsen gemacht hatte.

* * *

Schließlich ist nun noch jener Karikaturen zu gedenken, in denen sich die positive Modekritik, die planmäßig propagierte Modereform spiegelt.

Die Modekritik hat schon sehr früh auch zum Positiven geführt, d. h. zur Konstruktion von Moden, die wirklich den Ansprüchen der Ästhetik entsprechen sollen, die praktisch sein sollen, und die vor allem das Gesundheitsschädliche aus der weiblichen Kleidung ausschalten sollen, die sie aus einem Hemmnis der natürlichen körperlichen Entwicklung zu einem Förderungsmittel machen soll, aus einer Qual zu einer Lust. Diese positive Kritik, die das Bessere schaffen wollte, um das Fehlerhafte zu verdrängen, ist, wie gesagt, schon sehr alt, und man findet in der Modegeschichte früherer Jahrhunderte mannigfache Ansätze, aber größere Massen für eine planmäßige Modereform zu begeistern, das war doch erst dem 19. Jahrhundert vorbehalten, denn es setzte eine allgemeine Kenntnis über die Schädlichkeit bestimmter Modetorheiten voraus, einen relativ geläuterten Geschmack und vor allem die Möglichkeit, diesen zu propagieren. Das war natürlich erst im Zeitalter der Zeitung und des großstädtischen Verkehrs möglich, und darum ist es auch tatsächlich erst im 19. Jahrhundert zu größeren Modereformbewegungen gekommen, zu wirklichen Massenbewegungen.

Trotzdem lautet das Verdikt, das man unbarmherzig fällen muß: jeder radikale Reformversuch ist bis heute unerbittlich gescheitert, vom ersten bis zum letzten: das sogenannte Reformkostüm von heute nicht weniger als alle früheren von der Vernunft, der Menschenliebe und dem guten Geschmack eingegebenen Lösungen. Gewiß, verschiedene der praktisch inszenierten Moden haben nicht nur Dutzende und Hunderte, sondern sogar Tausende von Gläubigen, von Bekehrten gefunden, oder mit anderen Worten: sie sind Massenbewegungen geworden. Aber Masse ist ein relativer Begriff. Tausend sind eine Masse, aber was bedeutet diese Masse gegen die Masse der Frauen? Nichts, rein gar nichts! Es handelt sich um die Millionen und nicht um die zehntausend „vernünftigen" Frauen, die Millionen aber sind bis jetzt absolut unberührt und unbeeinflußt von aller praktischen Modereform geblieben, sie sind noch niemals auch nur einen Schritt breit von der sogenannten Unvernunft der Modetyrannei abgewichen. Und warum? Nun, die Antwort ist bereits oben bei der Darlegung der Bedeutung des Korsetts gegeben. Was über das Korsett im Besonderen gesagt ist, das gilt auch für das Reformkostüm, sowohl in der Begründung als auch in den Schlüssen. Denn das Reformkostüm ist ja doch in erster Linie nur die Umformung der weiblichen Kleidung auf der Basis des Verzichtes auf das Korsett und die Verallgemeinerung der Gebote der Hygiene und der Ästhetik auf die gesamte Kleidung, oder sollte dies wenigstens sein. Nur in einem Punkte muß das dort Gesagte noch ergänzt werden, freilich in einem sehr wichtigen: Die Vernunft der zehntausend Frauen, die sich bis heute im Laufe der Jahre zu einem Reformkostüm bekehrt haben, hat fast stets einen

„O Mutter, teure Mutter, glaubst du denn nicht mehr an Gott?!"
316. Th. Th. Heine. Simplicissimus

straff gefüllten Geldbeutel zur Voraussetzung gehabt. Die Unvernunft der Masse bestand dagegen ebensooft in einem mageren Geldbeutel. Mit anderen Worten: Das Gesetz der Schönheit und ähnliche Ideale in der Kleidung erfolgreich zu lösen, ist ein enorm teures Problem. Und das ist der Punkt, warum eine ideale Reform der Kleidung nicht einmal ein Diskussionsthema für die Masse der Frauen ist. —

Die praktischen Reformbestrebungen waren gewiß sehr oft sehr löblich, zum mindesten in ihrer Tendenz, und doch haben sie fast in allen Fällen die Satire mehr gegen sich als für sich gehabt. Ob diese Erscheinung löblich ist, darüber läßt sich ja streiten, aber jedenfalls ist sie logisch, und zwar viel weniger darum, weil angeblich alles, was sich von der Regel abkehrt, vom Spott verfolgt wird, als deshalb, weil jede willkürliche Umbildung historischer Produkte in wichtigen Hauptteilen immer zum Unsinn und Widersinn führt. Und als willkürliche Konstruktionen erwiesen sich bis jetzt alle hygienisch oder ästhetisch begründeten Modereformen.

Die wichtigsten der früheren Modereformbestrebungen waren von der Absicht geleitet, das weibliche Kostüm praktischer zu gestalten. Diese Absicht führte, weil der männliche Anzug unzweifelhaft praktischer ist als der weibliche, meistens zu der Vermännlichung der weiblichen Kleidung. In der tollsten Form gipfelte diese Tendenz schließlich in dem Projekt, den weiblichen Rock durch die männliche Hose zu ersetzen. Dieses Projekt wurde tatsächlich verschiedne Mal zu dem Programm von Modereformen. Realisiert wurde es jedoch erst um 1850, und zwar in Amerika. Die Schöpferin dieses maskulinisierten Kostüms, die auch durch persönliches Beispiel für ihre Kreation Propaganda machte, war eine Amerikanerin, mit Namen Amelia Bloomer. Das von

In stumme Bewunderung versunken ...

317. H. Gerbault. Album

Frau Bloomer vorgeschlagene und propagierte Kostüm, das nur aus Hose, Bluse und Gürtel bestand, war banal, geschmacklos und puritanisch nüchtern. Das Puritanische war die Hauptsache dabei; dies dokumentiert auch der Umstand, daß der weibliche Rock nicht durch eine wirkliche Hose ersetzt wurde, sondern in einem verlängerten weiblichen Beinkleid bestand, das „züchtig bis zum Knöchel verhüllte". Das neue Frauenkleid sollte gewissermaßen eine puritanische Uniform darstellen, in der die verschrobene, muckerisch-protestantische Prüderie ihren Siegeszug über die Erde halten sollte. Zu diesem Siegeszug kam es auch, aber er beschränkte sich auf die Witzblätter, auf den Londoner Punch, den Pariser Charivari und das Journal amusant. Der Bloomerismus, wie man diese Bewegung nach ihrer Schöpferin nannte, setzte mit ihrer Schöpfung tatsächlich mehr witzige Federn und Bleistifte als Nähnadeln in Bewegung. Auf jeden Adepten, den er in Amerika gewann, — es mögen einige Hundert gewesen sein — kamen allein im Punch mindestens fünf bis zehn Zeichnungen und Witze. Das ist ein überaus glänzendes Resultat, sogar so glänzend, wie es in der Geschichte der Karikatur nicht häufig vorkommt. Freilich, daß dieser verschrobene Einfall, der in der Wirklichkeit kaum nennenswerte Wurzeln zu fassen vermochte, über ein Jahr lang ein Hauptmotiv eines der angesehensten Witzblätter der Welt sein konnte, das hatte noch eine besondere Ursache. Im Bloomerismus wurde vom Punch vornehmlich die damals zum erstenmal in die Halme schießende Frauenemanzipationsbewegung satirisiert, die in ihren Anfangsstadien grotesk am Nebensächlichen klebte. Eine der Nebensächlichkeiten der Frauenemanzipation, die im Anfange zu einem ihrer Hauptprogrammpunkte gemacht wurde, war die Maskulinisierung der Kleidung. Daß der Punch seinen Witz mit Humor und Geist zu

318. Aubrey Beardsley

handhaben verstand, das dokumentierte fast jede Nummer jener Zeit. Die Schöpfer der gegen den Bloomerismus im Punch erschienenen Karikaturen waren John Leech und John Tenniel, von ihnen stammen auch unsere Proben (Bild 289 u. 290).

Das Projekt, den weiblichen Rock durch die Hose zu ersetzen, ist mit dem Fiasko des Bloomerismus nicht zu Grabe getragen worden, sondern hat immer und immer wieder in den Köpfen gespukt. Teilweise ist es schließlich auch zum Siege gekommen, und zwar im Sportkostüm, in der weiblichen Radler- und Bergkrarlerhose. Aber auch hier ist die Herrschaft der Hose bekanntlich sehr beschränkt, und die Zahl der Karikaturen, die dieses Motiv behandeln, ist immer noch wesentlich größer als die Zahl der sporttreibenden Frauen, die sich der Hose bedienen (Bild 311 u. 316).

Von allen weiteren praktischen Modereformbestrebungen hat die am Ende der neunziger Jahre des vorigen Jahrhunderts einsetzende und immer noch anhaltende Bewegung, die in einem empireartigen Reformkleid die beste Lösung der Modefrage zu finden glaubt, bis jetzt die größte allgemeine Aufmerksamkeit, das größte Interesse und dementsprechend auch die zahlreichste Anhängerschar gefunden. War ehedem das Praktische das Hauptproblem der Kleiderreform, so sollen durch das moderne Reformkostüm alle Forderungen der Vernunft und der Ästhetik erfüllt werden. Es soll praktisch sein, es soll alle Schäden der Gesundheit vermeiden, und es soll überdies im wahren Sinne des Wortes schön sein.

Es ist nicht zu bestreiten: Im Programm stellt das moderne Reformkostüm zweifellos den höchstgeschraubten Lösungsversuch dar. In der Praxis ist es aber, wie schon gesagt, dennoch gescheitert, und zwar in erster Linie an der Frage der Kosten. Das moderne Reformkostüm ist ein sehr teurer Spaß; wenn es nicht aus schweren Stoffen gearbeitet wird, präsentiert es sich an seiner Trägerin meistens wie ein schlecht gefüllter Wurstschlauch. Aber auch für die wenigen, die sich diesen teuren Spaß leisten können, ist die Lösung im Grunde verfehlt. Gewiß hat diese Bewegung eine Reihe sehr wirkungsvoller Kostüme hervorgebracht, manche elegante und vornehme Linie, aber die ästhetische Lösung leidet an einem Fundamentalirrtum. Indem die Taille übergangen wird, verlängert sich der Schritt, d. h. die Bewegungslinie der Beine dehnt sich beim Gehen bis zur Höhe des Busens aus, das ist aber unnatürlich, denn in Wirklichkeit endigt sie mit den Hüften. Die erste Folge dieser unnatürlichen Konstruktion ist, daß die schönen Linien des Reformkostüms nur bei der Bewegungslosigkeit, im Sitzen oder im Stehen vorhanden sind und höchstens noch beim majestätisch-pathetischen Bühnenschritt, also auf jeden Fall nur in der ausprobierten Pose und nicht in den natürlichen Bewegungen des modernen Lebens. Der Zeittendenz des ersten Kaiserreiches mochte diese Lösung entsprechen, aber es ist doch ein himmelweiter Unterschied zwischen jener Epoche und den eilig hastenden Lebensformen des modernen Fabrikzeitalters. Heute erschöpft sich weniger denn je der Begriff „Weib" in ein paar tausend Salonpuppen.

„Schutzmann, jetzt kommen Sie mal mit und zeigen Sie mir gefälligst, in welchem Paragraphen es steht, daß jede deutsche Untertanin ein Korsett tragen muß."

Frauenrechte auf der Polizeiwache

319. Th. Th. Heine. Simplicissimus

Dadurch allein ist der momentanen Lösung schon das Urteil gesprochen. Für das andere — daß das Reformkostüm für die besitzenden Klassen nichts weiter als eine vorübergehende Mode, wie Dutzende von anderen, sein wird — dafür sorgen schon die kapitalistischen Tendenzen unserer Gesellschaft, die zum steten Wechsel zwingen, und das eherne Gesetz der Klassenscheidung, das zu demselben Ziele drängt: An dem Tage wo die Dienstmagd das Reformkostüm mit Würde und Anstand trägt, wird die gnädige Frau diese Mode nicht mehr schön finden.

Und die Menschheit wird diesem Fiasko, wenn es einmal endgültig ist, wahrscheinlich nicht einmal allzu viel Tränen nachweinen, denn dann wird man zum allgemeinen Troste darauf hinweisen, daß es mit der „Reform" im Reformkostüm doch eine gar eigentümliche Sache war. Es macht nämlich für die große Mehrzahl seiner Trägerinnen das Korsett, dessen Ausschaltung doch das Hauptproblem sein sollte, nicht nur nicht überflüssig, sondern bedingt im Gegenteil ein recht raffiniert und recht elegant gearbeitetes Korsett. Denn es ist gerade bei einer Mode mit verschwimmenden und aufgelösten Linien am allerschwersten, zu zeigen, was man hat: Büste, Hüften und Lenden müssen vom Korsett ganz pointiert gemeißelt sein, um vom Kleide delikat und doch deutlich nachgezeichnet zu werden. Darum erfordert das Reformkostüm selbst für eine Juno in den besten Jahren eine ganz raffiniert gearbeitete Korsage. Die Zahl der Junonen ist aber sehr gering, und leider bleiben auch von ihnen nur die wenigsten ewig „in den besten Jahren". Und den Mut, das zu zeigen, was man nicht hat, haben immer nur die paar Fanatikerinnen gefunden, auf die es nicht ankommt, die andern aber keine Stunde.

Unter den Angriffen der Karikatur hat die neueste Modereformbewegung nicht allzusehr zu leiden gehabt. Jedenfalls gibt es keine Modereform, die in ähnlichem Maße von der satirischen Laune unbehelligt geblieben wäre. Das liegt in erster Linie daran, daß die Frauenemanzipation längst anerkannt ist, also nicht mehr schon an und für sich den Widerspruch weckt, wenn sie eine ihrer Uniformen propagiert. Der zweite Grund ist derselbe, der gegenüber allen modernen Moden in Betracht kommt: sie bieten weniger Angriffsflächen als ihre Vorgängerinnen. Sie sind in der Lösung zwar meist komplizierter und raffinierter, dabei aber doch einfacher.

— „Das Reformkleid ist vor allem hygienisch und erhält den Körper tüchtig für die Mutterpflichten."
— „So lange Sie den Fetzen anhaben, werden Sie nie in diese Verlegenheit kommen."

Streit der Moden

320. Bruno Paul. Simplicissimus

Natürlich: gänzlich unbehelligt, gänzlich unregistriert blieb auch die moderne Modereform nicht, auch sie ist in einigen ganz ausgezeichneten Blättern in ihrem Prinzip verewigt worden. Dazu gehört z. B. das famose Blatt von Heine: „Frauenrechte auf der Polizeiwache" (Bild 319). Bedeutsamer als dieses ist jedoch das Blatt von Bruno Paul: „Streit der Moden". Das ist nicht bloß ein grotesker Witz, sondern der Mode tiefster Sinn ist hier in epigrammatischer Knappheit satirisch entschleiert. Dieser Sinn heißt in Worte gefaßt: Die Mode ist ein erotisches Problem. In dem besonderen Falle ist diese Satire außerdem die Widerlegung der aus der Tiefe des Gemütes geschöpften Theorie, die über dem verlockenden Ziel ganz vergißt, daß man die Reise auch antreten muß, um überhaupt zu einem Ziel zu kommen. D. h. mit anderen Worten: Die abstrakte Theorie der fanatischen Modereformer übersieht in ihrer Rechnung immer die wichtigste Zahl: die sinnliche Wirkung auf den Mann (Bild 320). —

Die Mode überhaupt, nicht nur das Reformkostüm, spielt heute im Gesamtbilde der gesellschaftlichen Karikatur eine relativ untergeordnete Rolle. Der im Bilde der Mode bedingte Grund ist bereits genannt und erst vorhin wieder hervorgehoben worden, aber es ist außerdem noch der entscheidende Grund zu nennen: Wir haben heute über ernstere Lose zu streiten. Die ungeheure soziale Kluft, die die Menschheit streng in ein Hüben und ein Drüben scheidet, ist ins Bewußtsein getreten, und dieses Bewußtsein offenbart sich täglich in den ernstesten und tragischsten Konflikten. In einem solchen Stadium der Entwicklung verlernt man nicht nur den harmlosen Scherz, sondern andere, ernste Kampfparolen drängen sich in den Vordergrund und schieben das Tendenzlose beiseite.

✻

Es wirkt doch nicht erhebend aufs Gemüt,
Wenn man bei Regenwetter — so etwas sieht.

321. Wilhelm Busch

IV

Des Weibes Leib ist ein Gedicht …

Die schwärmerischen Frauenverehrer sagen: Jede Frau ist schön. Und sie kommentieren ihre Begeisterung alle im Sinne von Heines köstlichem Hohen Lied auf das Weib, das mit den berühmten Worten anhebt, die diesem Kapitel als Titel dienen. Aber die Wirklichkeit ist, wie immer, so auch in diesem Falle, sehr unhöflich, sie straft die schwelgerischen Schwärmer auf Schritt und Tritt Lügen. Sie beweist mit brutalster Erbarmungslosigkeit, daß sogar die allerwenigsten Frauen wirklich schön sind, und daß der Satz: „jede Frau ist schön" eigentlich nichts weiter als eine galante Umschreibung für eine intensiv gesteigerte männliche Sinnlichkeit ist, die in der Frau nicht den ganzen Menschen sucht, der zwar auch Geschlecht ist, sondern in jeder Frau in erster Linie nur das Geschlecht sieht, das Instrument der sinnlichen Wollust, nach deren Befriedigung eine gesteigerte Sinnlichkeit ununterbrochen lechzt.

Der Beweis, den die Wirklichkeit aufstellt, ist leider in jeder Richtung unantastbar. Freilich zwingt sich diese fatale Überzeugung einem nicht darum auf, weil man bei nüchterner Überlegung und objektiver Nachprüfung wohl oder übel die vielzitierte Formel Schopenhauers akzeptieren müßte, die die Frau als „das niedrig gewachsene, schmalschultrige, breithüftige und kurzbeinige Geschlecht" bezeichnet, „das man mit mehr Fug, als das schöne, das unästhetische nennen könnte", d. h. also: nicht darum, weil man wahre Schönheit der Frau eigentlich prinzipiell absprechen müßte. Diese Formel ist nur ein Zeugnis wider Schopenhauer und jene, die mit ihm durch gleiche logische Impotenz verwandt sind, nicht aber eines wider die Frau. Und sie hat höchstens noch Beweiskraft gegen jene vorhin genannten Erotiker, die jede Frau bloß deshalb schön finden, weil eben jede Frau der Wollust bis zu einem gewissen Grade zu dienen vermag, nie aber für jene, die in der Frau erst den Menschen sehen, und denen das Geschlecht im Weibe erst dann zur Köstlichkeit wird, wenn ihm jene hundert seelischen Wunderblumen entsprießen, die das bilden, was Goethe in den unsterblichen Satz kleidete: „was so wonnig ist, daß man's nie und nimmermehr vergißt".

Die Begründung dafür, daß des Weibes Leib sehr selten ein vollendet schönes Gedicht, ein fleischgewordener Rhythmus ist, leitet sich wo anders her: die körperliche Vollkommenheit und Ebenmäßigkeit, die die Voraussetzung jeder wirklichen Schönheit ist, und ohne die eine Frau höchstens pikant ist, ist deshalb so selten, weil, wie schon in der Einleitung gesagt ist, Arbeit, Entbehrung, die tausend kleinen Sorgen des Tages, Mode, falsche Erziehung, falsche

— Haben Sie schon gehört?
Der Anfang eines Skandals
322. M. Darly. Englische Karikatur. 1777

323. Franzisko Goya. Spanische Karikatur auf den weiblichen Aberglauben

Ernährung, fehlerhafte Zuchtwahl und das im Gefolge von alledem stets vorhandene Kranksein der allermeisten Frauen einen ununterbrochenen und geradezu wütenden Zerstörungskampf wider die natürliche Schönheit der Frau führen. Wenn diese Faktoren wenig erreichen, so erreichen sie doch stets das eine: daß die körperliche Schönheit der meisten Frauen immer nur von relativ kurzer Dauer ist. Es ist ein billiger Trost, sich einzureden, daß dies ein ewiges Naturgesetz sei, aber es ist nichtsdestoweniger die herrschende Ansicht, und sie ist auch schon oft wissenschaftlich begründet worden. Schopenhauer "philosophiert" z. B.:

"Mit dem Mädchen hat es die Natur auf das, was man, im dramaturgischen Sinne, einen Knalleffekt nennt, abgesehen, indem sie dieselben, auf wenige Jahre, mit überreichlicher Schönheit, Reiz und Fülle ausstattete, auf Kosten ihrer ganzen übrigen Lebenszeit, damit sie nämlich, während jener Jahre, der Phantasie eines Mannes sich in dem Maße bemächtigen könnten, daß er hingerissen wird, die Sorge für sie auf Zeitlebens, in irgend einer Form, ehrlich zu übernehmen; zu welchem Schritte ihn zu vermögen die bloße vernünftige Überlegung keine hinlänglich sichere Bürgschaft zu geben schien. Sonach hat die Natur das Weib, eben wie jedes andere ihrer Geschöpfe, mit den Waffen und Werkzeugen ausgerüstet, deren es zur Sicherung seines Daseins bedarf; wobei sie denn auch mit ihrer gewöhnlichen Sparsamkeit verfahren ist. Wie nämlich die weibliche Ameise, nach der Begattung, die fortan überflüssigen, ja, für das Brutgeschäft gefährlichen Flügel verliert; so meistens, nach einem oder zwei Kindbetten, das Weib seine Schönheit; wahrscheinlich sogar aus demselben Grunde."

Das ist ausgemacht der dümmste Kommentar zu dem Gesetz des Kampfes ums Dasein. Die Logik solcher Rederei wäre tatsächlich: Die Natur hat sich in ihrem unbewußten Drange einzig und allein auf die moderne bürgerliche Ehe kapriziert, und sie hat als Gipfel der menschheitlichen Entwicklung bei der Frau den Hängebusen und den Hängebauch als Fatum angestrebt. Gewiß ist es eine Ausnahme, wenn eine Frau von, sagen wir, nur dreißig Jahren, die schon mehrere Kinder geboren

Long Thomas, Mad^{le} G—
Going to the Pantheon
In their Natural Masks

Jack Tar bewundert das schöne Geschlecht

Groteske englische Karikatur von Thomas Rowlandson. 1815

Savoyards of Fashion — or the Musical Mania of 1799

324. Woodward. Englische Karikatur auf die Art, wie die vornehmen Kreise ihr Mitleid mit den Savoyardenknaben betätigen

und genährt hat, noch einen tabellos schönen Rumpf und feste, aufrecht stehende Brüste besitzt, die keines Stützpunktes bedürfen. Aber diese Ausnahme könnte die Regel sein, das können wir getrost auf Grund unserer heutigen Kenntnisse auf dem Gebiet der Körperpflege und der Körpererhaltung behaupten. Diese Kenntnisse beweisen uns, daß die körperliche Schönheit der Frau die reichste sein könnte: kein dramatischer Knalleffekt, nicht die Konzentration auf einen einzigen Akt, und zwar auf den ersten, auf die Jahre der jungfräulichen Blüte, auf den Frühling im Leben des Weibes, sondern ein stetig auf gleicher Höhe sich fortbewegendes, nur reifer werdendes Schauspiel. Das Wort der Franzosen: „La femme de quarante ans c'est la meilleure" brauchte keine bloß liebestechnische Bedeutung zu haben, — es könnte von der körperlichen Physiognomie der Frau im ganzen gelten. Der heutige Zustand ist nur das fatale Resultat fehlerhafter Lebensbedingungen. Es ist das Resultat davon, daß der komplizierteste und edelste Organismus, den die Natur entwickelt hat, der Leib des Weibes, eben infolge seiner Kompliziertheit am schwersten durch die Unnatur fehlerhafter und primitiver Gesellschaftsordnungen in Mitleidenschaft gezogen wird.

Da wie gesagt bereits in der Einleitung von den speziellen Wirkungen und Verheerungen, die Mode, Arbeit, Not, Sorge, Krankheit usw. am weiblichen Körper hervorbringen, eingehend die Rede gewesen ist, so brauchen diese also hier nicht mehr im einzelnen geschildert zu werden, es genügt, auf das dort Gesagte zu verweisen (S. 2—11). —

Es liegt auf der Hand und bedarf keiner weiteren Begründung, daß auf diesem Gebiete die Karikatur niemals große Schlachten geschlagen hat. Weder Fettleibigkeit noch übergroße Schlankheit sind an sich sittliche Defekte, und die Verheerungen, die Arbeit und Krankheit am weiblichen Körper anrichten, sind gewiß am allerwenigsten geeignet, ein Objekt des Angriffs für die Satire zu sein. Die karikaturistische Verwertung dieser körperlichen Deformationen konnte darum vorwiegend nur im übertragenen Sinne geschehen, indem man sie als charakterisierende Attribute zur Kennzeichnung besonderer moralischer und seelischer Eigenschaften nimmt, z. B. der Gutmütigkeit, des nervös hastigen Temperamentes, des üppigen Lebens oder des Gegenteiles davon: des Geizes, und schließlich zum Angriff auf bestimmte soziale Zustände. Die Gutmütigkeit zu symbolisieren, zeichnet man die wohlgenährte Behäbigkeit; den Ekel vor dem wüsten und maßlosen Genußleben zu wecken, zeichnet man die triefende Fettleibigkeit; dem schmutzigen Geiz, dem jeder Bissen leid tut, und der aus Habgier sich niemals satt ißt, entspricht die Figur der klapperdürren Vettel; die pointierte Darstellung der Verheerungen, die Arbeit und Krankheit am weiblichen Körper anrichten, ist dagegen ein Mittel, die gesellschaftliche Organisation anzuklagen, die diese Verheerungen im Gefolge hat (Bild 41). Eine Anwendung körperlicher Häßlichkeit im übertragenen Sinne ist auch Heines geniale Satire „Im Damenbad". Heines Beweisführung ist in der Tat schlagend (siehe Beilage). Außerdem dient die körperliche

325. Die Intrigantin. Englische Karikatur

Deformation noch dazu, jene weiblichen Typen zu charakterisieren, die dem Mann prinzipiell zuwider sind: die keifende Schwiegermutter und die pride alte Jungfer stattet der Karikaturist stereotyp mit liebevollster Fürsorge durch auffallende negative Schönheit aus (Bild 39, 72, 96, 98, 102, 108, 127 u. 327).

Soweit die karikaturistische Darstellung negativer weiblicher Schönheit Selbstzweck ist, dient sie der Schadenfreude und ist gewissermaßen die boshafte Rache für die Macht, die die Frau durch ihre körperlichen Reize über den Mann hat. Es ist sozusagen die boshafte Antithese, indem die Karikatur grotesk das Zuviel und das Zuwenig zeigt, zeigt, wie alles corriger la fortune nicht ausreicht, um dauernd zu verbergen, daß des Busens edle Fülle sich zu den massiven Formen kolossaler Weiblichkeit entwickelt, die kaum mehr zu bändigen sind (Bild 341), daß die Taillenweite nicht mehr sechzig ist, sondern längst achzig, und daß daraus unaufhaltsam neunzig und schließlich hundert wird usw. Oder das Gegenstück: daß die gerade Linie die häufigste ist, daß das Lineal der Natur als Vorbild gedient hat und daß darum alle Liebesmüh' umsonst ist, weil, wo nichts ist, nichts daraus wird, und daß also auf die Emballage das meiste zu rechnen ist usw. usw. (Bild 336).

Aber so eifrig auch der Spott zu allen Zeiten auch in dieser Richtung als Selbstzweck am Werke gewesen ist, so sind seine Resultate doch durchaus harmlos. Ob es sich nun um eine fette Jüdin handelt, von Beardsley gezeichnet (Bild 338), oder ob Busch eine stelzbeinige Alte beim Regen von hinten zeigt (Bild 321) — dieser Spott erschöpft sich durchaus in sich selbst. Er ist höchstens noch eines neben der Rache: der Trost der vom Weibe Genarrten.

* * *

Die hundert seelischen Wunderblumen, von denen oben die Rede war, blühen leider nicht nur selten in vollendeter Schönheit in der Psyche des Weibes, sondern sie sind auch dort, wo sie blühen, immer von üppig wuchernden Unkraut durchsetzt, das die edelsten Blüten giftig umrankt und ständig zu ersticken droht — das ist die andere häßliche Seite am Porträt der Frau, die peinlichste und die wichtigere.

Der physiologischen Eigenart der Frau, ihrer von der Natur bedingten Passivität im Geschlechtsleben und ihrer Rolle als Gebärerin neuer Generationen entsprechen naturnotwendig ganz bestimmte psychologische Besonderheiten, die speziell ihr eigentümlich sind; sie unterscheidet sich durch diese geistig und gemütlich vom Manne. An dieser Tatsache ist nicht zu zweifeln. Die Psychologie, so jung diese Wissenschaft auch noch ist, hat schon eine Anzahl fundamentaler Unterschiede in der Psyche des Mannes und des Weibes analysiert und einwandfrei festgestellt. Nur in der Beurteilung dieser Unterschiede schwankt man noch, heute freilich schon beträchtlich weniger als früher. Ursprünglich war die allgemein herrschende Ansicht: der Unterschied zwischen Mann und Weib ist qualitativ. Von den Alten wurde das Weib sexus sequior genannt. Aristoteles begründete, wie bereits im Kapitel über die Ehe dargelegt worden ist, eingehend die Minderwertigkeit der Frau (S. 56), usw. Es ist kein Ruhm für die menschliche Erkenntnis, daß sich noch zahlreiche Denker des neunzehnten Jahrhunderts auf fast denselben Standpunkt gestellt haben. Herbert Spencer sagt, das Weib repräsentiere den geringeren Grad der menschlichen Entwicklung, es sei ein in der Entwicklung stehen gebliebener Mann. Und Schopenhauer sagt gar: das Weib ist „eine Art Mittelstufe, zwischen dem Kinde und dem Manne, als welcher der eigentliche Mensch ist." Aus dieser Anschauung folgert Schopenhauer dann weiter, was freilich sehr logisch ist, daß es „über die Maßen lächerlich ist", dem Weibe Ehrfurcht zu bezeugen. Und um das Weib von seiner Einbildung zu bekehren,

326. Englische Karikatur auf den größeren Klassendünkel der Frauen

Das Zankeisen
327. Fliegende Blätter

empfiehlt er die staatliche Polygamie, d. h. die offizielle Erniedrigung der Frau zum bloßen Instrument der männlichen Wollust: „Dadurch wird auch das Weib auf ihren richtigen und natürlichen Standpunkt, als subordiniertes Wesen zurückgeführt." Solche extremen Anschauungen werden heute erfreulicherweise nur noch von den wüstesten Reaktionären vertreten, denn es bricht sich immer überzeugender die wissenschaftliche Erkenntnis Bahn, daß Mann und Frau zwar zwei verschiedene Seiten der Menschheit darstellen, daß es aber inkommensurable Größen sind, daß nicht der Mann der „eigentliche" Mensch ist, sondern daß erst Mann und Frau vereint den ganzen Menschen ausmachen.

Die Begründungen der angeblichen Minderwertigkeit der Frau sind für die moderne Wissenschaft aber sehr wichtig, und zwar wegen ihrer indirekten Logik, die freilich ihre Verfasser nicht ahnten, die aber wir zu ziehen so frei sind. Was aus den „Philosophieen" der Spencer, der Schopenhauer usw. spricht, das ist erstens nichts anderes als die Klassenmoral der herrschenden Klasse „Mann" gegenüber der unterdrückten Klasse „Frau", und zweitens die Erfüllung einer Tendenz, zu der es jede Klassenherrschaft drängt, der Tendenz nämlich, ihre Herrenrechte „sittlich", d. h. bei entwickelter geistiger Kultur „wissenschaftlich" zu rechtfertigen.

Es ist bereits in der Einleitung darauf hingewiesen (S. 25), daß in der Stellung des Mannes zur Frau sich absolut nichts anderes ausprägt als eine Klassenherrschaft, und zwar die erste und am längsten andauernde Klassenherrschaft. Weil das gegenseitige Verhältnis von Mann und Frau aber nichts anderes ist, so gilt natürlich auch alles das, was wir heute als die allgemeinen Merkmale und Kennzeichen einer Klassenherrschaft festzustellen vermögen, d. h. also ganz dieselben Gesetze und Methoden, die die einzelnen Klassenkämpfe in der Geschichte — zwischen Adel und Bürgertum, zwischen Bourgeoisie und Proletariat usw. — beherrschen, — das alles gilt auch durchwegs für die bis jetzt permanente Unterdrückung der Frau durch den Mann, und die Ähnlichkeit erschöpft sich darum nicht bloß darin, daß der Mann die Knechtung der Frau „sittlich" und „wissenschaftlich" rechtfertigt ...

Da es sich in diesem Abschnitt ausschließlich um die Psyche der Frau, um die Eigenart ihrer geistigen und seelischen Kapazität handelt, so muß man, um den Schlüssel zu deren richtigem Verständnis zu finden, also das Gesetz fixieren, das in dieser Richtung in den Klassenkämpfen gilt. Dieses Gesetz lautet kurz und bündig: Es gab noch niemals eine Klassenherrschaft, die nicht auch den Geist und das Gemüt der beherrschten Klasse unterjocht hätte. Dieses Gesetz entspringt einer inneren

Notwendigkeit, denn diese Methode bietet einzig und allein dem Herrschenden die sichere Gewähr, seine Herrschaft auf eine möglichst lange Dauer zu befestigen und sie unter Umständen auch noch zu erweitern. Das Wesen dieser Methode besteht darin, daß man der unterdrückten Klasse alle geistigen Errungenschaften soviel als möglich vorenthält, ihre geistigen Schulungs- und Erkenntnismöglichkeiten immer auf das bescheidenste Maß beschränkt, d. h. eben nur soviel bewilligt, wie das eigene Wohl der herrschenden Klasse selbst erfordert. Die unterdrückte Klasse wird immer mit den geistigen Brosamen abgefunden, und jede eigenwillige Besitzergreifung geistiger Werte von seiten der Unterdrückten ist nicht selten mit ausdrücklichen Verboten und sogar mit drakonischen Strafen belegt worden. Alle die, die nicht auf dem Boden des historischen Materialismus stehen, wonach alle seitherige Geschichte nur eine Geschichte von Klassenkämpfen ist, werden die Richtigkeit dieser Sätze bestreiten, und vor allem hinsichtlich der letzten Etappe der menschlichen Entwicklung, des Zeitalters der Bourgeoisie, in dem wir heute noch leben. Zum Beweise, daß ihr Widerspruch berechtigt sei, werden sie darauf hinweisen, daß der Liberalismus z. B. in der zweiten Hälfte des 19. Jahrhunderts eine steigende Verbesserung der Volksschulbildung nicht nur auf

328. Charles Philipon. In Longchamps. 1832

sein politisches Programm geschrieben, sondern auch überaus ernst dafür propagiert hat. Diese Tatsache ist nicht zu bestreiten, und doch ist gerade sie das klassische Schulbeispiel dafür, daß einzig das Interesse des Eigenwohls den Grad von Bildungsmöglichkeit bestimmt, den jeweils eine herrschende Klasse einer unterdrückten bewilligt. Wenn man die liberale Programmforderung aus der Mitte des 19. Jahrhunderts, die eine Verbesserung der Volksschulbildung anstrebte, ihres ideologischen Gewandes entkleidet, dann tritt der materielle Kern sehr klar zutage: Die moderne industrielle Entwicklung, wie sie um jene Zeit in Deutschland einsetzte, bedurfte, wenn sie alle ihre Kräfte entfalten und im höchsten Maße produktiv werden wollte, in erster Linie eines zu sogenannter qualifizierter Arbeit fähigen Menschenmaterials. Mit der ungebildeten und darum unbeholfenen Masse, wie sie aus der mittelalterlich geleiteten Volksschule hervorging, waren die von der technischen Entwicklung gestellten Aufgaben nicht mehr zu lösen. Das stumpfe Gehirn, das nur Lesen, Schreiben und Rechnen notdürftig verstand, setzte wohl in den Stand, den Pflug zu führen und in primitiver Weise ein Handwerk auszuüben, aber nicht Präzisionsarbeit zu liefern und dem komplizierten Mechanismus unseres sich mit Riesenschritten entwickelnden Maschinenzeitalters gerecht zu werden. Damit ist das Geheimnis der idealen Forderung nach einer besseren Schulbildung entschleiert. Man sieht: die programmatische Hebung der Volksschulbildung in dieser aufsteigenden Periode war tatsächlich gar nichts anderes als die Bewilligung jenes Grades von Wissen und Erziehung, den die Bourgeoisie als Besitzerin der Produktionsmittel im Interesse der unbeschränkten Steigerung ihrer Profitrate dem Volke unbedingt bewilligen mußte, wenn sie selbst ihre Rechnung finden wollte.

Falsche Auffassung.

„Ah, sehen Sie, die drei Grazien von Canova sind zu köstlich!" — „Und doch hat diese Gruppe einen großen psychologischen Fehler — denn es ist anerkannte Thatsache, daß schöne Frauenzimmer sich gegenseitig nicht ausstehen können — es hätte also Canova diese Gruppe in dieser Art auffassen müssen."

329. Fliegende Blätter

Wenn eine herrschende Klasse systematisch — und das geschieht stets systematisch — an die körperliche Knechtung der unterdrückten Klasse deren geistige Unterjochung knüpft, so besteht das Endresultat in dem folgenden: die geistige Inferiorität und Unreife des Unterdrückten hindert diesen, zu der Erkenntnis zu kommen, daß seine Lage eine unwürdige ist, es hindert ihn, zu erkennen, daß dieser Zustand absolut nicht ewig und unabänderlich ist, und es sorgt endlich dafür, daß der Unterdrückte, wenn wirklich einmal in ihm die Unzufriedenheit

— Wenn du nicht gehst, dann sollst du etwas sehen!
— Ich geh' schon.

330. Gavarni

mit seinem Lose aufkeimt, nicht sofort die richtigen Mittel zu seiner Emanzipation erkenne und in die erfolgreiche Tat umsetze. Diese Resultate sind aber nichts anderes als der tatsächlich gewollte Zweck der geistigen Unterjochung einer unterdrückten Klasse. Wenn man die Geschichte der vielen Klassenkämpfe, in die die Weltgeschichte zerfällt, untersucht, so findet man, daß dieser Zweck auch immer erreicht worden ist. Ja, man kommt sogar noch zu der weiteren Beobachtung, daß noch etwas ganz anderes damit erreicht wurde, etwas für die herrschende Klasse unendlich Wichtiges, nämlich: daß die unterdrückte Klasse den Zustand, in dem sie sich befand, während einer sehr langen Zeit für den sittlich notwendigen Zustand, für den Ausfluß der ewigen Vernunft der Dinge überhaupt angesehen hat (vergl. auch S. 60 u. ff.)

Alles, was hier im allgemeinen gesagt ist, gilt ohne jede Einschränkung im besonderen für die geistige Unterjochung der Frau durch den Mann. Mit Argusaugen hat der Mann seine Vorrechte bewacht. Und er hat jeden Versuch der Frau, geistig an seine Seite zu rücken, um ihm ebenbürtig zu werden, beharrlich mit dem kategorischen Diktum abgewiesen: das geht dich nichts an! Mit dieser Formel verschloß er die Pforten der Schulen vor ihr, mit dieser Formel verweigerte er ihr jahrhundertelang das Recht der wissenschaftlichen Bildung, mit dieser Formel vertrieb er sie vom Marktplatz und aus dem Versammlungslokal, wo der Streit der Geister zum Austrag kam, und wo um die großen Probleme der Menschheit gestritten wurde, mit dieser Formel zwang er sie ständig in die vier Wände des Hauses und dekretierte einzig und allein die kleinen Nichtigkeiten zu ihrem geistigen Ressort. Und das besondere Resultat? Es ist wiederum das gleiche wie bei jeder Klassenherrschaft und darum ein für die gesamte zivilisierte Menschheit überaus trauriges Resultat: Die Frau ist fast auf allen Wissensgebieten geistig inferior geworden, und die besondere, von der Natur bedingte geistige und seelische Eigenart der Frau ist durch die Klassenherrschaft des Mannes, durch die gewaltsame geistige Bevormundung und Einengung durchwegs ins Fehlerhafte entwickelt worden. Was in der Natur ein Vorzug war, oder was sich zu einem idealen Zustand hätte entwickeln können, zu einer gegenseitigen harmonischen Ergänzung, das ist zum Gegenteil gesteigert worden.

Diese traurige Wahrheit erläutern schon einige wenige Sätze. Als das Charakteristische der weiblichen Psyche kann gelten: eine auffallende Enge des geistigen Horizontes, Wichtigkeit und Breitspurigkeit in der Behandlung der nichtigsten Dinge von der Welt, demgegenüber Interesselosigkeit oder nur spielerische Behandlung der höheren geistigen Ziele der Menschheit, Gedankenlosigkeit, oberflächliches Kleben am Äußerlichen, ausgesprochener Hang zum Aberglauben und ähnliches. Als auffallende Merkmale ihres Charakters, ihres Gemütes sind zu nennen: Klatschsucht, Freude an der Intrige und am Skandal, Streitsucht, Unverträglichkeit, Heuchelei, ausgebildete Verstellungskunst, Kleinlichkeit in der Beurteilung der Dinge und der Personen und darum stärker ausgebildeter Kastendünkel, ständiges Posieren der Schwäche, der Hilflosigkeit, und vor allem, d. h. alles dieses überragend: ungeheuerliche Launenhaftigkeit.

Es wäre albern, behaupten zu wollen, der Mann habe das Recht, sich stolz in die Brust zu werfen und selbstbewußt zu erklären: Ich bin frei von allen diesen Untugenden! Dies wäre deshalb albern, weil sich sehr leicht der Beweis führen ließe, daß nicht nur eine oder die andere dieser Eigenschaften jedem Manne zukommt, sondern daß es unendlich viel Männer gibt, die viel stärker mit allen diesen Untugenden behaftet sind als zahlreiche Frauen. Aber darum machen die geschilderten Eigenschaften doch das typische Bild des geistigen und seelischen Porträts der Frau aus, im Gegensatze zu dem des Mannes, und dies zu bestreiten wäre das Alleralbernste. Wenn man aber diese Behauptung rückhaltlos aufstellt, so muß

— Sie macht sich ganz hübsch, diese kleine Frau . . . aber man wird es ja gleich sehen! . . .

331. Honoré Daumier

man ebenso rückhaltlos immer und immer wieder hinzusetzen: dieses Ergebnis ist ganz selbstverständlich, es ist die unausschaltbare Wirkung der geistigen und seelischen Unterjochung der Frau. August Bebel hat darum ganz recht, wenn er in seinem berühmten und weitverbreiteten Buche: „Die Frau und der Sozialismus" folgendes schreibt:

„Die Frau, die in der Ausbildung ihrer geistigen Fähigkeiten verkrüppelt, dabei im engsten Ideenkreis gefangen gehalten wird und nur in Verkehr mit ihren nächsten weiblichen Angehörigen kommt, kann sich unmöglich über das Alltäglichste und Gewöhnlichste erheben. Ihr geistiger Gesichtskreis dreht sich ewig um die engsten häuslichen Dinge, um verwandtschaftliche Beziehungen und was damit zusammenhängt. Die breitspurige Unterhaltung um die größten Nichtigkeiten, die Neigung zur Klatschsucht wird dadurch mit aller Macht gefördert, denn die in ihr lebenden geistigen Eigenschaften drängen nach irgend einer Betätigung oder Übung... Auch ist für sie, die physisch Schwächere, durch Sitten und Gesetze dem Manne Unterworfene, die Zunge die einzige Waffe, die sie in Anwendung bringen kann, und diese benutzt sie selbstverständlich."

Was Bebel hier von einigen Untugenden der Frau sagt, das gilt selbstverständlich von der gesamten Verbildung der geistigen und seelischen Physiognomie der Frau.

Aber das geistige Porträt ist mit den oben genannten Geistes- und Charaktereigenschaften leider noch nicht ganz vollständig, es fehlt noch ein sehr wichtiger Zug — die Stellung der Frau zur Frau. Und diese ist nicht minder charakteristisch und wichtig. Die Eigenart dieser Stellung hat der Konkurrenzkampf um den Mann herausgebildet. Da es sich aber in diesem Kampfe nicht um einen edeln Wettstreit handelt, sondern um einen wütenden Kampf auf ökonomischer Basis, so lautet die Losung: Siegen, mag es kosten, was es wolle! Bei einem materiellen Konkurrenzkampf siegt aber bekanntlich nur sehr selten das Bessere, um so häufiger dagegen der Geschicktere, Raffiniertere, darum aber ergibt sich im Geistigen notgedrungen dasselbe Resultat wie z. B. in der Koketterie und bei der Mode: Häßlichkeit der Formen. Diese Formen entsprechen ganz genau dem industriellen Konkurrenzkampfe: In jedem Konkurrenten erblickt man einen persönlichen Feind, und Herabsetzen und Unterbieten der Konkurrenz auf jede Art und Weise stehen obenan. So ist auch das Verhältnis von Frau zu Frau geworden: jede Frau sieht gewissermaßen in der anderen einen mißliebigen Konkurrenten, und so sieht jede Frau in der andern einen persönlichen Feind. Das ist leider nicht bloß grotesk ausgedrückt, sondern es ist eine mit spielender Leichtigkeit zu belegende Tatsache. Jede Frau sieht an der

„Herr Conducteur, wo ist denn das Damencoupé?" — „Damencoupé? schon besetzt; aber wissen Sie was, da ist ein leeres Coupé, da steigen S' ein und schauen zum Fenster 'raus — dann steigt gewiß Keiner ein."
332. Fliegende Blätter

Die Geborene.

„En effet, es freut mich, den Sprachunterricht meiner Töchter einer geborenen Engländerin anvertrauen zu können. A propos, was sind Sie denn eigentlich für eine Geborne?"
„Zu dienen, eine Londonerin."
„Ich meine, Ihre Familie?"
„Mein seliger Vater war Commis bei Barneth & Comp."
„Also nicht von Abel! wie mochten Sie sich aber dann für geboren ausgeben? —"

andern, auch wenn diese ihr ganz gleichgültig sein kann, zuerst die Fehler, die Blößen, jede Frau sieht die andere sogar in ausgesprochener Absicht besonders und zuerst darauf an, und sie unterläßt es nie, die entdeckten Blößen sofort und stets hervorzuheben und zu registrieren, sei es gegenüber einem Manne, sei es gegenüber einer anderen Frau. Man kann fast sagen: die auffallendste und stetige Solidarität der Frauen unter sich besteht darin: gemeinsam über eine Dritte zu schimpfen.

Auch über diese durch den Konkurrenzkampf um den Mann bei der Frau herausentwickelte Charaktereigenschaft findet sich bei Bebel ein zutreffendes zusammenfassendes Urteil:

„Erwägt man, welche Charaktereigenschaften der Kampf um die bevorzugte Stellung auch auf andern Gebieten, z. B. dem industriellen, erzeugt, wenn die Unternehmer sich gegenüberstehen, mit welch niederträchtigen, oft schurkenhaften Mitteln gekämpft wird, wie Haß, Neid, Verleumdungssucht geweckt werden, so hat man die weitere Erklärung für die Tatsache, daß in dem Konkurrenzkampf der Frauen um die Männer sich ganz ähnliche Charaktereigenschaften ausbilden. Daher

— Nicht wahr, Mamachen, wenn jemand glaubt, was du ihm sagst, dann heißt man das nicht lügen?

334. Grevin   Journal Amusant

kommt es, daß Frauen durchschnittlich sich weniger miteinander vertragen als Männer, daß selbst die besten Freundinnen leicht in Streit geraten, sobald es sich um Fragen des Ansehens bei dem Mann, der einnehmenderen Persönlichkeit usw. handelt. Daher auch die Wahrnehmung, daß, wo Frauen sich begegnen, und seien sie sich wildfremd, sie sich in der Regel wie zwei Feinde ansehen und mit einem einzigen Blick gegenseitig entdeckt haben, wo die andere eine unpassende Farbe angewandt, eine Schleife unrichtig angebracht, oder ein ähnliches Kardinalvergehen an sich begangen hat. In beider Blicken liegt unwillkürlich das Urteil, das die eine über die andere fällt, zu lesen, es ist, als wollte jede zu der andern sagen: ‚Ich habe es doch besser verstanden als du, mich zu putzen und die Blicke auf mich zu lenken'."

Der Mann läßt sich diese schwachen Positionen der Frau nicht entgehen, und auch hier deckt sich das Verfahren gegenüber der Frau mit dem, das in allen anderen Klassenkämpfen geübt wird: Er notiert sorgfältig diese Schwächen und rechtfertigt damit „sittlich" seine Herrschaft. Auf diese Weise schließt sich der raffiniert geschmiedete Ring lückenlos. Man macht systematisch den Unterjochten zum Sünder und Fehlenden und hält ihm dann die pathetisch klingende Moralpauke: „weil du diese Fehler und Unvollkommenheiten hast, darum bist du unfähig, ebenbürtig an meiner Seite zu stehen." —

Die Satire spielt natürlich nicht die ausgleichende Gerechtigkeit, indem sie dem Manne sagt: das ist dein Werk, sondern sie pritscht wacker auf die Frau los. Sie ist eben, wie schon bei anderer Gelegenheit gesagt worden ist (S. 74), niemals eine über den Dingen schwebende höhere Vernunft, sondern immer nur Ausdruck der jeweils gültigen Morallehre, und diese ist noch niemals und nirgends zugunsten der Frau umredigiert worden. Das wird freilich auch erst dann von Grund aus geschehen, wenn der Sieg der Frau ein vollkommener sein wird, d. h. wenn sie aufgehört haben wird, eine unterdrückte Klasse zu sein...

Zu den angeblich auffälligsten Charaktereigenschaften der Frau gehört die Klatschsucht. Der Vorwurf der Klatschsucht ist jedenfalls einer der ältesten, die gegen die Frau erhoben worden sind. Darum findet man auch schon in der mittelalterlichen Satire Belege dafür. Zahlreiche Schwänke, Gedichte, Fastnachtsspiele, Sprichwörter usw. sind bis in die Neuzeit herauf der schwatzhaften Frau gewidmet worden.

Natürlich ging der ewige Vorwurf dahin, daß die Frau dadurch die Arbeit vernachlässige. Die bildliche Satirisierung der weiblichen Schwatzhaftigkeit, wie man sie z. B. schon auf den Abhandlungen im Stile des Hans Sachs trifft, bestand meistens darin, daß der Zeichner die traurigen Folgen illustrierte, die diese Untugend im Gefolge hat, wie die Milch überläuft, wie der Hund die Wurst aus dem Korbe stiehlt, die Katze das Fleisch vom Tische holt, wie das Kind unbemerkt in den Brunnen fällt und elendiglich umkommt, und ähnliche grausige Ereignisse mehr. Später, als man die Mittel des Grotesken in den Dienst der Satire stellte, stellte man dar, wie die Schwatzenden alle Welt rings um sich vergessen: Zwei Weiber treffen sich in der Frühe und schwatzen, es wird Mittag — sie schwatzen noch, es wird Abend — sie schwatzen noch, die Nacht zieht herauf — sie schwatzen, Wochen vergehen — sie schwatzen, der Frühling wird zum Sommer — sie schwatzen, der Sommer wandelt sich zum Herbst — sie schwatzen, aus Herbst wird Winter, und sie werden zu Eisklumpen — sie schwatzen: Sie werden ewig schwatzen, ihre Zunge wird auch nach dem Tode noch keine Ruhe finden. Zu einem Haupttyp der Schwätzerin wurde das Dienstmädchen, denn wenn es bei der biederen Hausfrau nur eine Untugend war, bei ihr war es ein Kapitalverbrechen, denn sie sollte sich doch nur als Arbeitsesel fühlen, der keine Minute pausiert, keine andern Interessen hat, als zu arbeiten und immer zu arbeiten (Bild 345).

Aus der Klatschsucht entsteht natürlich stets Skandal. Daß die nie abbrechenden Weiberhändel immer auf ein „die und die hat gesagt" zurückgehen, hat ein geistreicher Kopf im 17. Jahrhundert überaus amüsant in dem folgenden Gedicht satirisiert:

(Die Kirche ist ziemlich gefüllt. Auf einer Bank sitzt Frau Auffemeyer. Frau Bauffemeyer kommt.)
Frau Bauffemeyer: Guten Morgen, Madam Auffemeyer.
Frau Auffemeyer: Guten Morgen, Madam Bauffemeyer!
Fr. B.: Wollen Sie nich so gut sin un noch e bischen hinricken, daß ich mir mei neies Kleed nich so verknutsche, un daß ich ooch den Paster sehn kann; denn sehn Se, Madam Auffemeyern, wenn ich die Predigt höre un soll den Paster nich sehen, is die halbe Andacht fort. Was für Nummer hat denn das Lied?
Fr. A.: Nummer 617, den ersten Versch!
(Beide singen mit:)
Laß Herr mich täglich inne werden —
(während des Zwischenspieles.)
Fr. A.: Nee sehn Se nur, Madam Bauffemeyern, was dort die Fleeschersfrau, die Dauffemeyern fer a scheenen neien Hut uff hat.
Fr. B.: Ja, ich möchte wohl wissen, wo da immer 's Geld herkommt. Bei Dauffemeyers sind se de Miethe zwee Jahr schuldig.
Fr. A.: Werklich? 's is ganz schweerer Atlas. Wahrscheinlich is er ooch noch nich bezahlt.
Fr. B.: Merken Se was?
(Sie singen:)
Wie viele sind der Fehler mein —
Fr. A.: Un dabei is de Dauffemeyern ene so stolze Kröte, daß se Enen mich a mal zuerst grüßt.
Fr. B.: Grade, als ob man wüßte, daß se doch ooch früher gedient hat.
Fr. A.: Na warten Se nur: Hochmuth kommt vor 'n Fall!
Fr. B.: Ja, der gönne ch's abber ooch.
(Sie singen:)
O gieb mir Demuth! Kraft auf Erden —
Fr. A.: Nee, sehn Se nur, hat die able Frau noch ihren Hut mit feuerrothe Rosen ufgeputzt.

Orgelzwischenspiele
335. Georg Kuhn. Leipziger Karikatur

Grün ist der Strand, Weiß ist der Sand
Und das sind die Dünnen von Helgoland.
336. Th. Grätz. Fliegende Blätter

Weiberhändel, die, wie bräuchlich unter ihnen stets entstehn,
Pflegen endlich auf ein Sagen und auf nichts mehr auszugehn.
Jene sagte dieses neulich, und es sagte jenes die,
Dieses hat sie nicht gesaget, jene sagte solches nie.
Eine sagte, daß da sagte diese, jene sagte das,
Nein sie sagte, daß sie sagte, dieses nicht, nur sonsten was.
O ich weiß wohl, was sie sagte, will es, sagt sie, sagen nicht.
Was sie sagte, will ich sagen, das sie sagte, frei an's Licht.
Ei sie sage, was ich sage, eh' ich sagte, sagt sie vor;
Sagt nur, daß sie solle sagen, was sie nur sagt in ein Ohr.
Dieses Sagen will nun währen, weil das Leben währt ums Maul,
Denn zum Sagen und zum Plaudern sind die Weiber selten faul.

Bildlich illustriert denselben Gedanken und gleich geistreich das englische Blatt "Der Anfang eines Skandals" (Bild 322). Eine Abart der ewig schwatzenden Frau ist die ewig zänkische Frau — das Zankeisen oder Hauskreuz —, die der Mann mit Recht als die größte irdische Strafe fürchtet (Bild 327).

Die Freude an der intriganten Verleumdung aus sicherem Hinterhalt, die diabolisch geübte Lieblingsbeschäftigung so vieler Damen der Gesellschaft, war für die zeichnende Satire wesentlich schwerer zu fassen als die Schwatzhaftigkeit. Es gab dafür kaum eine andere Form, als daß man die Intrigantin durch ihre Hauptmethode charakterisierte, d. h. indem man sie darstellte, wie sie im verschwiegenen Boudoir dem perfiden Metier der Abfassung anonymer Briefe obliegt (Bild 325). Wenn die zeichnende Satire durch die Schwierigkeit der Darstellung hinreichend dafür entschuldigt ist, daß sie diesem Gegenstand relativ wenig Aufmerksamkeit widmet, so ist der Umstand, daß auch in der litterarischen Satire dieses Motiv nur selten behandelt ist, der Beweis dafür, daß vielmehr etwas anderes die Ursache dieser Ver-

„Frau Geheime Ober-Zensurrätin, jetzt verstehe ich die grundsätzliche Abneigung Ihres Herrn Gemahls gegen alle Nuditäten."

Im Damenbad

Th. Th. Heine. Simplizissimus. 1896

hör auff du tölpellischer tropff
  Oder ich schlag dich vmb dein kopff
Solt ich dir den hochmūt vertragn
  Wolst mein kind so jemerlich schlagn
Tumb das sie gwesen ist beym pfaff.
  Was weystu was sie hat zu schaffn
Denckstu nicht das sie hat villeycht
  Etwas vergessen nicht gebeycht
Damit hat sie vrsach genūg
  Ists wie ich sag/das sie mit fūg
Wol mag gan zu München vñ Pfaffn
  Arbeit du narr was du hast zuschaffn
Vor jarn rumpelt ich auch so vmb
  Dennocht helt man mich yetz für frumm
Spey eym sein wappen rock der sag
  Das ich ein hūrr sey gwesen mein tag

Losa iltis balck schlün sag an
  Ich sach dich heut beym pfaffen stan
hieltest mit jm ein engen rat
  Waist doch wie ich gestern dir verbot
Du solst der pfaffen müssig stan
  Vnd jn den weyn da heymen lan
Wenn in dir wer ein frummer mūt
  Du nempst wasser vnd brod für gūt
Mit mir oder ein saures bier
  Wie du wol hast versprochen mir
Zum ersten als ich zu dir kam
  Aber du redsts das ich dich nam
Ietz lauffst zun pfaffen als ich spür
  Zun būben auch zur kloster thür
Vmb bier vnd weyn du hast den bscheit
  Dabey merckt man dein vnfrümkeit

O weh o weh du schnöder man
  Schlechst mich vñ hab dir nichts getan
Solt das vnrecht gehandlet syn
  Das ich beym pfaffen gwesen byn
Vnd im kloster beym Supriar
  Bin ich doch offt vor zehen jar
Mit meiner mūter ins kloster gangn
  Wir wurden lieblichen empfangn
Von Münch vnd pfaffen frü vnd spet
  Trūgen vns zū gūt weyn vnd met
Die egrwirdigen vetter frumb
  Als offt ich noch ins Kloster kumb
Bring ich jn was ich jn gwaschen han
  Lest man niemand leer hin gan
Solts dann mit übelthan seyn
  Gent doch noch alte frawen dreyn.

Die Pfaffenhuren

Deutscher satirischer Einblattdruck. 16. Jahrhundert

337. Jean Veber. Der Weiberkrieg. 1896

nachlässigung ist, nämlich die Unklarheit über den Umfang und die Häufigkeit dieses spezifisch weiblichen Lasters. Es ist eine absolute Tatsache, daß der anonyme Brief von zarter Damenhand innerhalb abgeschlossener Kreise, also z. B. an den Höfen, wo Neid und Mißgunst an der Tagesordnung sind, und in der Provinz, wo sich hart im Raume die Interessen stoßen, und wo man infolge der Enge der Verhältnisse öffentlich Freundschaft oder Kollegialität heucheln muß, zu allen Zeiten eine ganz ungeheuerliche Rolle spielte, und daß dieser giftige Pfeil heute noch täglich tausendfach abgeschnellt wird.

In dem stärker ausgeprägten Kastendünkel der Frau und in ihrer besonderen Arroganz gegenüber den Tieferstehenden hatte die Karikatur immer ein sehr reiches Feld, und sie hat es zu Zeiten auch stark bearbeitet. Das waren vor allem solche Zeiten, wo in einem Lande der Glaube an die ewigen Vorrechte einer herrschenden Klasse schwand und eine andere das Erstgeburtsrecht forderte. Also z. B. in England und Frankreich im achtzehnten Jahrhundert, in Deutschland im zweiten Drittel des neunzehnten Jahrhunderts. In diesen Zeiten warf das Bürgertum dieser Länder den Glauben an das gottbegnadete Vorrecht des Adels zum alten Gerümpel und fühlte sich ebenbürtig, und darum fand es auch den Mut, gegen die Arroganz des Adels (Bild 333) und seiner Ausführungsorgane ein kräftig und deutlich Wörtlein zu reden. In dem Maße freilich, in dem überall das Bürgertum als Bourgeoisie selbst zur herrschenden Klasse wurde und damit selbst einen großen Teil der Eigenheiten herrschender Klassen annahm, und in dem weiter die Bureaukratie ein Instrument auch ihrer Macht wurde, schwand der aggressive Ton, und man führte mit der selbstherrlichen Arroganz nur noch harmlose Plänklergefechte auf.

Der größere Kastendünkel der Frau prägt sich hauptsächlich im Mehr-scheinen-wollen aus. Man schaut nicht nur mit Neid auf jede, die eine Stufe höher steht, und mit Geringschätzung auf seinen eigenen Stand, sondern man strebt auch fortwährend darnach, den Höherstehenden fortwährend auf den Fersen zu bleiben, um so wenigstens den Schein zu erwecken. Ganz interessant ist das in einer englischen Karikatur vom Ende

338. Aubrey Beardsley

Berlin W. Die vornehme Damenwelt im Thiergartenviertel nimmt jetzt eifrig Tanzunterricht bei Miß Duncan
339. Rudolf Wilke. Simpliciſſimus. 1904

des achtzehnten Jahrhunderts zum Ausdruck gebracht. Die biedere Bürgersfrau heftet ſich an die Sohlen der Geadelten, die Geadelte an die der Baronin, dieſe an die der Komteß uſw. (Bild 326).

Die weibliche Oberflächlichkeit hat Hippel in ſeinem Buche „Über die Weiber" ſehr gut durch folgenden Brief, den eine Frau in unglücklicher Ehe an eine Freundin ſchreibt, ſatiriſch gekennzeichnet:

„Bald werde ich nicht mehr ſeyn. Ich vergebe es meinem Mörder; möchte es ihm doch Gott vergeben! Ich weine über ihn tauſend Thränen; und ſo viel Urſache ich hätte, ihn zu verachten, ſo ſehr wünſchte ich doch — bedauern Sie mich — in ſeinem Arm zu ſterben. Sie werden dieſen Brief nicht leſen, es rinnt Alles in einander. Vielleicht der letzte, den ich an Sie ſchreibe! Wenn ſie mir antworten, ſo vergeſſen Sie ja nicht, mir zu berichten, ob ich die Spitzen für den abgemachten Preis erhalten kann. Auch, liebſte Schweſter, bitte ich, meinen Halsſchmuck mitzuſchicken; denn ich glaube, der Juwelier wird den Stein ſchon eingeſetzt haben. Wir haben hier auf dem Lande ſchlechtes Wetter. Gott ſey meiner armen Seele gnädig!"

Der prinzipiellen ſatiriſchen Kennzeichnung der weiblichen Oberflächlichkeit im

Denken, der inneren Hohlheit, mit der äußerlich schön geputzte Puppen, innerlich hohle Menschen sind usw., begegnet man ebenfalls vorzugsweise in den oben genannten Vorbereitungsstufen bürgerlicher Zeitalter. Sie sind ein Ausfluß des Dranges zur Selbsterziehung, der in diesen Zeiten durch die Völker geht. Alle derartigen Blätter, die aus diesen Epochen stammen, seien es Blätter von Hogarth, oder Gillray, von Philipon, Monnier oder Gavarni, oder von den Mitarbeitern der Fliegenden Blätter, der Düsseldorfer Monatshefte während der vierziger Jahre des neunzehnten Jahrhunderts, besitzen darum auch in ausgesprochener Weise die sogenannte moralische Note.

Die Oberflächlichkeit, die dazu verführt, sofort alles zu einem Sport zu machen, ist natürlich ein ewiges Motiv zur Charakterisierung der Frau, freilich beschränkt sich diese Form der Oberflächlichkeit ausschließlich auf jene Kreise, die nicht zu ernster Arbeit genötigt sind, und die ihre Zeit mit spielerischer Tändelei verbringen können. Die Oberflächlichkeit, die in affektiertem Mitmachen jeder neuen Sensation ihre Zeit totschlägt — und daß das Leben nur aus einer Kette sich fortsetzender Sensationen

— Hamm Sie's g'hört, Frau Fischer, jetzt kimmt a G'setz gegen die Fleischeslust der Mannsbilder?
— Dös is g'scheit, Frau Schneidhuber, dös hätt's scho lang braucht. Sie, i kunnt Eahna was verzählen von die Mannsbilder! Wissen S', i war fünf Jahr Köchin in an Pfarrhof mit drei Keperata (Kooperatoren). Da derlebt ma was.

340. E. Thöny. Trübe Erfahrungen. Simplicissimus. 1900

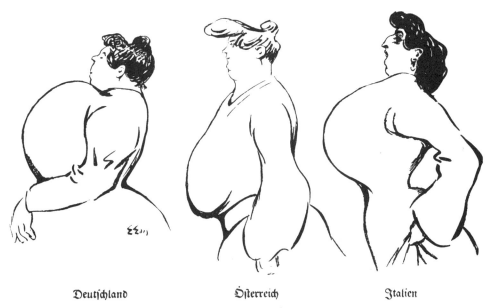

Deutschland   Österreich   Italien

341. Edmund Edel. Busenformationen

bestehe, das dekretiert die Oberflächlichkeit kategorisch —, macht natürlich keinen Unterschied dazwischen, ob es sich um eine blödsinnige Albernheit handelt, die ihren spielerischen Zwecken dient, oder ob sie das Ernsteste profaniert. Und so wechselt die Tragik mit der Posse, die Posse mit dem Satyrspiel, alles aber wird zu einer einzigen Komödie, die freilich viel häufiger schlecht als gut gespielt wird. Am Ende des achtzehnten Jahrhunderts war es z. B. das traurige Los der armen Savoyardenknaben, das in London peinliches Aufsehen erregte. Die englische Aristokratie betätigte ihr soziales Verständnis dadurch, daß sie eine ganze Saison hindurch in jedem Salon — die Musik der Savoyardenknaben imitierte (Bild 324). Zur Zeit des Krimkriegs kokettierte man ebenfalls mit der Humanität, diesmal war man aber praktischer: alle Damen der Gesellschaft dies- und jenseits der Vogesen, dies- und jenseits des Kanals zupften in rührender Weise Charpie zum Verbinden der armen Verwundeten, und zwar genau mit demselben Eifer, mit dem sie Tags zuvor dem Tischrücken gefrönt hatten. Die Selbstaufopferung ging soweit, daß manche vornehme Miß, um Charpie im Werte von zehn Pfennigen herzustellen, ihre feingesponnenen Battisthemden in Fetzen riß, die der zärtliche Gatte oder Freund eben erst mit hundert Mark bezahlt hatte. O, die menschliche Humanität ist in ihrer Ekstase unbegrenzt! Heute macht man in ästhetischer Kultur, und so meldet sich z. B. in Berlin-W. die fetteste Trutschel mit den einwandfreiesten Plattfüßen als Schülerin bei Miß Isidora Duncan, um in heidnischer Selbstherrlichkeit der Seele geheime Sehnsucht rhythmisch auszulösen (Bild 339). Morgen wird die heidnisch befreite Seele die schöne befreiende Linie vielleicht im Gesundbeten entdecken, und sie wird dann diesem mystischen Kult zweifellos mit gleicher Inbrunst dienen. „Der Anstand fordert das" ...

342. Gibson. Rival Beauties

Das ungeheuerliche Kapitel des Aberglaubens mit seiner reichen Skala vom burlesken Blödsinn des Kartenlegens bis zum sinistren Glauben an geheime Kräfte ekelerregender Amulette ist wie die weibliche Intrige ein unterirdisches Kapitel. Alles ist mit dem Schleier des Geheimnisses umgeben, und der üppig wuchernde Aberwitz kommt immer nur ganz vereinzelt zutage. Alles wirkt als Einzelfall, und so erhält die Karikatur dadurch sehr wenig Anreize. Freilich gibt es auch Zeiten und Völker, wo der krasseste Aberglauben das ganze Leben erfüllt und die tollsten Dinge förmlich typisch sind. Aber in diesen Zeiten sind wiederum die freien Geister, denen der Aberwitz des Aberglaubens in seiner ganzen Ungeheuerlichkeit zum Bewußtsein kommt, sehr selten. Eine der seltenen Ausnahmen ist Francisco Goya. Da seine Kühnheit und sein Wahrheitsmut seiner Geistesschärfe nichts nachgab, so sind unter seinem satirischen Griffel auch eine Anzahl von Radierungen hervorgegangen, die den krassen Aberglauben des pfäffisch geknechteten spanischen Volkes, und vor allem den typischen Aberglauben der Frauen, bis aufs Blut geißelten. Eine Probe davon zeigt die fabelhafte Radierung, die die junge Frau darstellt, wie sie eben um Mitternacht bei Vollmond einem Gehenkten einen Zahn ausbricht — denn der Zahn eines Gehenkten, um Mitternacht bei Vollmond ausgebrochen, sichert die ewige Treue des Geliebten; so versichert der Aberglaube (Bild 323). Dieses düstere Blatt könnte das Titelbild für eine Geschichte der geistigen Unterjochung der Frau abgeben, es wäre vielleicht das passendste Titelbild dafür. —

In dem Konkurrenzkampf um den Mann, der jede Frau in der anderen einen persönlichen Feind erkennen läßt, ist die lauernde Kontrolle, mit der die Frauen einander bei jeder Begegnung prüfen und nach einer Schwäche in der Position der andern spähen, das auffälligste Symptom. Die Fliegenden Blätter haben dies einmal sehr gut charakterisiert: Zwei Schwesternpaare begegnen sich, jedes dreht sich, als man einige Schritte voneinander entfernt ist, nach dem anderen um, und jedes ist sittlich entrüstet, daß das andere es tut. Die instinktive Feindschaft wird aber sehr häufig zur direkten persönlichen Feindschaft, wenn es zu einer wirklichen Rivalität zwischen zwei Frauen kommt. Dann aber ist es, als trage jede der beiden ein unsichtbares Beil in den nervös zuckenden Fingern und warte nur auf den günstigen Augenblick, die gehaßte Rivalin niederzuschlagen. Gibson hat die verhaltene Feindschaft zwischen zwei rivalisierenden Frauen in dem Blatt „Rival Beauties" auf diese Weise dargestellt. Mit tadelloser Höflichkeit reichen sie sich die Rechte, wie zwei Duellanten, die zum Kampfe antreten, aber mit der Linken umkrampft jede ein Beil, mit dem sie die gefährliche Rivalin niederschlagen will. Das eine von beiden wird sicher niedersausen, und wer zuerst den günstigen Augenblick erhascht, wird Sieger sein (Bild 342). —

Dieses Beil blinkt tatsächlich in den Händen der meisten Frauen: die Eigenart ihres Kampfes ums Dasein hat es ihnen in die Hand gedrückt. Ihren Händen entsinken wird es erst, wenn die Frau einmal nicht mehr bloß Geschlecht, „Genußobjekt", für den Mann sein wird, sondern in erster Linie Mensch, ebenbürtiger Gefährte des Mannes. Bis dahin wird sie es gierig umkrallen als ihr „Recht", begründet von der Brutalität des Kampfes. Und jede Stunde wird sie sich vergewissern, ob sie noch nicht wehrlos sei. Darum ist dieses Beil des gegenseitigen Hasses in der Hand der Frau auch mehr als ein einzelnes Symbol, es ist das Symbol ihrer gesamten Stellung innerhalb der menschlichen Gesellschaft. Diese Stellung ist die des ewigen Kriegszustandes, bei dem jeder Augenblick, in dem sie ihrer Rolle vergißt, zu einer Niederlage führt.

343. Titelblatt einer Flugschrift von Hans Sachs, gezeichnet von Guldenmund

Zweiter Teil

V

Bei der Arbeit

Zu den Dingen, durch die man auf den ersten Blick erkennt, daß die meisten Zeiten in der Frau immer in erster Linie das Geschlecht gesehen haben, gehört auch die Tatsache, daß die Aufmerksamkeit, die man der Frau in der Karikatur widmet, in gleicher Weise abnimmt, wie das Sexuelle im Stoffe zurücktritt, und daß auch die an sich nicht sexuellen Stoffe in der Mehrzahl der Fälle immer nur an ihrem sexuellen Zipfel angepackt werden, auch wenn man dem Stoff dadurch förmlich Gewalt antun muß. Die Folge dieser einseitigen Auffassung ist, daß in verschiedenen Richtungen ein total falsches Bild entsteht: Das Untergeordnete oder Nebensächliche erscheint als die Hauptsache, die eine, gewiß immer — aber sehr oft eben nur leise — mitklingende Begleitnote als die Dominante. Eine andere Erscheinung ist infolgedessen auch die, daß man überhaupt vergeblich nach einem Stoffgebiet, bei dem die Frau in Frage kommt, Ausschau halten kann, wo das Sexuelle ganz fehlte. —

Es ist bereits in der Einleitung gesagt worden, daß die Frau infolge ihrer geringeren physischen Stärke und noch mehr infolge der durch die Eigenart ihrer geschlechtlichen Funktionen bedingten natürlichen Abhängigkeit vom Manne in eine Sklavenrolle gedrängt wurde. Diese Sklavenrolle der Frau, oder wenn man sich recht „objektiv" ausdrücken will: die physische Abhängigkeit der Frau vom Manne hat auch ihre Rolle im gesamten Arbeits- und Produktionsprozeß der Gesellschaft bestimmt; die relativ untergeordnetsten Hantierungen sind ihr zugefallen. Die Gesellschaft hat sich durch die Art, in der sie die Arbeitsverteilung vornahm, gegenüber der Frau als nichts weniger als die gerechte Ausgleicherin erwiesen, die auf die größere Last, die von der Natur auf die Schultern der Frau geladen wurde, die gebührende Rücksicht genommen hätte. Es ist sogar das gerade Gegenteil der Fall: sie hat die Frau dadurch, daß sie sie innerhalb der Familie zum arbeitüberbürdeten Haussklaven machte und als freie Lohnarbeiterin zur schlechtest bezahlten Arbeitskraft degradierte, mit einer Härte an die ihr zugewiesene Arbeit geschmiedet wie den Bagnosträfling an seine Kette, die nicht eher von dessen Füßen fällt, als bis er den letzten Atemzug getan hat. Dem widerspricht es gar nicht, daß die von der Frau zu leistende Arbeit einen, wie gesagt, relativ untergeordneten Charakter trägt, denn die untergeordnetsten Hantierungen sind meistens die verhältnismäßig schwersten; man kann bei ihnen das „Ausschnaufen" ausschalten, da selbst noch ein kleiner Rest von Kraft gestattet, die gestellte Aufgabe zu erfüllen. Der Egoismus hat das nie übersehen, und er hat es darum in allen Zeitaltern sehr wohl verstanden, daraus eine lohnend fließende Profitquelle zu machen. Nie darf z. B. übersehen werden,

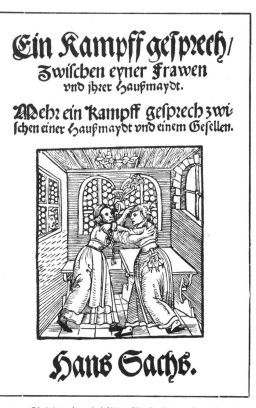

344. Titelblatt einer satirischen Flugschrift von Hans Sachs

daß das Heiligste, was es für die Menschen geben sollte, die Mutterrolle der Frau, das Mittel ist, sie immer und überall zum gefügigsten Objekt materieller Ausbeutung zu machen.

Wenn man alles, was hier in Frage kommt, zusammenfaßt, ist es leider nicht zu viel gesagt, wenn man den Satz aufstellt: Alles das, was die Natur der Frau bedingt, die Eigenart ihrer Geschlechtsbestimmung, die Eigenart ihrer Psyche — das alles wurde zum Fluch für sie als Arbeitsinstrument.

* * *

Wenn man die Hunderttausende von Karikaturen, die im Laufe der Jahrhunderte in die Welt gegangen sind und in ihrer Art von den tausend Freuden und Leiden auf der Welt erzählen, durchmustert, so wird man vergeblich nach einem entsprechenden Echo, d. h. nach einem umfangreichen, energischen satirischen Protest gegen diesen Zustand forschen. Erst vor einigen Jahrzehnten, als mit dem bedrohlichen Anschwellen des Sozialismus das soziale Gewissen in allen Ländern erwachte, da hat man sich endlich auch — freilich erst zu allerletzt! — der besonderen Not der Frau erinnert und angefangen zu schildern, in wie brutaler Weise die den Frauen aufgebürdete Arbeit aus den meisten Frauen ein Kummergerüste macht. Diese jahrhundertelange Gleichgültigkeit bedeutet natürlich nichts anderes, als daß man den Zustand, in dem die Frau lebte und bis in unsere Gegenwart herein lebt, zum mindesten in der Hauptsache für rechtmäßig und selbstverständlich gehalten hat. Das Beschämendste an diesem Bilde ist jedoch nicht einmal das Verhalten der Vergangenheit, sondern das der Gegenwart. Diese hat nämlich nicht nur nicht nachgeholt, was die Vergangenheit versäumt hat, sondern sie hat sehr bald wieder, und zwar sehr energisch, auf der ganzen Linie abgewunken. „Man" hatte keine Lust, das Lied von der schweren sozialen Not ungemildert zu Ende zu hören, und so hat die Kunst als getreuer Diener ihrer Herren schon nach dem ersten Vers ganz bescheiden die so herzhaft begonnene Melodie wieder abgebrochen. Damit ist natürlich auch das Lied von der besonderen Not der Frau im wesentlichen wieder verstummt. Aber warum hatte man keine Lust, dieses Lied anzuhören? Nur weil es eine peinliche Melodie war? wird man fragen. Gewiß, auch deshalb; anfangs war es eine pikante Unterbrechung, auf die Dauer wäre es auf die Nerven gegangen. Aber dieser Grund war nicht ausschlaggebend, ein anderer war es: Man mußte schon bei der ersten Strophe einsehen — die entfesselten Fragen gebaren alsbald ihre innere Logik! — daß es nicht genügt, wenn der Mantel fällt, sondern daß hier unbedingt auch der Herzog mit muß. Wo die Logik derart klar ist, daß man schon beim zweiten Satz „die letzten Konsequenzen" ziehen müßte, da schwenken natürlich auch die Widerspenstigen ein, und darum ist es auch ganz einleuchtend, daß selbst die satirische Kunst, trotzdem sie der Franktireur im öffentlichen Geistesleben ist, sich heute nur durch sehr wenig von der allgemeinen Zurückhaltung unterscheidet.

345. Nürnberger satirisches Flugblatt auf die Untugenden der Dienstmägde. 1652

Die strenge Gouvernante
346. Englische Karikatur

Das Urteil, das wir auf Grund von dem allen über das heutige Gesamtresultat abgeben müssen, lautet darum, daß wir heute zwar in fast allen Ländern eine soziale Satire aufzuweisen haben, daß diese aber fast durchaus an der Oberfläche kleben bleibt, und daß selbst bei den wichtigsten Gebieten nicht von mehr als einem bloßen Schürfen die Rede sein kann.

Zu den allerwichtigsten Gebieten gehört unbedingt die soziale Lage der Frau als Arbeiterin, und gerade hier ist das Ergebnis am traurigsten. Mit vollstem Rechte darf man z. B. hinsichtlich der weiblichen Hausklaverei erklären: wir entbehren noch völlig der Blätter, die in der klar ausgesprochenen Tendenz gemacht sind, das Bewußtsein von der Trostlosigkeit der weiblichen Hausklaverei zur brennenden Scham zu steigern. Gewiß, ein Dutzend Zeichnungen — wenn's sehr hoch kommt, einige Dutzend — werden aufzutreiben sein, die das Los der Haushaltungssklaverei der Hausfrau zum Gegenstand haben. Aber was ist das gegenüber der ungeheuren Tragik, die das Los der meisten Hausfrauen bedeutet? Das ist nämlich die große Tragik unserer Gesellschaftsordnung, daß gerade die eine Hälfte des Menschengeschlechts offiziell dazu verdammt ist, ihr ganzes Leben in geistiger, seelischer und rechtlicher Unterernährung zu vegetieren.

Wie, d. h. aus welchen Beweggründen und mit welchen Absichten die Satire in früheren Zeiten ausnahmslos die Frauen bei ihrer Arbeit aufsuchte, dafür ist das Blatt von Isaac Cruikshank „Schottische Wäscherinnen" eine gute Probe. Wenn man solche Blätter anschaut, ist die Arbeit der Hausfrau eitel Lust und Wonne und niemals Last und Plage. In dem besonderen Falle ist für die hübschen Schottinnen, die Cruikshank bei ihrer landesüblichen Methode des Wäschereinigens zeigt, diese Arbeit eine willkommene Gelegenheit, ihre massiven Reize so freigebig wie irgend möglich zur Schau zu stellen (Bild 347). Mit anderen Worten: Um die Last und Plage der Arbeit kümmerte sich die Satire nicht, wohl aber verstand sie es sehr gut, die Sache nach der pikanten Seite zu drehen.

Dasselbe Ergebnis kommt zutage, wenn man fragt: Wo sind die Blätter, die der Lage der Fabrikarbeiterin gerecht geworden? Gewiß, hier findet man etwas reichere Belege einer ernsten Auffassung, aber eigentlich nur in der Karikatur eines einzigen Landes, nämlich in der Frankreichs. In Deutschland müssen dagegen schon ganz außergewöhnliche Ereignisse auftreten, wie z. B. der Berliner Konfektions= arbeiterinnenstreik in den neunziger Jahren des vorigen Jahrhunderts, wenn die haar= sträubende Not der Fabrikarbeiterinnen für einige Zeit zu einem allgemeineren Motiv in der satirischen Presse werden soll.

Aber Deutschland kann sich sogar noch stolz in die Brust werfen, wenn man seine soziale Satire in Vergleich zu der von England stellt. In diesem Lande ver= mögen heute nicht einmal außergewöhnliche Ereignisse ernst zu nehmende soziale Karikaturen hervorzurufen. England kann unbedingt den traurigen Ruhm für sich in Anspruch nehmen, das stolze Mutterland der gesellschaftlichen Satire gewesen zu sein, heute aber nur noch über den allerschäbig= sten Rest zu verfügen. Selbst Amerika steht heute höher, weil dieses Land wenigstens damit beginnt, eine ernster zu nehmende gesell= schaftliche Satire zu entwickeln; Proben da= für sind die Blätter des geschickten Gibson. Ein sehr beschämen= des Ergebnis liefert auch die Revue der österreichischen und italienischen Karikatur. Sowohl in Österreich als auch in Italien

347. Isaac Cruikshank. Schottische Wäscherinnen

348. Thomas Rowlandson. Die Hebamme

wird der Begriff gesellschaftlich in der Karikatur meistens mit pornographisch verwechselt, und was das wichtigste ist, auch damit erschöpft. Um nur ein einziges Beispiel zu nennen: die Wiener Karikaturisten sahen an ihrer typischsten Arbeiterinnenfigur, dem „Wiener Wäschermadel" niemals etwas anderes als die drallen Arme, die kurzen Röcke und das volle Mieder. Die einzige rühmliche Ausnahme macht, wie gesagt, Frankreich, und auf Proben von dort kann man sich daher auch beschränken. Das Bezeichnende für Frankreich ist, daß es hier allein Künstler gibt, und zwar starke Künstler, deren ganzes Leben und Wirken der besonderen sozialen Not der modernen Zeit gewidmet ist. Der leuchtendste Name in dieser Richtung ist unstreitig Steinlen. Steinlen ist nicht nur einer der größten modernen französischen Gesellschaftszeichner, sondern sein künstlerischer Schild ist auch der reinste, kein einziger Makel schmutziger Spekulation ist darauf zu finden. Sein Werk repräsentiert das ergreifendste und hoheitvollste Lied der sozialen Not der Arbeit.

Steinlen kommt auch der Ruhm zu, daß er allein würdig die Not der kleinen Arbeiterin geschildert hat, ihre Schmerzen, Leiden und beständigen Erniedrigungen. Freilich, die hierher gehörigen Blätter Steinlens sind sehr selten Karikaturen, sondern fast immer ganz ernste Anklagen gegen die Gesellschaft; der große, ernste Pathetiker spricht aus ihnen, der meistens viel zu tragisch empfindet, um auch nur einen einzigen Ton des Spottes einzuflechten. Die Wirkung der meisten Blätter von ihm ist jedoch trotzdem eminent satirisch, sie entsteht aus der Gegensätzlichkeit, die unwillkürlich und unvermeidlich jedem Beschauer als Reaktion zum Bewußtsein kommt (Bild 354). Steinlen ist gewiß auch in der französischen Karikatur einzigartig, aber man muß andererseits sagen, daß es wohl kaum einen einzigen von den vielen modernen französischen Gesellschaftssatirikern gibt, der nicht mit ernstem Sinnen die soziale Karikatur gepflegt und somit auch die Arbeiterin bei ihrer Arbeit aufgesucht hätte. Von den berühmtesten seien nur Forain, Hermann Paul und Willette genannt, das Werk eines jeden von ihnen enthält Dutzende derartiger Blätter (Bild 355). Man kann wohl sagen: seitdem Gavarni mit seinen „Gesprächen des Thomas Vireloque" und der Serie „Die Engländer bei sich zu Hause" die soziale Note in der französischen Karikatur so mächtig angeschlagen hat, ist sie fast nie mehr verstummt. Und was die Schärfe des Tones betrifft, — er hat entsprechend der weiteren Zuspitzung der Klassengegensätze seither eher zu- als abgenommen. Die soziale Satire klingt nie zahm oder gar versöhnlich, sondern meist schrill und scharf, wie ein brutaler Peitschenschlag. Der satirische Witz des kleinen Bildchens „Plätterinnenphilosophie" von Henri Boutet ist ein treffendes Beispiel dafür: „Es ist doch verdammt hart, daß man so viel durchs

Die Wut der Betschwester bei ihrer Andacht
349. Deutsche Karikatur. 18. Jahrhundert

Das gestörte Rendez-vous
350. Krebs. Berliner Karikatur

Beschmutzen der Beinkleider verdient und so wenig durchs Reinigen" (Bild 357). Das ist ein blutiger Hohn und zynisch im höchsten Grade, aber es ist ein durchaus berechtigter Zynismus, denn er ist von einer starken sittlichen Idee getragen. Früher war es natürlich auch in Frankreich anders. Vor Gavarni war die Arbeiterin auch nur Witzobjekt für galante Scherze. Im Dasein der Modistin oder der Wäschearbeiterinnen, die sozusagen die ersten von der Karikatur charakterisierten Arbeiterinnen darstellen, existierte nur die Liebe, diese überstrahlte jeden Arbeitstag vom frühen Morgen bis zur sinkenden Nacht mit dem rosigsten Schimmer und nie verblassendem Goldglanz — angeblich.

Nur eine einzige Kategorie der arbeitenden Frauen gibt es, die sich in keiner Zeit und in keinem Lande über mangelndes Interesse beschweren kann — das Dienstmädchen. Aber wenn sich die Satire mit ihrer Person auch schon seit dem 16. Jahrhundert aufs eingehendste beschäftigte, so geschah dies stets vom Standpunkt des Arbeitgebers, der nur zu tadeln hatte. Was es heißt: vom frühen Morgen bis zur späten Nacht ans Haus gefesselt zu sein, keinen eigenen Willen haben zu dürfen, dagegen jedes Winkes gewärtig sein zu müssen, jede Sekunde des Tages „auf dem Sprungbrett zu stehen" und dabei jeder Willkür fast rechtlos ausgeliefert zu sein — von alledem wußte die Satire früher kaum einen Ton zu erzählen. Sie wußte nichts davon, daß das Dienstmädchen der Blitzableiter für jeden Mißmut der Herrin ist, daß an ihr alle Launen ausgelassen wurden. „Die gnädige Frau ist schlechter Laune" — ach, wie harmlos klingt das, und doch birgt es mitunter eine Fülle der furchtbarsten Tragik, für die, die jede Laune widerspruchslos ertragen müssen, heute, morgen, übermorgen. Für die, die nie fragen dürfen „warum?"

Foyerbummler

Englische gesellschaftliche Karikatur von Thomas Rowlandson. 1786

„Kandidatin, sagen Sie mir, was fällt Ihnen an der Patientin auf?" — „Daß das Mensch einen seidenen Unterrock anhat."

Frauenstudium

Thomas Theodor Heine. Simplizissimus 1901

Wie gesagt, davon wußte die frühere Satire nichts zu erzählen, was sie aber um so genauer registrierte, das waren die Untugenden der Dienstboten, die natürlich stets ins Riesengroße anwuchsen, wonach alles ins Gegenteil umschlug: Nicht die Magd, sondern die Hausfrau ist die geplagte und schikanierte Sklavin, die Magd ist der Tyrann. Nicht die junge Magd ist schutzlos den unsittlichen Angriffen auf ihre Person ausgeliefert, sondern sie ist in jedem Falle die raffinierte Verführerin, die den harmlosen, soliden Hausherrn gewissenlos in ihre Netze lockt. Sie ist weiter ein Ausbund aller kleinen Untugenden, sie ist faul, zänkisch, schwatzhaft, verschlagen, ungeschickt, tollpatschig usw. usw. — das war das Leitmotiv, und so klang es durch die Jahrhunderte hindurch bis an unsere Gegenwart heran, die endlich auch dem Dienstmädchen gegenüber ihre Aufgabe erkannte.

Alle Proben, die man aus der Vergangenheit aufzutreiben vermag, belegen die Richtigkeit dieser Sätze. In der satirischen Teufels-Literatur des 16. Jahrhunderts fehlte natürlich auch der Gesindeteufel nicht, der lang und breit alle Sünden der weiblichen Dienstboten aufzählte und alle Nöte schilderte, die die arme, gequälte — Hausfrau, die stets ein Ausbund der Nachsicht ist, auszustehen hat. Der vollständige Titel dieses Opus lautet: „Gesindteufel, darinnen acht Stücke gehandelt werden von des Gesindes Untreu, welche allhie nachfolgend verzeichnet durch M. P. Glaser, Prediger zu Dresden." Wenn man die breitspurige Begründung liest, sind die meisten Dienstmädchen förmliche Ludersäcke:

„Der Teufel treibet sie, daß sie den Kindern verdrießlich sind, zanken sich mit ihnen, verachten sie, schänden und lästern sie aufs allerärgste, heißen sie Rangen, Stricke, Säcke, Bälge und dergleichen, geben sie oft aus Haß fälschlich an, schlagen und raufen sich mit ihnen, und sind ihnen zuwider, wo sie können und mögen."

In diese Kerbe hieb man zu allen Zeiten, die Tonart war ab und zu weniger hanebüchen, aber in der Tendenz genau so. Moscherosch gibt z. B. in seiner

— Frau Mutter, Sie dürfen heut schon reden mit mir; der Herr versteht nichts Deutsch. Rechnen Sie ihm ein Veigerl um drei Zwanziger an!

351. Wiener Theaterzeitung

„Schuldigen Versorgung eines treuen Vaters" folgende Beschreibung einer bösen Magd:

Ein böse Magd voll arger List,
Verschlaffen, faul und freffig ift,
Geht schlauffen, will gar nirgend fort,
Und schweigt der Frauen nit ein Wort:
Das Maul ihr wie ein Klapper geht,
Gern mit den Knechten reden steht,
Gar freundlich auß geneigtem Sinn,
Und schenckt ihr Kräntzlein leicht dahin.
Sie hat auch offtmals ohne Schau
Den Herren lieber als die Frau,
Oder lasst sonsten was geschehn,
Das nicht ein jeder muß beschn.
Darzu zubricht auch dieser Rüffl
Viel Löffel, Tigel, Töpff und Schüffl;
Geht naschen, und frißt gerne Fett,
Und lüget alles was sie redt.
Manch Speise sie de Schweine kleckt,
Was ihr geliebet, fein versteckt,
Gibt heimlich weg, stihlt wie ein Dieb,
Hat weder Vieh noch Kinder lieb.
Und da sie auß dem Dienste reist,
(Wann sie die Herberg hat beschmeißt)
So thut sie zu den Leuten sagn,
Ihr Frau, die hab sie hart geschlagn,
Darzu gescholten, und darnebn
Ihr nicht die Helfft zu fressen gebn;

— Sie haben sich aber jetzt eine hübsche junge Magd eingestellt —
— Mein Gott, ich hab's ja thun müssen, daß mir der Mann wieder lieber zu Haus bleibt.

352. **Der Hausmagnet.** Fliegende Blätter

Da doch die Schuld ist alles ihr,
Dieweil sie als ein böses Thier
Sich immer mit der Frauen gebissn,
Und keiner Arbeit sich befliffn.

Daß Abraham a Santa Clara in diesem Chor der Rache nicht fehlt, ist selbstverständlich, er hat seine Galle natürlich auch gegenüber den „Dienstmenschern" ausgeleert und ist seinem Schimpftalent nichts schuldig geblieben. Die kürzeste Probe ist die folgende:

„Ursula Schmutzerin, lediges Dienstmensch! wie stehet ihr da so barmhertzig bey dem Abwasch=Schaff? Das Tellerreiben gehet euch gar nicht von statten; schaut nur wie die Schüsseln aussehen, sie seynd ja voller Schmutz, die Häfen rußig ... gar viel Dienstboten sowohl von männlichen als weiblichen Geschlecht seynd von diesen Gelichter, wenn der Herr oder die Frau ausgehet, sitzen sie zu Haus auf dem faulen Polster, der Bediente fragt nicht umb das Schaffen, die Dienstmagd thut beim Spinnrad schlaffen, aber zum Essen da thut sich keiner vergessen."

Im Anfang des 18. Jahrhunderts sind sogar Romane erschienen, die sich gegen die schlechten Dienstboten richteten. Einer dieser Romane hatte den folgenden Titel:

"Jungfer Robinson oder die verschmutzte Junge Magd, worinnen deroselben Ankunft, Erziehung, Flucht, Reisen, Lebenswandel, Aufstellungen, Fata und endlich erlangte Ehe erzählet, dieses Völkchens Untugend, lose Händel und schlimme Streiche abgehobelt und auf die Seite geworfen werden."

Der Verführungskünste der Dienstmädchen, daß jede der Meinung sei, auf die Zärtlichkeiten des Hausherrn gerechten Anspruch zu haben, wird natürlich in jeder Satire auf die Dienstmädchen mit besonders beweglichen Worten gedacht. In dem hier wiedergegebenen Nürnberger Flugblatt "Neuer Rathschluß der Dienstmägde", aus dem Jahre 1652, das ausführlich in satirischer Tendenz die Forderungen sämtlicher Mägdekategorien aufführt, legt der Verfasser der Beschließerin u. a. folgende Worte in den Mund:

... Sie (die Hausfrau) muß nit sauer sehn,
Wenn auch mit mir der Herr zu Bette wollte gehn,
Mich lieber hätt' als sie.

Die Bauernmagd ist, wie man nachlesen kann, ganz derselben Meinung.

Ein Epigramm aus dem Jahre 1776 wider die verliebten Kammerkatzen lautet:

Verliebt sein und doch Keuschheit heucheln
Und durch Erweisung mancher Gunst
Dem gnäd'gen Herrn gefällig schmeicheln,
Dies ist der meisten Zofen Kunst.
Doch giebt es auch noch hie und da
Zuweilen eine Pamela.

Aus dem 19. Jahrhundert könnte man mit Leichtigkeit ebensoviele und dieselbe Auffassung bekundende Proben beibringen. Als Beispiel für die lüsterne Verliebtheit sei nur an den Dialog "Das Stubenmädchen" in Schnitzlers "Reigen" erinnert. Schnitzler ist freilich so objektiv, zu zeigen, daß die junge Frau aus guter Familie genau so lüstern danach girrt, sich verführen zu lassen, und daß sie darum ebensowenig Widerstand leistet, wenn der junge Freund sich dazu anschickt, ihr die Bluse aufzunesteln.

Die gezeichnete Satire setzt genau so früh ein, nimmt ebenso häufig das Wort, verstummt ebenfalls nie und vertritt bis vor wenigen Jahrzehnten natür-

Wie man in Dresden Dienstzeugnisse schreibt.

"Hierdurch bescheinige ich, daß Louise Niedlich mir ein Jahr lang mit der größten Treue gedient hat und daß ihr freundliches entgegenkommendes Wesen sie jeder Herrschaft empfiehlt."

353. G. Kuhn. Leipziger Karikatur

lich genau dieselbe Tendenz. Früher ist sie jedoch meistens bloß illustrative Beigabe zu den Fliegenden Blättern, bei denen der Text die Hauptsache bildete. Proben solcher illustrativen Beigaben zeigen Hans Sachsens „Klag redt dreier Magd über ihr harte Dienst" (Bild 343) und das schon vorhin erwähnte Flugblatt „Neuer Rathschluß der Dienstmägde" (Bild 345). Bei den selbständigen Karikaturen steht natürlich das Liebesbedürfnis der Dienstmägde obenan, und im 19. Jahrhundert vor allem die Zärtlichkeit gegenüber den Trägern des bunten Rockes (Bild 84 und 350). Daß man aus demselben Motiv freilich auch ausgezeichnete Karikaturen machen kann, das beweist der geniale Rudolf Wilke mit dem famosen Blatt „Starke Zweifel" (siehe Beilage).

Seitdem es eine periodisch erscheinende Witzblattpresse gibt, gehört das Dienstmädchen zur stehenden Figur darin. Unberechenbar ist die Summe der Witze, die hier in jedem Land auf ihre Rechnung gemacht wurden und täglich von neuem gemacht werden. Ihre unbezähmbare Neugierde, ihre Tollpatschigkeit, ihre Arroganz sind ein unerschöpflicher Stoff für die Witzfabrikanten. Diese Untugenden wurden natürlich auch ein sehr dankbares und darum überaus beliebtes Mittel, um dadurch Witze auf andere zu machen; Proben finden sich dafür in verschiedenen Kapiteln (Bild 135 und 150). Diese Proben beweisen übrigens, daß dies klatschende und rühmliche Satire sein kann. Das gilt besonders von dem famosen Blatt Rezniceks „Das belauschte „Hochzeitspaar". Die neugierige Hotelzofe entdeckt durchs Schlüsselloch, wie mit den Kleidern der jungen Frau ein „Reiz" nach dem andern herniedersinkt;

354. Steinlen. Arbeiterinnen. Album

ihre Schlagfertigkeit führt sie auf die einzig richtige Basis dieser Ehe: „Herrschaft, muß die Geld gehabt hamm!" Um Witze auf andere zu machen, dazu dienen natürlich nicht nur ihre Untugenden, sondern auch ihre Vorzüge. Warum Frau X. wieder ein besonders hübsches Dienstmädchen ausgesucht hat? Frau X. verrät es ihrer Freundin: Es ist ein Hausmagnet, der den Gatten aus Haus bannt, sonst bliebe er keinen Abend mehr zu Hause und wäre stets im Wirtshaus (Bild 352). „Wie man in Dresden Dienstzeugnisse schreibt" ist zu diesem Stück ungefähr die Fortsetzung (Bild 353).

355. Adolf Willette. Zwei Uhr Nachts

Das soziale Verständnis für die Lage der weiblichen Dienstboten hat sich, wie gesagt, erst in den letzten Jahrzehnten künstlerisch zum Durchbruch gerungen. Als das erwachende soziale Gewissen endlich damit anfing, überall die hergebrachten und landläufigen Formeln auf ihren richtigen Wert zu prüfen, und weiter auch die Kehrseite ins Auge zu fassen und alles dieses dann an dem Maßstab der sozialen Gerechtigkeit zu messen, da ergab sich denn auch bei der satirischen Darstellung der Dienstboten eine andere Note. Man fand, daß es höchst albern sei, im Dienstmädchen nur die Possenfigur zu sehen, die an Schlüssellöchern horcht und gedankenlos Schüsseln und Teller zerbricht, und darob vollständig die tragische Figur zu übersehen, die sie doch viel häufiger in Wirklichkeit ist. Wenn das Dienstmädchen als Possenfigur heute nun zwar immer noch weiterlebt, so beschränkt sich das doch auf die Familienblattpresse.

Zu dem hergebrachten Bild von dem Dienstmädchen, das die Herrschaft tyrannisiert und die gnädige Frau zur Sklavin von des Dienstmädchens Gnaden macht, ist das folgende Zitat aus dem „Tagebuch einer Verlorenen" das geeignetste Gegenstück:

„Frau Pastorin sagt bei jedem zehnten Wort „Mit Gott". „Mit Gott" schlug sie neulich dem Stubenmädchen auf den Mund, daß die Nase blutete und zwei Vorderzähne wackelten, „mit

Gott" hat sie schon ungezählte Straf= und Sühnegelder beim Schiedsmann und Amtsgericht für Dienstbotenmißhandlungen und Beleidigungen berappen müssen. Ich habe nie zuvor so unflätig schimpfen hören, als wie die Frau Pastorin es tut, wenn sie wütend ist, und sie wird sehr leicht wütend. Schwein, Biest, Luder, Sau, Schuft, Aas, das sind nur so kleine Kostproben ihres Konversationstons im Verkehr mit den Leuten. Wo sie hinschlägt, wächst kein Gras, und ihre Hand sitzt sehr lose. Mich hat sie noch nicht geschlagen, dagegen sind aus der Blütenlese ihrer Schimpfwortplantage auch schon manche Rosen und Röslein auf mich niedergeregnet."

Diese Szene hat den Vorzug, daß sie echter ist, zum allermindesten aber in der Wirklichkeit häufiger vorkommt, als die tyrannisierten Hausfrauen, von der die landläufige Mär erzählt.

Als Illustration zu dem Zitat aus dem „Tagebuch einer Verlorenen" könnte die kleine Radierung „Die Wut der Betschwester bei ihrer Andacht" dienen. Während die frömmlerische Hausfrau eine Epistel aus dem Andachtsbuche liest, zieht sie das Dienstmädchen an den Haaren am Boden herum — „mit Gott!" selbstverständlich (Bild 349).

356. Forain. Noch keine Ruhe. Courrier Français

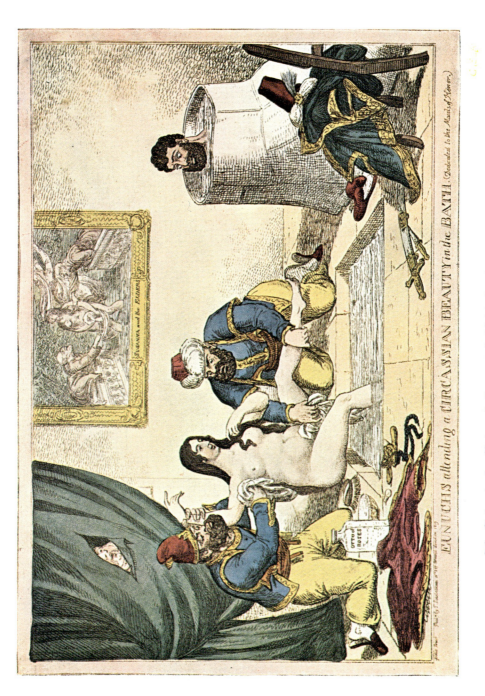

Die Sultanin im Bade. Karikatur auf die Königin Karoline von England. 1819

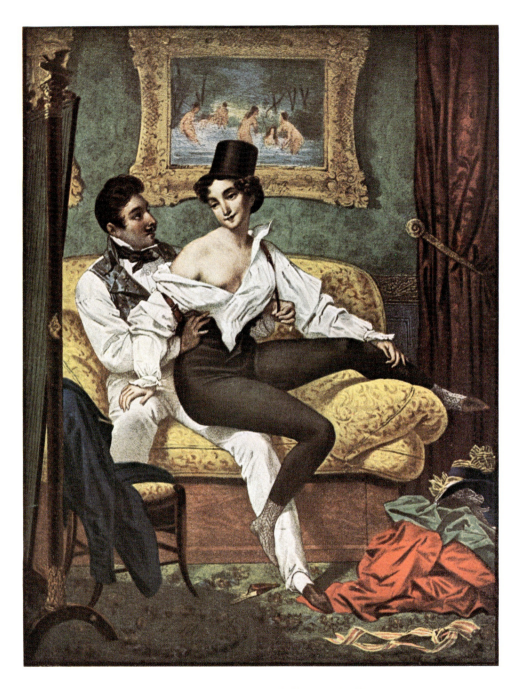

Sie muß die Hosen anhaben!
Farbige Lithographie von R. Maurin. Um 1830

"Aber gnädige Frau, jetzt könnten Sie sich doch wirklich demaskieren!"

Die G'schamige

Deutsche gesellschaftliche Karikatur von F. v. Reznicek. Simplizissimus 1905

La fortune qui danse

Farbenbild-Faksimile Stichdruck von Jean Weber. 1904

Die verächtliche Behandlung, die das tägliche Los so vieler Dienstboten ist, das „zu Fühlen bekommen", daß man nur ein Mensch zweiter Ordnung sei, für den die Überbleibsel immer noch gut genug seien, — diese herrschaftliche Hochnäsigkeit erhält in dem Blatte „Die gnädige Gnädige Frau" von Jossot einen schneidigen Hieb. „Das Wasser ist noch lau, wenn sie Lust hat, kann sie sich auch noch darin baden..." Welche Gnade! (Bild 359).

Die Leibesknechtschaft, in der sich die Mehrzahl aller irgend wie hübschen Dienstboten in allen Zeiten und in allen Ländern befand und noch befindet, und deren harmloseste Form noch darin besteht, daß sich jeder männliche Gast das Recht heraus-

— Es ist doch ungerecht, daß man so viel durchs Beschmutzen der Beinkleider verdient, und so wenig durchs Reinigen.

357. Henry Boutet. Frou-Frou

nimmt, die ihm Gefallende keck zu umfassen und abzugreifen, ist endlich auch ein Motiv der sozialen Satire geworden. Der Franzose Forain hat z. B. die brennende Schmach, daß das Dienstmädchen in neunzig von hundert Fällen nicht Verführerin ist, wie die alte Tantenmoral weismachen will, sondern im Gegenteil das absolut hilflose Opfer brutal geforderter Herrenrechte, in einer Reihe von scharfen Satiren dargestellt, von denen man wirklich sagen möchte, daß sie durch ihren Zynismus wohltuend wirken. Eine gute Probe davon zeigt das Blatt „Noch keine Ruhe". Bis elf Uhr ist sie in der Haushaltung auf den Beinen gewesen, nun, da sie mit todmüden Gliedern auf dem Bettrande sitzt, kommt der Herr des Hauses und erinnert sie mit lüsternem Gemecker daran, daß man auch bei ihm im Dienste sei. Aber damit ist es noch nicht genug, die „Arbeit" des Tages ist auch damit noch nicht zu Ende: in einer Stunde wird vielleicht auch noch der Sohn des Hauses den Weg zu ihrer Kammer finden, — Forain hat auch dies gezeichnet (Bild 356). —

Es bleiben zum Schluß nun noch die verschiedenen handwerklichen Berufe übrig, die von der Frau selbständig ausgeübt werden. Hier stehen obenan die Straßenhändlerinnen, die Höckerinnen, die Fischweiber, kurz „die Damen der Halle" in ihren verschiedenen Spezialitäten. Die Mundfertigkeit, die geschäftlichen Triks (Bild 351) und die besonderen schlagfertigen Manieren, die die Mehrzahl dieser Frauen auszeichnen, haben überall und sehr frühzeitig zur satirischen Charakterisierung verlockt. Der Witz, und zwar der Berliner ebenso, wie der Londoner, der Pariser, der Wiener, war niemals besonders höflich gegen sie. Aber wenn die Satire auch zu den allerstärksten Tönen griff — hier konnte die Karikatur nicht mitkommen. Denn ihr Ton klang doch immer nur wie ein harmloses Frühlingssäuseln gegenüber dem Prasseln der entfesselten Elemente. Und wer kennt dieses Prasseln nicht, der ein einziges Mal durch eine großstädtische Markthalle gegangen ist? „Was ist gfällig, gnä' Frau?" „Schöne Eier gfällig, gnä' Frau?" „Kommens her, gnä' Frau" — so tönt es jetzt, aber die „gnä' Frau" ist von der Schönheit der angepriesenen Ware nicht befriedigt, und nach aufmerksamem Durchmustern geht sie, ohne zu kaufen, weiter. In weniger als einer Sekunde hat sich die Situation verändert, die „gnä' Frau" wird zu einer „ausgeschamten Person", über die ein wahrer Platzregen von Injurien niedergeht. Nein, hier ist die Karikatur wahrlich nie mitgekommen, in diesem Konkurrenzkampf ist sie stets unterlegen.

— ... Aufpaßt! ... Sauce! ...
358. J. B. Engl

Ein Typ, dem man besonders in der ersten Hälfte des 19. Jahrhunderts in der Karikatur sehr häufig begegnete, waren die Putzmacherinnen; gegen sie war der Witz natürlich um so höflicher und stets im höchsten Maße galant, denn sie denken selbstverständlich immer nur an Liebe und Zärtlichkeit, ihre Putzläden sind Bazare der Liebe, der Koketterie und des Flirts.

In der im Anfang der vierziger Jahre des vorigen Jahrhunderts erschienenen Broschürenserie „Berlin und die Berliner", in der die hervorstechendsten Typen des damaligen Berliner Lebens geschildert werden sollten, ist auch ein Heft der Putzmacherin gewidmet. Der Verfasser Ludwig Eichler schildert zuerst in der sentimentalrührseligen Weise, in der man damals

— Rosalie, wenn Sie Lust haben, können Sie auch baden, das Wasser ist noch lau.

359. Jossot. **Die gnädige Gnädige Frau**

die sozialen Nöte des arbeitenden Volkes glossierte, die Gefahren der Verführung, denen die kleinen Näh= und Putzmamsellen ausgesetzt sind, dann gibt er von der Herrscherin in diesem Reiche die folgende Beschreibung:

„Die Creme des Putzmacherinnen=Standes ist nun die Direktrice. Sie ist über die ärmlichen Klippen ihrer Untergebenen glücklich hinweggekommen, hat sich einen guten Ruf bewahrt und durch ihren Geschmack in Nachahmung und Benutzung neuer pariser Moden Berühmtheit und Beliebtheit bei vornehmen und reichen Damen erworben. Sie ist von höchst angenehmem Äußern, reizend angezogen, über die Fünfundzwanzig hinaus, hat sich die volle Blüte eines reichen weiblichen Körpers bewahrt, und wird von Dandys, die sich im Magazin deshalb eigens ein Geschäft machen und die Bestellungen ihrer Schwester oder Mutter gern ausrichten, mit vorzüglicher Zuvorkommenheit behandelt, ist aber welterfahren und schlau genug, ihre Position nicht zu verkennen, und benutzt ihre körperlichen Reize bloß dazu, den Herren gegenüber kleine, buntschillernde Koketterien spielen zu lassen, sich zum Amüsement, und den Herren auch nicht zum Verdrusse. Hast Du vielleicht zu irgend einem Zwecke einen Hut, oder Blumen, oder sonst eine jener reizenden Fadaisen gekauft, die in unerschöpflicher Auswahl sie Dir vorzulegen und anzupreisen weiß, und erinnerst Du Dich vielleicht, daß Du eines Bandes zu Deiner Lorgnette bedarfst, und bittest sie um die Gefälligkeit, Dir — obgleich das nicht zum Ressort ihres Geschäftes gehört — eines abzulassen, so wird sie sich eine Freude daraus machen, eine passende Schnur oder ein schmales Band auszusuchen, und die benöthigte Länge desselben um ihren eignen, schönen, weißen Nacken zu probieren, und den vielsagenden Blick, den sie dabei Dir zuwirft, wäre kein Gott im Stande, auszuhalten, ohne etwas wie Liebesfeuer zu empfinden."

Die zeichnerische Darstellung ist stets auf ganz denselben galanten Ton gestimmt, ob die Bilder nun von dem Berliner Hosemann oder von den Franzosen Monnier (Bild 199) oder Bourdet (siehe Beilage) gezeichnet sind.

Ein weiterer Typ, dem man ebenfalls in früheren Zeiten in der Karikatur sehr häufig begegnete, war die Hebamme, die „Frau Meyer". Wie diese wichtige Persönlichkeit, wenn sie in nachtschlafender Zeit von einem „Feuerreiter" — wie man in Schwaben sagt — aus den Federn geholt ist, mit der Laterne und dem „Seelentrost" bewaffnet, durch die Straßen eilt — das gab für sie das kennzeichnende Merkmal ab (Bild 348). —

Heute begegnet man weder den Höferinnen, noch den Putzmacherinnen, noch den Gouvernanten, noch den Hebammen mehr in der Karikatur — das sind alles, wie überhaupt alle Typen, längst gleichgültige Motive geworden. Sie alle spielten auch nur eine Rolle in der eigentlichen Karikatur, solange diese damit beschäftigt war, das Volksleben in seinen einzelnen charakteristischen Bestandteilen sozusagen typisch zu registrieren. Das geschah überall stets in den Anfängen der bürgerlichen Entwicklung, und somit auch ausschließlich in den Kindheitstagen der Karikatur, wo überdies der Interessenhorizont eng begrenzt war und das Leben sich noch in den einfachsten Formen abspielte. Diese Entwicklungsstufe ist heute für jedes Land längst überwunden, und an die Stelle des Einfachen ist überall das Komplizierte getreten.

Nur eines Types wäre schließlich noch zu gedenken — der Amme. Nicht daß für diese etwas anderes gälte, als für die anderen Berufe, es gilt für sie ganz dasselbe. Aber sie gibt den bezeichnendsten Abschluß für dieses ganze Kapitel, den drastischsten Beleg für die Einleitungssätze: Auch an ihr, die mit dem Eigentum ihres Kindes, mit der diesem von der Natur bestimmten Nahrung „arbeitet", hat der Witz von ehedem fast nie etwas anderes gesehen als — die drallen Brüste.

*

360. Felicien Rops.   Die Gekreuzigte

VI

Im Dienste bei Frau Venus

Das oberste sittliche Gesetz der Menschheit besteht darin, daß der bedeutsamste Akt der Lebensbejahung: die gegenseitige Hingabe zweier Menschen verschiedenen Geschlechtes unbeeinflußt und losgelöst von allen niederen Motiven sein muß und ausschließlich von den reinen Gefühlen der Zuneigung, der gegenseitigen Achtung und Wahlverwandtschaft seine Antriebskräfte erhalten darf. Einzig die reine Liebe darf zwei Menschen einander in die Arme treiben. Das ist die erste Voraussetzung einer wirklichen Zivilisation, denn dadurch allein wird das sinnliche Genießen geadelt und die Wollust aus einem bloß tierischen Erfüllen emporgehoben zur höchsten menschlichen Manifestation, was sie von dem Augenblick an sein muß, wo der Mensch in ihr das erhabenste Heiligtum der Natur erkannt hat. Darum kann es denn auch kein größeres Verbrechen an der Gesamtkultur geben, als daß die Betätigung der physischen Liebe, die Hingabe der Frau an den Mann zu einer für jedermann käuflichen Ware, zum spekulativ verwendeten Handelsobjekt gemacht wird. Und doch: es gibt kein häufigeres Verbrechen als dieses. Nichts ist seltener als die makellose Erfüllung der vom Sittengesetz an die Spitze gestellten Forderung, dagegen wird mit keinem Artikel ein eifrigerer Handel getrieben, mit keinem schmutziger und raffinierter gefeilscht als mit dem erhabensten Heiligtum der Natur: der Wollust. Kein Artikel wird so häufig gehandelt wie dieser: er ist die wichtigste, die begehrteste und auch die am häufigsten angebotene Ware des internationalen Weltmarktes; er hat überall seine Börse, überall sein Geschäftskontor, unter jeder Straßenlaterne, in jedem Salon, fast in jeder Familie. Tausend Rechnungen werden damit jahraus, jahrein beglichen, tausend Forderungen erledigt, tausend Widersprüche besiegt, tausend Rechtshändel entschieden usw. usw. Von Hunderttausenden, nein, von Millionen Männerlippen ertönt es Tag für Tag in allen Sprachen: Ich fordere in diesem Falle den höchsten Preis. Und von ebensoviel Frauenlippen kommt die Antwort zurück: ich akzeptiere den geforderten Preis. Hunderttausendmal bietet ihn die Frau selbst an, um die Konkurrenz zu bestehen: du sollst mich im entscheidenden Augenblick nicht spröde finden,

Im Badehaus

361. Deutsche Karikatur vom Meister mit den Bandrollen

Die Landsknechtshůr.

Wan nit wer das fressen vñ sauffen,
Ja ich wolt dir nit lang nach lauffen.
Solt ich vmb sunst lang naby trabē,
Ließ dich wol die Frantzhosen haben.
Wolt wol dahaymen sein belyben,
Vnd wolt das neen hahen tryben.

362. Deutsche Karikatur. 16. Jahrhundert

wenn . . .; meine Schönheit soll eine Weide deiner Wünsche sein, wenn . . .; meine Reise soll dir ihre Geheimnisse offenbaren, wenn . . .; ich will dir als Lustobjekt dienen, wenn . . .; du sollst deine Begierden an mir stillen, wenn . . .; usw. Gewiß ist die Form des Handels ebensooft verschieden, sie variiert in jedem einzelnen Fall. Sie ist in dem einen roh und gemein, im andern geschickt in selbsttäuscherische Phrasen wie „die Klugheit, die Vernunft gebieten es" eingewickelt, im dritten ist sie gar zur Tugend umgebogen. Es sind auch nicht immer ausgesprochene Worte, in die Angebot und Zusage gekleidet sind: ein stärkerer Händedruck, ein Blick, ein verständnisvolles Aufhorchen, eine pikante Bewegung — kurz alle die früher geschilderten Mittel der Koketterie oder des Flirts, jene tausend Dinge, die oft nur ein einziger gewahrt, oder deren Sinn und Bedeutung nur ein einziger begreifen kann, sind Zahlungsverpflichtungen oder auch schon Abschlagszahlungen. Aber im Wesen ist es überall ganz dasselbe, ob auch die Formen tausendfältig sind. Ob die streunende Dirne zynisch und kurzangebunden eine bestimmte Geldsumme nennt, für die sie gewillt ist, die Begleitung eines Mannes anzunehmen, den sie eben in diesem Augenblick zum erstenmal in ihrem Leben gesehen hat, oder ob die „höhere Tochter" sich erst dann zur glücklichen Braut avancieren läßt, wenn es unzweifelhaft feststeht, daß die Karriere ihres Bewerbers vorteilhafte Chancen bietet: es ist in beiden Fällen ein Handelsgeschäft, es ist in beiden Fällen — Prostitution.

Diese Tatsache weiter zu begründen ist überflüssig, denn dies ist das abgedroschenste Thema der gesamten Moralgeschichte, und die Akten über diese Frage sind längst geschlossen. Man kann daher vor diesen peinlichen Konsequenzen, wie vor jeder unbequemen Sache, höchstens die Augen schließen oder über sie hinwegsehen, aus der Welt schaffen aber kann man sie nicht. Und darum bleibt auch die Konsequenz daraus bestehen, die fatale und empörende Ironie dieses Zustandes: Keinen schöneren, keinen wundersameren, keinen stolzeren Dienst sollte es geben, als den bei Frau Venus, in Wahrheit aber gibt es keinen elenderen als diesen, keinen schmutzigeren, keinen, der so sehr der Inbegriff alles Gemeinen wäre, alles dessen, was das Menschentum erniedrigt.

Demgegenüber gibt es leider nur einen Trost, freilich einen sehr bittern: die Prostitution in ihren tausenderlei Formen ist gemäß der Basis, auf der sich unsere Kultur aufbaut, ein unvermeidliches Fatum unserer gesamten Zivilisation, das Fatum, dem zu entrinnen jede Frau mindestens ebensoviel Glück wie Charakter braucht.

* * *

Das vorliegende Kapitel soll sich ausschließlich mit der unverhüllten Form der weiblichen Prostitution beschäftigen, mit dem öffentlichen Detailverkauf von Wollust. Die verschleierten Formen, z. B. die Frau, die den Genuß ihrer Reize für eine lebenslängliche Rente verkauft, also die Prostitution in den verschiedenen Formen der Vernunftehe, weiter die Frau, die mit der Bewilligung einer Schäferstunde sich oder dem Gatten die Erleichterung der Karriere einhandelt — diese Formen sind teils schon in früheren Kapiteln besprochen und durch satirische Dokumente belegt worden, teils wird von ihnen noch in den folgenden Kapiteln die Rede sein. —

Der unverschleierte Verkauf des Körpers als Werkzeug rein physischer Wollust galt zu allen Zeiten als das verächtlichste Laster, dem eine Frau obliegen kann, aber fast alle Zeiten haben dieses Laster nicht nur geduldet, sondern auch sanktioniert und selbst „wissenschaftlich" gerechtfertigt, wenn sie auch gleichzeitig die Frauen verabscheut haben, die sich zu Priesterinnen dieses Lasters hergaben. Woher diese Unlogik im Gebaren? Ist es die allumfassende Menschenliebe, die alles verzeiht, die diese Unlogik geboren hat? Nein, nichts weniger als das, es ist nur der Ausweg aus einem Dilemma: Es ist die Logik der unvermeidlichen Tatsachen, die aus der Institution der auf dem Privateigentum aufgebauten Einehe entsprangen, und die die Wirkung der offiziell aufgestellten Moralgrundsätze ununterbrochen illusorisch

Die Bauern im Frauenhause

363. A. Hubertus. Vlämische Karikatur

machten. Wenn man die letzten Ursachen dieses permanenten Mißerfolges, die Unvollkommenheit der Basis, die zu einer nicht ausschaltbaren Fehlerquelle für alle Entwicklungsstadien wurde, auch nicht begriff, so spiegelten sich vor dem geistigen Gesichtsfeld aller Zeiten doch sehr klar die Wirkungen ab. Diese Wirkungen bestanden in der Tatsache, daß sich die Sinne und Begierden durch alle Moralgrundsätze nicht bändigen und zur konsequenten Einhaltung der Forderungen der Monogamie nicht zwingen ließen. Daraus ergab sich aber eine sehr wichtige Erkenntnis — die wichtigste —, daß durch die ungehemmte Sinnlichkeit die Legitimität der Kinder ununterbrochen in Gefahr war. Da aber die Legitimität der Kinder, wie schon an anderer Stelle dargelegt worden ist, doch der bewußte Zweck der Ehe war, so galt es, diese unbedingt gegen die ihr drohenden Gefahren zu schützen. Dieser Schutz wurde denn auch entsprechend dem gegenseitigen Verhältnis der beiden Geschlechter zueinander vorgenommen. Der Frau als der Sklavin wurde, wie ebenfalls schon an anderer Stelle ausgeführt worden ist, die Innehaltung der Gesetze der Keuschheit vor der Ehe und der unbedingten Treue in der Ehe durch die Androhung und Verhängung der drakonischsten Strafen für jeden Frevel gegen diese Gesetze kategorisch aufgezwungen. Dem Manne dagegen eröffnete man den bequemen Ausweg, ihm gestattete man die beliebige außereheliche Befriedigung seiner sinnlichen Begierden auf dem Wege der Prostitution, die man in logischer Konsequenz zynisch als „notwendiges Übel" sanktionierte. Damit war die Formel gefunden, aus dem Dilemma herauszukommen: das Palladium des sittlichen Staates, die Ehe zu schützen und dabei doch dem Manne, als dem Herrn und Gebieter, die Möglichkeit zu geben, den niedrigsten Begierden zu frönen. Dieses krasse, vom Herrenstandpunkt diktierte Gesetz ist, wie die Sittengeschichte aller Zeiten beweist, der zivilisierten Menschheit förmlich in Fleisch und Blut

La Portière de L'hopital des Joieuses
364. Göz. Augsburger Karikatur. 1755

Im Klein-Paupball
Französische Karikatur von P. A. Wille, 1780

Die Nacht

Holländische symbolisch-satirische Karikatur auf die Prostitution. Um 1835

What you will — Ce que vous plaira
365. J. R. Smith. Englischer satirischer Kupfer. 1791

übergegangen und wird erst in der neuesten Zeit mit prinzipiellen Gründen angezweifelt.

Als das beste Mittel, die Jungfrauen und Ehefrauen vor Schändung und Verführung sicher zu stellen und darum als ein geradezu unentbehrlicher Schutz für die Ehe wurde die Prostitution offen zu allen Zeiten erklärt. Schon der biedere Solon wurde öffentlich deswegen gepriesen, weil er Frauenhäuser in Athen einführte und eifrig für schöne Insassinnen besorgt war:

„Solon, sei gepriesen! Denn du kauftest öffentliche Frauen für das Heil der Stadt, der

Sitten einer Stadt, die erfüllt ist von kräftigen, jungen Männern, welche sich ohne deine weise Einrichtung den störenden Verfolgungen der besseren Frauenklassen überlassen hätten."

Im Mittelalter, ebenso im 15. und 16. Jahrhundert wurde die Schutzwirkung der Prostitution gerade so deutlich ausgesprochen. Die Frauenhäuser wurden überall als eine für das städtische Leben notwendige Einrichtung angesehen und ihre Einrichtung oder Duldung ausdrücklich damit begründet. Die „ordnung der gemeinen weiber in den frauenhäusern", die der Nürnberger Rat 1470 erließ, beginnt z. B. mit folgenden Worten:

„Wiewol ein ehrbarer Rat dieser Stadt nach ihrem löblichen Herkommen mehr geneigt ist und auch sein soll, Ehrbarkeit und gute Sitten zu mehren und zu häufen, denn Sünde und sträflich Wesen bei ihnen zu verhängen, nachdem jedoch zur Vermeidung mehreren Übels in der Christenheit gemeine Weiber von der heiligen Kirche geduldet werden usw.

Solcher Begründungen gibt es noch Dutzende, überall heißt es: „damit desto weniger Schändens und Ehebruchs geschähe." Die Folge dieser Auffassung war, daß selbst die kleinsten Städtchen in jenen Jahrhunderten Frauenhäuser besaßen. Mit derselben Begründung wehrte sich auch der ehrbare Bürgersmann, wenn z. B. weniger duldsame Diener der Kirche die Aufhebung der Frauenhäuser verlangten und die städtische Obrigkeit gewillt war, dieser Forderung nachzugeben. In Basel widersetzte sich zur Zeit der Reformation der gemeine Mann der Abschaffung der Frauenhäuser mit der Begründung: „weil durch das Bestehen derselben Ehebruch

366. Desrais. **Die Gefahren des Serail.** Französische Karikatur. 1797

367. **Der moderne Paris.** Französische Karikatur. 1799

und andere Sünden vermieden würden, und weil man ohne sie keine Frau oder Tochter werde fromm erhalten können." Man sieht an diesem Protest übrigens, daß die ehrbaren Basler Bürger bei ihren wohledlen Gattinnen und Töchtern die Freude an der Keuschheit und an der ehelichen Treue ebenso niedrig einschätzten, wie sie deren Bereitwilligkeit, sich von Freunden und Gesellen verführen zu lassen, hoch einschätzten. In Nürnberg widerrieten zwei Rechtsgelehrte die Abschaffung der Frauenhäuser mit der Begründung, daß „nicht jeder an den Himmel halten könne, und weil durch die Abschaffung ehrliche Töchter in Gefahr würden gebracht werden."

Wenn trotzdem in der zweiten Hälfte des 16. Jahrhunderts die Frauenhäuser in den meisten Städten aufgehoben wurden, so geschah dies durchaus nicht infolge der sittlichen Regeneration durch die Reformation, wie die Geschichte fabrizierenden Biedermeier jahrhundertelang doziert haben, sondern aus derselben Ursache, die auch den öffentlichen Badehäusern, den damaligen Mittelpunkten des gesellschaftlichen Lebens, so rasch und so gründlich den Garaus machte. Diese Ursache war einzig und allein die Syphilis, die als grausiger Begleiter der Entdecker Amerikas in Europa gelandet war und mit der furchtbaren Wut, die allen ansteckenden Krankheiten eigen ist, solange die Menschen nicht von ihnen immunisiert sind, ihren Siegeszug durch ganz Europa hielt. Die Furcht vor Ansteckung und nicht die höhere Moral schloß die Türen der Frauenhäuser und der öffentlichen Badehäuser, denn in ihnen hatte sie sofort ihre hauptsächlichsten Verbreitungsherde gefunden. „Wer einen

Fuß in ein Frauenhaus setzt, der hat den andern auch schon im Spital" — so lautete ein landläufiges Sprichwort aus dem 16. Jahrhundert, denn diese Wahrheit lehrte überall sofort die grausige Erfahrung.

Als die Zeit der größten Schrecken vorüber war, da kroch die Prostitution alsbald wieder aus ihren Schlupfwinkeln hervor, sammelte sich von neuem in den Massenquartieren, und man duldete und rechtfertigte sie bis zum heutigen Tage mit ganz derselben Begründung. Wohlgemerkt: bis zum heutigen Tage und mit buchstäblich derselben Begründung: „Die Prostitution ist nicht bloß ein zu duldendes, sondern ein notwendiges Übel, denn sie schützt die Weiber vor Untreue und die Tugend vor Angriffen und somit vor dem Falle" — so heißt es z. B. in dem Buche des Leipziger Polizeiarztes Dr. J. Kühn „Die Prostitution im 19. Jahrhundert vom sanitätspolizeilichen Standpunkt". Dieser einzelne Beweis könnte leicht aus der Literatur eines jeden Landes verdutzendfacht werden. —

Für die sittengeschichtliche Beurteilung der Prostitution ist vor allem die gesellschaftliche Stellung maßgebend, die die offiziellen Priesterinnen der Venus jeweils im Rahmen des öffentlichen Lebens gespielt haben.

In früheren Zeiten, z. B. im 15. und 16. Jahrhundert, galt, wie schon gesagt, das Gewerbe der Prostitution nicht weniger für das lasterhafteste und schmählichste, als dies heute der Fall ist. Das beweist schon die rechtliche Stellung der Hübscherinnen, wie man u. a. die Prostituierten in Deutschland nannte. Jede war, wenn man so sagen will, als Auswurf der Menschheit gekennzeichnet, und zwar dermaßen auffällig, daß der Unkundigste von vornherein wußte, mit wem er es zu tun hatte: Sie galten als unehrlich, darum mußten sie in fast allen Städten bestimmte Abzeichen an der Kleidung tragen, gewisse Kleidungsstücke waren ihnen verboten, ihre Wohnung war ihnen vorgeschrieben, niemals sollten sie in der Nähe der Kirche wohnen, nur zu bestimmten Stunden durften sie sich auf der Straße blicken lassen, in der Kirche waren ihnen bestimmte Plätze angewiesen, ihr Zeugnis galt nicht als voll und glaubwürdig, zu ihrer Beaufsichtigung waren sie einem sogenannten Frauenknecht unterstellt, der gewöhnlich ein Gehilfe des Henkers war und darum ebenfalls für unehrlich galt; ihr Leichnam wurde nicht in geweihter Erde begraben, sondern zumeist auf dem Schindanger usw. usw. Nun ist eins aber sehr interessant festzustellen: dies alles hinderte nicht im geringsten, daß die Hübscherinnen bis tief in das 16. Jahrhundert hinein eine geradezu vorherrschende Rolle im gesellschaftlichen Leben gespielt haben, und zwar gilt dies von allen Ländern, von Deutschland so gut wie von Italien, Frankreich, England usw. Die Hübscherinnen bildeten nicht bloß ein unvermeidliches Anhängsel, sondern gar häufig einen der offiziellen Mittelpunkte bei öffentlichen Festen und Volksbelustigungen. Bei dieser Feststellung darf man nicht übersehen, daß damals auch fast alle privaten Feste gewissermaßen einen öffentlichen Charakter getragen haben. Es macht gar keine Schwierigkeit, diese

LES CROYABLES
Actifs du Palais ci-devt Royal.

368. Charles Vernet. Französische Karikatur auf die Unehrlichkeit der Dirnen. 1795

369. Gavarni. Illustrierte Anzeigen

eigenartige Stellung der Hübscherinnen im gesellschaftlichen Leben durch zahlreiche, unwiderlegliche Dokumente zu belegen. Für unsere Zwecke genügen schon wenige Züge. Wenn ein fürstlicher Gast einer Stadt nahte, wurden ihm die schönsten unter den Insassinnen des Frauenhauses mit Blumensträußen zur Begrüßung entgegengesandt, bisweilen sogar völlig nackt, wie wir aus der Schilderung Dürers vom Einzug Karls V. in Antwerpen wissen. Die Hübscherinnen bekamen nicht selten bei bevorstehenden fürstlichen Besuchen auf Kosten der Stadt neue kostbare Kleider geliefert, so z. B. 1435 in Wien zu Ehren des Besuches Kaiser Sigismunds. Den fürstlichen Besuchern und ihrem Gefolge stellte man den kostenlosen Besuch des Frauenhauses für die ganze Zeit ihrer Anwesenheit zur Verfügung, des Abends wurden die Straßen, die zum Frauengäßchen führten, ebenfalls auf Kosten der Stadt beleuchtet. Bei öffentlichen Schmausereien, die die Stadt gab, wurden die gelüstigen Fräulein zu Gaste geladen, ebenso zu den Tänzen. Diese Stellung der Hübscherinnen im gesellschaftlichen Leben ist bis jetzt nur sehr selten in ihrem ganzen Umfang gewürdigt worden, und doch charakterisiert gerade sie die Vergangenheit und unterscheidet diese von der Gegenwart. Sie entsprang der Derbheit der Zeit, bei der die weibliche Ehre beständig in Gefahr war, besonders bei Anwesenheit von fremdem Volk, sei es bei Messen und Märkten, sei es wenn Fürsten mit ihrem reichen Gefolge in den Mauern einer Stadt weilten. Stand darum ein solcher Besuch einer Stadt bevor, so war es, wie heute noch aus verschiedenen alten Ratsprotokollen nachzuweisen ist, nicht selten, daß der Rat die Warnung ergehen ließ, daß in diesen Zeiten sich keine ehrbare Frau, Jungfrau oder Magd selbst tagsüber auf der Straße blicken lassen solle, es sei denn umgeben von einem ausreichenden männlichen Schutz. Darum nahmen die Bürgerfrauen meistens auch nur von den Fenstern aus an den Festlich=

370. Henri Monnier. 1832

keiten, den Aufzügen usw. teil. Da man aber beim Tafeln und draußen auf der Festwiese des weiblichen Elementes doch nicht entbehren wollte, so zogen die ehrbaren Gäste und Gesellen an Stelle der vorsichtigerweise ins Haus gebannten Bürgerfrauen und -Töchter jene Frauen an ihre Seite, die es den fremden Gesellen zur Ehre anrechneten, wenn sie ihre Tugend so wenig wie möglich schonten, und das waren eben die öffentlichen und geheimen Dirnen.

Im 17. und 18. Jahrhundert, als die Prostitution in den Großstädten immer mehr an Massenhaftigkeit zunahm, bildeten die Sammelpunkte der Prostitution, die öffentlichen Liebesmärkte, der Korso der Venuspriesterinnen, die Hauptanziehungskraft zahlreicher Städte. An diesen Orten kulminierte das gesamte öffentliche Leben, dort traf sich alle Welt, um sie gruppierten sich Theater und Volksbelustigungen aller Art, ihnen galt der erste Besuch der Fremden. Für das 18. Jahrhundert sei für Paris das Palais Royal und das Tivoli, für London Vaux Hall, für Berlin der berühmte Liebestempel der Madame Schuwitz genannt. Wer nicht im Palais Royal gewesen war, hatte Paris gar nicht gesehen, wer es in London versäumte, Vaux Hall aufzusuchen, kannte das Vergnügen nicht. Berlin aufzusuchen war nur der Mühe wert, wenn man dem Salon der Madame Schuwitz einen Besuch abstattete — so urteilten die Zeitgenossen. Und sie erklärten weiter: man streiche diese Orte; was bliebe dann? Nichts! In der 1789 erschienenen und damals überaus stark verbreiteten „Standrede am Grabe der Madame Schuwitz" heißt es:

„Wäre nicht ihr Tempel und das Carneval in Berlin, was würde den stolzen Britten, den lebhaften Franzosen, den wollüstigen Italiener, den feurigen Schweden, den genußliebenden Pohlen — an diese Sandschollen und Steinklumpen fesseln?"

Als mit dem Tode dieser berühmten Kuppelmutter, der die höchsten kirchlichen und weltlichen Würdenträger jahrzehntelang jeden Abend dankbar und verehrungsvoll die Hand gedrückt hatten, der Salon der Madame Schuwitz einging, da herrschte allgemeine Trauer in Trojas Hallen, und die einzige Erheiterung Berlins bot hinfort nur noch die Erinnerung an diese schönen Zeiten:

„Sag' es, dankbares Berlin, sagt es, muntre Jünglinge, bezeugt es, dreißigjährige Greise, ihr jungen Philosophen, und ihr alten Elegants bekräftigt es: — Sie war, nächst der Komödie, das Universalheilmittel, die essentia miraculosa coronata gegen euren Erbfeind: die Langeweile. Was war't ihr ohne sie? Wenn die Glocke halb zehn schlug, wie schwebte Bleyern Gott Morpheus

A quoi sert un Kings-Charles de cinquante écus, — à abimer une robe de deux cents francs.

371. E. de Beaumont. 1840

um die Tische bey Weichleben, Eigensatz und Thurm. Wie schläfrig ließ der goldne Adler seine schweren Flügel auf eure leichten Gehirne sinken, wie matt leuchteten die Strahlen des goldenen Sterns. Selbst die kräftigen Zoten, mit welchen der Haus-Adler des brittischen Herzogs die keuschen Ohren der männlichen Berliner Jugend ergötzt, wurden so ekelhaft als die garstige Bestie selbst! Gab aber ein witziger Registrator den Ton an, von der Seeligen zu sprechen, wie hüpften brandenburgische Grazien und Amoretten um den Zirkel..."

Im 17. und 18. Jahrhundert war die Priesterin der käuflichen Liebe ähnlich wie im Altertum auch das Vorbild für den guten Ton und alles dessen, was Ge-

— Madame, autrefois, c'était Louison... quand, moi, j'étais Madame.
372. Gavarni. Les lorettes vieillies

schmack heißt. Die ehrbarsten Mütter mühten sich z. B. darum, ihren Töchtern Zutritt in den Salon der berühmten Liebes- und Lebenskünstlerin Ninon de Lenclos zu verschaffen, damit sie dort Lebensart lernten.

Vom 19. Jahrhundert gilt bis weit in die zweite Hälfte hinein für die sogenannte vornehme Gesellschaft ähnliches, vor allem in der Zeit des zweiten Kaiserreichs und in Paris. Hier war wieder die Kokotte auf allen Gebieten tonangebend und bildete den strahlenden Mittelpunkt des öffentlichen gesellschaftlichen Lebens. Es genügt, die Namen der grandes Cocottes dieser Epoche zu nennen, und man hat damit die strahlendsten Sterne am Himmel des gesellschaftlichen Lebens fixiert: Cora Pearl, Gräfin Castigliani, Marguerite Bellangé, Giulia Barucci, Judith Fereira, Hortense Schneider usw. Die Sammelpunkte der Pariser Kokotterie, ihr Korso: Bal Mabille und Closerie de Lilas sind förmlich die Stichworte für diese ganze Epoche. Sie waren im zweiten Drittel des 19. Jahrhunderts ebenso das Mekka der Paris besuchenden Fremden, wie es ein halbes Jahrhundert zuvor das Palais Royal gewesen war.

Heute ist die Prostitution im öffentlichen gesellschaftlichen Leben zweifellos entthront, man holt sich bei ihr nicht mehr die Anweisungen für den guten Ton und huldigt ihr nicht mehr wie einer Göttin, in deren Dienst zu stehen für eine Ehre gilt, deren man sich rühmen kann. Solche strahlende Zentren der Prostitution, die zugleich die Mittelpunkte des allgemeinen öffentlichen Lebens sind, wie einst Vaux Hall, das Palais Royal und zahlreiche andere waren, gibt es heute in keinem einzigen Lande mehr. Gewiß, die Lasterpromenaden der Großstädte sind immer noch die Hauptanziehungspunkte für Fremde und Müßiggänger. Aber selbst die Physiognomie dieser Straßen ist heute ungleich gesitteter als vor dreißig, ja selbst vor zwanzig und zehn Jahren, und der Unterschied ist ganz augenfällig.

* * *

Solange man sich über die sozialen Ursachen der Prostitution nicht klar ist, herrscht natürlich auch die Anschauung, daß einzig und allein der Stachel der Wollust, die persönliche Geilheit, der die Potenz des einzelnen Mannes nicht genügen kann, die Genußsucht, die Arbeitsunlust und das sündhafte Verlangen nach mühelosem Gelderwerb und ähnliche Laster es seien, die bestimmte Frauen den Weg ins Dirnengäßchen finden lassen. D. h. es ist immer persönliche Schuld jeder einzelnen, an ihrem Willen allein liegt es, wenn sie ein solches Leben einem tugendhaften vorzieht. Von dieser Anschauung ist die gesamte frühere Satire auf die Prostitution und ihre Priesterinnen getragen. Die Dirnen sind stets die persönlich Angeklagten, und sie sind es auch, die sich stets im Anklagezustande befinden. Nicht die wollustbegehrenden Männer sind die Sünder oder wenigstens die Mitverantwortlichen, sondern die die Wollust der Männer befriedigenden Frauen tragen alle Schuld allein. Sie sind obendrein die Verführer der Männer, deren Bestreben darauf hinausgeht, selbst den Widerstrebenden vom Pfade der Tugend abzubringen. Ein Beleg aus früherer Zeit für diese Auffassung ist z. B.

373. Gavarni. Sie und ihr Freund

Pst...
374. Honoré Daumier

das Bild 361 vom Meister mit den Bandrollen. Der widerstrebende Mann wird von der einen am Rock festgehalten, während die zweite ihn durch die lüsterne Präsentation ihres schönen Busens zu kirren sucht. Ein Beleg für denselben Gedanken aus dem 18. Jahrhundert ist der delikate holländische Farbstich „Am Auslug" von Coclers (siehe Beilage). Die echte Dirne verführt selbst die Engel im Himmel. Hofmannswaldau setzt in seinen poetischen Grabschriften Maria Magdalena die folgende Grabschrift:

<blockquote>
Hie ruht das schöne Haupt, hie ruht die schöne Schoß,
Auß der die Lieblichkeit mit reichen Strömen floß.
Nachdem diß zarte Weib verließ den Huren=Orden,
So sind die Engel selbst derselben Buler worden.
</blockquote>

375. Morlon. Eine Kokotte

Den Gedanken, daß die Genußsucht und das arbeitslose Leben zum schamlosen Dirnenberuf verführe, reflektiert der Holzschnitt „Die Soldatenhur". Nach dem beigefügten Text erklärt die Soldatendirne: „Wenn nicht wär das Fressen und Saufen, Da wollt ich dir nicht lang nachlaufen." (Bild 362).

Die nächste Konsequenz dieser Anschauung ist, daß man vor allem und in breitester Weise die Gefahren schilderte, die dem Manne im Frauenhause drohen. Die oberste Gefahr ist: jeder Besucher wird betrogen und bestohlen, denn als dem Auswurf der Menschheit eignen den Dirnen alle Laster, die es gibt. Die Dummheit des Mannes, seine Gutmütigkeit und seine ausgelassene Laune werden gleichermaßen mißbraucht. Eine klassische Karikatur in dieser Hinsicht ist der holländische Kupfer: „Die Bauern im Frauenhaus". In ihrer Brunst sehen und hören die dummen Bauern nichts, sie sind völlig blind und taub vor sinnlicher Gier. Die Dirnen kennen das und sie benützen darum auch die Gelegenheit, indem sie den dummen Tröpfen Taschen und Körbe aufs gründlichste leeren; das letzte Ei und der letzte Kreuzer werden beiseite geschafft. (Bild 363.)

Diese sämtlichen Bilder sind zweifellos durchaus richtig, es sind keine Phantasieprodukte, sondern zutreffende Schilderungen nach dem Leben, und sie kehren darum zu allen Zeiten bis auf den heutigen Tag stetig wieder. Karikaturistische Belege aus dem 19. Jahrhundert für die Dirne als Verführerin sind z. B. das düstere holländische Blatt „Die Nacht" und das französische Sittenbild „Auf der Jagd" von Konstantin Guys. Das Blatt „Die Nacht" zeigt, wie die Verführung auf den Mann lauert, wie sie ihm lockend den Weg vertritt. In der satirischen Übertragung ist es der sichere Tod, der hier jedem Manne droht, der sich verführen läßt (siehe Beilage). Wer übrigens an der Richtigkeit dieses Bildes zweifelt, der kann seine

Zweifel korrigieren, indem er in Hamburg einen einzigen Gang durch die Schwiegergasse, die Klefekergasse oder die Ulricusgasse macht: er wird finden, daß dies nicht nur ein Bild von ehedem, sondern selbst für Deutschland auch noch eines von gestern und heute ist. Und wenn er dann weiter noch den Mut hat, auch noch einen Gang durch die entsprechenden Quartiere von Hamburgs Vorstadt St. Pauli zu machen, wo auf jedem Schritt ein halb Dutzend und mehr Hände versuchen, ihn mit aller Gewalt und durch alle mögliche List in ein Haus zu ziehen, dann wird er, sofern er offene Augen hat, auch gewahren, daß es tatsächlich der leibhaftige Tod ist, der ihm am Rock und Ärmel zerrt und ihm den Hut vom Kopfe reißt, um ihn in ein Haus zu locken. Das kokette Blatt „Auf der Jagd" von Guys, der sich keck zu den Bahnbrechern des modernen Impressionismus rechnen darf und der für die moderne Kunstentwicklung sicher viel mehr bedeutet als z. B. der viel berühmtere Gavarni, führt ins bonapartistische Paris. Scharfäugig wie zwei Raubvögel lugen die beiden Dirnen nach einem Opfer, das ihren Verführungskünsten Aussichten auf Erfolg bietet. Jeder Großstädter weiß, daß auch dies Bild aus der Physiognomie unserer Gegenwart noch nicht verschwunden ist. Ebenso stereotyp wie die Dirne als Verführerin kehrt das Bild der diebischen Dirne in der Karikatur wieder. Es genügt, auf die Bilder von Vernet und von Desrais zu verweisen, die die Diebes-

376. Constantin Guys. Schlechte Zeiten. Um 1865

praktiken der Göttinnen des Palais Royal und die der Bordelle unter dem Direktorium charakterisieren (Bild 366 und 368). In der modernen Karikatur spielen diese Motive eine mindestens ebenso große Rolle, und es ließen sich darum aus ihr mit Leichtigkeit zahlreiche Belege beibringen. Es genügt, auf das deliziös kokette Montmartrebildchen von Willette hinzuweisen: „Du suchst Montmartre-Äpfel? Schau, schönere findest du sicher nicht!" Die kokette Radlerin, die im Hauptberuf mit Liebe handelt, geniert sich nicht, den Beweis für ihre Behauptung auf die einfachste und überzeugendste Weise zu führen. Eine Anklage gegen die Dirne als Verführerin ist dies freilich nicht, sondern ein Hohn auf den albernen Provinzler, dem sich der Himmel auftun kann und der doch nicht einzutreten wagt, weil er ein hohes Entree fürchtet; vor allem ist es aber ein ausgelassener, skrupelloser Montmartrescherz, den man nur wagen darf, wenn man Adolf Willette heißt (Bild 380).

Aus alledem folgt dieses: Nicht in dem, was sie schildern, beruht die Bedeutung der Blätter „Im Badehaus", „Die Landsknechtshur", „Die Bauern im Frauenhaus" (Bild 361—363) für die Charakteristik ihrer Zeit; es sind keine Züge, die speziell der Prostitution des 15., 16. und 17. Jahrhunderts eigentümlich gewesen wären. Und doch sind diese Blätter charakteristisch für die Zeit ihres Entstehens. Ihre Bedeutung beruht darin, daß man damals eben nur diese drei relativ nebensächlichen Seiten an der Prostitution gewahrte, sie zum mindesten als die für die Darstellung wichtigsten ansah. Unter diesem Gesichtswinkel sind die genannten Blätter tatsächlich bemerkenswerte Zeugnisse der positiven sozialen Blindheit dieser Zeiten.

Im 18. Jahrhundert wurde das Repertoire in der Darstellung der Venuspriesterinnen wesentlich anders, nicht etwa infolge der tieferen Einsicht in das Wesen und die Untergründe der Prostitution, sondern einzig infolge der in diesem Zeitalter sich vollziehenden Umwertung der Dirne zum hauptsächlichsten Objekt eines eigenen Kultus. Es kam ein einziger neuer Ton hinzu; daß aber dieser eine Ton tausendfach zerlegt und zu einem ganzen Hymnus gesteigert wurde, das ist im Wesen eines jeden Kultus begründet. Ganz natürlich ist auch, daß diese Zeiten, die die Prostitution zum strahlenden Mittelpunkte des gesellschaftlichen Lebens machten, die die Grande Cocotte auf den Thron setzten und sich huldigend vor ihr verneigten, — daß sie diesen Kultus vor allem in der populären Kunst in der verschwenderischsten Weise zum Ausdruck brachten. In der Tat kann man kaum an etwas so deutlich den Umfang des Kultus, der im 18. Jahrhundert mit der Dirne getrieben wurde, erkennen wie an den satirischen Sittenbildern jeder Zeit, von denen jedes einzelne trotz seines satirischen Charakters tatsächlich nichts anderes ist als eine Huldigung vor der käuflichen Liebe. Hier mag gleich hinzugefügt werden, daß dasselbe auch von allen gleichartigen Zeiten gilt, also z. B. von der Zeit des zweiten französischen Kaiserreichs, was auch ganz logisch ist. Schon wenige Proben belegen den schwelgerischen Kultus der Dirne in diesen Zeiten ganz charakteristisch. In erster Linie

Die alte Dirne

377. Felicien Rops

sei auf das englische Blatt What you will von J. R. Smith hingewiesen. Diesem Blatte kommt der Ruhm zu, der hervorragendste und darum auch teuerste englische Farbstich des 18. Jahrhunderts zu sein. Es ist die Königin des Tages, die ihren Ritter erwartet (Bild 365). Nicht weniger bezeichnend ist der französische satirische Kupfer „In Klein-Vauxhall" von P. A. Wille. Huldigend umwogt die alte und junge männliche Lebewelt eine neue Nummer, die von der erfahrenen Kupplerin X. heute zum erstenmal auf den Liebesmarkt gebracht wird. Mit der gezierten Galanterie der Zeit prüfen die Kenner, ob man es wirklich mit einem morceau de roi zu tun hat, bei dem es der Mühe lohnt, sich in seinem Dienst zu ruinieren (siehe Beilage). Wie sich im Theaterfoyer alles drängt, um die Göttinnen des Tages, die hier Jour halten, zu sehen und ihnen zu huldigen, das illustriert Rowlandson in dem riesigen Kupfer „Foyerbummler"; dieses Blatt zählte schon bei seinem Erscheinen zu den geschätztesten Stücken der Zeit (siehe Beilage).

Man sieht schon an diesen wenigen Blättern, daß dies eine durchaus einseitige Auffassung ist, d. h. also weiter nichts als die Spekulation einer Zeit, die sich aus dem Laster einen Leckerbissen geformt hat. Dieser Eindruck könnte höchstens verstärkt, nicht aber korrigiert werden, wenn man statt drei Blättern deren dreißig geben würde.

Die Änderung in dieser einseitiger Auffassung und damit ein vielgliederiges Bild, das alle Seiten aufzeigt, brachte auch auf diesem Gebiete erst die moderne Umwälzung in der Art, die Dinge anzuschauen. Das Merkmal der modernen Prostitution ist ihre Massenhaftigkeit; sie ist eine Massenerscheinung, die nicht nur positiv, sondern auch relativ in der gesamten Geschichte beispiellos dasteht. Die Massenhaftigkeit in der Erscheinung einer Sache hat auf allen Gebieten immer zur Erkenntnis ihres Wesens geführt; bei der Prostitution mußte es zu demselben Resultate kommen. Und dieses Resultat ist hier dasselbe wie überall: die soziale Bedingnis. Das massenhafte Anwachsen der Prostitution entschleierte sich einerseits als das Resultat der ständigen Abnahme der Eheschließungen und des allgemeinen Hinaufrückens des Heiratsalters, was beides zusammen zu einem steigenden Anteil der Unverheirateten an der Gesamtbevölkerung führt, andererseits als das Resultat der stetigen, furchtbaren wirtschaftlichen Mißstände, von denen die Frau noch ungleich schwerer betroffen wird als der Mann. Hunderttausenden von Frauen bleibt schließlich als einziger Besitz nur der Körper. Dieser Zustand muß notwendig in seiner Endwirkung zu einem in gleicher Weise ansteigenden Angebot führen. Mit der Aufdeckung der sozialen Erkenntnis, d. h. der Nährquellen, ergab sich endlich auch die Einsicht in ihre relative Unausrottbarkeit. Mit diesen Erkenntnissen mußte die Beurteilung der Prostitution als selbstverantwortlicher Einzelschuld aufhören. Von dem Augenblick an und überall dort, wo man erkannte, daß die Dirne das Produkt der Fehlerhaftigkeit der gesamten Gesellschaftsordnung ist, daß infolge dieser Fehlerhaftigkeit mit unerbittlicher Naturnotwendigkeit jahraus jahrein Hunderttausende von

Herumziehende Komödiantinnen in einer Scheune
Englische Radierung von William Hogarth. 1738

L'Inconnu

378. J. L. Forain

— Er soll warten ... bis ich wenigstens meine Strümpfe anhabe.
379. M. Dumont. Anstand. 1897

Frauen von der Gesellschaft schuldig gesprochen werden, in diese Hölle der ekelhaftesten und trostlosesten Verdammnis hinabzusteigen, und daß es gegen diesen Urteilspruch keine Berufung gibt, keine Revision des Urteils, sondern daß dies, von einer unsichtbaren Gewalt geleitet, mitleidlos an ihr vollstreckt wird — von dem Augenblick an, wo man dieses erkannte, mußte die sittliche Entrüstung über die Verruchtheit der Dirne zur bodenlosen Scheinheiligkeit oder zur albernsten Traktätchenweisheit herabsinken.

Diese grundstürzende Umwälzung in der sozialen Bewertung der Prostitution gab auch der Satire von dem Augenblick an, wo sie einsetzte, schrittweise ein anderes Gesicht. Die Einseitigkeit und Oberflächlichkeit in der Darstellung mußte ebenso verschwinden, wie der offizielle Kultus der Dirne mit der prinzipiellen Überwindung des Absolutismus und dem sieghaften Vormarsch des Demokratismus verschwinden mußte. Das erwachte soziale Gewissen diktierte dabei die Grundnote. Die Umwertung fing damit an, daß man die Prostitution idealisierte. Freilich geschah dies nicht in dem Sinne, wie es das Zeitalter des offiziellen Maitressenregimentes tat, also nicht in der schwelgerischen Verherrlichung des Fleisches, sondern man schilderte mit Vorliebe die vorteilhaften Seiten der Liebespriesterinnen, ihre Aufopferungsfähigkeit, ihre Solidarität, und man schilderte weiter mit Vorliebe jene sich harmlos nach Liebe und Freundschaft sehnenden Geschöpfe, die mit dem Freunde ohne Murren alles teilten, seinen Hunger und seine Hoffnungen, den unverhofft verdienten Gewinn ebenso getreu wie sein schmales Bett. Tausend Lobeshymnen in Wort und Bild auf die kleine Grisette, Mimi Pinson oder das kleine süße Mädel entstanden in dieser Zeit. Sie flickt dem Freunde die Hosen, sie hält sein kleines Zimmer in Ordnung, sie borgt für ihn bei der momentan begüterten Nachbarin das Geld, dessen er für irgend ein unentbehrliches Kleidungsstück bedarf usw. Ebenso freigebig ist sie, wenn man zu ihr kommt: Heute mir, morgen dir. Sie glaubt felsenfest an das Genie ihres Freundes und daß „sein Tag" einmal kommen werde, allen blöden Philistern und schäbigen Bourgeois zum Trotz. Vor allem ist sie immer guter Laune: sie lacht und trällert den ganzen Tag und ist jederzeit zu den tollsten Streichen aufgelegt; je gewagter diese sind, um so mehr sind sie nach ihrem Geschmack. Aber sie bleibt im wildesten Strudel das zärtliche Weib. Eben war sie noch der ausgelassensten eine auf dem turbulenten Ball der Debardeurs, plötzlich jedoch ist sie verschwunden — sie wird von einem stürmischen Partner zu zärtlichem Kosen und Scherzen in eine verschwiegene Nische geführt worden sein. Nein, nicht der kecken Hand eines Musensohnes schwillt ihr schimmernder Busen, sondern dem kleinen süßen Wildling,

— „Du suchst Montmartre-Äpfel? ... Schönere findest du sicher nicht!"

380. Adolf Willette. Le Courrier Français

381. R. Pichot. **In Erwartung.** 1905

der zu Hause in seinem Wiegenkorbe träumt, wo er für einige Stunden der Obhut einer freundlichen Nachbarin überlassen worden ist — im Wirbelsturm ist sie nach Hause geeilt, sie kommt keine Minute zu spät, freilich auch keine zu früh (Bild 26). Aber das rapid sich entwickelnde Fabrikzeitalter räumte sehr rasch mit den Ideologien der vierziger Jahre auf, in denen das Geschlecht der Julirevolution schwelgte, es zerriß erbarmungslos den Schleier, und der Jugendrausch verflog. Der Großbetrieb der Liebe setzte ein, die Grisette wurde zur Lorette, zur Kokotte. Was nützt die Treue? Darüber wird man alt, der Freund kommt in geordnete Verhältnisse, nimmt eine „anständige" Frau und schiebt die Freundin aus der Zeit der Jugendeseleien als unbequem beiseite — das diktierte sehr bald die Logik der Erfahrung. Und im Alter muß man doch auch leben, darum ist es besser, der Lehre zu folgen: Heute der, morgen jener. Es dauert nicht lange, und das Liebesgeschäft ist eine Industrie wie jede andere. Damit gelten aber auch hier dieselben Gesetze wie in jeder Industrie. Der Handel mit dem Körper ist obendrein die unsolideste aller Industrien, also heißt es noch ausgesprochener als wo anders: billig, schnell und schlecht. Der Konkurrenz= kampf barbarisiert hier überdies naturgemäß schneller als sonstwo, da ja der völlige

Verzicht auf jedwede sittliche Basis die Voraussetzung dieses Betriebes ist. Man hat keine Zeit, sich erst mit dem Drum und Dran abzugeben, darum geht man ohne alle Umstände direkt aufs Ziel los. Wozu aber auch erst die Rederei, erst den Hokuspokus von Zärtlichkeit, die albernen Vorspiele, den blauen Dunst, an den doch nur die dummen Jungen glauben, und auch diese nur das erste Mal? Du suchst Liebe? Hier ist eine dunkle Nische, überzeuge dich, ob du findest, was du suchst! — Das ist doch viel einfacher und vor allem viel sicherer. Im Gewühl der Straße muß ein einziger Blick ausreichen, eine zynische Geste oder ein gemeines Wort, und es reicht aus: der Großbetrieb vereinfacht stets die Formen. Eine zynische Geste genügt, und er heftet sich an ihre Spuren oder sie an die seinen, und wenige Minuten danach steigt man gemeinsam eine Treppe empor oder betritt ein Gemach, das das eine von beiden noch niemals in seinem Leben gesehen hat und vielleicht auch niemals wieder sehen wird. Im Bordell entwickelt sich der Gang der Geschäfte noch rationeller, da fällt selbst das primitive Werben und Suchen, dessen die vagabondierende Dirne bedarf, weg, hier ist sie bloß Werkzeug, ohne Gefühl, ohne Empfindung, für das es keine Unterschiede gibt, nicht das Recht der Wahl, keine Spur

Schmückt Maruschka, schmückt das Mädchen, schmückt das Kind für den Mädchenhändler!
382. Pascin. **Rumänisches Volkslied.** Simplicissimus

383. B. Berneis. Die Proſtitution

eines eigenen Willens, alles iſt bei ihr brutales, tieriſches Erfüllen. In tauſend Fällen iſt es der eigene Bruder oder Vater, deſſen Wünſchen ſie gedient hat. Wer weiß es? Wer fragt nach Namen? Niemand.

Dieſem Hexenſabbat der modernen Proſtitution gegenüber, der tagaus, tagein durch alle Gaſſen, durch alle Stockwerke, durch alle Schichten der Geſellſchaft raſt, überall wo Menſchen leben, gibt es nur eine berechtigte Form der Darſtellung: abſolute Wahrheit. Dieſe Wahrheit iſt natürlich nicht in einem einzigen Bilde, mit einer einzigen Formel zu erſchöpfen, ſondern es gilt, die hundert Seiten dieſer grauſigen Frage in hundert und tauſend Kapitel zu zerlegen, und wenn auch das Bild, das ſich den Blicken auftut, ſich immer grauſiger darbietet, je tiefer man eindringt.

In dem Maße, in dem die moderne Zeit kühner wurde und den wiſſenſchaftlichen Mut fand, auf allen Gebieten den Dingen auf den Grund zu gehen, hat auch die Satire den nötigen Wahrheitsmut gefunden, iſt ſie deutlicher und vor allem intimer und echter geworden. Damit natürlich auch tiefer, reicher, umfaſſender. Es iſt heute — dieſes heute ſetze überall ſpäteſtens im letzten Viertel des verfloſſenen

Jahrhunderts ein — ein Bild, das sich nicht mehr aus drei oder vier, sondern aus hundert Seiten zusammensetzt, und noch täglich reiht sich eine neue an, die neue, endlose Kommentare provoziert. Darum kann man aber auch bei der Würdigung des Spiegels, den die Prostitution in der modernen Karikatur gefunden hat, unmöglich ins einzelne gehen, denn hier ist das Material in einem knappen Raume nicht zu bewältigen, der Überfluß ist erdrückend. Weil sich in der Prostitution die Fehlerhaftigkeit der Gesellschaftsordnung am krassesten offenbart, weil hier der Widerspruch zwischen der Wirklichkeit und der offiziellen Moral derart grell in Erscheinung tritt, daß der simpelste Verstand die Krankhaftigkeit der Widersprüche begreift, der scharfblickende aber immer neue Untiefen, immer neue charakteristische Seiten erkennt, darum gibt es wohl fast keinen einzigen satirischen Künstler, der sich nicht auch mit der satirischen Kennzeichnung der Prostitution abgegeben hätte, und zwar nicht bloß einigemal, sondern häufig dutzend-, ja sogar hundertmal. Viele beschäftigen sich ausschließlich mit ihr; natürlich gilt dies nicht allen zum Ruhme: für die lüsternen Spekulanten ist es nur die allerfetteste Weide. Aber auch der Überfluß an wirklich Gutem und Einwandfreiem ist erdrückend, denn hier brauchte sich die Kraft nicht zu bändigen, sie konnte alles einsetzen, weil die stärkste Note hier häufig die einzige berechtigte ist. Für die ernsten und starken Satiriker ist die satirische Kennzeichnung der Prostitution sehr häufig die Zusammenfassung aller Anklagen gegen die Unnatur der Verhältnisse gewesen, hier subsummierte man sozusagen alles. Das Opfer wurde zur Anklage gegen die Gesellschaft, die dieses Opfer täglich kategorisch fordert.

Von den hier reproduzierten Blättern seien einzig die Blätter des Rumänen Pascin, der Franzosen Toulouse-Lautrec und Forain und des Deutschen Berneis besonders hervorgehoben. Unheimlich ist der Zynismus bei allen vieren, aber er ist ins Heroische gesteigert und damit vollauf begründet. Jedes einzelne dieser Blätter ist eine wuchtige Anklage (Bild 40, 378, 382, 383).

Kann man angesichts des Reichtums an Material, der hier vorhanden ist, auf diesem Gebiet der sozialen Satire den Vorwurf nicht anwenden, der im vorigen Kapitel gegenüber der dort behandelten Materie erhoben ist, so muß man doch das eine hervorheben: zu Ende geschrieben ist auch diese satirische Anklageschrift noch lange nicht, noch mangelt sehr stark die prinzipielle Note. Diese setzt freilich die zur festen und vor allem allgemeinen Überzeugung gewordene Weltanschauung voraus, daß die Weltgeschichte nicht mit dem Jahre 1900 ihr löbliches Ziel erreicht hat.

*

384. Aus: Die Barrisons. Th. Th. Heine

VII

Vom Kothurn zum Überbrettl

Das Theater in seinen verschiedenen Formen der Entwicklung und alles, was irgendwie mit ihm verwandt ist, also die öffentlichen Aufführungen jeder Art von Musik, Gesang, Tanz usw., — das Theater kann zweifellos als die Stätte bezeichnet werden, die zu allen Zeiten und in allen Ländern das meiste Ansehen genossen hat. Die Genüsse, die diese Stätte bot, waren, wenn nicht immer die geachtetsten, so doch stets die populärsten Künste, die begehrtesten Genüsse des öffentlichen gesellschaftlichen Lebens. Schon aus dieser Wertschätzung folgt von selbst, daß von allen Frauenkategorien naturnotwendig die zum Theater gehörigen Frauen ebenso des meisten Interesses teilhaftig werden, und daß sich auf die Sterne, die unter ihnen aufleuchten, auch die meisten und verschwenderischsten öffentlichen Huldigungen konzentrieren.

Dieses Interesse und diese Begeisterung hatten im Guten zweifellos eine sehr edle Berechtigung. Die stark verbreitete Sehnsucht, das Einzelschicksal oder das politische Geschehen in seiner Gesamtheit schauend und hörend mitzuerleben, und sei es nur im komprimierten Spiegelbilde, ist ein wichtiges Dokument des kulturellen Strebens. Das Gleiche gilt von dem ebenso allgemeinen Verlangen, aller künstlerischen Offenbarungen teilhaftig zu werden, durch die die Höhe der erreichten Menschheitskultur im einzelnen Genie gipfelt, sei dies in Mimik, sei dies in Rhythmik der Gesten und Bewegungen, sei dies in Tönen usw. In der reinen Form ist daher auch die huldigende Begeisterung für die Vermittler, also für die Schauspieler, Sänger, Tänzer usw. durchaus begründet und nicht nur natürlich, sondern auch anerkennenswert.

Leider darf man nicht übersehen, daß der ungeheuerliche Kultus, der mit den darstellenden Künstlern, und vor allem mit denen weiblichen Geschlechts, zu allen Zeiten getrieben wurde und getrieben wird, in der Hauptsache von einer ganz anderen Quelle gespeist wird: Nicht von dem reinen Sehnen nach kultureller Aufwärtsentwicklung, nach immer erhabeneren menschheitlichen Höhen, sondern in erster Linie und in der Hauptsache von dem Verlangen nach sinnlichem Genießen.

Der Inhalt der meisten öffentlichen Schaustellungen betrifft die Geschlechtsliebe, ihre raffinierte, bis ins Detail gehende Sezierung und ihre Verherrlichung. Diesem Zwecke dienen die plastischen Figuren des Balletts nicht weniger deutlich als die eindeutigen Zoten der pikanten Chansonettensängerin. Das stete Thema des Schau=

385. **Der entrüstete Bischof.** Englische Karikatur auf den Kampf der Kirche gegen das Ballett. 1807

386. Sophie Schröder in den Hugenotten

spiels, des Lustspiels, der Komödie ist ebenfalls das Geschlechtliche, und die berauschenden Skalen der Musik klingen überhaupt fast von nichts anderem als von den Wonnen und Seligkeiten der Liebe. Natürlich wechseln die Formen, sie sind bekanntlich bei allen Kunstgebieten um so deutlicher und um so derber, je weiter wir zurückschauen. In verschiedenen Zeitaltern ist jede Art öffentlicher Schaustellung nichts anderes als das schrankenlose Austoben zügelloser Erotik. Ob aber die Formen derb sind oder raffiniert: in dem einen, in der Rückwirkung auf den Vermittler bleibt es sich immer gleich: der Vermittler wird in der Phantasie der Zuschauer immer und unwillkürlich zum Träger des Inhalts, er wird sein Prophet, sein Verkünder, sein Propagandist, der Inhalt wird in ihm personifiziert. Dieser Umstand ist sehr wichtig und darf nicht übersehen werden, denn aus dieser Personifikation des Inhaltes erklären sich allein die extravaganten Formen des Kultus, der zuzeiten mit den Theatergrößen getrieben wurde und getrieben wird: sie wachsen in der Phantasie des Beschauers selbst zu Idealen empor. Wenn eine Frau öffentlich in Liebe agiert, in raffinierten Bewegungen und Wendungen, in Worten, Tönen und Gesten voll wahnsinniger Glut alle Steigerungen und Stadien glühendsten Verlangens, zärtlichster Hingabe entwickelt, demonstriert und vorgaukelt, sagt sie immer und immer auch: „Das bin ich, ich persönlich."

Nun kommt aber noch etwas Weiteres hinzu. Ein anderes, unvermeidliches Ergebnis ist, daß von selbst direkte Beziehungen zwischen dem Darsteller und dem Publikum entstehen. Erst geistige, dann direkt persönliche, physische. Das aufleuchtende Verständnis schlägt Brücken von einem jeden einzelnen zu dem im Brennpunkte aller Blicke agierenden Künstler. Die Folge ist, daß aus dem: „Ich gehöre euch allen", das der Künstler durch sein ganzes Tun verkündet, jeder die scheinbar nur an ihn gerichteten Worte heraushört: „Ich gehöre dir." Jeder bezieht alles auf sich, jedes Wort, jede Geste, jeden Klang bringt er mit seiner Persönlichkeit in Beziehung und kalkuliert und variiert die Möglichkeiten, er spielt mit. Daß dies im Idealen wie im Niedrigen der gewollte Zweck ist, darf natürlich nicht übersehen werden, braucht aber auch nicht weiter begründet zu werden.

Diese direkten und indirekten Beziehungen lassen sich durch das Verhalten der Zuhörer oder Zuschauer bei jeder Gelegenheit auf das einfachste nachweisen. Zu bestimmten Zeiten traten diese Beziehungen in der allerderbsten Weise zutage. Taine sagt z. B. in seiner englischen Geschichte über die männlichen Theaterbesucher in der lockeren Restaurationsperiode, die in England nach dem Tode des strengen Lordprotektors unter Karl II. einsetzte, folgendes:

„Die vornehmen Herren ergreifen mit dem Dichter die Partei des Galans, sie verfolgen mit Interesse dessen galante Liebesabenteuer und haben im Geiste dasselbe Glück bei den Schönen."

Durch diese Untergründe ist in gleicher Weise erklärt, daß der Heldentenor oder der erste Liebhaber täglich Dutzende von Liebesbriefen auf seinem Tisch findet, und daß andererseits — was auch heute noch vielfach gültige Tradition ist — alle öffentlich auftretenden Frauen als Freiwild gelten, auf die ein jeder pürschen könne, dem die Lust ankommt, die indirekte Beziehung in einer direkt persönlichen fortzusetzen. Die nächste selbstverständliche Konsequenz ist auch, daß jede öffentlich auftretende Frau mit diesem Faktor rechnen muß.

Diese Konsequenzen wurden früher nicht nur nicht bestritten, sondern offen und unverschleiert anerkannt und als Basis in die Rechnung eines jeden Theaterunternehmens eingestellt. Die Anerkennung dokumentierte sich vor allem klar und deutlich in den direkten Beziehungen zur Prostitution. Engere konnte es gar nicht geben. Die sämtlichen Schauspielerinnen, öffentlichen Sängerinnen und Tänzerinnen entstammten bis weit ins 17. und 18. Jahrhundert hinein den niedersten Kreisen, d. h. sie waren sozusagen nur verkleidete Prostituierte. Viele Theaterunternehmer rekrutierten ihre weiblichen Kräfte aus den Bordellen. Daß die Frauen der Demimonde diesen Tausch sehr gerne machten und stetig danach strebten, irgendwie öffentlich aufzutreten, liegt auf der Hand. Dadurch, daß die Frau vor das grelle Lampenlicht trat, konnte sie mit allen ihren Reizen und Vorzügen brillieren und werben. Das steigerte

Ein Attentat auf die Schauspielerin Rachel unter dem Vorwand von Ovationen

387. Bernier

ihre Chancen, ihr Wert stieg, sie konnte unter Dutzenden wählen. Heinrich Heine sagt darüber in den „Französischen Zuständen":

„Die eigentlichen unterhaltenen Frauen, die sogenannten femmes entretenues, empfinden die gewaltigste Sucht, sich auf dem Theater zu zeigen, eine Sucht, worin Eitelkeit und Kalkül sich vereinigen, da sie dort am besten ihre Körperlichkeit zur Schau stellen, sich den vornehmen Lüstlingen bemerkbar machen und zugleich auch vom größeren Publikum bewundern lassen können."

Natürlich dauerte die Verkleidung nur während der Vorstellung, im Hauptberufe diente man nach wie vor noch dem frechen Gotte von Lampsakus. Das gilt in gleicher Weise für England, Frankreich, Deutschland, Italien, Rußland, kurz für alle Länder. Die galanten englischen Kavaliere des 17. Jahrhunderts vergnügten sich, wie Dühren nach einem englischen Autor zitiert, mit den Schauspielerinnen im „green room" auf eine derart unanständige Weise, daß die Königin Anna, die letzte der Stuarts, im Interesse der öffentlichen Sittlichkeit eine Verordnung erließ, „that no person of what quality soever presume to go behind the scenes or come upon the stage either before or during the acting of any play."

Erst sehr spät änderte sich diese Physiognomie des Theaters gründlich dadurch, daß es seine direkten Beziehungen zur Prostitution einschränkte und wirklich zu einer Stätte wurde, wo die darstellenden Künste frei von jeder gemeinen Spekulation einzig dem Schönen, Großen und Edeln dienen. Es war aber überall ein harter Kampf. Trotzdem für Deutschland die couragierte Neuberin bereits in der ersten Hälfte des 18. Jahrhunderts prinzipiell mit der Reinigung des Theaters begann, kam man doch erst in der zweiten Hälfte des 19. Jahrhunderts zu einer durchgreifenden Besserung. Damit ist freilich nun nicht gesagt, daß heute bei der Bühne die sämtlichen Beziehungen zur Prostitution gelöst wären. Nein, die freiwillige Prostituierung des weiblichen Personals ist für zahlreiche Theaterunternehmer noch immer die Basis ihrer Rechnung. Als einziger Beweis, der leider durchschlagend ist, sei der berüchtigte Kostümparagraph zitiert, der sich in zahlreichen Engagementskontrakten befindet:

Madame Ristori als Maria Stuart
388. Felicien Rops. 1856

„Dem männlichen Mitglied wird das zu den Vorstellungen erforderliche historische Kostüm nach Anordnung der Bühnenleitung geliefert. Weibliche Mitglieder haben sich alles auf eigene Kosten zu stellen."

Das gilt häufig für die Choristinnen nicht weniger als für die Primadonna. Was heißt das aber, wenn man erwägt, daß nicht selten die Garderobe für einen einzigen Abend die Gage eines ganzen Monats und noch mehr verschlingt? Nun, es heißt nichts anderes, als daß dem Kostümparagraphen die folgende infame Kalkulation zugrunde liegt: In der Bühnenbeleuchtung kommen die körperlichen Qualitäten der Frauen am vorteilhaftesten zur Geltung und machen darum diese derart begehrenswert, daß jede mit Leichtigkeit einen zahlungsfähigen Käufer ihrer Reize findet, der mit Vergnügen

Ein Ehemann plündert die Blumen im Kopfputze seiner Gattin, um sie der Pepita zuzuwerfen.
389. Cajetan. Wiener Theaterzeitung

bereit ist, alle Kosten ihres Unterhaltes zu tragen. Eine Schauspielerin usw. hat daher nicht nötig, von ihrer Gage zu leben. Diese günstigen Chancen, die das Theater seinen weiblichen Mitgliedern bietet, haben diese dadurch auszugleichen, daß sie den Kostümetat des Theaters entsprechend erleichtern.

In der Gegenwart weist das tiefste sittliche Niveau noch das englische Theater auf, und zwar durch eine Bestimmung, die geradeso kategorisch gehandhabt wird, wenn sie auch nicht in eine geschriebene Paragraphenform gefaßt ist: In keinem Lande ist körperliche Schönheit einer öffentlich auftretenden Künstlerin so sehr erste Bedingung wie in England. Diese entscheidet, und nicht das Talent. Es handelt sich natürlich nicht um reine Schönheit, sondern um Pikanterie in der Richtung des Sinnlichen. In den keuschesten Rollen goutiert man die körperlich pikantesten Darstellerinnen. Das ist auch ganz logisch gemäß dem Wesen der Prüderie, die sich freilich im letzten Grunde, wo man sie auch aufdeckt, immer als das eine enthüllt: als — Schweinerei.

Was vom Theater früher galt, das gilt in potenziertem Maße von jeder Art Tingeltangel, angefangen von den wüsten Musikhallen des 18. Jahrhunderts bis herauf zu den weltberühmten Londoner, Pariser und Berliner Variétés unserer Tage. Hier haben sich die Verhältnisse niemals geändert, hier bestehen heute noch die direktesten Beziehungen zur Prostitution, und die Physiognomie ist nur insofern eine andere geworden, als das Programm, durch das der Gaumen der Zuschauer gekitzelt werden soll, ununterbrochen raffinierter wurde. Da beim Tingeltangel die Erotik sogar das offizielle Programm ausmacht, so sind die geschlechtlichen Beziehungen zwischen Darstellerin und Publikum der unverschleierte Hauptzweck. Als Beweis genügen die Hinweise auf das erotische Thema aller Lieder, Couplets, Witze und Tricks, auf das erotische Raffinement sämtlicher Kostüme und auf die augenfällige Betonung des Erotischen in der pomphaften Reklame. Im Nebenberuf die offizielle Maitresse dieses oder jenes Fürsten zu sein, bildet für eine Sängerin oder Tänzerin die Hauptanziehungskraft, das macht die Wirkung ihres öffentlichen Auftretens vor allem pikant. Jeder Hörer genießt im Geiste mit, fühlt sich beehrt, als ebenfalls mit zur Tafel gezogen, denn sie lüftet doch eben auch vor ihm die Röckchen, wiegt auch vor ihm kokett den Schlangenleib usw. Der Weltruhm, den Cleo de Merode genießt, resultiert sicher zur Hauptsache daraus, daß sie offiziell die Gunst des gekrönten Kongoexploiteurs Leopold genießt. Ohne diesen pikanten Beigeschmack wäre das Auftreten dieses eingewickelten Bleistiftes auf die Dauer nur ein Gaumenkitzel für die ganz Perversen gewesen.

An diesem Grundcharakter hat der im Überbrettl unternommene Veredelungsversuch auch nicht ein Atom zu ändern vermocht. Es ist nichts mehr als ein Witz gewesen, in dieser Form aus dem Variété eine Stelle machen zu wollen, wo stolze Satire und kecke aber echte fröhliche Kunst herrschend ihr Zepter schwingt. Ja, wenn Frechheit und Einbildung Genie gewesen wären. Sehr bald ergab sich, daß die „Veredelung" nur darin bestand, daß man in der Gemeinheit die Spitze erklomm und sich Mittelmäßigkeiten leistete, die nicht einmal auf einem mittleren Variété möglich gewesen wären. In seines Jugendlenzes Blütentagen war seines Witzes Spitze „Der lustige Ehemann", was freilich bei der politischen Unfreiheit unserer Zustände auch gar nicht anders zu erwarten war. Unsere Polizei gestattet auf dem Theater ja gar nicht den Flügelschlag einer freien Seele. Aber diese polizeiliche Fürsorge war in diesem Falle sogar überflüssig. Auch ohne sie hätte sich in den ersten Wochen dasselbe Resultat ergeben, was freilich für jeden logisch Denkenden sowieso feststand: daß man nämlich in der Dichtergeneration von der Wende des 19. Jahrhunderts vergeblich nach stolzen Idealen, vergeblich nach festbegründeter Weltanschauung, nach Mut und politischer Überzeugungstreue ausschaut. Was diese Generation auszeichnet, ist nur das Raffinement, das sich immer in den Zeiten in der Literatur einstellt, wo sich ein gesellschaftlicher Auflösungsprozeß vollzieht. Indem

390. Albert Guillaume. Ein Engagement

Marie Geistinger

Adelina Patti

Josephine Gallmeyer

391—393. Österreichische Karikaturen

die poetischen Dreierlichter des allerjüngsten Deutschlands in komische Biedermaierfräcke schlüpften, glaubten sie auch schon das Rezept in der Tasche zu haben, das den Ruhm des Montmartre vor zwanzig Jahren über die ganze Welt trug. Der Unternehmungsgeist fehlte ihnen nicht, aber eben das, was diesen Ruhm einzig möglich macht — die fest fundierten Ideale. Diese wuchsen nämlich tatsächlich noch vor zwanzig Jahren auf dem Montmartre droben, sie machten aus den Maupassant, Daudet, Willette usw. Kerle, ganze Kerle. So etwas ist natürlich nicht im Treibhaus der Einbildung und auf dem Mistbeet der politischen Charakterlosigkeit zu ersetzen. Darum bestand der einzige Erfolg dieser Bewegung in Deutschland darin, daß das Programm des Tingeltangels um einige raffinierte Nummern vermehrt wurde.

Die Veredelung des Variétés mußte aber auch noch aus einem anderen Grunde scheitern, auch wenn sie von einer stärkeren Eigenkraft getragen worden wäre. Das Tingeltangel kann nicht veredelt werden. Diesen Versuch kann daher nur unternehmen, wer vollständig die Untergründe verkennt, die das Wesen des Variétés bedingen. Das Tingeltangel ist ein erotisches Betäubungsmittel, das in seinem Wesen der überreizten Lebenshast der modernen Zeit entspricht; es soll nichts anderes sein als ein Narkotikum. Zu reformieren gibt es da nichts, Sumpfblüte bleibt Sumpfblüte. Wenn man die einzelne Blüte beschneidet, treibt der Sumpf neue, aber niemals werden Lilien daraus. Man kann das Variété in seiner Art nur raffinierter machen, und dazu hat denn auch, wie gesagt, der Versuch, es zu veredeln, glücklich geführt.

* * *

Daß ein solches Verhältnis nach jeder Richtung ein überaus fruchtbarer Boden für die Karikatur ist, bedarf keiner weiteren Begründung. Tatsache ist denn auch, daß wir Karikaturen auf alle irgendwie schau-

Die göttliche Sarah

Karikatur auf Sarah Bernhardt von C. Léandre. Um 1900

Eleonore Duse

Karikatur von Olaf Gulbransson

spielerisch öffentlich auftretenden Frauen in jeder Zeit und in jedem Lande relativ häufig begegnen. In ruhigen Zeiten interessierte alles an ihnen, jede dargestellte Seite fand Neugierige. Noch mehr stehen in reaktionären Zeiten Schauspielerinnen, Sängerinnen, Tänzerinnen direkt im Mittelpunkt des öffentlichen Interesses. In solchen Zeiten konnte ein guter Einfall, ein guter Bericht über eine Sängerin oder Tänzerin wochenlang das Stadtgespräch bilden. Man hat sicher seinerzeit in München eine ganze Woche gelacht, als der humorvolle Schleich in dem von ihm herausgegebenen „Punsch" den folgenden Schuster-Boy's letter to Miss Lydia Thompson richtete, als diese im Sommer 1856 die Münchner mit ihrem „Tanzl" erfreute:

„My dürr Miss! I have gewesen in His Dingelstedts Theatre for looking Your Tanzl. Vous êtes the ‚blond Pepita', aber — I confess it ganz aufrichtig — the schwarzing pleases me better! I find Your littl Gesichtl very hübsch, that is wahr; I am of Meinung, that your Conversäschn make a good Eindruck, doch what betrifft te Scottisch dance — the Sak of dudle is very fine langweilig! I bitt you pardon for this schandfull English, what I spik; in my Situäschn as Schusterboy I have not Occäschn for Perfekschn. I must semper wichsing Stiefels and holing Würstls. Wenn I will studiring, comes the master und dann heisst's: hau do you do! — Time is monney; I have weder time noch monney. Nothingdestoweniger I go ins Theatre, wenn es gibt a plastish Representätschn. Eben desshalb war ich gewissermassen verdriesslich of Your weit pludering Pantalons. I war on a standerling Place auf the second gallery and for my fufzehn Kreutzers I have gehabt amiusement genug; — in the ‚Piccarde' Your Kittel very little, and alls fort Tricot, and hupfing and springing war very lustig. You have not so viel Feuer, wie eine Spanierin, aber that versteht sich von himself, your Näsch'n (nation) is cold. I wisch You good morning, and happy voyage. I bin, Miss, Your submisser Sepperl, boy of schuster of Munich of old Bavaria."

Daß man von solchen Berichten tatsächlich wochen-

Sarah Bernhardt, als moderne Respa, ihren Sohn verteidigend.
394. J. Keppler. Puck. New-York

lang und noch länger sprach, das bestätigt wörtlich Börne. Er teilt mit, daß, als er nach Berlin kam, man nichts anderes von ihm wußte, als daß er einen geistvollen Artikel über die Henriette Sonntag geschrieben habe. Das wurde ihm aber auch als höchster Ruhm angerechnet. „Das ist der Mann, der . . . ," so wurde überall geflüstert, wohin er kam. Dieses verstiegene Theaterinteresse ist freilich alles andere eher als ein Zeichen einer sich mit elementarer Gewalt durchsetzenden geistigen Hochkultur, es ist vielmehr ein krasses Dokument der politischen Unfreiheit, die den Horizont künstlich auf dieses eine Gebiet eingeengt hat, denn im Kleinen und Kleinlichen erschöpft sich in diesen Zeiten der Kultus, der vom Publikum mit den Theatersternen getrieben wird.

Gleichwohl, das positive Resultat von alledem ist, daß wir in der Karikatur eine fast lückenlose Porträtgalerie aller halbwegs berühmten darstellenden Künstler haben. In der englischen Karikatur von etwa 1780—1840 und in der französischen der Gegenwart ist in dieser Porträtgalerie nicht nur jede Künstlerin vertreten, sondern die berühmten dutzend- und hundertfach. Von einer Sarah Bernhardt, um nur eine einzige zu nennen, könnte man sicher mit einigem Sammlerfleiß deren fünfhundert, vielleicht aber auch die doppelte Zahl nachweisen.

Dem Datum nach traten die Schauspielerinnen, Sängerinnen und Tänzerinnen natürlich relativ sehr spät in die Karikatur ein, und zwar deshalb, weil die öffentlich auftretenden Frauen eine sehr späte Errungenschaft sind. In England begegnete man z. B. erst vom Jahre 1660 ab Frauen auf der Bühne, vorher wurden die Frauenrollen, wie auch in Deutschland, stets von verkleideten Männern oder Kastraten gespielt. Die berühmteste der frühen Karikaturen auf die Schauspielerinnen ist der große Kupferstich von Hogarth „Herumziehende Komödiantinnen in einer Scheune". Lichtenberg hat zu diesem Kupfer einen 24seitigen Kommentar geschrieben, den er mit folgenden Sätzen begann:

„Vielleicht ist, seitdem Grabstichel und Pinsel zur Satyre angewand worden sind, nie so viel muntere Laune in einen so kleinen Raum zusammengedrängt worden, als hier . . . Jeder Winkel dieses Heiligtums der Ceres verkündigt die Gegenwart des mächtigsten Satyrs." (Siehe Beilage.)

Heute versteht man unter Satire freilich etwas wesentlich anderes.

395. Titelblatt einer Berliner Flugschrift

396. Olaf Gulbransson. Isadora Duncan. Simplicissimus

In derartig allgemeinen Motiven sind Schauspielerinnen, Sängerinnen usw. von der Karikatur gewiß immer behandelt worden, aber die persönliche Karikatur herrscht auf diesem Gebiete doch zu allen Zeiten vor, denn ganz bestimmte Personen geben doch meistens die Anreize. Eine selbstverständliche Erscheinung ist, daß man

Vorbereitungen zur Rettung Pisas

Der Gang ins feindliche Lager

Monna Vanna

397 u. 398. O. Gulbransson. Simplicissimus

hier auch ganz dasselbe erlebt wie auf allen Gebieten der persönlichen Karikatur, d. h. die Satire ist sehr häufig Pamphlet. Ja, dies ist hier vielleicht noch viel häufiger der Fall als anderswo, denn bekanntlich spielten skrupelloser Ehrgeiz, Neid und Gehässigkeit nirgends eine solch große Rolle wie auf dem Theater. Diese Gefühle haben die Satire sehr häufig in ihren Dienst gestellt, und diese hat dann auch das ernsteste Streben nicht verschont. Ein Beispiel mag der Kampf, der gegen die Neuberin geführt wurde, liefern. In einem satirischen Opus, betitelt: „Leben und Thaten der weltberüchtigten . . . . . Frau Friederika Karolina Neuberin", finden sich folgende Stellen:

„Wie wird mir? Werd ich sie nicht allbereits gewahr?
Ja, ja, ich seh sie selbst, ich seh ihr blondes Haar,
Ich seh ihr kleines Kinn, die aufgeschnürten Brüste
Und endlich gar, welch Glück! die Muschel gailer Lüste.
Nicht weit vom Munde hat ein Wärzchen seinen Sitz,
Um das vier Haare stehn: O hätt' ich Rostens Witz,
So wollt ich sie vom Kopf bis auf den Fuß beschreiben;
Allein so mag ihr Bild nur unvollkommen bleiben.
Doch wollt ihr Sterblichen ihr artig Fußwerk sehn,
So dürft ihr jetzo nur nach ihrem Schauplatz gehn;
Doch daß euch nicht ihr Putz zu Eitelkeiten locke,
So wißt, sie zeigt sich da in einem Unterrocke,
Der ihr die Beine kaum bis an die Waden deckt,
In welchen, wie man sagt, ihr Geist zum Dichten steckt . . ."

Der kleinliche Haß hatte dieser mutigen Frau gegenüber freilich tausend Gründe, sein Gift zu verspritzen, und es ist gar nicht verwunderlich, wenn auch berichtet wird, daß auch Karikaturen, die von ähnlichem Geiste getragen waren, wider sie erschienen sind.

Wenn man von der modernen Karikatur füglich sagen kann, daß sie auf allen Gebieten mehr als je einen persönlichen Charakter trägt, so kann man doch ebenso uneingeschränkt erklären, daß das Pamphletistische ebensosehr verschwunden ist, und das gilt auch gegenüber dem Theater. Seit man aufgehört hat, sich im Streit darüber, ob z. B. der Triller einer Sängerin oder der Pas einer Ballettänzerin die höchste Offenbarung sei oder nicht, die Köpfe wund zu schlagen, hat auch die Karikatur aufgehört, in diesem Streit der Meinungen die frühere Rolle zu spielen ...

Vom modernen Variété ist oben gesagt worden, daß es das adäquate Ergebnis der überreizten Lebenshast unseres Zeitalters sei. Man kann dies noch dahin erweitern, daß es auch der bezeichnendste Spiegel der sittlichen Zustände unserer Großstadtkultur ist. Das ehemalige Moulin Rouge und das Petit Casino im heutigen Paris, die Londoner Alhambra und der Berliner Wintergarten kennzeichnen den exaltierten und schwülen Charakter unseres nervösen sinnlichen Genußlebens deutlicher als alle anderen Erscheinungen des öffentlichen gesellschaftlichen Lebens. Dasselbe gilt auch von allen den Veredelungsbestrebungen, der Kabarettbewegung, den Seancen der Barfußtänzerinnen, Schlaftänzerinnen usw. Weil dies der Fall ist, entwickelten sich hier auch die bezeichnendsten Linien und Farben des sinnlichen Genußlebens; die elegantesten Linien und Bewegungen, die glühendsten und reichsten Farben, die es in der Welt der Erscheinungen gibt, offenbaren sich hier. Es ist kein Wunder, daß die moderne Karikatur diese bezeichnenden und neuen Linien besonders gerne gefaßt hat, die künstlerischen

Die Gralshüterin

399. G. Brandt. Frau Cosima Wagner. Kladderadatsch

Im Faubourg Saint Denis: „O Magali, ma bien-aimée fuyons tous deux sous la ramée..."
400. C. Leandre. L'Illustration. 1897

Motive, die diese Stätten bieten, sind für den Künstler unwiderstehlich, und alle Begabungen: Groteske, Humor, feine Charakteristik, Satire finden hier die reichsten und unerschöpflichen Anregungen. Die hier reproduzierten Blätter von Heine, Gulbransson, Leandre, Toulouse-Lautrec, Wilke belegen eine jede dieser Seiten; es sind alles in ihrer Art charakteristische Proben. Das ist die Diva vom Petit Casino in ihrem ganzen Raffinement, die der grandiose Toulouse-Lautrec mit ein paar verwischten Tönen und Strichen wie hingehaucht hat; das ist der pointierte perverse Überbrettl-blödsinn, den Wilke mit ebenso starker Meisterschaft in seiner „Diseuse" gibt (Bild 403 u. 404). —

Im Faubourg Saint Germain: „Die Lerche ist's und nicht die Nachtigall . . ."
401. C. Leandre. L'Illustration. 1897

Für die Sittlichkeitsbestrebungen war das Theater immer ein Hauptangriffs=
punkt. Da die jeweils herrschenden Sittlichkeitszustände an dieser Stelle immer
ihren prägnantesten Ausdruck gefunden haben, so wiesen die Unsittlichkeitsschnüffler
immer und immer wieder, und zuerst, mit sittlich entrüsteter Gebärde nach dem Theater.
Die meisten Angriffe galten natürlich der Unsittlichkeit des Balletts. Die allzu ver=
schwenderisch preisgegebene Wirklichkeit, das Zuviel in der Entkleidung und das
Zuwenig in der Bekleidung der Balletteusen spielt in allen Kämpfen gegen das
Nackte, die die Geschichte aller Länder zu verzeichnen hat, eine der wichtigsten Rollen.
Es gibt verschiedene Lex Heintze=Kämpfe, die speziell und allein der Unsittlichkeit des

Balletts galten. Satirische Kommentare zu einem der enragiertesten dieser Kämpfe sind die hier reproduzierten Karikaturen „Der entrüstete Bischof" (Bild 385) und „Die geistliche Prüfungskommission bei der Arbeit" (siehe Beilage). Diese beiden Blätter illustrieren den Kampf, der in England an der Wende des 18. Jahrhunderts gegen die Unsittlichkeit des Balletts geführt wurde und vor allem im Hause der Lords seine Stütze fand. Besonders köstlich ist der große Kupfer, der die Lords zeigt, wie sie eben in der Garderobe der Tänzerinnen die eingehendsten Feststellungen über die Tiefe des Kleiderausschnittes und die Länge der Röcke machen. Sie bestimmen natürlich einhellig für oben wie für unten, daß so viel öffentlich nicht gezeigt werden dürfe. Die Tänzerinnen sind freilich damit nicht einverstanden: „Ein solch schönes Bein," erklärt die zweite von links, „zu verstecken, das wäre wirklich ein Verbrechen, damit würde man uns ja den Weg versperren, unser Glück zu machen."

Natürlich mußte die Karikatur nicht selbst im Dienste muckerischer Unsittlichkeitsschnüffler stehen oder freiwillig deren Dienste tun, wenn sie ebenfalls gegen die Unsittlichkeit auf der Bühne zu Felde zog. Von Mademoiselle Parisot, der angeblich so Duftigen und Keuschen, meldet z. B. die Fama, daß sie trotz ihrer Keuschheit ihren begeisterten Verehrern im Parkett in der gleichen pikanten Weise entgegenkam, wie es vor ihr von so manchen Tanz-Berühmtheiten des 18. Jahrhunderts geschah, und wie es nach ihr eine Lola Montez und so viele der berühmten Pariser Kankaneusen des zweiten Kaiserreichs taten, d. h. daß sie bei ihrem öffentlichen Auftreten auf gewisse Teile des Kostüms verzichtete, auf die schlechterdings nicht verzichtet werden darf, wenn nicht aller Scham aufs infamste Hohn gesprochen werden soll. Wenn solches Tun von der Satire in Blättern wie dem von Newton (siehe Beilage) gegeißelt wurde, so erfüllte die Karikatur nur ihre sittliche Pflicht.

— „Nicht wahr, jetzt bekomm ich die Isolde zu singen, Herr Intendant?"

Am Ziel

402. F. v. Reznicek. Simplicissimus

Saharet

F. v. Reznicek. Simplizissimus. 1904.

MADAMOISELLE PARISOT

Englische Karikatur von M. Newton auf die gefeierte Londoner Balletttänzerin Parisot. 1802

Wogegen sich die Sittlichkeitsbestrebungen, die muckerischen Unsittlichkeitsschnüffler niemals oder doch immer nur mit den leisesten Tönen gewandt haben, trotzdem gerade hier alle sittliche Entrüstung angebracht wäre, das ist die Unsittlichkeit des Verhältnisses, das aus der Frau am Theater erst selbst das Opfer macht, ehe sie als Verführerin wirkt — die Leibesknechtschaft, der früher fast alle Frauen am Theater unterworfen waren, und in der heutigentags noch eine unendliche Zahl sich befindet. Es ist oben gesagt worden, daß sich die direkten Beziehungen zwischen Theater und Prostitution allmählich gelöst haben. Man müßte sich deutlicher aussprechen: sie sind eigentlich nur einseitig verringert worden. Es verhält sich nämlich so: Die Frau steigt heute seltener auf die Bühne, um ihren Weg auf rentablere Weise in der Prostitution zu machen, wohl aber muß sie sich nach wie vor prostituieren, wenn sie ihren Weg auf der Bühne machen will. Die mit Recht berüchtigte Paschawirtschaft des Direktors oder Regisseurs ist fast noch ungebrochen. Sie sucht ein Engagement, gewiß, ihre Stimme ist herrlich, ihr Spiel ist bezaubernd, aber . . . aber „sie muß erst beweisen, daß sie gewillt ist, der Kunst jedes Opfer zu bringen". Sie wußte zum voraus, daß dieser Tribut von ihr gefordert werden würde, und da sie damit rechnete, so hat sie am Tage ihrer Vorstellung beim Intendanten auf ihre intime Kleidung sicher dieselbe Sorgfalt verwendet, wie auf die Einstudierung ihrer Proberolle (Bild 390). Es ist ein böses Wort, das aber noch für sehr viele Bühnen Geltung hat, daß das Engagement erst dann perfekt wird, wenn sie sich bereit erklärt hat, mit dem Gewaltigen „ein abendfüllendes Stück zu agieren, bei dem er die Hauptrolle hat, und das er ganz nach seinem Belieben immer wieder aufs Repertoire setzen darf". Gewiß wird dieses Herrenrecht meistens nur bei den Sternen zweiten und dritten Grades geltend gemacht,

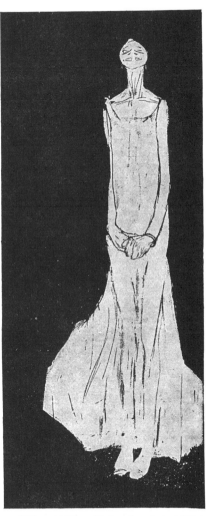

„Es kommt jetzt zum Vortrag ein von mir verfaßtes Lied ‚Das scheintote Stachelschwein'. Es enthält in überwältigender, tiefmenschlicher Tragik das Seelenleben eines betrunkenen Kehrichtwagenkutschers, über dem ein Dunstkreis von verhängnisvoller Schönheit wie ein Regenbogen schwebt."

403. R. Wilke. Die Diseuse. Simplicissimus

404. H. v. Toulouse-Lautrec. Die Kabarett-Diva

aber auch mancher Stern erster Ordnung hat sich damit die Wege zum Erfolg bahnen müssen. Und wenn die berühmten Theatersterne von solchen Tributforderungen auch nie etwas in ihren Memoiren und Erinnerungen vermerken, so hebt das die Tatsache doch nicht auf, daß auch sie gar oft erst auf diesem Wege das letzte Hindernis hinwegzuräumen vermochten, oder dadurch wenigstens am einfachsten und sichersten die vorhandenen Hindernisse zu überwinden vermochten, um jene Rolle zuerteilt zu bekommen, wo sie einzig ihr ganzes Können entfalten und somit endgültig durchdringen konnten. „Nicht wahr, jetzt bekomm ich die Isolde zu singen, Herr Intendant?" (Bild 402) so oder ähnlich — ein andermal hieß es „die Elsa", ein drittes Mal „die Donna Elvira" usw. usw. — durften hunderte der Besten erst sprechen, wenn sie ein liebenswürdiges Verständnis für die verliebten Wünsche des Herrn Intendanten durch die Tat dokumentiert hatten. Und nicht bloß der Indentant, auch der einflußreiche Kritiker hat diesen Tribut gefordert, und auch der ausschlaggebende Regisseur hat ihn einkassiert, und von da ab erst sind die beiden von ihrer Künstlerschaft voll überzeugt gewesen. Der tatsächlichen Belege für die Richtigkeit dieser Sätze bedarf es wahrlich nicht, es genügt, an die vielen Theaterskandale zu erinnern, deren Hauptpointe gewöhnlich darauf hinauslief, daß die verschiedenen Theatergewaltigen sich mit Recht rühmen konnten oder auch gerühmt hatten, alle oder wenigstens einen großen Teil der weiblichen Mitglieder der Bühne auch schon anders als bekleidet gesehen zu haben.

In der Karikatur spielt dieses Motiv der weiblichen Leibesknechtschaft am Theater erst seit wenigen Jahrzehnten eine würdige Rolle, d. h. erst seit dieser Zeit ist sie von prinzipiellen Gesichtspunkten diktiert. Was früher nur persönliches Pamphlet der in Skandalen spekulierenden Geschäftemacher war, das ist in den Blättern von Guillaume und Reznicek auf die Höhe wirklicher sozialer Satire gehoben. Den satirischen Ernst der Blätter dieser beiden Künstler vermag der Umstand nur wenig zu verschleiern, daß sie auf den Beschauer nebenbei auch pikant wirken. Man rufe sich bei dieser Gelegenheit ins Gedächtnis zurück, was weiter oben (Seite 172 und 173) über dieses Thema gesagt ist.

*

405. Karikatur auf Diana von Poitiers, die Maitresse Heinrichs II.

VIII

Der Unterrock in der Weltgeschichte

Es hat schon mehr als einen Schriftsteller gegeben, der viel mehr als einen blutigen Witz machen wollte, wenn er sagte: Die Untergründe und Geheimnisse alles geschichtlichen Geschehens sind im letzten Grunde immer nur mit der einen Formel zu lösen: cherchez la femme. Weiter ausgeführt sollte diese Formel bedeuten: Ihr Narren von Männern, die ihr wähnt, ihr wäret die Leiter der menschheitlichen Geschicke, ihr ständet in selbstherrlicher Größe auf der Kommandobrücke der Geschichte, ausschließlich euern selbstgefaßten Entschlüssen und Erwägungen entspränge alles öffentliche Geschehen! Das ist Selbsttäuschung. Ihr mögt die überlegene Miene des Staatsmannes, die tiefsinnige des Gelehrten, die zynische des Herrenmenschen, kurz welche ihr wollt aufsetzen, es bleibt sich immer gleich: aufgeblasene, eitle Hanswurste seid ihr, wenn ihr so denkt, und im besten Falle betrogene Betrüger, denn hinter jedem von euch raschelt ein Unterrock, und dessen Wünsche und Direktiven allein sind es, die ihr vollstreckt und erfüllt. Ihr seid weiter nichts als gefügige Sklaven eines im Hintergrunde dirigierenden weiblichen Willens. Weil er es will, hetzt ihr die Völker aufeinander, wenn er es will, seid ihr wild wie die Tiger oder harmlos und verträglich wie die Schafe im engen Stall . . .

Es sind gewiß nicht immer die Dümmsten gewesen, denen es gefiel, mit dieser Geschichtserklärung der mit seiner Gottähnlichkeit prunkenden männlichen Selbstüberhebung höhnisch lachend in die Parade zu fahren. Freilich, die Beweise, mit denen die Behauptung gestützt wurde, daß die Frau in allem der heimliche Kaiser sei, haben niemals das bewiesen, was die Vertreter dieser Ansicht im letzten Grunde beweisen wollten, daß — um es in der kürzesten Form zu sagen — das Sinnliche „einzig der Punkt ist, aus dem die Welt regiert wird", aber sie bewiesen doch das eine unwiderleglich: wie fadenscheinig die offiziellen Gründe sind, mit denen die Frau um ihre politischen Menschenrechte geprellt ist.

In dem vorliegenden Kapitel soll es sich nun nicht um die Vorführung und Würdigung der Belege handeln, die dieses angeblich allgemeine Gesetz: wie die Frau trotz ihrer Degradierung zu einem Menschen zweiter Klasse es versteht, sich an Stelle des Mannes zum Diktator aufzuwerfen, und wie sie die Geschicke der Menschen teils offen, teils versteckt beeinflußt, — nicht um die Würdigung der Belege soll es sich handeln, die dieses angeblich allgemeine Gesetz ebenso allgemein illustrieren, sondern nur um jene ganz bestimmten Frauen, die wirklich in dem eine Rolle gespielt haben, was man im politischen Sinne Weltgeschichte nennt, und zwar sei es infolge des Zufalls der Geburt, die sie auf einen Thron erhob, sei es durch die Macht, die sie entweder durch geistige Überlegenheit oder durch ihre sinnliche Wirkung über einen regierenden Fürsten oder einen Staatsmann erlangt haben. Natürlich kann es sich nur um einzelne charakteristische Beispiele in den verschiedenen Richtungen handeln, da, wie schon in der Einleitung gesagt worden ist, die persönliche Karikatur in diesem Buche erst an letzter Stelle stehen soll.

* * *

Man hat die regierenden Frauen nach zwei Gesichtspunkten

406. Italienischer satirischer Holzschnitt auf die angebliche Päpstin Johanna. 15. Jahrhundert

zu scheiden: in legitim und in illegitim regierende. D. h. wie oben angedeutet: in die kraft der herrschenden Erbfolgegesetze offiziell regierenden Fürstinnen und in die durch ihre Herrschaft über einen bestimmten Fürsten oder Staatsmann hinter den offiziellen Kulissen regierenden Frauen. Die illegitime Herrschaft der Frau hat ihre Spitze im politischen Maitressenregiment, und dieses dominiert wieder im Zeitalter des Absolutismus. Zeitalter des Absolutismus und Zeitalter des Maitressenregiments sind darum immer mit Recht synonyme Begriffe gewesen. Freilich ist das Maitressen= regiment immer nur die ausgesprochenste Form der illegitimen Regierung der Frau, in die Rubrik der illegitim regierenden Frauen gehören auch die zahllosen Ehe= gattinnen regierender Fürsten, die durch die Stärke ihres Geistes oder durch ihre Macht im Ehebett Herrschaft oder starken Einfluß über den schwächlicheren Gatten haben und es dadurch fertig bringen, in der Politik ihren Willen und ihre Ansichten auffällig zum Ausdruck zu bringen. Als Beispiele solcher Frauen seien nur genannt: Marie Antoinette von Frankreich, Königin Luise von Preußen, Kaiserin Eugenie von Frankreich und die ermordete Königin Draga von Serbien.

Im allgemeinen ist zu sagen, daß alle diese verschiedenen Kategorien, genau so wie alle politisch hervortretenden Männer von der Satire in Wort und Bild in ihrem Tun und ihrer Person kommentiert worden sind, die letztgenannte Kategorie

Die verliebte Katharina von Medicis

497. M. Merian. 16. Jahrhundert

Die Königin von Ungarn zieht ein Paar bayrische Hosen an

408. Englische Karikatur auf den Sieg Maria Theresias über Karl VII. von Bayern im österreichischen Erbfolgekrieg.

freilich meist nur dann in stärkerer Weise, wenn es augenfällig in Erscheinung trat, daß die vom Manne offiziell verfolgte Politik durch den hinter ihm stehenden weiblichen Willen bestimmt wurde.

Jedes Jahrhundert seit dem fünfzehnten kennt mehrere regierende Frauen, und jedes weist auch solche auf, die tatsächlich eine in ihrer Art bedeutende weltgeschichtliche Rolle gespielt haben. Als solche seien nur genannt: Katharina von Medicis, Maria Theresia von Österreich, Katharina II. von Rußland und die Königin Viktoria von England. Auf diese vier regierenden Fürstinnen sollen sich auch unsere Demonstrationen in dieser Richtung beschränken.

Katharina von Medicis, die berühmt-berüchtigte Tochter des Lorenzo von Medicis, die als Gattin Heinrichs II. nach Frankreich kam und nach dessen Tode im Jahre 1560 es verstand, die Regentschaft in ihre Hände zu bekommen, hat durch die skrupellosen Mittel, mit denen sie ihre Herrschaft errang und befestigte, durch die Infamie, mit der sie ihre Gegner niederwarf, zweifellos den allgemeinen Haß und die Verachtung in einer Weise an ihren Namen geheftet, wie außer ihr vielleicht nur Katharina II. von Rußland. Als ausreichender Beweis genügt die Erwähnung der Bartholomäusnacht, deren direkte Anstifterin und Leiterin sie gewesen ist. Der von Katharina von Medicis entfachte Haß reflektierte, da offene Angriffe fast ausgeschlossen waren, sehr bald in einer Reihe von satirischen Epigrammen, Anek-

409. Englische Karikatur auf die Herzoginnen Portland und Devonshire, die Freundinnen von Charles Fox. 1784

boten und Karikaturen, die immer sehr schnell von Mund zu Mund und von Hand zu Hand wanderten, weil der hauptsächlichste Haß wider ihre Person ihren Herd in der großen Partei der Hugenotten hatte. Für die stete Bereitschaft zu immer neuen Angriffen bot das persönlich sittenlose Leben der Königin und die von ihr am französischen Hof mit Raffinement inszenierte sittliche Korruption nicht nur den dankbarsten, sondern auch einen unerschöpflichen Stoff. Charakteristisch für die persönliche Schamlosigkeit Katharinas ist das folgende Vorkommnis, das ihr Zeitgenosse und Parteigänger Brantome über sie mitteilt:

„Als sie sich eines Tages von ihrem Kammerdiener die Strümpfe und Schuhe anziehen ließ, fragte sie ihn, ob ihn das nicht in Aufregung und Versuchung bringe. Der Diener glaubte es gut zu machen und sagte aus Respekt vor seiner Herrin: Nein. Da erhob sie die Hand und gab ihm eine tüchtige Ohrfeige. „Fort," rief sie, „du kannst deinen Dienst aufgeben, du bist ein Einfaltspinsel, scher dich deiner Wege!"

So groß die Schamlosigkeit ist, die sich in diesem Vorkommnis offenbart, so ist sie doch relativ harmlos im Vergleich zu der Schamlosigkeit der Mittel, die Katharina anwandte, um mit Hilfe der Wollust den ganzen französischen Hof in ihrem Herrschaftsinteresse zu korrumpieren. Das charakteristischste Beispiel für ihre Korruptionsmethode ist ihr weiblicher Hofstaat, der aus den schönsten und zum Teil vornehmsten Frauen Frankreichs zusammengesetzt war. Diesem illustren Hofstaat war sozusagen die einzige Aufgabe gestellt, den ganzen Hof systematisch in einen Taumel der Sinnlichkeit zu versetzen und jeden Augenblick zu den tollsten Ausschweifungen zu verleiten. Diesem edeln Zwecke diente vor allem das raffinierte Kostüm, das die Tochter des großen Lorenzo für ihren Hofstaat entwarf. Nach den Schilderungen von Zeitgenossen und nach bildlichen Darstellungen, die noch erhalten sind, bestand das Oberkleid aus einem enganliegenden Panzer, an dem sich vorne Ausschnitte in der jeweiligen Größe des Busens der betreffenden Dame befanden, aus denen die beiden Brüste völlig nackt hervortraten. Der Rock, unter dem kein weiteres Kleidungsstück getragen wurde, war auf beiden Seiten bis zur Höhe der Hüften aufgeschlitzt und nur durch einige Spangen lose zusammengehalten, so daß bei jeder Gelegenheit, beim Sitzen, beim Gehen, beim Stehen und vor allem beim Tanzen die intimsten Reize dieser schönen Frauen den neugierigen Blicken der Hofleute sichtbar wurden. Diese Kleidung hatten die Hofdamen angeblich bei allen Hoffesten zu tragen (vgl. auch S. 336).

Die Satire hat nicht versäumt, diese Debauchereien geschäftig in die Öffentlichkeit zu tragen. Von der von Brantome geschilderten Szene mit dem Kammerdiener, die selbstverständlich sofort das Hofgespräch bildete, erschienen mehrere Kupfer, von denen das Bild 407 den angeblich weitestverbreiteten zeigt. Das raffiniertschamlose Kostüm von Katharinas Hofdamen gab dem italienischen Karikaturisten Nicolo Nelli den Stoff zu einem ausgezeichneten satirischen Kupfer „Die ehrwürdige Königin aus Schlaraffenland", der den besonderen Zorn Katharinas erregt haben soll, denn war er auch in Italien entstanden, so fand er doch seinen Weg nach Paris und dort auch sehr viel begierige Hände und Augen. Dieser Kupfer und noch eine zweite Karikatur auf Katharina von Medici finden sich im ersten Band der Karikatur der europäischen Völker (vgl. dort Bild 54 und 55) abgebildet.

An die Namen Maria Theresia von Österreich und Katharina II. von Rußland knüpft sich ein Teil der wichtigsten politischen Ereignisse des

410. Englische Karikatur auf Katharina II.

RIDE for RIDE OR Secret INFLUENCE REWARDED.

411. Englische Karikatur auf die weiblichen Bundesgenossinnen der verschiedenen englischen Staatsmänner

18. Jahrhunderts, die wichtigsten Korrekturen der europäischen Landkarte, sie standen darum stets im Mittelpunkte der europäischen Streite und boten somit vor allem der internationalen Karikatur starke Anreize. Bei Maria Theresia, deren geistige Bedeutung in jeder Beziehung überschätzt wurde, und die viel richtiger taxiert ist, wenn man sie ebenso tief einschätzt, wie man sie hoch einschätzt, setzten die großen politischen Konflikte gleich bei ihrer Thronbesteigung ein. Alle europäischen Fürsten erblickten in ihrer Thronbesteigung eine günstige Gelegenheit, irgendwelche Ansprüche an die österreichischen Erblande geltend zu machen. Friedrich II. von Preußen machte Hoheitsanrechte an Schlesien geltend, Karl VII. machte Maria Theresia überhaupt die Krone streitig, was zu dem langwierigen, mit wechselvollem Glück geführten Erbfolgekrieg führte, Frankreich, Spanien und Sardinien hatten ähnliche Schmerzen. Diese Konflikte setzten sich fast während ihrer ganzen Regierung fort, die ganze politische Ära, die ihren Namen trägt, ist ein ununterbrochenes, internationales politisches Schachturnier, bei dem tatsächlich die Königin immer die wichtigste Figur ist. Da es sich, wie gesagt, stets um sehr große Korrekturen der europäischen Landkarte handelte, so hat die gesamte öffentliche Meinung Europas ein dauernd großes Interesse an der Entwicklung der Dinge genommen. Deutlicher Beweis dafür ist

die englische, holländische und französische Karikatur jener Zeit; in jeder finden sich mehr oder minder bedeutsame Blätter, die sich mit Maria Theresia beschäftigen. Der allgemeine Überfall, der von den sämtlichen europäischen Fürsten auf Maria Theresia sofort nach ihrer Thronbesteigung gemacht wurde, ist vielleicht am besten durch eine holländische Karikatur „Die Vergewaltigung der Königin von Ungarn" satirisch symbolisiert worden. Fünf Staaten: Preußen, Frankreich, Bayern, Spanien, Sardinien, die alle durch ihre Oberhäupter repräsentiert sind, haben die junge, schöne Königin bis aufs Hemd ausgezogen. Am stürmischsten verfährt dabei Friedrich II. von Preußen; während Bayern und Spanien sich mit den Strümpfen und dem Besitz des Korsetts und der Röcke begnügen, will Friedrich II. die junge Königin nötigen, ihm gänzlich zu Willen zu sein. Bei seinen kühnen Unternehmungen wird er vom Kardinal Fleury, dem Vertreter Frankreichs, hilfreich unterstützt, der sich zum Paravent für Friedrichs unsittliche Angriffe macht. Die boshafteste Pointe dieser Karikatur ist jedoch die: Maria Theresias Gemahl sieht allen diesen gegen seine junge Frau unternommenen Angriffen ganz gelassen zu, er begnügt sich damit, zu erklären: „Ich habe mich zur Neutralität verpflichtet." Die Derbheit dieser satirischen Argumentation verbietet natürlich die Reproduktion dieses Blattes.

412. Karikatur auf die Gräfin Lichtenau, die Maitresse Friedrich Wilhelm II. von Preußen

Die Niederlage Karls VII. von Bayern im österreichischen Erbfolgekrieg, die dieser mit dem Verlust der böhmischen Königskrone bezahlen mußte, illustriert das englische Blatt „Die Königin von Ungarn zieht ein Paar bayrische Hosen an." Die satirische Pointe geht auf Karl VII. und lautet: „Statt daß er den Unterrock bekam, hat er seine Hosen verloren" (Bild 408). Als im Jahre 1744 die Franzosen und Preußen in Böhmen gegen Maria Theresia unterlagen, war es ebenfalls England, das den Sieg Maria Theresias mit Karikaturen glorifizierte. Beim Siebenjährigen Krieg verhielt es sich ähnlich.

Wenn die Karikatur in der satirischen Darstellung der politischen Ereignisse, in die Maria Theresia mitverflochten war, wie man sieht, zwar auch sehr gerne pikante Pointen verwendete, so war damit der persönlichen Sittlichkeit Maria Theresias doch niemals ein Vorwurf gemacht, es war niemals etwas anderes als ein Mittel zu dem Zweck, die betreffenden Karikaturen interessanter zu machen, ein bloßes Nachgeben gegenüber einer Verleitung, die eben von vornherein da ist, sowie eine Frau in Frage kommt. Ein ganz ander Ding ist es, wenn wir von Katharina II. von Rußland kaum eine einzige Karikatur auftreiben können, in der nicht die Sinnlichkeit einen Akkord anschlüge. Diese Tatsache ist nichts anderes als ein beredtes Zeugnis dafür, daß die Skrupellosigkeit, mit der die ehemalige Zerbster Prinzessin vom ersten Tage ihrer Regierung an ihrem unstillbaren Liebeshunger öffentlich Genüge tat, derart verblüffend war, daß dies allem ihrem Tun das spezifische Kolorit gab, daß man ihr Bild nie zu geben vermochte, ohne es durch einen Zug

Der illustrierte königliche Wahlspruch:
Fat, Fair and Forty

413. Englische Karikatur auf Mrs. Fitzherbert, die Maitresse des nachmaligen Georg IV. 1786

Enjambée de la sainte famille des thuilleries à montmidy.
414. Französische Karikatur auf die Flucht der französischen Königsfamilie aus Paris. 20. Juni 1792

wüster Sinnlichkeit zu verzerren. Und in der Tat, die schamlose Sinnlichkeit der nordischen Messalina war derart ungeheuerlich, daß selbst dieses an die stärksten Dinge gewöhnte Zeitalter aus dem Staunen niemals herauskam. So ist denn auch das Ergebnis, wie es die Karikatur widerspiegelt, ganz folgerichtig: man sah in ihr immer das wollüstige Ungeheuer. Und weiter: man benutzte ihre Sinnlichkeit nicht bloß deshalb, um politische Karikaturen interessanter zu machen, sondern umgekehrt: man suchte in den politischen Konstellationen vielmehr die Formen, Katharinas Liebeswut so grotesk wie möglich, d. h. eben adäquat darzustellen. Das ist denn auch mehrfach verblüffend gelungen. Das bezeichnendste Beispiel ist der große, aus der Zeit der französischen Revolution stammende, farbige Kupfer „L'Enjambée Impériale", der Katharinas Weltherrschaftspläne zum Gegenstand hat (siehe Beilage in Bd. II der „Karikatur der europäischen Völker"). Eine weitere Folge ist freilich, daß es von keiner einzigen regierenden Fürstin ähnlich grotesk-kühne Karikaturen gibt, vor allem gibt es von keiner relativ so viele Karikaturen, die wegen ihrer erotischen Kühnheit heute von einer Wiedergabe ausgeschlossen sind. Aus der Zeit der großen französischen Revolution stammen übrigens die meisten Karikaturen auf Katharina II.; ihre wütenden Proteste gegen die Konzessionen Ludwigs XVI. veranlaßten die Karikaturisten, ihrer immer wieder zu gedenken. Einen Ausschnitt aus einem solchen Blatt — „Die letzten Konzessionen Ludwigs XVI." — zeigt hier das Bild 410.

Bei der Königin Viktoria von England verhielt es sich ähnlich wie bei Maria

Der unerwartete Besuch im Harem

415. Englische Karikatur auf die Kenntnis der Königin Karoline von dem ausschweifenden Leben Georg IV.

Theresia. Gewiß ist sie auf dem politischen Schachbrett nicht in demselben Maß die Hauptfigur gewesen, die bürgerliche Entwicklung hatte in England die Krone längst zur Exekutive verdammt; da aber wohl bei allen wichtigen politischen Umwälzungen und allen internationalen Ereignissen des 19. Jahrhunderts England irgendwie beteiligt war, so ist es begreiflich, daß die Königin Viktoria in der Karikatur zum Typ wurde, in dem man Englands Stellung und Rolle charakterisierte. Freilich weniger wegen ihrer persönlichen Politik, als wegen ihres langen Lebens, in dem sich die englische Geschichte am längsten verkörperte. The Queen in der Karikatur füllt dicke Mappen. Die wirklich guten Karikaturen von ihr hat jedoch erst das letzte Jahrzehnt hervorgebracht, in dem politisch wichtige Ereignisse, wie der Burenkrieg, mit einem künstlerischen Höhepunkt der Karikatur zusammenfielen. Der Franzose Leandre ist geradezu berühmt geworden wegen seiner Karikaturen auf the Queen — unverdienterweise, denn sie sind alle harmlos-humoristisch und halten in keiner Richtung den Vergleich mit den Blättern aus, die Th. Th. Heine und Bruno Paul von ihr gemacht haben (Bild 419 und Seite VII).

Es ist schon oben gesagt worden, daß die Zahl der fürstlichen Frauen, die durch ihre Einflüsse auf den offiziell regierenden Mann hinter den Kulissen mitregiert haben, hundertmal größer ist als die Zahl der wirklich regierenden Fürstinnen, und als Beispiele sind verschiedene genannt worden; hier sei der mit Belegen versehene Hinweis auf Maria Antoinette und auf die Kaiserin Eugenie beschränkt.

Beide Frauen figurieren überaus stark in der Karikatur, denn in beiden sah die Opposition den Hauptwiderstand oder den Hauptstützpunkt einer bestimmten Politik verkörpert. Natürlich kommt bei beiden noch hinzu, daß beider Namen mit politischen Wendepunkten der Geschichte verknüpft sind.

In Maria Antoinette, der Gattin des in jeder Hinsicht kläglichen Ludwig XVI., sprühte noch einmal der ganze frivole Leichtsinn des Absolutismus auf, der spielend Millionen verschwendete, der die Raubtiergier der gesamten aristokratischen Lumpokratie des 18. Jahrhunderts unter den fadenscheinigsten Rechtstiteln mit den fettesten Sinekuren fütterte, während das Volk tatsächlich vor Hunger krepierte. Andererseits war es nur zu offenkundig, daß sie nicht nur immer mitredete, sondern daß sich in ihr auch politisch das System verkörperte, das System, dem von der historischen Entwicklung längst das unrevidierbare Todesurteil gesprochen war, und das denn auch nicht wie ein reifer, sondern wie ein bereits fauler Apfel vom Baume der Entwicklung fiel. Diese Rolle schuf eine Folie, von der sich das Bild Maria Antoinettens aufs denkbar grellste abheben mußte; es gab dem Haß und der Verleumdung die letzte Waffe in die Hand. Es ist darum nicht verwunderlich, daß ihre Person nur selten auf den wichtigeren Karikaturen gegen die Monarchie fehlte, die in den ersten Jahren der französischen Revolution erschienen, und daß sie sogar sehr häufig die Hauptperson ist, daß sie als die dargestellt ist, von der die Initiative ausgeht, auf die die Verantwortung fällt. Ein Beleg dafür ist der im Original riesengroße farbige Kupfer „Enjambée de la sainte famille des thuilleries à montmidy", der zu den bemerkenswertesten Karikaturen der französischen Revolution zählt (Bild 414).

Eine so große historische Bedeutung kam der Kaiserin Eugenie gewiß nicht zu, aber es ist doch nicht zu übersehen, daß der Bonapartismus vom Jahre 1850 bis 1870 die tonangebende Note des europäischen Völkerkonzerts war, und daß Eugenie der typische Repräsentant des von den einen vergötterten, von den andern ebenso tödlich gehaßten Prinzips war, und weiter: daß sie in der gesamten bonapartistischen Politik tonbildend immer sehr stark mitwirkte, und zwar immer in ausgesprochen reaktionärer Richtung: der Jesuitismus hatte keine zärtlichere Busenfreundin und Fürsprecherin in der euro-

Isabella von Spanien überschreitet die Pyrenäen.
416. André Gill. Les Lanternes von Rochefort

M'sieu le Curé n'aime pas les Os —
417. Französische Karikatur auf die Prinzessin Mathilde

päischen Politik als sie. Alles das reichte natürlich vollkommen aus, um auch ihrer Person eine Folie zu geben, die den Gegnern jeden Zug für eine satirische Beleuchtung verführerisch machte. Die internationale Karikatur der Jahre 1855 bis 1870, die im deutsch= französischen Krieg ihren turbulenten Höhepunkt er= reichte, illustriert es durch Hunderte von Einzelblättern und Zeitungskarikaturen. Und wohl am deutlichsten dadurch, daß das satirische Thema ebensooft „Er, Sie, Es" und „Elle" wie „Lui" lautete. Eugeniens angeb= liche Libertinage und ehe= liche Untreue lieferte dabei den hauptsächlichsten Stoff für die satirische Charakteristik ihrer Person (Bild 305 und 418).

Wer auf den Höhen des Lebens wandelt und aller Welt sichtbar ist, wird immer mit Argusaugen bewacht, ihm wird niemals geschenkt oder milde verziehen, worüber man bei gewöhnlichen Sterblichen oft mit einem bloßen Achselzucken hin= weggeht. So kommt es, daß Eheirrungen von Fürstinnen für sich allein, auch wenn sich keine besonderen politischen Komplikationen daran knüpfen, immer ein Thema sind, das öffentlich aufs breiteste abgehandelt wird. Vielleicht die bezeich= nendsten Beispiele bieten dafür das illegitime Liebesleben der Königin Karoline, der Gattin Georgs IV. von England, mit ihrem Leibkutscher Bergami und die ekelhaft gemeinen Debauchen der Königin Isabella II. von Spanien, in deren Liebeskalender die Namen General Serrano, Jose de Arana und Marfori vielleicht noch die rein= lichsten Kapitel sind. Aber wenn Isabella in der Karikatur keinen einzigen Für= sprecher fand, so ist Karoline von England sicher durch ebensoviel Karikaturen verteidigt worden (Bild 415), wie in anklägerischem Sinne gegen sie erschienen sind. Und in gewisser Hinsicht wirklich mit Recht. Das Leben ihres Gatten bestand nur aus Unzucht. Denn wenn Georg IV. auch entsprechend seinem Wahlspruch

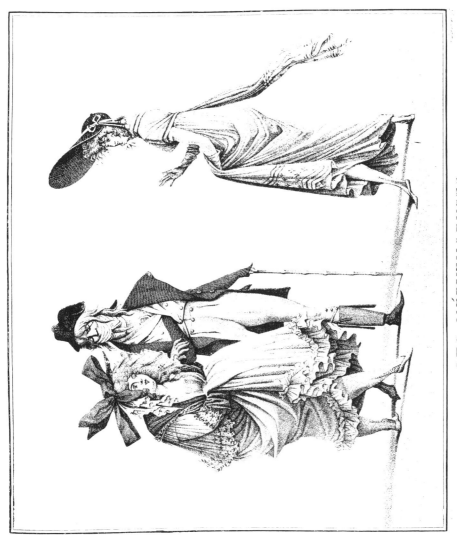

LES MÉRVEILLEUSES.

Französische Modekarikatur von Charles Vernet aus der Revolutionszeit. 1795

Loin du bal

Gesellschaftliche Satire. Um 1840

"Fat, Fair and Forty" den massiven Reizen seiner Maitresse Miß Fitzherbert Jahrzehnte hindurch huldigte (Bild 413 u. 415), so war dieses Verhältnis doch gewissermaßen nur der Hafen, in den er der Bequemlichkeit halber immer wieder zurückkehrte, bis sich Gelegenheit zu einem neuen Ausflug in neue Gebiete bot. So war's, als er noch Prinz von Wales und unverheiratet war, so blieb es, als er die hannoversche Prinzessin Karoline zur Frau bekam. Seine Gattin übte also nur Vergeltung, freilich — und das darf man auch nicht übersehen — auf höchst geschmacklose Weise.

Bilden die seither behandelten Abschnitte des Unterrocks in der Weltgeschichte zweifellos ein höchst interessantes Kapitel, so bildet das Kapitel des wirklichen Maitressenregimentes doch einen Abschnitt, der wahrlich in jeder Richtung noch reicher, noch abwechslungsvoller, noch interessanter ist, denn hier hat sich der Frauenkultus seine tollsten Kapriolen geleistet. Und die Dokumente, die davon künden, sind darum auch sittengeschichtlich von höchstem Interesse. Angefangen von einer Diana von Poitiers — „Der Stute von Frankreich" —, Heinrichs II. einflußreicher Geliebten, die die zeitgenössische Satire den Inbegriff der Schamlosigkeit nannte und dementsprechend darstellte (Bild 405), bis herab zu einer Lola Montez, der allmächtigen Huldin des mit Partizipialkonstruktionen für Teutschtum und für Sittlichkeit beim Volke schwärmenden Ludwig I. von Bayern.

Das Kapitel des Maitressenregimentes ist vor allem umfangreicher — weshalb man auch gar nicht ins Detail gehen kann —, es umspannt fast lückenlos die ganze Zeit des fürstlichen Absolutismus von seinen Uranfängen an und in allen Ländern. Ist es immer nur ein Ausnahmefall, wenn eine Frau auf den Thron kam, so ist es fast eine Regel, daß sich jeder absolute Fürst offiziell Maitressen hält, ebenso stereotyp ist auch, daß diese Gunstdamen

418. Deutsche Karikatur. 1870

419. C. Leandre. Karikatur auf die Königin Viktoria von England

in viel häufigeren Fällen Einfluß auf die Regierung und auf die Politik hatten, und vor allem einen größeren Einfluß als die ehelich angetrauten Gattinnen. Die Wahl der Gattin hat immer das dynastische Interesse diktiert, die Maitresse war dagegen von der persönlichen Laune, dem Geschmack, oder der aufgestachelten Sinnlichkeit gewählt, für die es kein Versagen gab. Von einem königlichen Bewerber fordert die käufliche Liebe natürlich die höchsten Honorare; für selbstbewußte, eitle oder herrschsüchtige Frauen ist das höchste Honorar selbstverständlich Zugeständnis eines Einflusses auf die Regierung. Und sie forderten alle dieses Honorar: so die schöne Sydowin von Joachim II., so Diana von Poitiers von Heinrich II., so die Maintenon von Ludwig XIV., so die Gräfin Cosel von August dem Starken, so die Pompadour von Ludwig XV., so die Lichtenau von Friedrich Wilhelm II. und so hundert andere. Und sie erhielten für ihre Liebesdienste auch alle dieses Honorar, sei es offiziell, wie bei einer Pompadour oder Lola Montez, sei es vertuscht, wie in anderen Fällen. Aus dem sozusagen natürlichen politischen Einfluß der Maitressen erklärt es sich auch, daß es der Adel der meisten Länder immer als sein spezielles Vorrecht ansah, die Betten geiler Landesväter mit seinen Töchtern und Frauen zu bevölkern. Und wenn wirklich einmal eine große sittliche Entrüstung über die Ausschweifungen des Landesvaters die herrschende Adelsklasse in Wallung brachte, so wollte es der Zufall fast immer, daß zu der betreffenden Zeit gerade bürgerliche Reize adligen den Rang abgelaufen hatten.

Die Konkurrenz der Bewerberinnen um den Vorzug, die Erkorene zu sein, hat natürlich schon an sich zu ewigen Streitereien und Intriguen geführt. Die Verleumdung und die Intrigue waren permanent, denn das war doch auch das Wesen des Maitressenregimentes: keine Situation war endgültig. Die Unterlegene von heute konnte die Siegerin von morgen sein, oder umgekehrt. Also galt es, ständig auf dem Posten zu sein. Solche Kämpfe gestatteten natürlich auf beiden Seiten nur hinterlistige Waffen, und zu denen gehörte in erster Linie das anonyme Pamphlet, das geschriebene sowohl als auch das gezeichnete. Die pamphletistische Karikatur hat denn auch niemals an den absolutistischen Höfen gefehlt.

Natürlich entsprang die lokale Karikatur nicht nur dem Neid der Übergangenen, sondern auch sehr häufig dem empörten Volksgewissen, das sich für die meist unerträglichen Lasten und Qualen, die ein Maitressenregiment dem Lande stets aufbürdete — die wahnsinnigste Laune der Sultanin mußte doch befriedigt werden! —, zu rächen suchte. Gehört zum Pamphlet fast immer die Anonymität, so war sie natürlich auch hier Voraussetzung, denn der absolute Fürst fühlte sich immer in seinen heiligsten Rechten getroffen und verletzt, wenn von seinen Lastern gesprochen wurde und seine Kebsin anders als mit bewundernden Worten apostrophiert wurde.

Als Beispiele solcher Karikaturen seien die auf die Gräfin Lichtenau (Bild 12 und 412) genannt, sie sind angeblich in Leipzig erschienen, wahrscheinlich aber in Berlin.

Für die ausländische Karikatur war die Tatsache eines Maitressenregimentes natürlich stets ein sehr dankbarer Angriffspunkt, denn schließlich gab es doch keinen boshafteren Hohn auf einen regierenden Fürsten, als den, ihn verächtlich beiseite zu schieben und vor der Öffentlichkeit zu demonstrieren: nicht du, sondern deine ränkevolle Gunstdame ist die verantwortliche Leiterin deiner Politik.

Zum Schluß wäre noch einer letzten Kategorie „regierender" Frauen zu gedenken, und zwar jener, die ihre Liebe und Verehrung zu einem hervorragenden Politiker oder Staatsmann dazu trieb, alle Konvention zu mißachten und mit der Macht ihrer Reize oder ihrer geistigen Potenzen bei den ausschlaggebenden Mächten für den Angebeteten zu werben und zu agitieren. Solche Frauen kennt vor allem die Geschichte Englands. Auch hier kann ein einziges Beispiel genügen. Das typischste ist vielleicht die Herzogin von Devonshire, die durch die kühne Art, mit der sie öffentlich für ihren großen Freund Fox, den Gegner Pitts, warb — der geringste Mann aus dem Volke durfte sie umarmen und küssen, wenn er sich verpflichtete, seine Stimme Fox zu geben —, zu jener Zeit eine internationale Berühmtheit erlangte. Sie war übrigens nicht die einzige,

Ich habe es satt, die schmutzige Wäsche der Obrenowitsch zu waschen.

420. Brandt. Karikatur auf Draga Maschin und Königin Natalie von Serbien.
Kladderadatsch

die in dieser Weise für den großen englischen Volkstribunen entflammt war, die Herzogin von Portland war angeblich nicht viel weniger aufopferungslustig für ihren Freund Fox. Die englische Karikatur hat diesem Kultus zahlreiche Blätter gewidmet. Belege sind die hier reproduzierten Karikaturen Ride for Ride und das lustige Blatt „Falstaff und die lustigen Weiber von Westminster". Das erstere illustriert, daß auch die anderen politischen Größen des damaligen England solche weibliche Beistände hatten (Bild 409 und 411). Die Wirkung dieser Blätter lief freilich nicht darauf hinaus, die betreffenden Damen zur bürgerlichen Ehrbarkeit zurückzuführen, sondern einzig darauf, die Popularität von Fox zu steigern. Denn daß die genannten Herzoginnen den Herkules Fox mit ihren nur im Negativen bemerkenswerten Gatten vertauschten, das fand ein großer Teil des damaligen Englands ganz in der Ordnung, und man getraute sich auch, dies öffentlich zu sagen.

*

421. Kaspar Braun. Fliegende Blätter 1847.

IX

Bürgerin, Heroine und Megäre

Jede Sklaverei wird eines Tages als unleidlich empfunden. Es verstieße gegen die Grundgesetze der Entwicklung, wenn die Frau nicht schon längst gegen die vielgliedrige Botmäßigkeit aufgetrotzt hätte, in die sie vom Manne mit allen Mitteln des Klassenregimentes gezwungen wird; wenn sie nicht längst kategorisch darauf hingewiesen hätte, daß die sogenannten Menschenrechte niemals und nirgends etwas anderes gewesen sind, als einseitig formulierte Männerrechte; und weiter: wenn sie nicht schon längst den Einzelkampf der Frau um Gleichstellung mit dem Manne zu einem Massenangriff formiert und organisiert hätte. Nun, die Geschichte beweist auf jeder Seite und vor allem durch die seit anderthalb Jahrhunderten nicht mehr aussetzende Frauenbewegung, daß auch hier die Entwicklung sich in keinem Widerspruch befindet.

Wir wußten es doch, daß die Reihe auch einmal an uns kommen wird!

422. Französische symbolische Karikatur auf den Sieg des Volkes über den Adel und die Geistlichkeit. 1789

Was ist aber zu antworten, wenn wir fragen: Was sind bis heute die Resultate dieses Kampfes für die Emanzipation der Frau? Die Antwort auf diese Frage kann nicht nur verschieden, sondern wenn man sie auf ein kurzes Ja und Nein konzentriert, sogar ganz entgegengesetzt lauten und dabei doch in beiden Fällen richtig sein. Es kommt einzig darauf an, was man unter Zweck und Ziel der Frauenemanzipation versteht: revolutionäre aber entwicklungsgeschichtlich als notwendig erkannte Konsequenzen in der Fortentwicklung der Frau zum wirtschaftlich und politisch gleichberechtigten Genossen des Mannes, oder Dinge, wie z. B. Organisationen von Suppenanstalten und Kinderkrippen unter Leitung von Frauen. Wenn man derart unterscheidet, kann man antworten: Die Resultate dieses Kampfes sind gering und sie sind groß. Sie sind groß, wenn man sich alle die kleinen Siege vergegenwärtigt, die die Frau in den verschiedensten Ländern errungen hat, die zahlreichen Zugeständnisse, die sie auf fast allen Lebensgebieten dem Manne abgenötigt hat, sie sind aber ebenso gering, wenn man danach fragt, wieviel sich bis heute am Prinzip der Unterdrückung geändert hat. Daran hat sich nämlich gar nichts geändert. Die Frau ist der Sklave nicht nur in den primitiven Zeiten der auf dem Privateigentum aufgebauten Gesellschaftsorganisation gewesen, sondern sie blieb dieser Sklave unverändert bis auf den heutigen Tag. Die kapitalistische Entwicklung hat, wo sie immer auch in die Geschichte eintrat, stets nur einen ganz geringen Bruchteil der Frauen befreit, nämlich nur die Frauen der besitzenden Klassen. Aber die hier eingetretene Befreiung ist, mag man sie auch noch so hoch einschätzen und noch so freudig registrieren, trotzdem auch für diesen kleinen Teil nur eine rein physische gewesen; sie beschränkte sich auf die Möglichkeit, sich vom Haushalte zu emanzipieren und dem geistigen und sinnlichen Genießen zu leben, die rechtliche Gesamtstellung dieser Frauen im Rahmen der menschlichen Gesellschaft ist aber dadurch keine würdigere geworden. Auch die Frau der besitzenden Klassen figuriert im sozialen Organismus ausnahmslos noch als Mensch zweiter Klasse, sie hat nirgends gleiche wirtschaftliche, nirgends gleiche politische, nirgends gleiche juristische Rechte wie der Mann. Das heißt aber, wie schon vorhin gesagt, nichts anderes als: Am Wesen der Unterdrückung der Frau hat sich noch nichts geändert. Und wenn man die Fortschritte gegen früher noch so hoch einschätzt, so kann man höchstens sagen: Die Formen haben sich modifiziert, sie sind, wenn man will, etwas ästhetischer geworden, sie verletzen das Auge nicht mehr schon beim ersten Blick durch die ganz überflüssig brutale Handhabung.

Warum hat sich aber trotz der ernstesten Kämpfe am Wesen der Unterdrückung der Frau noch nichts geändert? Ganz einfach deshalb: Weil in der Stellung der Frau sich die erste und wichtigste Klassenunterdrückung der Geschichte dokumentiert, darum kann sich diese Stellung prinzipiell solange nicht ändern, bevor nicht die Basis eine andere geworden ist, auf der sich alle Klassenherrschaft aufbaut. Man kann hier weniger wie anderswo das Resultat einseitig ausschalten, d. h. man kann am Wesen der prinzipiellen Unterdrückung der Frau durch den Mann nichts ändern, ohne vorher die ökonomische Basis unserer gesamten Gesellschaftsordnung von Grund aus umzugestalten. Unsere modernen Frauenbünde übersehen diesen Kardinalpunkt gemeinhin. Aber sie wollen diesen Punkt auch übersehen, denn sie dürfen das eben Gesagte nicht begreifen. Sie dürfen bis zu dieser Konsequenz nicht vordringen, weil sie damit den Boden negieren würden, auf dem die Mehrzahl von ihnen trotz aller Rodomontaden schließlich doch bleiben will, und den sie darum nicht in Gefahr gebracht haben wollen: die bürgerliche Gesellschaftsordnung. Ihrem gemeinsamen Klasseninteresse als Frau wird von dem speziellen Klasseninteresse, auch ein

Eine Pariser Schöne

423. Isaac Cruikshanc. Englische Karikatur auf die politisch tätigen Frauen der französischen Revolution. 1794

424. Englische Karikatur auf die sporttreibenden Frauen. 1819

Glied der herrschenden bürgerlichen Klasse zu sein und deren Vorrechte zu genießen, die Wage gehalten. Diese Zwitterstellung hat folgerichtig dazu geführt, daß, wie Ellen Key sehr richtig sagt:

„... die Frauenbewegung es sich hauptsächlich zur Aufgabe gemacht hat, für die Frauen der höheren Stände die Möglichkeit zu geistiger Entwicklung und ökonomischem Erwerb in Konkurrenz mit dem Manne zu schaffen. Aber man hat dabei ruhig zugesehen, wie die große Mehrzahl der Frauen aus den niederen Klassen unter einen immer härteren Arbeitsdruck geraten ist, und für die soziale Frage und für ihre Einheit mit der Frauenfrage sind die Frauenrechtlerinnen blind gewesen."

Hat der Frauenemanzipationsgedanke in den meisten Frauenrechtlerinnen durchaus inkonsequente Verfechterinnen gehabt, so hat er in ihnen in den meisten Zeiten ebenso schlechte Beraterinnen besessen, die der Frauenemanzipation durchaus falsche Wege gewiesen haben. Wirtschaftliche und politische Gleichheit mit dem Mann — so lautet der prinzipielle Fundamentalsatz im Programm der Frauenemanzipation. Dieser Satz ist richtig, falsch aber sind die Mittel, durch die die Erreichung dieses Zieles vorbereitet und erreicht werden soll. Das heißt falsch, sofern man Frauenemanzipation mit Maskulinisierung der Frau übersetzte, und dieses Rezept wurde leider am häufigsten und am längsten angepriesen. Man erblickte die Möglichkeit der Erlösung der Frau vor allem darin, die Frau dem Manne auf allen Gebieten des Intellekts ebenbürtig zu machen. Dieses Bestreben beruht auf der vollständigen Verkennung der Tatsache, daß die Differenzen zwischen Mann und Frau auf geistigem

TRYING ON MY BROTHERS BREECHES.
THERE'S A LEG AND A THIGH FOR YOU!

Des Bruders Hosen

Englische Karikatur von Richard Newton. 1796

Herr Bullrig will't aber nich haben

deß seine

Frau Mitgliedin wer'n soll von'n

„demokratschen Frauensklubb."

Eine Strafpredigt, gehalten von Herr Bullrigeen an seine Gattin Eulalie.

Eulalie, wat wüllst? Mitgliedin müßte weren bei'n „demokratschen Frauensklubb?" Ick sage Dir, det unterstehste Dir, denn sollste mir kennen lernen. — So lange haste mir mitn Pantoffel gehabt; jetz hört det uf! Ick will Dir zeigen, det ick die Hosen habe, un nich Du! — Ick soll mir ufs Ohr legen? — Erst werd' ick Dir mal ufs Ohr legen, olle Schlumpe! Du rührst Dir nich von de Stelle, oder ick lese Dir wat aus den

Dichter Kloppstock gegen die Klubgedanken

vor, det Dich ganz schwarz roth golden uffen Buckel zu Muthe wer'n soll. — Schämen sollste Dir wat, in die Ogen rin, Eulalie, daß Du Deine Wirthschaft so vernachläßigst, un den ganzen Tag rumbummelst wie'n Konstabler. Du besuchst bloß Deine Freundinnen? — Wat sind denn das vor Kinder? Sch' se Dir mal ordntlich an. Da is Nummer Eens: det verloofne Weibsbild, die gerne die George Sand spielen möchte; die mit die Mannskleder un abgeschnittenen Haare wie 'ne Verrückte rumlooft, sich in de Bierkneipen rumdreibt, un in Schleswig Holstein, ruhmreichen Angedenkens vor Preußen, manch die Soldaten geschlafen hat! — Emanzipirt nennst Du det? — Ja, det heeßt, von aller Weiblichkeit. Un so sind die Mebrichen beschaffen!

Beiersch Bier kannst Du ooch drinken?

Na sch mal! det hätt' ick nich gedacht, daß Du so 'ne gelehrige Schülerin bist! Drum kommst Du mir ooch manchmal so benebelt vor. Von Dir un Deine ganze emanzipirte Sippschaft weeß ick

Een Gedränk, wat sich besser vor Euch paßt.

Wat thut Ihr's da in Euern Klubb Ihr olle Sabberliesen? Des Wohl vonn'n Staat wollt Ihr berathen? —

Seht mal Eure Hemden an!

wat die vor'n Staat uf de Leine machen. Knoten sind drin, wie Kinderköppe groß, un Löcher, det jehn Katzen kenne Maus finden. Det is der „Staat" um der Ihr Euch zu bekümmern habt! — Ne, ick werde nich det Maul halten, verstehste mir? Ick bin grade Derjenigte, welcher am Meisten durch die liederliche Wirthschaft zu leiden hat. Ick muß des Morgens die Betten machen, un ausfegen, während dessen Du die „Reform" un die „Lokomotive" lesen thust.

wenn't wat essen will, un muß Dir sogar noch manchmal een Bisken wat Warmes in't Bette bringen — Ja streiche mir man die Backen, Eulalie, det hilft Dir Allens nischt! Nachen Klubb derfste nich mehr gehn, det untersage ick vor aller mal als Bürgerwehr un Ehegatte, un Du weißt, wo ick eenmal meinen Kopp druf setze, da bring' ick durch. — Wat Du den ganzen Abend zu Hause machen sollst? —

Stopp' Dir de Löcher zu

in de Strümpe, sieh se nich so lange runter, bis de Wade unter de Fußsohle zu stehn kommt. Seh mal det große Loch in de Mitte an! Ick wer' Dir't nich zustoppen, sagste? — Eulalie, wie olle hab' ick et abern schon thun müssen! — Re Gattin, ick habe jetz erscht einsehn gelernt, daß ick die Fuchtel besser gebrauchen muß, wenn Du mir nich ganz un gar über die Stränge schlagen sollst, un ick sage Dir, keen vernünftiger Mann wird et zugeben det seine Frau nachem sonnen Klubb geht, wo det Ende von't Lied sin wird: die Demokratinnen vereinbaren sich mit die Demokraten, pusten die Lichter aus, un berathen über die Verfassung uf die dreiste Grundlage. — Nu sei gut mein Schäfken! un bedenke, det Ihr Frauens bloos in die Nähe, un in die Kinderstube zu regieren habt; die Pullerei, det is Sache vor uns Männer. — Da kommt unser kleener August! Wäre der nich

eene wahre Zierde von Kind

wenn er gewaschen un gekämmt wäre, un hätt' een reenes un ganzet Hemde an, un lernte wat, un hörte wenn man ihm wat sagte, un läge nich den ganzen Tag uf de Straße! — Komm her, mein Söhneken! Puß' Dir de Neese, un gieb Muttern een'n Kuß; ick will lernen. — Nu sch mal, wie er strampelt un mit die Beene trampelt, un schreit daß et ganz schwer wird! Det is Dein ganzet Temperament Eulalie; von mir hat der Junge keenen Zug nich, obgleich ick Zugeführer bin bei de Bürgerwehr. Er sieht aus wie'n Reaktionär aus'de Hermsche Schule; deßß ihm bloß noch keen Ordensbändchen in't Hemde knüppen. — Ick soll man loosen? — Gut! Aber ick, det Du nachem „demokratschen Sabberliesen-Klubb" gewesen bist, denn sollst Du mir kennen lernen, von de richtige Seite. Ick gieb jetz uf Wache, un Du erziehst derweile ole det Kind. Un det laß Dir gesagt sind, ich! — (Er zieht auf Wache.)

Verlag von Louis Hirschfeld, Zimmerstr. 4.

Druck von C. Lauter u. Co., Kleinstr. 64.

Berliner satirisches Plakat aus dem Jahre 1848 auf die politisierenden Frauen

Gebiete unausschaltbar sind, und zwar deshalb unausschaltbar sind, weil der sexuellen Fundamentalverschiedenheit der beiden Geschlechter ganz bestimmte psychische Analogien entsprechen, die nie zu überwinden sind, und daß der Versuch einer Überwindung nur zu einer widernatürlichen Entartung führen muß. Dadurch, daß man diesen Versuch unternahm, bewies man, daß man das Grundgesetz übersah, das im gesamten organischen Leben bis in seinen letzten Ausstrahlungen waltet: daß der körperlichen Basis unbedingt der ideologische Überbau, d. h. in diesem Falle die psychische Eigenart, adäquat ist. Also, daß man nicht nur Mensch, sondern auch Mann

425. Französische Karikatur auf Georges Sand

oder Weib ist, daß zwar die erste Eigenschaft die gleichen Rechte gewähren muß, die zweite aber die bestimmte Eigenart der Individualität modeln muß.

So irrtümlich das Rezept der Maskulinisation ist, um die Befreiung der Frau vorzubereiten und schließlich auch durchzusetzen, so natürlich ist freilich auch, daß der Drang, die Mauern ihres Gefängnisses zu überwinden, die Frau gerade auf dieses falsche Geleise leiten mußte. In der größeren intellektuellen Stärke des Mannes, in seiner schöpferischen Überlegenheit über die Frau, glaubte man das Hauptmittel zu erkennen, durch das die Frau vom Manne unterdrückt wurde. Da es ja allzu deutlich zutage lag, daß der Mann seine erlangten Vorrechte systematisch dazu mißbrauchte, die Intelligenz der Frau niederzuhalten, sie geistig verarmen zu lassen, und da man andererseits immer wieder die Beobachtung machen konnte, daß Frauen, die sich frei von der Fessel der herkömmlichen Frauenerziehung geistig entfalten durften, auf verschiedenen geistigen Gebieten ebenfalls Nennenswertes, bisweilen sogar Glänzendes zu leisten vermocht hatten, so lag es sehr nahe, daraus zu folgern, man brauche nur dem Manne geistig ebenbürtig zu werden, und man hätte den Schlüssel für die Lösung der Frauenfrage gefunden. Nicht weniger naheliegend war auch, was jedoch hier nur nebenbei erwähnt sein soll, der verhängnisvolle Trugschluß, der heute noch in weiten Kreisen die herrschende Meinung bildet: daß einzig in der jahrhundertelangen Vernachlässigung der Frauenerziehung die Ursache zu finden sei, warum die Menschheit bis jetzt keine weiblichen

Ausgepfiffen ... ausgepfiffen ... ausgepfiffen ...
426. Honoré Daumier. Der dramatische Blaustrumpf

schöpferischen Genies hervorgebracht habe, kein einziges schöpferisches Musikgenie, kein einziges philosophisches Genie, kein einziges Malgenie usw. Diese Ansicht ist aber nicht nur ein verhängnisvoller, sondern auch ein grenzenlos oberflächlicher Trugschluß — bequeme Formeln verleiten immer zum Leichtsinn —, denn sonst hätte jede „männliche" und weibliche Frauenrechtlerin auf die doch so naheliegende und einfache Tatsache verfallen müssen, daß die geistige Vernachlässigung und Unterdrückung der Proletarierjungen nicht nur ebenso alt ist, sondern immer zehnmal größer war, als die der Töchter des Bürgertums und des Adels, und daß diese größere Unterdrückung und Vernachlässigung keineswegs verhindert hat, daß gerade aus den Reihen der so raffiniert vernachlässigten Söhne des Proletariats fast die Mehrzahl aller schöpferischen Genies hervorgegangen ist.

Den wichtigsten Stützpunkt für diesen Trugschluß: nur dadurch, daß die Frau

— Sie finden meinen neuesten Roman den Leistungen der Georges Sand nicht ebenbürtig? . . . Adelaide, wir sind geschiedene Leute . . .

427. Honoré Daumier. Der romanschreibende Blaustrumpf

dem Manne geistig ebenbürtig würde, wäre die Frauenfrage zu lösen, lieferte natürlich der Mann selbst, und zwar mit der von ihm aufgestellten Begründung seiner Klassenherrschaft über die Frau. Das männliche Klasseninteresse hat stets die Ansicht propagiert, daß einzig geistige Produktionskraft das Adelszeichen des Menschen sei. Das hat naturnotwendig zu einer geradezu grotesken Überschätzung des Geistigen und zu einer ebenso grotesken Unterschätzung des Gemütes als Einschuß in die Gesamtkultur führen müssen. Aber auch dieses Verfahren ist folgerichtig: eine herrschende Klasse will immer die höhere sein, die von der Natur zur Herrschaft von Ewigkeit prädestinierte, und sie gibt nie zu, daß sie nur die wirtschaftlich stärkere ist. Darum begründete der Mann das sittliche Recht seiner Herrschaft über die Frau immer mit seiner größeren Fähigkeit zu schöpferischer Produktion, mit seinem intellektuellen Übergewicht (vgl. auch S. 356 u. fg.).

Schließlich ist nicht zu vergessen der starke Vorschub, den die moderne wirtschaftliche Entwicklung dem Idol des Mannähnlichwerdens geleistet hat. Die moderne großkapitalistische Entwicklung bedarf immer mehr Arbeitskräfte. Direkt und indirekt mußte sie daher auch die weibliche Arbeitskraft in den Rahmen ihres Produktionsmechanismus einfügen. Direkt, indem sie sich die spezifisch weibliche Eigenart klug nutzbar machte, indirekt, indem sie durch ungenügende Bezahlung der männlichen Arbeitskraft auch die Frau unerbittlich in die Fabrik, ins Kontor, in die Verkaufsmagazine trieb, um das vorhandene Defizit im Unterhalt der Familie auszugleichen. Man darf nie übersehen, daß es einzig diese wirtschaftliche Umwälzung gewesen ist, die mit den alten Vorstellungen, „die Frau gehört ins Haus", gründlich aufgeräumt hat. Daß man dieses wirtschaftliche Entwicklungsergebnis stolz unter der ideologischen Formel „Bewilligung von Frauenrechten" rubrizierte, liegt im Wesen der ideologischen Denkgesetze, die immer im Resultate die Ursache erblicken, und in denen sich kraft ihrer persönlichen Klassenstellung die Frauenrechtlerinnen notwendigerweise bewegen müssen. Eine rühmliche Ausnahme macht auch hier die wackere Ellen Key. Indem sie den folgenden Satz niederschreibt, zeigt sie, daß sie das Wesen der Sache, die Zusammenhänge zwischen der wirtschaftlichen Umwälzung und der Bewilligung von Frauenrechten erkannt hat:

„Es ist kein Zufall, daß die Erweiterung der Frauenrechte steten Schritt gehalten hat mit der Umbildung der Eigentums= und Produktionsverhältnisse; direkt und indirekt ist es eine Folge der Entwicklung des Kapitalismus und der Großindustrie, daß eine Frauenklasse nach der andern gezwungen ist, den Ausweg des selbständigen Erwerbes und der Arbeit außerhalb des Hauses aufzusuchen."

Aus allen diesen Gründen mußte, wie gesagt, die Frauenbewegung fast mit Naturnotwendigkeit auf das falsche Geleise kommen, auf dem sie heute noch steht, und es ist eine ebensolche Naturnotwendigkeit, daß sie auf das energischste bestreitet, daß die Kultur zweiteilig ist, daß sie sich klar in ein männliches und in ein weibliches Gebiet scheidet. Hieraus folgt schließlich als dritte Naturnotwendigkeit, daß die Frau sozusagen freiwillig darauf verzichtet, den richtigen Weg zu gehen: nachzuweisen, daß die Frau zwar etwas wesentlich anderes sei als der Mann, aber darum nicht geringwertiger, daß in diesem anderen sie vom Manne ebenso unerreichbar sei, und daß darum die gegenseitigen Einsätze in die Menschheitskultur nicht nach der Qualität, sondern nur nach dem Wesen verschieden seien.

Aus dem Umstande, daß sich die Frauenemanzipation in den meisten Zeiten auf falschem Geleise bewegte, erklären sich alle die vielen das Lachen so stark provozierenden Begleiterscheinungen der Frauenemanzipation, das Bestreben, sich in allem in auffälligen Kontrast zu setzen mit dem, was im hergebrachten Sinne als weiblich gilt. Alle die vielen Mätzchen, mit denen die emanzipierten Frauen ihr Mannähnlichwerdenwollen dokumentieren; das groteske Paradieren in Hosenrollen wurde zu einer äußeren

Femme du lettre humanitaire se livrant sur l'homme à des réflexions crânement philosophiques!

428. Honoré Daumier. Der philosophische Blaustrumpf

Notwendigkeit. In den männlichen Allüren und Lebensgewohnheiten erblickte man die Attribute der männlichen Herrschaftsstellung, und indem man diese Attribute keck für sich beanspruchte, glaubte man, damit auch schon einen Teil der männlichen Herrschaftsstellung errungen, einen Teil der wichtigsten Unterschiede verwischt oder sich zum mindesten über die Niederungen, in die der zweitklassige Mensch Weib gebannt ist, emporgehoben zu haben.

Um irrtümlichen Schlußfolgerungen vorzubeugen, ist hier nun noch anzufügen: Wenn man die Pflicht ablehnt, die Erscheinungen und Notwendigkeiten der modernen kapitalistischen Produktionsweise als Ideale der Entwicklung anzuerkennen, so braucht man darum doch nicht in dem alltäglichen Bestreben der Männer, den Frauen den Zutritt zu wissenschaftlichen und anderen Berufen streitig zu machen, etwas anderes zu sehen, als den Ausfluß des nacktesten, männlichen Klasseninteresses. Das Fehlerhafte im Ziel der Frauenemanzipation beruht nicht in dem Verlangen nach vollständiger geistiger Befreiung der Frau, sondern, wie schon gesagt, in der Ableugnung der psychischen Differenzen zwischen Mann und Frau. Die Verkennung der Tatsache, daß dem Manne von der Natur die schöpferische und intellektuelle Kraft — gemäß der Aktivität seines geschlechtlichen Wesens —, der Frau die Vertiefung des Gemütes — gemäß der Passivität ihres geschlechtlichen Wesens — zugewiesen ist, das ist der künstlich aufgerichtete Wall. Dem muß entgegengehalten werden: Nur in der Anerkennung der natürlichen Zweiteilung ist das Ideal der menschheitlichen Entwicklung zu begründen. Dieses kann aber demnach nur das sein: Harmonische Vereinigung der an sich ungleich gearteten Wesen Mann und Frau. Das bedeutet das Ziel und zugleich den Anfang der Menschheitskultur.

* * *

Daß das Verlangen der Frau, Bürgerin zu werden, von dem Tage an, wo diese Forderung planmäßig propagiert wurde, immer auf den größten Widerstand gestoßen ist, ist zur Genüge darin begründet, daß es sich in der Bevorrechtung des Mannes eben um nichts anderes als um den Eckpfeiler der gesamten Gesellschaftsordnung handelt. Wenn die fundamentale Bedeutung, die demnach der Emanzipation der Frau zukommt, früheren Zeiten zwar auch nur ganz verschwommen zum Bewußtsein kam, so wurde doch das eine voll begriffen, daß es sich in ihr um etwas handelt, was zum mindesten gegen alle Begriffe des Hergebrachten verstößt, und um etwas, was mit der Konvention durchaus unvereinbar ist. Schon dieses eine reichte also aus, d. h. gibt eine genügende Erklärung dafür, daß alle weiblichen Regungen nach größerer Freiheit und Selbständigkeit, nach gleichen Rechten mit dem Manne, auch in der Karikatur immer einen sehr starken Widerhall gefunden haben. Wenn man dem entgegenhalten sollte, daß dieser Widerhall heute relativ wesentlich geringer sei, als etwa vor dreißig, vierzig oder fünfzig Jahren, obgleich die Frauenbewegung heute größere Kreise als je umspannt und in der modernen Arbeiterinnenbewegung und ihren Führerinnen überhaupt erst derjenige Teil der Frauenbewegung entstanden ist, der aus der sportlichen Spielerei den wirklichen Ernst herausgeschält hat, weil er eben diejenigen Ziele unterstützt, die einzig zu einer prinzipiellen Lösung der Frauenfrage führen können — wenn diese zielklareren Bestrebungen heute in der Karikatur einen relativ viel geringeren Widerhall finden, so hat dies gewiß darin seinen Grund, daß der Interessenhorizont, wie schon oft hervorgehoben worden ist, heute ein unendlich weiterer ist, daß heute tausend Lichter aufleuchten und ihre Reflexe fordern,

429. Frankfurter Karikatur aus dem Jahre 1848

Arbeiterinnen! Die Arbeit muß organisiert werden ... ziehen wir vor's Rathaus ... die Arbeitszeit muß verkürzt, die Löhne müssen erhöht werden, das ist das einzige Mittel, die Geschäfte zu heben ... Es lebe die Republik! ... und die Gleichheit selbstverständlich auch.

430. Beaumont. **Im Klub der Modistinnen.** 1848

wo ehedem nur wenige den Horizont des öffentlichen Lebens belebten. Aber es kommt auch noch ein anderer Grund hinzu: Der öffentliche Geist hat vor der Einsicht in das „Es kommt der Tag" längst im stillen kapituliert und darum fehlt der stärkste Antrieb zum reaktionären Windmühlenkampf. . . .

In der Verschiedenheit der sexuellen Moralgesetze für Mann und Frau ist der Frau am frühesten und am anhaltendsten ihre Sklavenrolle zum Bewußtsein gekommen. Sich aus dieser Ungleichheit zu befreien, ihr Liebesempfinden und Liebesleben von den entwürdigenden Fesseln des wirtschaftlichen und konventionellen Zwanges freizumachen, über die heiligste Offenbarung ihrer Persönlichkeit frei verfügen zu können, sie als selbstbestimmbares Geschenk dem Manne widmen zu dürfen, zu dem ihre Sinne und Seelengemeinschaft sie ziehen — mit diesem Bestreben hat das Emanzipationsbedürfnis der Frau auch am frühesten eingesetzt und es hat ständig eine ihrer obersten Forderungen gebildet. In der viel mißbrauchten, in der aber noch viel mehr gehässig verlästerten Formel „Freie Liebe" hat dieses Streben seine weltbekannte Formulierung gefunden. Es gab in der Tat Jahrzehnte hindurch kein größeres Schreckwort. Der Spießer jeglicher Gestalt konnte sich darunter nie etwas anderes als ein zuchtloses Durcheinander — verklausulierte Hurerei — vorstellen. Diese Vorstellung ist von den prinzipiellen Gegnern der Frauenemanzipation

431. Deutsche Karikatur aus dem Jahr 1848

natürlich stets mit Eifer genährt worden. Jede weibliche Entgleisung auf dem Pfade der Tugend ist mit johlender Freude dem Konto „Freie Liebe" zur Last gebucht worden. Natürlich darf niemals geleugnet werden, daß dieses Grundgesetz aller Ethik sehr oft mißbraucht worden ist, es hat Tausenden von Frauen zu nichts anderem gedient, als um leichtfertiger Sinnlichkeit damit ein moralisches Mäntelchen umzuhängen. Aber darum bleibt der oben skizzierte Grundgedanke der freien Liebe doch ein erhabenes Ideal, und wenn die Gegner der Frauenbefreiung ihre Lästerungen mit dem Hinweis auf die nie bestrittenen Mißbräuche zu rechtfertigen suchen, so tut man immer wohl daran, an jene Zeiten zu erinnern, in denen noch nicht der Schimmer einer Ahnung von der Unwürdigkeit der geschlechtlichen Vergewaltigung der Frau in der Konvenienzehe — zeitlebens an einen der Frau gleichgültigen, ungeliebten, ja sogar widerlichen Mann gefesselt zu sein und ihm das Heiligste als Pflicht gestatten zu müssen! — aufgedämmert war, geschweige denn sich zu einer idealen Kampfesparole verdichtet hatte. Wenn es nämlich Zeiten gab, in

UNE PÉTROLEUSE
Ah! si son homme la voyait.
432. Französische Karikatur. 1871

denen das satirische Wort „die Weiber sind Gemeindegut" wirklich im vollen Ernste Geltung hatte, so waren das doch nur diese Zeiten. Man erinnere sich gefälligst an den bereits oben (S. 69) zitierten Vers aus dem Roman de la Rose, der gar nichts anderes predigt als eben: die Weiber sind Gemeindegut. Oder vermag man etwas anderes daraus zu lesen, wenn darin ungeschminkt die erbauliche Lehre vorgetragen wird, daß die liebe Mutter Natur den Einen nicht bloß zum Trost für die Eine und die Eine nicht bloß zum Vergnügen für den Einen erschaffen hat: Nature n'est pas si sote!? Auf den Einwand, daß solche Verse ebenfalls nur satirisch gedacht seien, wäre zu erwidern: Diese primitiven Zeiten haben sich ihren Witz nicht aus den Fingern gesogen, sie fabulierten, wie man leicht nachprüfen kann, immer nur an der Hand der täglichen Erfahrungen.

Unsere Gegenwart weist zweifellos in der Beurteilung dieses Themas einen sehr merkbaren Fortschritt auf, die zelotische Begeiferung der Forderung nach Befreiung der Liebe aus unwürdigen Fesseln hat wesentlich nachgelassen. Es blieb freilich keine andere Wahl übrig. Die wirtschaftliche Entwicklung hat, indem sie schrittweise neue Bedingungen schuf und dementsprechend die Moralgesetze korrigierte, auch hier den dicksten Schädeln die nötige Dialektik eingepaukt (vgl. auch S. 52 u. fg.). Die Folge dieser tieferen Einsicht besteht darin, daß man allmählich in immer weiteren Kreisen dazu gelangt, der Frau wenigstens ein Recht auf Leidenschaft einzuräumen. Der Begriff Recht auf Leidenschaft kann als eine eingeschränkte Form des Rechtes auf Sinnlichkeit bezeichnet werden. Dieses Recht ist zwar noch keine derart eingebürgerte Tatsache, daß sie bereits kodifiziertes Recht geworden wäre. Aber das geschriebene Recht ist niemals Ursache einer Umwälzung, sondern stets eine sehr späte Folge, es legalisiert immer nur gewordene, bereits vollstreckte Existenzbedingungen der Gesellschaft, d. h. herrschend gewordene Zustände. Momentan befinden wir uns noch im Zustande der Einbürgerung. Diese Einbürgerung äußert sich hauptsächlich in der Form, daß man allmählich damit aufhört, in den Frauen, die auf das Recht auf Leidenschaft freiwillig verzichtet haben, unter allen Umständen die erhabenen Vertreterinnen der weiblichen Geschlechtsmoral sieht und bewundernd zu

LA GRRRRANDE ORATEUSE
Du grrrrand Club des Amazones de la Commune.
433. Französische Karikatur auf Louise Michel. 1871

ihnen aufschaut. Ein böser Irrtum ist es freilich, wenn man, was gewiß gar nicht selten geschieht, jäh in das Gegenteil verfällt und an die Stelle der Entthronten nun ohne weiteres jene Frauen setzt, die unter der Rubrik „Mesalliancen" der stoffhungrigen Skandalchronik das pikante Material liefern. In einem solchen Kulissenwechsel offenbart sich nur eine heillose Begriffsverwirrung. Jene vornehmen Dämchen, die mit ihrem Chauffeur durchbrennen, ihren Stallknecht ehelichen, ebenso jene Prinzessinnen, die die Öde ihres Ehebettes durch ehebrecherische Exkursionen mit einem Reitknecht, einem Sprachlehrer oder einem waghalsigen Offizier unterbrechen, sind meistens alles andere eher als bewundernswerte Beispiele des Mutes einer Frau, den Vorurteilen ihrer Klasse zu trotzen und kühn dem Zuge des Herzens zu folgen. Der „Mut", der derart sich betätigt, ist gewöhnlich nichts anderes als skrupellose Liederlichkeit. Die Geschichte dokumentiert es. Die sogenannten Mißheiraten sind z. B. nicht dann an der Tagesordnung, wenn sich die Menschen prinzipiell von alten Vorurteilen losmachen, sondern gewöhnlich dann und dort, wo Ausschweifung und Liederlichkeit eine niedergehende Klasse zermürbt und auflöst.

Da die „freie Liebe" nicht nur am Anfang, sondern dauernd ein Hauptprogrammpunkt der Frauenemanzipation geblieben ist, so hat sie einerseits zu einer stattlichen Reihe selbständiger Karikaturen, die einzig dieser Forderung gewidmet sind, geführt, anderseits hat sie, und das ist das wichtigere, stets eines der hauptsächlichsten Attribute gebildet, durch die der Typ der emanzipierten Frau charakterisiert wurde. „Nor Ehemanzibation, keine Ehe möhr" proklamiert Kreszenz Flintenstein geborene Lunte, weil sie in der Ehe eine Niete gezogen hat (Bild 421). „Auf Antrag der Frau Kitzelmaier und der Jungfer Judl ist die Ehe als lästiger Trudel aufgehoben," beschließt der Kleinstädter Kommunistenverein (Bild 431). Die Jungfer Judl ist natürlich nur deshalb für diesen Antrag, weil sie ob ihrer Häßlichkeit keine Aussicht mehr hat, einen Mann zu bekommen. Die Franzosen sagen dasselbe, nur meistens eleganter oder witziger und vor allem kühner: sie treiben zuerst die Konsequenz auf die Spitze. Mann und Frau haben im Geschlechtsleben die Rollen getauscht. Die Frau hat die aktive Rolle übernommen, der Mann aber ist zum passiven Teil geworden — das ist das ideale Ziel der Frauenemanzipation. Und verwirklichen wird sich das dann u. a. ungefähr so, wie Adolf Guillaume in seinem kecken Blatt „Frauenemanzipation" die Sache darstellt. Dieses Bild bedarf leider eines Zusatzes — daß dies absolut kein Zukunftsbild ist, sondern weltbekannte Alltäglichkeit seit die Welt steht. Die Frau, die ledige wie die verheiratete, hat sich in allen Zeiten ebenso die Liebe gekauft wie der Mann und nicht selten in denselben brutalen Formen, wie sie die weibliche Prostitution aufweist (Bild 434).

Den zweiten Hauptbestandteil bei der Schaffung des Typs der Emanzipierten bildeten die provokatorisch zur Schau getragenen männlichen Manieren. Begreiflicherweise: man brauchte ja nur die Wirklichkeit zu kopieren, um damit das groteske Bild meistens auch schon fertig zu haben. In der satirischen Prosaschrift Per centum annorum von Abraham a Santa Clara heißt es:

„Ein alamodisch Frauenzimmer macht sich eine Glory draus, wann sie aller Herren Debauchen kann nachthun: sie schnuppt und raucht Toback, sie verkehrt den Tag in die Nacht, die Nacht in den Tag, poculirt, trutzt, tantzt bis in den hellen Tag, ohne müd zu werden. Sie reuthet nach dem Ringl, brennt das Geschütz los, geht auf die Jagd, c'est la mode."

Man erkennt schon an diesem einen Zitat, daß früher schon die geringste Abweichung von der Regel dessen, was als weiblich galt, für Emanzipation angesehen wurde; aber wenn es auch die prononcierte Spießerseele ist, die in der Frau nur den bedürfnislosen, simplen Hausbesen sieht, die sich hier Luft macht, so stimmt das Bild natürlich doch, d. h. es ist für gewisse Zeiten typisch für das äußere Wesen der Emanzipation gewesen. Und die Karikatur log weder in dem Bild der die lange Pfeife schmauchenden Studentin (Bild S. II), noch in dem des mit einem mächtigen

434. Albert Guillaume. **Frauenemanzipation**

Spazierknüppel ausgerüsteten weiblichen Gigerls. Nur in einem log sie meistens: in der Darstellung der Männerhosen tragenden Frau. Die Hose ist das Hauptsymbol des Mannes, dieses für sich zu beanspruchen und sich dadurch ihm gleich zu machen, war ein zu gewissen Zeiten mit der feurigsten Beredsamkeit verteidigter Vorschlag, aber er ist außer auf dem Gebiete des Sports fast nirgends realisiert worden (Bild 311 und 316). Die Anhängerinnen des utopistischen Sozialisten Enfantin haben zwar mit fanatischer Wut für den Tausch des weiblichen Rockes mit der männlichen Hose plädiert und Propaganda gemacht, aber nur hinter ihren Schreibtischen und in ihren Reden. Auf der Straße hat sich die in Männerhosen einherschreitende „Libre femme" der dreißiger Jahre des vorigen Jahrhunderts nie blicken lassen. Man sieht auch daran: die Französinnen machen in solchen Dingen immer nur in der Theorie Dummheiten, in der Praxis aber nie. Das beweist auch der Umstand, daß nur in Deutschland die Reformkostüme immer zur Uniform der Emanzipierten erhoben wurden, und daß selbst die emanzipiertesten Französinnen sich in dieser Frage nie solidarisch gefühlt haben.

Das dritte Attribut zur Bildung des Typs der emanzipierten Frau bildete schließlich die prononcierte Häßlichkeit. Jede emanzipierte Frau ist in der Karikatur unbedingt häßlich, zeichnet sich durch eine Überfülle an negativen Reizen aus (Bild 319). Denn das war doch die hergebrachte Lösung des Rätsels: daß der Antrieb zur Emanzipation immer irgendwelche Enttäuschungen in der Liebe seien. Körperlich hübsche Frauen, sagte man, werden solche Enttäuschungen niemals erleben, denn ihre Reize sichern ihnen immer Anbeter und lassen sie früher oder später den Weg in den Hafen der Ehe finden. Emanzipation ist nach dieser Ansicht also nichts anderes als die Rache der Enttäuschten, d. h. die Rache der Häßlichen.

Von den verschiedenen Typen der emanzipierten Frau steht zeitlich die gelehrte Frau an der Spitze, sie war besonders im 18. Jahrhundert ein beliebter Spottgegenstand. Der bekannte Demokritos-Weber, bei all seinem Geist und Witz ein Oberspießbürger, hat in seinem Demokrit ein ganzes Kapitel über „die gelehrten Weiber" geschrieben und kein einziges gutes Haar an ihnen gelassen. Man machte die gelehrte Frau stets zum Typus der Halbbildung, und diese zu charakterisieren, läßt sie der satirische Witz, wenn sie einmal aus der Stadt aufs Land kommen, Fragen stellen wie die folgenden: „Hat man den Schweinen schon Heu gegeben?" „Saugen die Hühner gut?" „Haben die Hasen ihre Eier schon ausgebrütet?" Oder man läßt sie beim Anblick eines Stoppelfeldes ausrufen: „Nun weiß ich doch, wo die Schwefelhölzchen wachsen!" In der bildlichen Darstellung kommen diese Fragen und Ausrufe stets aus dem Munde von Frauen, die sich in der arroganten Pose geben, als hätten sie „die Weisheit mit Löffeln gegessen".

Die gelehrte Frau des 18. Jahrhunderts hat sich im 19. Jahrhundert zur Studentin umgewandelt, denn zu studieren galt im letzten Viertel des 19. Jahrhunderts jedenfalls als das wichtigste Mittel der Emanzipation der Frau: Auf diesem Wege erreicht man einzig die ersehnte Ebenbürtigkeit mit dem Manne; d. h. indem man ihm beweist, daß man es nicht nur ebensogut, sondern womöglich sogar noch etwas besser kann. Der Spott hat sich im Anfang dieser Bewegung keine Gelegenheit entgehen lassen, die Studentin grotesk zu karikieren. Freilich darf man nicht in allem eine Verspottung des

„Aber Karoline, was haben Sie da eingekauft? Sofort tragen Sie den Fisch wieder zum Kaufmann zurück! Sehen sie denn nicht, daß der Häring — schielt?"
435. A. Oberländer. Fliegende Blätter. 1880

Wesens der Frauenemanzipation erblicken. Das ausgezeichnete Blatt „Frauenstudium" von Th. Th. Heine richtet sich z. B. nicht gegen die Ausübung des von der Frau so mühevoll erkämpften Rechtes, sondern vielmehr gegen die Halbheit jener Emanzipierten, die trotz allen Phrasen nicht einmal über die erste Voraussetzung aller Emanzipation, das bornierte Klasseninteresse, hinausgekommen sind (siehe Beilage).

Von der gelehrten Frau ist wiederum die auffälligste Erscheinung die schriftstellernde Frau, der Blaustrumpf. Bei der Schilderung des Blaustrumpfes, der man in größerer Häufigkeit zuerst im zweiten Viertel des 19. Jahrhunderts in der Karikatur begegnete, kamen noch einige ganz spezielle Züge hinzu. Der erste war, daß man ihre persönliche Moral immer mit der identifizierte, die sie in ihren Werken schilderte. In der achten Satire Rachels, der im 18. Jahrhundert lebte, heißt es z. B. gegen die Blaustrümpfe:

      Ja, endlich haben wir erlebt der güldnen Jahren,
      Daß auch das Weibervolk läßt Spul und Haspel fahren
      Und macht ein Kunstgedicht . . . .
      Die Schriften sind fürwahr Gezeugen unsrer Herzen;
      Die keusch ist von Natur, die wird nicht unkeusch scherzen,
      Das bild ich mir gewiß und ohne Zweifel ein:
      Die so wie Thais spricht, die wird auch Thais sein.

Eine andere wichtige satirische Pointe, durch die man mit Vorliebe den Blaustrumpf zu charakterisieren suchte, war die Vernachlässigung der hausfraulichen Pflichten; das war ihr gegenüber sozusagen das Hauptmittel der bildlichen Satire. Der verheiratete Blaustrumpf läßt die Haushaltung in Schmutz und Unordnung verkommen, der Gatte muß sich die Knöpfe an seinen Hosen selbst annähen, die

Strümpfe selber stopfen, seinen ungeschickten Händen liegt die Wartung der Kinder ob, mit einem nichts weniger als gelinden Puff spediert sie ihren Sprößling aus dem Zimmer hinaus, weil er sie durch seinen Lärm beim Abfassen einer Ode auf die „Seligkeiten der Mutterschaft" stört, ihr Jüngstes stürzt aus dem Fenster oder in ein Wasserfaß, während sie in eine philosophische Abhandlung über das Thema „Die Pflichten der Mutter" vertieft ist usw. usw. Mit solchen Scherzen höhnte jahrzehntelang der Philistergeist die schriftstellernden Frauen. War dieser Geist philisterhaft, so ist damit natürlich nicht gesagt, daß die betreffenden Karikaturen auch ohne weiteres mittelmäßig gewesen sein mußten. Das Gegenteil ist sehr häufig der Fall. An den Blaustrumpf knüpfen sich eine Reihe ganz hervorragender Karikaturen. Die besten umfaßt zweifellos die 40 Blätter enthaltende Serie „Les Bas bleus" von Daumier, die im Anfang der vierziger Jahre des vorigen Jahrhunderts im Pariser Charivari erschienen sind. Diese 40 Blätter sind nicht nur der glänzendste satirische Kommentar auf die schriftstellernde Frau, sie bedeuten auch eine der künstlerisch großartigsten Serien, die Daumier überhaupt geschaffen hat, und das will natürlich ungeheuer viel heißen. Das zeichnerische Genie Daumiers — jede Linie eine Expression — macht jedes einzelne dieser Blätter zu einem entzückenden Meisterwerke. In den utopischen sozialistischen Bewegungen der ersten Hälfte des 19. Jahrhunderts hat, wie schon erwähnt, die schriftstellernde Frau eine überaus starke Rolle gespielt. Im Mittelpunkt stand die geniale Georges Sand (Bild 425). Dieser Kreis mit seinen kühnen Programmen, Streiten und Intriguen hat es Daumier wie so manchem andern der zeitgenössischen Karikaturisten angetan und ihn zu seiner unsterblichen Serie inspiriert. Gewiß, im Stofflichen, in der Tendenz dominiert ausschließlich der spießbürgerlich denkende Spötter, der nur die Kleinlichkeiten am Bilde der schriftstellernden Frau sieht, aber die Größe des Daumierschen Genies hat, wie überall in seinen Werken, die Kleinlichkeiten derartig heroisiert, daß, wer Sinn für Humor hat, unbändig mitlachen muß, wenn er auch noch so energisch die Grundtendenz ablehnt (Bild 426—428).

Natürlich begnügte sich die emanzipierte Frau nie bloß mit der Theorie, sie ergriff auch immer aktiv Partei. Und wenn immer die Frauen sich mit Politik beschäftigt haben, so war es für die emanzipierte Frau geradezu Ehrenpflicht, sich aktiv in die politischen Kämpfe zu mischen, sei es um die Gesetzgebung in ihrem Interesse zu beeinflussen, sei es um ihre geistige Reife zu dokumentieren. Als die politische Frau anfing, zur Massenerscheinung zu werden, das war vor allem in der großen französischen Revolution und im Jahre 1848, da wurde sie auch alsbald zum Schrecken der Schrecken der emanzipierten Frauen erhoben. Freilich, das war ja Konkurrenz des Mannes auf seinem heiligsten Gebiete und vor allem Konkurrenz auf der ganzen Linie. Dem Blaustrumpf stand man noch relativ objektiv gegenüber. d. h. von ihm fühlte sich der Spießer nicht merklich belästigt, denn er machte ja nur den männlichen Schriftstellern Konkurrenz, und die mochten allein sehen, wie sie

Fräulein Leda Moesken und der entsetzte Schwan

Karikatur von Heinrich Zille. 1920

436. Eine Doktorpromotion der Zukunft. Amerikanische Karikatur. 1897

437. Gustav Doré. Französische symbolische Karikatur der dritten französischen Republik. 1871.

mit ihm fertig wurden. Ganz anders bei der politisierenden Frau. Wenn die Frau sich prinzipiell das Recht herausnimmt, sich ebenfalls mit Politik zu beschäftigen, dann drohte ja jedem Dache die Gefahr. Kein Wunder also, daß sich in der satirischen Schilderung der politisierenden Frau alle Sünden, Fehler und Mängel vereinigen und ihr im verzehnfachten Maße zur Last geschrieben werden. Es ist noch überaus harmlos, wenn in einem Artikel aus dem Jahre 1848 über die Forderungen der Frauen um politische Gleichberechtigung mit dem Manne folgende Stellen vorkommen:

„Ihr wollt die Rechte des Staatsbürgers haben, ach liebes Kind, die Lasten sind viel bedeutender als die Rechte ... Ihr Weiber wollt an den Urwahlen teil haben? Wohl, aber versichert uns erst, daß ihr nicht denjenigen bevorzugt, der euch bei den Fensterpromenaden am süßesten zugelächelt hat; versichert uns, daß ihr Staatsbürgertalent nicht mit kräftigen Schenkeln und üppigen Bärten verwechselt ... Ihr wollt an den Staatsgeschäften teilnehmen? Man läßt Kinder nicht mit Feuer spielen ... Oder ihr wollt Kriegsdienste tun? Dann müssen wir versichert sein, daß ihr nicht die Waffen vor dem Feinde streckt und buhlerisch in seine Arme stürzt ..." Und das Fazit lautet: „Bleibt die lieblichen, himmlischen Kinder, die uns mit den Rosenfingern auf den Mund klopfen, wenn wir politisch langweilig werden, und uns die Falten von der Stirn küssen, die uns das Staatsleben eingefurcht hat."

Aber wenn dieser Angriff auch zu den harmlosesten zählt, so ist er darum doch nicht minder charakteristisch, besonders wenn man dabei erwägt, daß diese Gedanken durchaus ernst gemeint sind, daß sie in einem Leitartikel einer demokratischen Zeitung stehen, der Heldschen Lokomotive, die den stolzen Untertitel trägt: „Zeitung für politische Bildung des Volkes." Angesichts solcher Äußerungen gewinnen die ausgesprochen satirischen Flugblätter jener Zeit, wie z. B. „Herr Bullrig will't aber nich haben, daß seine Frau Mitgliedin werden soll von'n demokratschen Frauensklubb" (siehe Beilage), oder Karikaturen wie „Kleinstädter Communisten Verein" (Bild 431) erst ihre richtige Bedeutung. Es ist nicht bloß groteske satirische Laune, die in diesen

Blättern waltet, nein, das sind in pointierter Form die wirklichen Gedankengänge des Bürgertums — die Gedankengänge biedermaiernder Revolutionäre.

Alles wollte man den Frauen geben:

„Wir wollen euch freimachen von der unauflöslichen Fessel, womit man euch an den Mann geschmiedet hat, von den Schwüren lebenslänglicher Knechtschaft, welche euch die Kirche leisten läßt. Der haltlose kirchliche Nimbus wird herabfallen, das Ehebett ist Familien=, ist Staatssache; es soll euch leicht werden, euch freizumachen von der Hand, die euch den Trauring ins Gesicht schlägt; von der Brutalität, die nur Gelüste an euch fühlt. Dahin werden wir streben. Aber mehr verlangt nicht."

So schließt der vorhin zitierte Artikel. Das heißt mit anderen Worten: Alles will man den Frauen bewilligen, was die Herrschaft des Mannes nicht im Fundament erschüttert. Was dieses Fundament aber in Gefahr bringt, das verweigert man der Frau kategorisch — das Bürgerrecht, das Menschenrecht. Und man verweigert es ihr mit denselben kindischen Beweisführungen noch heute. — Wenn die Frau auch bis heute vergeblich um das Bürgerrecht, um die politische und soziale Gleichberechtigung mit dem Manne gekämpft hat, so hat sie dessenungeachtet immer und überall in der Geschichte der Bürgerpflicht die erhebendsten Opfer gebracht. Niemals wurde ein großer Kampf um der Menschheit hohe Ziele geführt, in dem nicht die Frauen es gewesen sind, die die höchsten Einsätze gewagt haben. Man nenne einen beliebigen Befreiungskampf der Vergangenheit, man nenne die Gegenwart und schaue auf Rußland, wo eben eine neue Staatsform unter furchtbaren Wehen geboren wird, und alsbald drängen sich einem ein Dutzend Frauennamen, Dutzende von Beispielen weiblichen Heroentums auf, bei deren Klang einzig die biedere Spießerseele ihren Gleichmut zu bewahren vermag. Freilich, wo das Klasseninteresse mit im Spiele ist, da wird das Wort Heroine meistens etwas anders ausge=

438. Französische symbolische Karikatur der Germania 1870.

439. Félicien Rops. Megäre Volk.

sprochen; sofern eine heldenhafte Frau im Handeln und nicht bloß im Erdulden in Frage steht, wird das Wort Heroine gewöhnlich — Megäre ausgesprochen. Das Klasseninteresse resp. der Klassenhaß, der in den Zeiten, die den Heroismus erfordern und gebären, meistens bis zur Weißglut gesteigert ist, formt auch den satirischen Kommentar der heldenhaften Persönlichkeiten. Und das ist ganz logisch. Die Karikatur ergreift der heldenhaften Tat gegenüber gewöhnlich nur dann das Wort, wenn sie politisch einen abweichenden Standpunkt vertreten will. Da aber das Wesen der Satire in dem Hinüberleiten einer Sache auf den Gegenpol besteht, so kann in der Satire der Heroismus nur dadurch getroffen werden, daß die höchste Tugend in die niedrigste Leidenschaft umgeprägt wird, d. h. gegenüber der Frau: die Heroine wird zur Megäre gemacht. So erscheint denn auch in der Karikatur das Bild der heldenhaften Frau fast ausnahmslos in der Verzerrung zur Megäre. Megären sind nach ihren Bildern die meisten Frauen, die sich aktiv in der großen französischen Revolution beteiligt haben (Bild 423), als Megären sind den deutschen Frauen des Jahres 1870 die französischen Mütter hingestellt worden, die in irgend einer Form ihr unterliegendes Vaterland am deutschen Feinde rächten, zu furienhaften Megären sind ausnahmslos die Frauen gestempelt worden, die im Jahre 1871 auf Seite der Kommune gekämpft hatten (Bild 432 u. 433). Wenn man im letzten Falle den Typ der Petroleuse schuf, die in verbrecherischer Wildheit strategisch ganz überflüssige Brandstiftungen inszeniert, so betrieb man nur ein in der Geschichte der Klassenkämpfe landläufiges Verfahren: man konstruierte dasjenige Verbrechen, das im gegebenen Fall den Abscheu am sichersten erweckte, und das der beabsichtigten Siegerrache die beste Brücke bot. Es ist das im entgegengesetzten Sinne das Vergottungsverfahren, das das Rassen- oder Klasseninteresse tagtäglich bei hundert Gelegenheiten übt, indem es seinen Helden willkürlich Tugenden, Taten und Beweggründe andichtet, die diesen ganz fernlagen, die diese nie vollbracht hatten.

Die Karikatur kann sich natürlich trotzalledem der historischen Tatsache, daß die Frau in allem am tiefsten empfindet, daß sie in den geschichtlichen Werdeprozessen immer die höchsten Einsätze wagt, ebenfalls nicht entziehen, und so feiert wenigstens im Symbol diese Fähigkeit der Frau ihre Auferstehung. Auch für die Karikatur ist das Weib das einzige Symbol, die stärksten Gefühle und die glühendsten Leidenschaften zu verkörperlichen. Das belegt Blatt für Blatt das reiche Kapitel, das man der „Frau als Symbol in der Karikatur" widmen könnte. Sie ist die Trägerin des felsenfestesten Glaubens, der grenzenlosesten Verzweiflung, des tiefsten Schmerzes (Bild 28), sie verkörpert den verzehrendsten Haß, die flammendste Begeisterung (siehe Beilage „Das Erwachen des Löwen"), sie ist La fortune qui danse (siehe Beilage), das mit tänzelnden Schritten den einen gefahrlos am jähen Abgrund vorüberführt, den andern auf ebener Straße umkommen läßt, sie ist alles in allem: Himmel und Hölle. Und schließlich das satirische Lachen selbst sieht sich in seinem Wesen in der Frau verkörpert: als die koketteste der Künste (Bild 44), als die an die Blödheit gefesselte Schönheit (Bild 37), die dennoch ihr silbern tönendes Tamburin erklingen läßt, und nicht zuletzt: als die ernsteste der Musen, trotzdem sie die Schellenkappe auf den Lockenkopf gestülpt hat (Bild 1), wenn sie sich daran macht, jene Quintessenz zu beweisen, aus der ihre Bedeutung für die Kultur fließt.

Wie lautet aber die Quintessenz? Das ist die letzte Frage, die wir aufzuwerfen haben. Die Antwort kann in einem knappen Satze gegeben werden: Die Wahrheit liegt nicht in der Mitte, sondern im Extrem, denn nur im Steigern ins Extrem wird das Wesen der Dinge deutlich offenbar. Aber so knapp dieser Satz auch ist, er enthüllt das große und doch so einfache Geheimnis der Karikatur, die Ursache, die allein die Karikatur zu einem wichtigen Bestandteil unseres öffentlichen Geisteslebens macht und gemacht hat. Darum aber muß dieser Satz solange klar ausgesprochen entweder an der Spitze oder am Schluß einer jeden geschichtlichen Arbeit über die Karikatur stehen, solange sein Inhalt nicht eine allgemein anerkannte Wahrheit ist; und darum sei mit ihm auch diese Arbeit abgeschlossen. Einer Erläuterung bedarf er an dieser Stelle natürlich nicht mehr, denn dies ganze Buch kann konsequenterweise nichts anderes sein als ein einziger, fortlaufender und somit vorangeschickter Beweis für seine Richtigkeit. Freilich nicht nur die vorliegende Arbeit bildet einen Kommentar zu dieser These, sondern überhaupt die gesamte Geschichte der Karikatur. Denn daß durch das Steigern ins Extrem das Wesen der Dinge offenbar wird, das ist ja das, was jeder Karikaturist, der je gelebt hat, in jeder seiner Taten bewußt oder unbewußt zu beweisen sich bemüht hat. —

440. A. D. Blashfield. Amerikanische Karikatur.

Künstlerverzeichnis

Die großen Zahlen weisen auf die Bildnummern, unter denen sich Karikaturen des betreffenden Künstlers abgebildet finden; die kleinen Zahlen weisen auf die Textstellen, wo von dem Künstler die Rede ist.

Aubin, St. 314.
Avelot 244.
Bac 227.
Beardsley, Aubrey 31, 33, 134, 138, 160, 231, 241, 250, 252, 262, 294, 309, 318, 338, 356, 441.
Beaumont 371, 430.
Bechstein 306.
Beham 161.
Berneis 383, 423.
Blashfield, Albert 125, 148, 149, 440.
Boilly, L. 85, 86.
Boitard 255, 314.
Booth 72.
Bosse, Abraham 65, 131.
Bouchot 201—204, 226.
Bourdet 208, 287, 394.
Boutet 226, 227, 357, 383.
Brandt 399, 420.
Braun, Kaspar 98, 421.
Bunbury 167.
Burgkmair, Hans 4, 49, 55, 56, 128, 131, 161, 172, 247, 292.
Busch, Wilhelm 92, 98, 107, 108, 321, 356.
Cajetan 389.
Caran d'Ache 137—146, 172, 173.
Cham 212, 218, 295, 328.
Chodowiecki 79.
Coclers 411.
Coypel, Charles 180, 210.
Cruikshanc, Isaak 167, 186, 187, 188, 268, 293, 340, 347, 380, 423.
Dalsani 312, 313.
Damberger, Josef 168.
Darjou 291, 317.
Darly 260, 261, 322.
Daumier, Honoré 23, 28, 82, 92, 92, 98, 120, 125, 126, 219, 226, 293, 317, 331, 372, 426—428, 480.

Debucourt 210, 336, 339.
Desrais 366, 413.
Deutsch, Nikolaus Manuel 164, 165.
Deveria 226.
Diez, J. 314.
Doré, Gustav 437.
Dumont 379.
Dürer 128, 131, 406.
Dutailly 16, 339.
Edel, Edmund 341.
Eisen, F. 177, 256.
F., Laci v. 227.
Forain 78, 116, 128, 169, 170, 227, 250, 356, 378, 383, 391, 423.
Fragonard 224.
Gaudissart 82, 84, 194.
Gavarni 24, 26, 100, 101, 169, 226, 250, 330, 369, 372, 372, 373, 383, 384.
Gerbault 227, 232, 235, 294, 317.
Genn, J. D. 3, 292.
Gibson, C. D. 38, 46, 98, 117—120, 136, 152, 237, 240, 294, 342, 375, 381.
Gill, André 416.
Gillray, 167, 191, 265, 270, 272, 275, 341, 372.
Goltzius, G. 63.
Göz, J. F. 11, 176, 210, 212, 364.
Goya, Franzisko 15, 184, 185, 190, 193, 214, 226, 250, 323, 374.
Grandville, J. 91.
Grätz, Th. 336.
Grevin 109, 220, 334.
Grün, Hans Baldung 58, 131.
Guillaume, Adolf 34, 122, 124, 132, 172, 224, 227, 390, 434, 443, 476.
Gulbransson, Olaf 39, 92, 133, 140, 396—398, 438.
Guldenmund 343, 344.

Guys, Konstantin 25, 169, 250, 297, 299, 376, 412.
Hadol 303.
Heath 282, 283, 284.
Heilemann 228, 234.
Heine, Th. Th. 78, 125, 153, 169, 211, 227, 228, 229, 250, 316, 319, 349, 354, 384, 438, 454, 479.
Hengeler 127, 141.
Hofer, Hans 160.
Hogarth 90, 92, 110, 169, 230, 372, 434.
Holbein, Hans 50.
Hosemann 394.
Hubertus, A. 363.
Jaurat 73.
Jossot 129, 359, 391.
Isabey 266, 279, 336, 339.
Jüttner, Franz 310.
Keene 169.
Keppler 114, 304, 394.
Klic 105.
König, Herbert 300—302.
Köystrand 227.
Krebs 350.
Kuhn, Georg 335, 353.
Lançon 278.
Léandre 92, 400, 401, 429, 438, 454.
Leech, John 98, 290, 346.
Lefevre 41.
Legrand 238.
Marcelin 215—217.
Marigny 200.
Mars 227.
Maurin, Nikolaus 205, 206, 215, 226.
Meckenem, Israel von 47, 89, 129.
Meister mit den Bandrollen 361, 411.
Merian 407.
Merz, Joh. G. 69, 70.
Meunier, G. 236, 256.
Moloch 221.
Monnier, Henri 88, 90, 93, 112, 169, 199, 226, 250, 370, 372, 394.
Moreau 314.
Morlon 374.
Nelli, Nicolo 449.
Newton 167, 440.
Oberländer, Adolf 35, 92, 98, 110—113, 115, 307, 308, 323, 435.
Pascin 382, 423.
Paul, Bruno VII. 92, 241, 320, 349, 454.

Paul, H. 120, 123, 126, 130, 131, 383.
Philipon, Charles 285, 286, 328, 372.
Picart 66.
Pichot, R. 381.
Poitevin 19.
Ramberg 250.
Rassenfosse, Armand 1.
Reznicek, F. von 36, 46, 78, 121, 135, 136, 140, 150, 151, 227, 256, 324, 388, 402, 443.
Ritter, Heinrich 99, 112.
Rops, Félicien 45, 169, 207, 223, 225, 252, 262, 292, 317, 360, 377, 388, 439.
Roqueplan, C. 18.
Rowlandson, Thomas 10, 13, 75, 76, 78, 80, 167, 182, 192, 196, 210, 213, 250, 256, 262, 276, 317, 323, 328, 341, 348, 416.
Rubens 209, 252.
Schall 223.
Scheiner, A. 315.
Schleich 296.
Schlittgen, Hermann 42, 43, 158, 204, 239.
Schröder, Friedrich 209.
Schulz, Wilhelm 112, 147, 262.
Schwind, Moritz von 210.
Slevogt, Max 126, 169.
Smith, J. R. 365, 416.
Stauber 96.
Steinlen 159, 354, 382.
Steub 102.
Stop 106.
Tassaret 226.
Tenniel, John 289, 346.
Thöny 227, 340.
Toulouse=Lautrec 40, 169, 230, 250, 252, 404, 423, 438.
Vallou 89.
Veber, Jean 32, 169, 242, 262, 337.
Vernet 280, 336, 338, 339, 368, 413.
Vernier 387.
Vincent 310, 339.
Weil 257, 327.
Wiertz 30, 252.
Wilke, Rudolf 339, 388, 403, 438.
Will, J. M. 67.
Wille, P. A. 68, 292, 323, 416.
Willette 37, 44, 46, 135, 145, 154, 233, 243, 245, 311, 355, 380, 383, 414, 432.
Wilson 207.
Woodward 14, 167, 324.

441. Aubrey Beardsley